KB169235

유착의 사상

유착의 사상

도미야마 이치로 지음

심정명 옮김

'오키나와 문제'의 계보학과 새로운 사유의 방법

글항아리

확보하다

2011년 3월 11일 직후, 도쿄전력 후쿠시마 원자력발전소의 원자로를 냉각할 수 없다는 뉴스가 나왔을 때를 결코 잊을 수가 없다. 마치 사소한 트러블이기라도 하다는 듯한 보도였다. 정부나 매스컴 그리고 전문가들은 입을 모아 안전하다고 합창했지만, 곧장 '멜트다운'이라는 말이 머리를 스쳤다. 그리고 안전의 대합창이 공허한 울림으로 바뀌는 가운데, 이 말에서 시작되는 사태는 차츰 뚜렷한 윤곽을 지니며 사람들의 삶을 뒤덮기 시작했다. 이는 지금도 진행 중이다.

'멜트 다운'. 이것은 결코 새로운 말이 아니다. 원전 반대투쟁을 다소나마 아는 사람이라면 이 말이 의미하는 궤멸적인 사태를 이미 알고 있었을 터이다. 그렇기에 냉각할 수 없다는 뉴스를 들었을 때에는 왜 알면서도 여기까지 와버렸는가라는 극심한 후회와 지금부터라도 늦지 않았다는 결의가 뒤섞인 감정이 솟았던 것을 기억한다.

원자력을 묻는 것은 전후라는 시간 전체를 묻는 일이다. 거칠게 말해 이 나라는 제국의 붕괴를 받아 안은 적 없이 '전후'라는 시간을 새겨나갔고, 굳이 말하자면 전후를 걷는 데에 실패했다. 바로 그렇기 때문에 3월 11일은 이 나라의 전후 전체를 다시 한 번 되물을 계기이기도 했다. 지금부터라도 늦지 않았다, 다시 시작할 수 있다. 그리고 그 희망을 버리지는 않았다. 하지만 현재 진행 중인 사태는 세 번째의 파국으로 나아가는 것만 같다.

눈앞에 펼쳐져 있는 것은 부흥이라는 이름의 은폐이며, 불편한 존재를 말이 필요 없이 유기해나가는 국가의 폭력성이다. 그리고 이 국가의 폭력성은 지금 오키나와에 집중적으로 현재顯在한다. 오키나와에 말이 필요 없는 폭력이 집중하는 것은 어제 오늘 일이 아니다. 이 책에서는 그 역사를 계보학적으로 더듬어보려 했다. 거칠게 말하면 이러한 폭력이 유지해온 역사는 이 나라가 무엇을 방치하고 계속해서 숨겨왔는가와 관련된다. 문제는 일본이라는 국가다.

또한 국가의 폭력성은 오늘날 구체적으로 등장하고 있는 '헌법 개정'이라는 정치 과정에서 단적으로 찾아낼 수 있을지 모른다. 하지만 내가 가장 혐오하는 것은 '일본ニッポン'이라는 공허한 구호와 그것을 말하는 자들의 추한 얼굴이며, '일본'에 매달리는 심성이 만연하는 가운데서 생겨나는 말의 끔찍함이다. 그리고 이 끔찍한 말은 이미 알고 있을 게 뻔한 궤멸적인 상황을 잊으려는 헛된 노력처럼 보이기도 한다. 말은, 눈앞에서 벌어지는 상황을 회피하는 일에 전념하기 시작한 것이다. '멜트 다운'은 직접 언급되지 않음으로써 말을 토대에서부터 침식하고 있다.

내 친척 중에 아이와 함께 간토 지구에서 피난한 사람이 있다. 방사능 계량기를 몸소 가지고 다니는 그녀와 그 아들의 살아남으려는 굳은 결의 옆에서 퍼져나가는 공허한 '일본'의 외침과 끔찍한 말. 내가 아베를 가장 혐오하는 것은 그 정권이 해나가는 정치 때문만이 아니라, 이자가 그녀를 몰아붙이고 고립시키는 추한 얼굴과 끔찍한 말 그 자체이기 때문이다.

그리고 이 '일본'으로 에워싸인 말이 만연하면서 오키나와의 목소리는 유기된다. 바로 그렇기 때문에 말이 필요 없는 폭력을 말의 문제로서 논하지 않으면 안 된다. 또한 그것은 바로 이 '일본'에서 이탈하는 가운데에서 떠오르는 세계를 확보하는 말들을 찾는 일이기도 하다. 살아남아야만 한다.

오래된 벗이 교토에 왔을 때 위스키를 마시면서 이 책의 감상을 이야기했다. 그가 이야기한 것은 '대전帶電하다' 그리고 '확보하다'라는 두 동사다. 그는 이 책에서 자주 등장하는 이 두 동사의 울림에 강하게 끌렸다고 한다. 모르고 있었지만 거기에는 손에 닿는 말의 감촉을 원하는 스스로가 있는 것이리라. 또한 거기에는 동시에 지금 공적이라 여겨지는 공간에서 횡행하는 말에 대한 혐오라고도 할 만한 신체감각이 있는지도 모른다. 말의 끔찍함은 양심적 지식인도 포함해 이 나라의 논단과 학계에 만연해 있다. 궤멸적인 상황에 대한 말의 준비가 돼 있지 않은 것이다.

바깥의 힘에 휘말려 들어가는 것 그리고 그것을 떠맡는 것. '유착流着'은 이러한 일련의 움직임을 가리킨다. 그리고 이렇듯 수동성과 능동성이 중첩하는 곳에 말의 영역이 있다고 생각한다. 나는 휘말리고 떠맡는 이 움직임을 대전하고 싶은 것이다. 그리고 대전한 신체와 함께 이 말의 영역을 확보하고 싶은 것이다. 이는 사상의 신체성이라고 해야 할지도 모른다. 또한 '유착의 사상'이란 휘말리고 떠맡는 움직임을 신체화하고 계속해서 물음을 던지는 말의 소재所在를 확보하는 것일지도 모른다. 이 소재는 프란츠 파농의 『검은 피부 하얀 가면』 맨 마지막 부분에 있는 "오, 나의 신체여, 항상 나를 물음을 던지는 인간이게 하소서"라는 외침 같은 선언이 붙잡으려고 하는 미래이기도 하리라.

오랜 벗 후지이 다케시 씨 덕분에 깨달았는데, 내 글에서는 동사를 개념화하는 경우가 많을 뿐 아니라 그 동사가 주어와 술어를 생성시키는 모터 역할을 한다. 이때 동사는 수동태인지 능동태인지 분간할 수 없는 의미를 띠기 시작하고, 굳이 말하자면 거기에는 말의 존재론적인 신체성이 있는지도 모른다.

말할 필요도 없이 번역이란 번역 불가능한 일종의 신체성을 발견하고 이를 말로 (재)각인해나가는 작업이기도 하다. 이 신체성은 종종 말을 기록한 본인은 감지할 수 없고 번역자야말로 기록할 수 있는 영역이다. 그리고 지금 한국어판 『유착의 사상』이 완성된 것은 예민한 언어 감각과 말과 관련한 깊은 지식을 가지고 있는 심정명 씨가 있었기 때문이라고 생각한다. 그런 의미에서 이 책은 나와 그녀의 공동작품이다. 정명 씨, 정말로 고맙습니다.

2015년 1월 29일 미명에
도미야마 이치로

차례

일러두기
본문의 각주는 모두 역자의 것이다. 원주는 후주로 처리했다.

서장

위화를
경험하다

짓밟혔다는 그 괴로움
안쪽에서 메아리치는 신음 소리를 듣는 것은 그러나 언제나 우리들이다
결코 그자들이 아니다[1]
—신조 다케카즈新城兵一

균열:
누구의 경험인가?

어떠한 경험에 마치 숙명이기라도 하다는 듯 오키나와라는 이름을 붙이고, 이를 특정한 이들에게 부과하여 그들을 당사자로 놓은 다음, 저마다 옳다고 주장하며 장황하게 해설하는 '오키나와 문제'라는 것이 존재한다. 이 책에서 나는 이러한 장황한 해설이 무엇을 줄곧 회피해왔으며 어떠한 사태를 두려워하는지에 대해 생각해보고 싶다. 여기서 제기하는 물음은 그저 당사자들만이 경험을 이야기해야 한다는 것이 아니다. 경험을 소유물처럼 배치한다고 해서 경험과 말의 관계가 정해지지는 않는다.

후지타 쇼조藤田省三가 "내 책임 아래 발표하는 글은 이것이 마지막이다"라는 단서를 붙이며 『전체주의의 시대경험』을 간행한 때는 거품경제가 이미 파탄을 보이기 시작하던 1995년이었다. 그리고

이 책에는 글자 그대로 금융자본에 이끌려 세계적으로 투기 가치가 증식하던 1980년대 후반부터 쓴 글이 실려 있다. 불쾌한 것이라면 덮어놓고 배격하는 전체주의에 대한 경구와 함께, 이 책은 일상생활 전반이 금융자본의 가치 증식에 휘말려 들어가는 사태에 대해 거듭 언급한다.

> 과거 군국주의는 다른 문화·사회에 속한 사람들을 일소하고 섬멸하는 데에 아무런 주저도 보이지 않았다. 그리고 고도성장을 달성한 오늘날의 사적 '안락'주의는 불쾌함을 주는 모든 것을 무차별적으로 일소하고 섬멸하기를 기대해 마지않는다. 이 둘에는 아마 불쾌한 사회나 사항과 마주하기를 두려워하고, 그것들과 함께 교섭하기를 두려워할 뿐 아니라, 이 두려움을 스스로 인정하기를 기피하고 오만한 외관 깊숙이 공포를 밀어 넣으려는 심성이 공통적으로 흐르고 있을 것이다.[2]

지금 내 주위에 달라붙어 있는 시대의 감촉은 일본 사회의 뿌리 깊은 곳에 일관되게 흐르고 있는, 이 불쾌함에 대한 무조건적이고 무차별적인 배제와 관계있다. 이러한 배제를 내셔널리즘이라 불러도 좋고, 배외주의라 이름 붙여도 될 것이다.

하지만 이러한 명명으로 사태를 곧장 이해하고 넘어가는 일은 조금 뒤로 미루는 편이 좋겠다. 왜냐하면 그럴싸한 해설은 사태를 객체화하고 명시하는 동시에 마주보고 싶지 않은 사건이나 타자를 회피하는 것으로 즉 후지타가 말한 안락의 질서로 이어지고, 여기에는 역시 "오만한 외관 깊숙이 공포를 밀어 넣으려는" 심성이 존재하기 때문이다. 문제는 무엇을 두려워하는가, 그리고 굳이 말하자면 어떠한 힘을 회피하려 하는가다. 그럴싸한 해설을 앞에 두고 집중적으로 사고해야만 하는 것은 바로 공포를 눌러놓은 이러한 안락주의가 거하는 일상성, 다시 말해 경험이라는 영역이다.

그런데 거품경제 초입에서 후지타가 지적한 안락이란 일단은 경제적으로 부유해지는 것이고, 그 구체적인 함의는 상품으로 구성되는 일상생활이다. 생활의 향상이나 개선이 이 일상을 감싸고 또 거기에 질서를 부여한다. 다시 한 번 말하지만 일상에 뿌리를 둔 이러한 안락은 불쾌함에 대한 공포를 속에 품고 있는데, 이렇듯 공포를 눌러 감추는 심성은 안락을 지켜줄 보호자를 필요로 할 것이다. 보호자에 대한 이러한 의존은 그 동인이 공포이기 때문에 억제하기 힘들 뿐 아니라 과잉 충성과 의존을 낳는다.[3] 후지타는 이러한 구도를 언급하면서 "억제를 잃은 '안락' 추구와 그에 따른 불안 때문에 가까운 곳에서 안락을 보호해줄 법한 자, 이익의 보호자를 찾게 된다"고 썼다.[4] 경제성장이 명백한 기능부전에 빠진 지금, 보호자가 있는 집단에 대한 과잉 의존과 불쾌한 것에 대한 예방적, 탄압적인 배격은 거꾸로 정점을 맞이하고 있는지도 모른다.[5] 게다가 여기에 2011년 3월 11일 이후 특정한 시간과 장소에서 일어난 가시적인 재해와 지금도 진행 중일 뿐더러 장소를 확정할 수 없는 비가시적인 피해가 자아내는 상황이 겹쳐진다. 여기에는 "가까운 곳에서 안락을 보호해줄 법한 자"에게 바싹 다가서면서 눈에 보이는 부분만이 자신이 사는 세계라고 믿으려는 사람들이 있는가 하면, 아직 끝나지 않았다고 중얼거리며 공포를 끌어안으면서도 삶을 부지하려는 이들도 있을 것이다.

바로 그렇기 때문에 문제는 경험이다. 다시 말해, 불안을 억누르면서 안락으로 구성해가는 경험이 아니라 무서워서 어찌할 줄 모르면서도 혼란스러운 사태를 안일하게 해소하지는 않는 자세야말로 지금은 중요하다. 진정한 의미의 경험이란 이러한 자세를 말하는 것이리라. 후지타도 '올바른' 해결이나 해소될 것이 예정되어 있는 공포나 불안, 다시 말해 이미 보호자가 대기하고 있는 일상을 '선험주의'라 불렀다. 그는 또한 이를 경험의 소멸이라 바꿔 부르기도 하는데, 본디 경험이란 이러한 선험주의에서 이탈하는 행위 속에서만 찾을 수 있다.

선험주의로 구성된 경험이 붕괴함에 따라 고개를 드는 이 새로운 경험에 대해서는 결코 '~의 경험' 같은 식으로 즉시 또 안정적으로 이야기할 수는 없을 것이다. 경험은 소유격에 위치하는 이러한 주체가 융해하는 곳에 있다.

> 경험 속에서는 사물과 조우·충돌·갈등함으로써 자의의 세계가 뒤흔들리고 균열이 일어나며 희망적 관측이 혼란을 겪고, 욕구는 혼돈 속에 내던져지고 이 혼돈이 가져오는 고통스러운 시련을 거치면서 다시 욕구와 희망이 만들어진다.[6]

언뜻 올바른 것처럼 보이는 해설이 등장할 때마다 방어 태세를 취하는 이유는 진실성을 띤 학문의 언어가 왕왕 후지타가 말한 이

'희망적 관측'을 준비하기 때문이다.[7] 예정된 것처럼 미래를 그려내는 그럴싸한 해설이나 정당성을 띤 가르침은 일단 경계해야만 하는데, 특히 오키나와는 이러한 올바른 가르침에 몇 겹으로 둘러싸여 있다.[8] 이들은 먼저 숙명처럼 오키나와의 경험을 짊어져야만 하는 이들을 설정하고 나서, 이 경험을 근거로 오키나와를 해설한다. 다시 한 번 말하지만, 여기서 '오키나와 문제'는 구성된다. 하지만 해설하는 자가 가르치고 이끄는 미래가 아니라 혼란과 갈등을 야기하는 경험을 우선은 출발점으로 확보해야 하지 않을까?

이렇게 확보한 새로운 경험은 선험주의가 구성해온 과거나 예정한 미래가 아닌, 다른 역사를 향할 것이다. 이때 "역사는 지나간 과거의 단계나 단순한 추체험의 대상이 아니라, 지금 새삼스럽게 경험해야 하는 일로 가득한 **장이 될 것이다.**"(강조는 인용자)[9] 이 책에서 내가 말하는 경험은 바로 이런 뜻이다. 경험은 새로운 장이고, 관계의 생성이다.

이 경험에 오키나와라는 명칭을 소유격으로 덧붙일 때, 이 경험의 장은 우선 공간적인 넓이를 갖게 된다. 앞에서도 썼지만, 이제까지 몇 번이고 되풀이되어왔듯 이는 또다시 오키나와의 사건, 오키나와의 역사, 오키나와의 아픔, 오키나와의 분노 하는 식으로 경험을 에워싸는 일로 이어질 것이다. 새로운 경험에서 시작되는 미래가 미리부터 정해져 있는 경계 내부에 갇히고 마는 것이다. 여기에는 말하자면 한 번 찾아낸 경험을 다시금 매장해버릴 위험성이 있다. 그리고 거듭된 매장으로 인해 지리적으로 에워싸인 경험을 이 지역 내부 사람들에게 여전히 숙명처럼 강요하면서, 외부 사람들은 편할 때에만 선택적으로 경험을 이야기하는 것이 가능해질 것이다. 여기서는 숙명과 선택적 영유의 공범관계를 통해 후지타가 말한 "자의의 세계가 뒤흔들리고" "희망적 관측이 혼란을 겪"는, 갈등으로 가득한 내적 성찰의 과정을 회피할 수 있다.

또한 오키나와 전쟁에서 단적으로 드러나듯, 이러한 지리적 공간과 관련한 문제는 아픔을 동반하기 때문에 방치하고 그 존재 자체를 소거해온 역사적인 사건과도 관계가 있을 것이다. 하지만 이 아픔은 대체 누구의 아픔이란 말인가? 그것은 지역으로 환원되는 아픔인가? 아픔과 관련한 경험을 한정된 사람들에게 숙명처럼 떠맡기고는 양심이나 연민에 근거해서 혹은 때로 정치적 슬로건과 함께 아픔을 이야기하는 이 구조 자체가, 즉 '오키나와 문제'의 구성 자체가 문제인 것이다.

폭력에 계속적으로 노출된다는 받아들이기 힘든 현실을 "미쳐버리지 않기 위해"[10] 의식의 밑바닥에 눌러 감추면서 펜스 옆에서 살아가는 이들과, 해결해야만 하는 문제를 오키나와에서 발견하고 결코 제정신을 잃는 일 없이 명확하게 펜스의 존재를 이야기하는 이들이 있다. "미군기지의 철조망은 너무나도 당연한 풍경"[11]인 사람은 이 풍경의 견디기 힘든 위험성을 말로 표현하고자 몸부림치고, 이 풍경이 너무나 당연할 뿐 아니라 그 위험성이 너무나도 움직이기 힘든 현실이기 때문에 침묵한다. 하지만 한편에서는 다른 사람이 이미 이 풍경이나 위험성에 대해 명확히 그리고 장황하게 이야기하고 있다. 그리고 침묵하는 사람과 장황하게 이야기하는 사람은 펜스 옆에서 열리는 집회나 나하那覇 국제거리의 상점, 혹은 대학의 심포지엄에서 몇 번이고 마주친다. 거기서 둘은 때때로 펜스의 위험에 대해 말을 주고받기도 하겠지만, 결국에는 명확한 말들이 대화를 지배하게 된다.

'오키나와 문제'는 여기서 구성될 것이다. 명확하고 선의로 가득한 말들이 오키나와는 해결해야만 하는 문제라고 정의한다. 또한 이는 많은 경우 해결과 관련한 정치의 등장으로 나타나기도 할 것이다. 하지만 그것이 전자에게는 제정신을 유지하느냐 마느냐의 경계와 관련한 것이고 후자에게는 이성이나 윤리를 발휘할 기회인 이상, 펜스의 위험에 대해 이야기를 나누고 가끔은 합의한 것처럼 보이기도 하는 이러한 대화는 균열의 증거이기도 하다. '오키나와 문제'는 구성되는 그 순간에 균열을 떠안는다.

'오키나와 문제'가 회피하고 두려워하던 경험은 이 균열에서 시작된다. 하지만 명확하고 이성적인 말들이 대화를 지배하는 가운데, 일단은 제정신이냐 아니냐의 경계에 서 있는 전자의 자리에서만 이 균열을 확인하고 확보할 수 있을 것이다. 그들은 미쳐버릴 지경에 이르면서도 균열을 확보하고, 미쳐버리지 않기 위해 이를 의식의 밑바닥에 눌러 감춘 뒤에 또 다시 침묵한다. 여기서는 균열이 무엇인가라는 물음뿐 아니라 균열을 어떠한 형태로 확보할 수 있는가라는 물음 또한 꼭 필요할 것이다.[12] 즉, 미쳐버리지 않기 위해 침묵해온 이들이 획득하는 말은 어디에 있느냐가 문제인 것이다.

포스트식민지주의라는 용어를 "식민지주의는 끝나지 않는다"라는 함의로 곧장 이해하고 넘어가서는 안 된다. 중요한 것은 이것이 끝나지 않았는데도 끝난 것으로 취급된다는 점이다. 끝나지 않은 식민지 전쟁이 끝난 것처럼 처리되고 전후니 부흥이니 하는 시간이 소위 전체 현실을 정의해나갈 때, 어떤 사람에게 전후란 끝나지 않았음을 매일 억지로 깨달으면서 펜스 옆에서 살아가는 것이고, 어떤 사람은 전쟁을 명확히 이야기하면서도 그것은 이미 끝난 일이라고 치부하며 망각한다. 전자에게 전쟁은 그것이 전쟁임을 감지해서는 안 되는 매일의 풍경이다. 하지만 후자에게는 과거로 밀려나간 역사적 사건일 뿐이다. 확실히 후자의 언어는 과거 식민지 전쟁에서 식민자로서 저지른 일에 대해서도 이야기할 것이다. 그리고 후자의 언어가 이른바 현실이라는 것을 수립하는 반면, 전자는 보아서는 안 되는 현실의 문턱閾에 대한 출입 금지 간판처럼, 이 현실의 가장자리에 침묵한 채 서 있게 된다.

이 책에서는 '오키나와 문제'로 치부되는 영역을 식민지주의와 관련한 물음으로서 다시금 엄밀하게 논의하고, 이로부터 탈식민지화의 미래를 검토하고자 한다. '오키나와 문제'에서 탈식민지화로. 하지만 식민지주의를 생각한다는 것은 단지 대상을 분석하고 해설하는 작업이 아니다. 그것은 미쳐버리지 않기 위해 침묵하던 후자들이 이야기하기 시작하고, 출입 금지선을 넘어간 저쪽 끝에서부터 또 다른 현실이 현세화現勢化*하기 시작하는 사태와 함께 있다. 오키나와와 관련하여 제기되는 식민지주의라는 물음은 오성悟性

---

* 영어로는 actualization을 의미하지만, 잠재돼 있던 것이 현실로 부상하기 시작하는 동적인 과정을 강조하기 위해 저자가 선택한 말이다. 잠재성을 그러한 동적인 과정으로서 파악하지 않으면 그것은 존재론적인 이야기에 지나지 않기 때문이다.

에 기반을 둔 해설이 아니라 이러한 현세화로서 존재한다. 바꿔 말하자면 이는 펜스에 관해 장황하게 해설하던 말들이 중단되고, '오키나와 문제'를 논하던 정치의 언어가 기능부전에 빠지는 사태이기도 할 것이다. 그리고 무엇보다도 중요한 것은 이 현세화가 현실이 붕괴하는 느낌을 수반한다는 점이다.

거듭 말하지만, 이러한 붕괴는 일단 두려움과 회피의 대상이 되게 마련이다. 역설적으로 들릴지 몰라도 '오키나와 문제'를 식민지주의와 관련한 물음으로 생각한다고 해서, 여기에 곧장 식민지주의라는 말을 적용하려는 것은 아니다. 우리가 물어야 하는 것은 현세화하려고 하는 다른 현실, 그리고 이러한 현세화에 공포를 느끼고 완력으로 출입금지의 경계를 다시 설치하려고 하는 전개다. 포스트식민지주의란 현세화인 동시에 이 현세화를 진압하는 폭력적인 사태다. 또한 굳이 말하자면, 바로 이러한 진압에서 일본이라는 국가가 얼굴을 갖고 등장하게 될 것이다. 이것은 바로 지금 일어나고 있는 문제다.

폭력의 예감:
계엄령을 감지한다는 것

오늘날 도쿄를 둘러보면, 불법 입국한 많은 삼국인三國人,* 외국인이 매우 흉악한 범죄를 되풀이하고 있습니다. 이제 도쿄의 범죄는 과거와는 그 형태가 달라졌습니다. 이러한 상황에서 엄청나게 큰 재해가 일어나는 날에는 크나큰 소요사태까지 상정해야 하는 상태입니다. 이런 일에 대처하기 위해서는 우리 경찰력만으로는 한계가 있습니다. 바로 그렇기 때문에 그럴 때 여러분들이 출동해서, 재해 구급처치뿐 아니라 치안 유지 역시 여러분의 중요한 목적으로서 수행해주시길 기대합니다.[13]

2011년 3월 11일 대지진이 일어난 직후에 압도적인 표를 획득하여 재선되었을 뿐 아니라 여전히 수상 자리에 욕심을 내고 있는 이시하라 신타로石原慎太朗가 2000년 4월 9일에 육상 자위대 앞에서 한 이 발언을, 지금의 상황을 생각하기 위한 회로로서 확보해두는 작업은 반드시 필요하리라고 생각한다. 왜냐하면 이 발언은 지금 일본이라는 나라가 여전히 제국의 계보 속에 존재하고 있음을 보여주기 때문이다. 또한 이시하라의 발언에서 사법을 초월한 군사적 폭력과 치안 유지의 밀접한 관계는 범죄라는 사법적인 법 규정을 근거로 등장하는데, 여기서 법적 질서에 잠재해 있는 법을 초월한 무법국가의 폭력이 드러난다. '오키나와 문제'에서부터 식민지주의를 검토하고자 하는 이 책의 밑바탕에는 이러한 무법 폭력과 관련한 현재의 위기감이 흐르고 있는데, 이는 우선 재해라 불리는 위기상황과 관계가 있다. 제1장에서 구체적으로 검토하겠지만, 군사적으로 질서 유지를 실현하는 이러한 비상사태가 바로 계엄령이라

------

* 제3국의 국민이라는 뜻으로 전후 일본에서는 일본에 남은 조선인, 중국인 등 구 식민지 출신자들을 일컫는 차별적 용어로 쓰였다.

불리는 문제다. 그리고 이시하라의 이 발언이 지나간 제국의 기억을 상기시키는 동시에 미래를 향한 경구가 되는 이유도 계엄령이라는 문제와 밀접한 관련이 있다.

주지하다시피 지금 일본 헌법에 계엄령을 규정하는 조항은 없다. 또한 3월 11일 대지진과 관련한 자위대의 행동도 일단은 군사 행동으로 간주되지 않는다. 즉 자위대법 제6장 '자위대의 행동'에서 규정하고 있는 이른바 재해 파견은 이번 대지진 때에도 국민의 생명, 재산을 보호하는 것으로서 사람들의 지지를 받았고 갖가지 미담을 낳기도 했다. 하지만 같은 자위대법 제6장에 있는 재해 파견 앞 항목에서는 치안 출동 및 경호 출동을 규정하고 있다. 즉 이 법에 따르면 "일반 경찰력만으로는 치안을 유지할 수 없다고 인정되는 경우에는" 치안 유지를 위해 자위대를 출동시킬 수가 있는 것이다. 이 출동 요청을 할 수 있는 사람은 도도부현* 지사다. 이시하라의 발언은 다름 아닌 재해가 일어났을 때의 치안 활동에 대한 것이다. 여기서 재해 파견과 치안 출동은 구별되지 않는다.

게다가 이번 대지진과 관련한 미군의 재해 지원('도모다치[친구] 작전')도 선의의 행동으로서 아무런 논의 없이 무조건 받아들여졌다. 하지만 이 '도모다치 작전'은 한반도와 관련한 군사행동을 상정한 미일방위협력 지침(신新가이드라인)에 근거한 군사행동이며, 유사시를 상정한 미일 양국군의 연계를 선취한 것이었다. 재해 파견과 치안 출동이 맞닿아서 수행된다는 점, 군이 말하자면 재해 파견으

---

* 都道府縣: 일본의 광역 지방행정단위.

　유착의 사상

로 나간 군은 곧바로 치안 출동으로 운용 가능하다는 점을 먼저 확인해둘 필요가 있을 것이다. 바로 그 때문에 이시하라는 이 두 가지를 의식적으로 포개어놓았다.

하지만 여기서 초점을 맞추어야 하는 것은 치안 유지와 군대에 관한 제도적인 분석이 아니다. 평시의 법을 초월한 군사행동을 재해 파견과 치안 유지로 분할하여 전자를 비상사태 때 국가가 해야 할 역할로 긍정할 것이 아니라, 국가의 폭력을 총체로서 감지하는 인식은 어디에 있는지, 그리고 이러한 인식에서 어떠한 미래를 발견할 수 있는지를 생각하고자 한다. 목적에 따라 변별하지 않고 폭력을 감지할 필요가 있다.

이렇게 폭력을 감지하는 것을 나는 『폭력의 예감』(岩波書店, 2002; 그린비, 2009)에서 **예감**이라는 말로 문제화했다.[14] "옆에서 일어나는 일이지만 이미 남의 일이 아니다." 예감이라는 말을 통해 생각하고 싶었던 것은 이 구절이 함의하는 시간과 공간, 그리고 사회를 바꾸기 위한 운동론적 가능성이었다. 자기 일이 아닌데도 자기 일처럼 느낀다는 것. 이것이 일상 경험에 기반을 두는 자기라는 개체의 위기임은 쉽게 상상할 수 있을 것이다. 더욱이 **이미** 남의 일이 아니므로 이 위기는 이전부터 줄곧 일상에 들러붙어 있었던 셈이다. 여기서 요점은 잠재적 위기가 존재한다는 것도 아니고, 이 위기의 존재를 적시하고 해설하는 것도 아니다. 무언가가 잠재적으로 존재한다고 해서 그것 자체가 폭로해야만 하는 숨겨진 진실이나 본질인 것은 아니다. 무엇보다 중요한 것은 일상에 들러붙어 있는 이 잠재적 위기가 언제 어디서 모습을 드러내고, 누가 그것을 감지하며, 어떤 식으로 그것이 현세화하느냐는 물음이다.

하지만 개체의 위기가 현세화하는 것과 관련한 '언제, 어디서'라는 물음은 동시에, 이 물음을 성립하게 하는 시간과 공간의 질서를 붕괴시키기도 한다. 여기서 감지되는 사건은 이미 일어나고 있었던 일이며, 따라서 현세화와 관련한 **안다**는 행위는 과거를 다시 묻는 일이기도 하다. 또한 이 현세화로 인해 지금까지 이어져온 과거의 연장선상에 미래를 상정하는 행위가 뒤흔들리고, 다음 순간에는 전혀 다른 미래가 시작될 수도 있다는 예감이 생겨날 것이다. 과거와 미래는 시계열적인 질서를 잃어버리고, 개체와 그를 둘러싼 질서 둘 다를 휩쓸어간 현세화라는 동태動態 속에서 새롭게 부상한다. 이는 붕괴의 느낌과 새로운 미래에 대한 희망이 뒤섞이는 사태이고, 후지타가 말한 '희망적 관측'이 '혼란'을 겪는 상황이기도 할 것이다.

또한 "옆에서 일어나는 일이지만 이미 남의 일이 아니다"라는 구절은 말하자면 어떤 대상을 안다는 행위가 그 대상에 휘말리는 일이기도 하다는 신체감각을 확보하고 있다. 이는 연구라 불리는 영역에서 '오키나와의 역사' '오키나와의 싸움'과 같은 대상이 확립되는 가운데 내가 줄곧 느껴온 위화감과도 관련된다. 그리고 이 위화감은 오키나와라는 대상에 대해 말하면 말할수록 거기에는 오키나와에서 일어나는 사태에 휘말리고 싶지 않다는 메시지가 있음을 알아차리고 마는 언어감각이기도 하다. 예감이라는 말로 확보하고 싶었던 것은 안다는 행위와 관련해 생기는 이 휘말린다는 신체감각이다. 그리고 이러한 감각이 대전帶電된 사고를 새로운 연루의 가능성으로 사고해보려 했다. 많은 사람이 자신들을 지켜줄 믿음직스러운 말이라며 이시하라의 발언에 찬동했다. 그리고 바로 그렇기 때문에 자위대 파견은 미담이 되었고, 미군은 친구로서 환영받았으며, 이시하라는 압도적인 지지를 획득한 것이리라. 하지만 다른 한편에는 이 발언에서 간토대지진의 계엄령을 상기한 이들도 있다. 가령 메도루마 슌目取真俊은 오키나와에서 가나가와神奈川로 고용살이를 하러 나간 할머니를 상기하면서 이 계엄령과 이시하라가 말하는 치안 유지는 자신을 향한 폭력이라고 썼다.[15] 메도루마는 이시하라가 말한 '삼국인'이라는 말에 휘말린 것이다.

　이는 '삼국인'이라는 용어에 오키나와인이 포함되느냐 마느냐라는 사실 확인 문제가 아니다. 이 명명은 특정한 민족적 카테고리를 그저 가리키고만 있는 것이 아니다. 그보다는 계엄령과 관련한 폭력이 이러한 명명과 그에 대한 응답, 즉 신문을 통해서 행사되고 있다는 사실이야말로 중요하다. 이러한 신문은 신문을 받는 이들에게 목소리를 내는 방식, 발음, 숨결, 긴장된 표정, 이마의 땀을 응답으로 강요한다. 그것은 신체를 구속한다는 점에서 이미 폭력인 것이다. 제1장에서 검토하겠지만, 국가의 법을 초월한 무법적인 폭력은 신문을 통해 수행되고, '오키나와 문제'라 불리는 영역에서 현세화하는 또 다른 미래는 이 계엄령과 신문을 통해 출입금지 구역 안에 강제적으로 에워싸인다. 그리고 바로 이러한 폭력에 대한 지각을 나는 예감이라는 말에 담았다. 이 지각을 통해 이시하라의 발언이 믿음직스럽다고 생각하는 일상에서 이미 폭력은 작동하고 있음을, 즉 계엄령을 부각하면서 이 책을 시작하고 싶다.

위장복

2011년 3월 11일 이후 긴 비상사태가 시작되었다. 이는 물론 이번 재해가 원전사고라는 사태이기도 하다는 사실과 깊은 관련이 있지만, 이 긴 비상사태라는 관점에서 재해를 유형적으로 설명하기보다는 "힘내자 일본"이나 "일본을 되찾는다" 같은 공허한 구호가 터져 나오는 가운데 생겨나는 질서 감각이라고 할 만한 상황에 대해 생각해보겠다.

무슨 일이 일어났는지는 여전히 불분명하다. 재해가 줄곧 이어지고 있다고 하는 편이 낫겠다. 위기인 것은 확실하지만, 이 위기가 사실상 언제부터 시작됐고 언제 끝날지는 모르는 채 지금이라는 시간은 계속해서 새겨진다. 이때 불분명하다는 것은 아는 데 대한 두려움이기도 할 것이다. 징후적으로 부상하는 위기는, 그것을 인지한 사람이 그전에 상정하던 미래를 끊임없이 지워버리기 때문이다. 어쩌면 스스로를 둘러싼 세계에 대해 안다는 행위 자체가 그러한 행위의 주체를 붕괴시키는 사태가 된다고 할 수도 있겠다. 그리고 지금, 상황을 지배하는 질서 감각의 저류에는 이러한 붕괴에 대한 두려움이 있다. 이는 끌어안은 붕괴를 부인하는 일이기도 할 것이다.

또한 이 같은 부인은 계엄령을 희구하는 심성이 되어, 위기를 알고자 하는 이에 대한 금지와 배제를 구성할 것이다. 그리고 지금 흡사 긴 비상사태를 더는 못 참겠다는 양, 부인과 금지를 통해 국가와 국민이 위기의 가장자리에서 새롭게 재정의되며 등장하고 있다. 이는 한편으로는 불안을 억누르는 과정이기도 하므로, '일본'이라는 열띤 외침은 불안에 쫓겨 탈출하려는 비명소리처럼 들리기도 한다. 이러한 외침이 점차 국가와 국민의 재생을 향해 나아가고 있는 지금 확보해야만 하는 것은 무엇인가? 거듭 말하지만, 아직 아무것도 끝나지 않았음을 확인하며, 불안을 내팽개치지 않고 붕괴한다는 느낌을 견디면서, 안다는 행위를 수행해나가는 일 아닐까? 그리고 이러한 인지를 통해서 본 국가는 '일본'이라는 외침과는 별개의 것이 될 터이다. 2011년 9월 19일 도쿄에서 열린 항의집회에서 "우리는 버림받았다"[16]라고 발언한 무토 루이코武藤類子는 이렇게 말했다.

> 나라가 한 일은 "정보 감추기" "사고를 작아 보이게 하기" "갖가지 기준을 끌어올리기"였습니다. 이는 후쿠시마 현 주민을 보이지 않는 우리에 가두는 것이었습니다.[17]

국가가 자신들을 죽음의 가장자리에 유기하는 존재임을 아는 것. 지금 조용히 퍼져나가고 있는 것은 사람들을 기민棄民*으로 두고 '보이지 않는 우리'로 둘러싸는 국가의 모습, 그리고 이 사실을 아는 이들이다. 이는 기민이라는 위치에서 다시금 국가가 그려진다는 뜻이기도 할 것이다. 일본이라는 국가는 도쿄전력 후쿠시마 제일원자력발전소 사고 이후 방사성 물질이 떠다니는 공간에 사람

------

* 국가로부터 버려진 민民.

들을 계속해서 둘러싸고 있었다. 이는 SPEEDI라 불리는 방사성 물질 확산 정보가 전해지지 않았다는 정보 전달의 문제가 아니다. 국가가 피폭을 적극적으로 유도한 것이다. 무토가 말한 보이지 않는 우리란 바로 이러한 국가의 소행을 가리킨다.

이 우리의 근거는 혼란을 피한다는 이름의 치안 유지다. 바꿔 말하자면, 치안이라는 이름으로 사람들은 우리에 둘러싸였고 그들의 신체는 피폭되었다. 확인해두어야만 하는 것은 계속되는 위기 속에서 치안 유지라는 이름 아래 사람들을 기민으로서 에워싸고, 피폭이라는 폭력을 행사하는 국가가 등장했다는 점이다. "이것은 살인죄가 아닌가?" SPEEDI를 알리지 않았다는 데 대해 어느 이장은 이렇게 발언했다.[18] 지금은 국가가 치안 유지를 위해 무작정 사람을 죽인다는 것을 주시해야 하지 않을까? 또한 '일본'이라는 외침과 난립하는 '일장기'가 바로 무법적인 치안 유지와 직결된다. 바로 그렇기 때문에 지금 계엄령을 검토해야만 한다.

그리고 계속되는 위기의 불안을 견디면서 이러한 국가의 소행을 줄곧 거부하는 위치, 즉 기민의 위치야말로 안다는 행위를 통해 확보해야만 하는 영역이 아닐까? 이는 안다는 행위가 그 과정에서 기민의 눈을 획득한다는 수행적 의미를 띠는 일이기도 할 것이다. 그리고 이때 기민은 역시 이탈이라는 전략과 깊은 관계가 있다. "우리는 버림받았다"고 발언한 무토는 동시에 이렇게 쓰기도 했다. "새로운 세계를 창조할 기회일지도 모릅니다."[19] 기민에서 새로운 미래를 향한 이탈로. 위기 때 등장하는 무법적인 국가 옆에서, 기민의 위치에서 찾아낼 수 있는 미래 또한 현세화하는 것이다. 레베카 솔닛이라면 이러한 미래를 "변화할 가능성이 있는 현재a transformative present"라고 부를지도 모른다.[20] 이는 기민이 만들어지는 순간이 동시에 이탈이며, 이러한 이탈에서 찾아낼 수 있는 미래의 가능성이기도 하다는 뜻이리라. 이는 또한 이 책의 일관된 주제인 유착流着과 깊은 관계가 있다.

이 책에서 나는 미일연합군의 치안 출동 및 경호 출동의 대상 지역이었던 오키나와를, 이러한 3월 11일 이후의 상황과 관련해서 생각해보고자 한다. 하지만 그렇다고 해서 희생을 강요하는 일본의 시스템이라는 측면에서 오키나와와 후쿠시마는 같다는 식으로 유사성을 해설하려는 것은 아니다. 기민은 시스템상의 정의가 아니라 폭력을 감지하는 힘의 문제다. 기민이라는 위치에서 국가의 무법을 감지함으로써 획득할 수 있는 "변화할 가능성이 있는 현재" 속에서, 굳이 말하자면 폭력의 예감과 함께 찾아낼 미래 속에서 사람들이 연결된다는 것을 사고하기 위해 오키나와를 지금 이 상황에서 생각해보고 싶다. 이는 계엄령에서 이탈할 가능성을 다초점적으로 확장해가는 시도이기도 하다. 오성으로 그려낸 국가 시스템 속에서 정의되는 희생자라는 관점에서 오키나와와 후쿠시마의 동질성을 이야기하는 것이 아니라, 기민의 위치에서 감지한 국가의 모습 그리고 이러한 감지력으로써 미래를 이야기하는 것이 지금은 중요하지 않겠는가?

앞서 언급한 메도루마는 이시하라의 발언에서 간토대지진의 계엄령을 상기했다. 또한 여기에는 오키나와 전쟁 당시의 일본군 주둔에서 이어지는 미일 양군의 점령 상태가 포개질 것이다. 바로 이러한 역사의식이 3월 11일 이후의 일본이라는 국가와 일본인이라는 국민을 그려낸다. 가령 군용 헬리콥터가 추락하여 불이 붙은 대학에서 가르치는 도바루 가즈히코桃原一彦는 지진 후에 연구실에 찾아온 학생의 다음과 같은 발언을 놓치지 않았다. 자위대의 재해 파견과 미군의 '도모다치 작전'을 찍은 텔레비전 영상을 보고 나온 말이다.

저 위장복을 보면 위화감이 든다.[21]

이렇게 위화違和를 감지하는 힘 즉 "재해와 군대가 접목되는 것을 자명시하지 않고 이를 어긋남이나 불화로서 인지하는",[22] 안다는 행위가 바로 "변화할 가능성이 있는 현재"를 확보하지 않을까? 게센누마氣仙沼에서 복구 지원을 한 미군 해병대는 오키나와에 상주하는 점령군이다. 또한 이 부대는 저 이라크의 팔루자Fallujah에서 주민을 에워싸고 열화우라늄탄을 투하해 무차별 살육을 자행한 실행부대이기도 하다.[23] 그리고 문제는 이러한 살육자를 자신들을 지켜주는 '친구=도모다치'로 받아들이는 심성인데, 이는 동시에 점령 상태를 감지할 수 있는 힘을 결여한 채 거론하는 '오키나와 문제'의 문제이기도 하다.

2004년 8월 13일, 오키나와 현 기노완宜野灣 시에 있는 오키나와 국제대학에 미군 해병대 후텐마普天間 기지 소속 대형 군용 헬리콥터가 추락, 폭발하여 불이 붙었다. 곧바로 미군과 일본의 경찰 기동대가 현장을 진압했는데, 사고는 이 같은 무장 진압 속에서 처리되었고 이와 동시에 오키나와 주민의 행동은 진압 과정에 필요한 처리를 위협하는 것으로서 감시를 받았다. 도바루 가즈히코는 이때의 사태를 '치외법권'이라 부른다. 이 치외법권 속에서 오키나와 주민은 사고 피해자가 아니라 치안 유지를 위해 감시해야 마땅한 용의자가 되었다. 이를 근거로 도바루는 이렇게 썼다.

> 피해자가 '피해자'로서 의식할 수 없는 문제의 근원을 왜 '오키나와 문제'로 정리하려 하는가?[24]

도바루의 이 말에서는 두 가지를 읽어내야만 한다. 하나는 재해가 각인된 장소나 사람들이 치안 출동한 군사력에 에워싸이고 감시를 받으며 진압된다는 점이고, 또 하나는 이 치안 출동을 문제시하지 않은 채 계속 이야기되는 '오키나와 문제'다. 여기서는 치안 출동과 선의로 이야기하는 '오키나와 문제'의 공범관계가 비쳐 보인다. 그리고 "전전, 전중 시기부터 오키나와는 일관되게 '유사시'였다".[25]

자위대의 재해 파견과 미군의 '도모다치 작전'은 피해자를 치안 유지의 용의자로 처리해나가는 과정 아닌가? 이는 또한 무토가 감지한 보이지 않는 우리이기도 할 것이다. 오키나와 국제대학 학생이 "저 위장복을 보면 위화감이 든다"고 할 때, 위화는 이러한 과정에서 작동하는 폭력을 감지하는 힘이고 여기에서 포착된 상은 기민의 눈으로 그려낸 일본과 미국이라는 국가다. 따라서 이는 "새로운 세계를 창조할 기회일지도 모른다".

이 책에서는 일관되게 비상사태 즉 '유사시'인 오키나와로부터 간토대지진을 상기하고, 지금도 작동하고 있는 계엄령에 대해 생각하고자 한다. 이는 '오키나와 문제'를 계속해서 이야기하면서 무엇을 회피하고 금지하고 있는지를 내성적으로 재검토하는 일이기도 할 것이다. 말하자면 '오키나와 문제'에 대한 계보학적 검토다.[26] 이를 위해서는 지도를 바라보며 그곳에서 살아가는 주민과 자기 자신을 분리한 뒤에 해설하는 텔레비전 해설자와는 다른 사고법, 다시 말해 "옆에서 일어나는 일이지만 이미 남의 일이 아니"라는 지각이 요청된다.

제1장

계엄령과
'오키나와 문제'

이제는 고향에 있어도 안한하지 않고 내지에 나가도 안정이 되지 않는다.[1]

― 히로쓰 가즈오廣津和朗

'떠도는 류큐인'

이 장에서는 오키나와로부터 간토대지진을 상기하며 지금도 작동하고 있는 계엄령을 표면에 드러내려고 한다. 서장에도 썼듯, 이는 '오키나와 문제'가 무엇을 회피하고 금지하는지를 내성적으로 재검토하는 일이기도 할 것이다. 뜻밖일지도 모르겠지만 이를 위해 간토대지진이나 계엄령과는 직접 관계가 없다고 여겨지는, 히로쓰 가즈오가 전쟁 전에 쓴 소설 「떠도는 류큐인」에서 논의를 시작하겠다.

전후에 마쓰모토 세이초松本清張나 나카노 시게하루中野重治 등과 함께 '마쓰카와松川 사건'* 재판에도 깊숙이 관여한 히로쓰 가즈오는 1910~1920년대에 걸쳐 아리시마 다케오有島武朗를 위시한 시라카바白樺파나 프롤레타리아문학이 등장하는 가운데 늘 문학 논쟁의 한복판에 있었다.[2] 또 『시소思想』(1931. 3월)에서 미야모토 겐지宮本顯治는 히로쓰 가즈오를 프롤레타리아문학 주변에 있는 과도적 '동반자 작가'라 명명했는데, 우선 미야모토의 이러한 지적은 프롤레타리아문학에서 히로쓰가 차지하는 위치를 잘 보여준다고 해도 좋다. 뒤에서 다시 논하겠지만, 이러한 구도는 당대 문학 논쟁 한복판에 있던 아오노 스에키치靑野季吉가 이 작품을 두고 히로쓰에게 가한 비판과도 깊은 관계가 있다.

내용은 뒷부분에서 검토하겠지만, 히로쓰가 「떠도는 류큐인」을 『주오코론中央公論』(1926. 3월)에 발표하자마자 이 작품에 대한 오키나와 청년동맹의 항의서 「히로쓰 가즈오 씨에게 항의한다」(『호치신문報知新聞』 1926. 4. 4)가 나왔다. 오키나와 청년동맹이란 야마다 유칸山田有幹을 회장으로 1926년 3월에 오키나와에서 결성된 운동단체인데, 1920년대 후반에 오키나와의 미장이나 목수, 석공들을 조직했다. 따라서 이 항의서는 오키나와 청년동맹 결성과 거의 동시에 작성된 셈이다. 또한 오키나와 청년동맹은 한편으로는 일본 각지에서 전개된 일본 공산당의 지방청년조직으로 결성되었지만, 다른 한편으로는 오사카大阪에서 오키나와인의 사회운동, 노동운동을 조직하기 시작했던 세키류회赤琉会나 간사이關西 오키나와 현인

---

* 1949년 8월 17일 도호쿠 본선 마쓰카와 역과 가나야가와金谷川 역 사이에서 열차가 탈선하여 전복된 사고. 사고 지점을 조사한 결과, 철도 레일의 볼트와 너트가 풀려 있거나 이음판이 제거되어 있다는 것이 밝혀졌다. 이 사건의 수사와 기소가 사상 탄압으로 이어진 데 대해 항의운동이 일어났으며, 노조 간부들을 비롯한 피고인들은 최종심에서 전원 무죄 선고를 받았다.

회의 지도 그룹들과 교류하는 가운데 태어났다. 항의서에는 "언제 우리도 일자리를 찾아 현 바깥으로 나가지 말란 법은 없습니다"라는 자기규정이 등장하는데, 오키나와 청년동맹이 결성된 밑바탕에는 사람들이 오키나와에서 오사카 등지로 흘러나가는 사태가 있었다. 굳이 말하자면, 오키나와 청년동맹이라는 이름에 기입된 오키나와는 하나의 지리적 지역을 가리킨다기보다는 사람들이 지역에서 떨어져 나와 유동하는 가운데 다시금 획득한 이름이었다.[3]

이 오키나와 청년동맹의 항의서가 의미하는 바에 대해서는 히로쓰의 응답과 더불어 주의깊게 생각해보겠지만, 항의서의 기본적인 주장은 히로쓰의 작품이 '오해'를 줄 우려가 있다는 것이었다. 그리고 이에 대해 히로쓰가 「오키나와 청년동맹 여러분에게 답한다」(『호치신문』 1926. 4. 11), 「오키나와 청년동맹의 항의서: 졸저 『떠도는 류큐인』에 대해」(『주오코론』 1926. 5월)로 응답하는 일련의 전개가 있었다.

이 응답 과정을 두고 아오노 스에키치는 히로쓰가 오키나와 청년동맹에 대한 응답에 얽매이는 것은 센티멘털리즘이고, 결과적으로 '떠도는 류큐인'이라는 류큐의 무산자들에게 문제를 한정한다고 보았다. 또한 아오노는 류큐의 무산자와 "지상에 편재하는 무산자"를 대치시키며 세계의 무산자를 문제의 중심에 놓아야만 한다고 비판했다.[4] 하지만 히로쓰는 어디까지나 오키나와 청년동맹에 응답하는 데에 매달려, 이 작품을 앞으로도 일절 재수록하지 않고 '말살' 하겠다고 약속했다. 그리고 히로쓰는 전후에도 이 약속을 계속 지켰다. 그런데 후에 아오노가 히로쓰에게 가한 비판을 두고 오시로 다쓰히로大城立裕는 이렇게 썼다.

오키나와 문제를 곧바로 국제적인 추상의 장에 펼쳐놓고 거기서
만 해결할 수 있는 양 생각하는, 오늘날에도 곧잘 볼 수 있는 태
도를 당연하게도 아오노가 취했던 데 반해, 히로쓰는 어쩐지 그
래서는 도저히 못 참겠다고 생각했다는 점에 차이가 있다고 나
는 보고 싶다.[5]

오시로의 이 글에 들어 있는 '오키나와 문제' '국제적인 추상의
장' '오늘날에도 곧잘 볼 수 있는 태도'와 같은 표현에는 많은 논점
이 포함되어 있으므로 주의깊게 논의를 펼치기로 하겠다. 우선 오
시로의 이 글은 『신新오키나와문학』(17호, 1970. 8월)에 게재되었는
데, 앞서 말했듯 「떠도는 류큐인」을 '말살'하겠다는 약속은 히로쓰
가 타계한 1968년까지 계속 지켜지다 1970년에 이 『신오키나와문
학』 같은 호에서 복각되었다.[6] 오시로의 글은 이 복각을 계기로 나
왔다.

따라서 여기서 오시로가 말한 '오키나와 문제' 혹은 '오늘날에도
곧잘 볼 수 있는 태도'는 일본 본토 복귀를 눈앞에 둔 1970년이라
는 상황 속에서 읽어야만 한다. 1969년 11월 22일 사토와 닉슨의
회담으로 오키나와의 일본 복귀가 정치 과정상으로 확정되었고,
그 복귀의 의미가 명확해졌다. 1970년이라는 연호는 일본 복귀가
확정된 미래로서 전면적으로 등장하는 가운데, 일본 사회에 들어
간다는 것의 의미를 현실문제로서 날카롭게 물어야만 했던 상황

을 보여준다. 또한 이 복귀란 기지와 핵이 있는 복귀였으며, 바라던 꿈이 배신당했음을 의미하고 있었다.

오시로 또한 이러한 상황 속에서 이 글을 썼다. 이 글은 **문제**로 취급되는 오키나와와 이를 논하는 사람들을 상정하는데, 여기서는 그들이 보편적인 코드로 '오키나와 문제'를 논하는 '곧잘 볼 수 있는 태도'가 드러날 것이다. 이 보편적인 코드는 무산자일 수도 있고 계급일 수도 있으며 혹은 기지 반대나 평화 같은 슬로건일 수도 있지만, 오시로는 이러한 '오키나와 문제'와 이를 논하는 사람들이 구성하는 구도로는 다 담을 수 없는 어떤 가능성을 「떠도는 류큐인」이라는 작품과 오키나와 청년동맹의 항의에 대한 히로쓰의 자세에서 보려고 했다고 일단 말할 수 있을 것이다.

하지만 동시에 오시로는 오키나와 청년동맹에 대한 히로쓰의 응답에 등장하는 "저는 고개를 숙이고 깊이 반성해야 마땅합니다" 운운에 대해 같은 글에서 이렇게 쓴다.

> 오에 겐자부로가 언젠가 썼던 오키나와 르포를 "그저 암연히 고개를 숙일 뿐"이라 맺은 것을 보고 한 오키나와 사람이 "그런 걸로는 뭐 하나 해결되지 않는다"는 뜻에서 항의했던 일을 여기서 떠올렸는데, 이 같은 악순환을 어떻게 끊을 것인가 하는 문제를 우리는 몇십 년간 죽 끌어안고 있었다고 해야 할 것이다.[7]

그저 반성하고 침묵하며 사죄하기를 계속하는 것이 응답이라고 생각하는 이들. 다른 한편에는 오키나와 문제를 보편적인 코드로 장황하게 해설하는 이들. 히로쓰 자신도 포함해 「떠도는 류큐인」을 둘러싼 1920년대의 논의에서 오시로가 읽어낸 것은 1970년이라는 상황 속에 있던 야마토* 지식인들의 원형이라고도 할 만한 계통의 문제였다. 마찬가지로 『신오키나와문학』에 수록된 유이 아키코由井晶子의 글도 오시로와 같은 지적을 했다.

> 일본 내에서 오키나와가 어떠한 존재인지, 본토가 오키나와를 어떻게 대하는지, 오키나와와 본토의 관계가 어떠한지에 대한 재점검이 지금처럼 강하게 요청되었던 적은 없다. 「떠도는 류큐인」 문제는 양심적이고자 하는 본토 지식인의 한 태도를 명확히 보여준 사건이었다. 그리고 그 의의는 지금도 살아 있다.[8]

유이가 말한 이 소설의 의의는 복귀 40주년을 맞이한 현재 상황에서도 변함없이 살아 있다. 아니, 오히려 더욱 명확해졌다고 해도 좋다. 그리고 가장 먼저 해야 할 일은 그저 반성하며 양심적이고자 하는 지식인으로 그치지 않는 히로쓰 혹은 보편적인 코드로 오키나와를 해설하는 것을 참지 못하고 위화를 느끼고 마는 히로쓰를, 이 작품과 이를 둘러싼 항의와 응답 과정 속에서 찾아내는 작업이다. 이는 결론부터 이야기하자면, 고향이 됐건 '내지'가 됐건 어디에 살든 간에 이미 유민으로서 존재하는 "떠도는 류큐인"으로부터 시작해야 하는 정치의 실마리를 확보하는 작업이기도 하다.

------

* ヤマト: 일본의 다른 이름. 오키나와에서 일본 본토를 부르는 말이기도 하다.

'오키나와 문제'의 문턱[9]

먼저 이 작품의 전제부터 살펴보자. 이 단편은 도쿄에 사는 주인공 '나'에게 자신을 '류큐인'이라고 소개하는 미카에리 다미요見返民世라는 인물이 불쑥 찾아오는 데서 시작한다. 미카에리가 '나'의 거처에 죽치고 들어앉으면서 '나'는 미카에리에게 석유화로를 강매당하고 또 그 지인이라는 같은 '류큐인'에게 소중한 책을 도둑맞는가 하면, 미카에리에게 두 번이나 속아서 돈을 내준다. 스토리는 '나'와 '류큐인' 사이에 일어나는 일로 구성되는데, 속고 속이면서도 질질 이어지는 둘의 관계가 이야기의 중심축이다.

소설 전반에 미카에리 다미요가 '나'에게 '류큐의 농업 문제'에 대해 이야기하는 장면이 등장한다. 여기서는 오키나와의 제당업이 본토 자본가들 때문에 몰락할 위기에 처했고, 사람들은 살기 위해 유랑할 수밖에 없다는 이야기가 나온다. 즉 이 소설이 전제로 상정하는 것은 1920년 설탕 가격 폭락을 계기로 시작된 이른바 소철지옥[10]이라 불리는 사회 붕괴다. 이 소철지옥이라는 사회 붕괴에 관해서는 이 책 다음 장 이후에서 검토하므로 여기서는 상세히 서술하지 않겠지만, 그것은 자본에 포섭된 농업의 위기라 할 수 있겠다. 그리고 이 위기는 제당업이 근대를 짊어지고 있던 오키나와와 아마미奄美를 삼켜버렸다. 「떠도는 류큐인」에서 류큐라는 말은 우선 오키나와를 염두에 두고 있다고 여겨지지만, 오키나와와 마찬가지로 소철지옥이 도래한 아마미를 어떻게 생각할 것인지는 소철지옥의 역사적 의미를 사고하는 데 결정적으로 중요한 지점이다.

또한 이 소설이 쓰인 1926년은 소철지옥이 오키나와의 구제를 요청하는 사회문제로 급격히 부상하던 시기이기도 하다. 오키나와의 비참함과 그 구제를 주장하는 아라구스쿠 조코新城朝功의 『익사하는 오키나와』(越山堂, 1925), 다무라 히로시田村浩의 『오키나와 경제사정』(南島社, 1925), 와쿠가미 로진湧上韓人의 『오키나와 구제논집』(改造之沖縄社, 1929), 오야도마리 고에이親泊康永의 『오키나와여, 일어서라』(新興社, 1933) 등이 출판되었고 신문 등에서도 해결해야만 하는 사회문제로서 오키나와를 언급했다. 소철지옥이라는 위기는 구제하지 않으면 안 되는 오키나와라는 대상을 만들어냈던 것이다. 달리 표현하자면 이는 공적인 언론공간에서 오키나와가 **문제**로서 등장했다는 말이다. 그리고 이러한 구제해야 할 오키나와라는 인식은 히로쓰에게 항의문을 보낸 오키나와 청년동맹도 공유하고 있었다. 항의서는 다음과 같은 말로 시작한다.

> 제국 남단에 있는 오키나와 현은 목하 극도의 경제적 궁핍에 빠져 실로 익사할 지경에 이르렀다는 사실은 귀하도 이미 알고 계시는 바이며, 중앙의 신문 잡지 등에도 "경제적 망국의 좋은 표본"이라는 극론까지 나오는 등 이제는 한 지방의 문제가 아니라 국가적 문제로 취급될 정도입니다.[11]

소철지옥이라는 위기는 오키나와 청년동맹이 말하듯 확실히 '국가적 문제'로서 '표본'처럼 다뤄지기 시작했다. 다음 장에서도 서술하겠지만, 1925년에 제50회 제국의회는 '오키나와 현 재정경제의 구제 촉진에 관한 건의안' '오키나와 현 구제에 관한 건의안'을 결의했고 이에 따른 구제책이 강구되고 있었다. 이러한 움직임은 1932년 오키나와 현 진흥계획으로 결실을 맺는다. 즉 위기를 외치는 목소리가 높은 가운데 국가가 구제나 진흥과 관련한 법적 개입을 담당하는 주체로 등장하는 것이다. 다시 말해 1920년대를 거치면서 그야말로 '오키나와 문제'가 법적으로 구성되었다. 더욱이 '오키나와 문제'란 오키나와에 있는 문제가 아니라 문제에 대처하고 이를 해결할 새로운 법과 국가의 등장을 의미했는데, 그렇기 때문에 이는 '국가적 문제'였다. 따라서 거칠게 말하면, 여기서 주시해야 할 축은 문제를 끌어안은 오키나와가 아니라 위기에 대응해 문제를 구성하면서 전개되는 국가의 재정의에 놓여 있었다.

그리고 이렇게 '오키나와 문제'가 형성된 결과, 구제를 요구하는 자기상의 제시와 구제받을 자격을 묻는 감시권력의 등장이라는, 오키나와라는 영역에서 서로 포개지는 두 가지 움직임으로 구성된 정치가 생겨났다. 가령 제3장에서 집중적으로 다룰 1924년에 간행된 이하 후유伊波普猷의 「류큐 민족의 정신분석」(『오키나와 교육』 136호)은 이러한 정치적 자장 속에서 구제를 요청하는 신청자로서 자기를 제시하는 동시에 그렇게 제시해야 할 자기에 근거를 부여하는 역사 인식을 재구성해간 결과물이다. 또한 오키나와 현 진흥계획의 입안 과정에서 설치된 '오키나와 현 진흥계획 조사회'(1932)에서는 오키나와를 식민지와 구별하여 구제해야 할 국토로 간주할지 여부를 논의했는데,[12] 여기서는 말하자면 제구실을 하는 버젓한 일본(인)이라는 것이 구제의 자격 문제로 거론된다.

따라서 법적 구제는 구제해야 할 삶과 그렇지 않은 삶을 구분하는 격리와 배제를 수반하는 것이었는데, 여기서는 일본(인)이라는 점이 매우 중요한 의미를 띠게 된다.[13] 이러한 '오키나와 문제'의 형성과 함께 모습을 드러내는 국가를 어떻게 생각할지에 대해서는 다음 장 이후에 논의하겠지만, 어쨌거나 '오키나와 문제'의 형성은 오키나와의 자기 제시와 국가의 재정의가 서로 포개지면서 전개되었다.

이는 오키나와라는 지리적 범위가 자기 제시의 근거 및 국가 개입의 대상 둘 모두의 전제로서 아무런 물음을 거치지 않은 채 자연화되는 과정이기도 했다. 여기에 '오키나와 문제'의 결정적인 논점이 존재할 것이다. 즉 한편에서는 '오키나와 문제'가 형성되면서 오키나와라는 이름이 지리적 범위로 자연화된다. 다른 한편 앞서 말한 오키나와 청년동맹에서 볼 수 있듯, 소철지옥을 계기로 오키나와라는 이름은 하나의 지리적 지역을 가리키기보다 사람들이 지역에서 떨어져 나와 유동하는 가운데 다시금 획득한 이름으로서 등장한다. 하지만 곧바로 알 수 있듯, 오키나와라는 이름의 이 같은 이중성은 소철지옥이라는 하나의 위기가 두 가지로 나타난 것에 지나지 않는다. 다시 말해 '오키나와 문제'의 형성은 동시에 구제의 법이라는 면에서는 법 바깥에 놓이는 다른 이름이 시작되는 일이기도 하다. 굳이 말하자면 '오키나와 문제'라는 영역은 형성되자마자 파탄을 맞는다.

이 '오키나와 문제'라는 영역이 우선 「떠도는 류큐인」의 전제로 존재한다. 소설에서 미카에리 다미요에게 '류큐의 농업 문제'에 대해서 들은 '나'는 먼저 오키나와의 이제까지의 역사에 마음 아파할 뿐 아니라, '오키나와 문제'를 논하던 당시의 조류와 마찬가지로 마음이 움직여서 "이렇게 외법法外한* 일이 존재하게 둔다는 데에 의분까지 느낀다".[14] 여기서 양심적인 지식인인 '나'를 보는 것도 가능하고, 오키나와를 '국가적 문제'로 성립시키는 심성 또한 여기에는 있을 것이다. 하지만 진짜 문제는 이 다음이다.

앞에도 썼듯, '나'는 '류큐인'인 미카에리 다미요나 그 지인들에게 속아서 돈이나 소중하게 간직하던 책을 빼앗긴다. 이는 사회질서에 반하는 일이며, 부정해야 마땅할 외법 즉 위법적인 일일 것이다. 의분을 느끼게 하는 '외법한 일'과 질서에 반한다고 지탄받는 위법. 전자는 국가의 개입을 통해 구제해야 할 대상으로, 후자는 일단은 심판을 받아야 할 대상으로 정립될 것이다. 또한 전자는 지리적으로 영역화되고 에워싸인 오키나와라는 지역과 관련한 일인 데 반해, 후자는 '나'와 직접 관계있는 일상에서 일어난 사건으로 우선은 오키나와와는 무관한, 개인의 행위와 관련한 범죄로 처리될 것이다. 하지만 '나'는 그런 식으로 처리할 수 없었던 것이다. 여기에 이 소설의 대단히 중요한 논점이 있다.

소철지옥이라는 위기는 자신이 속한 사회를 향한 반란으로서 등장하는 것 아닐까? 미카에리 다미요가 이야기한 '류큐의 농업

---

* 원래 이 말은 법도에 어긋난, 불합리한 등을 뜻하는 말이지만 저자가 이후 논의하는 '법 바깥'과의 관계를 드러내기 위해 이렇게 옮겼다.

문제'라는 '외법한 일'은 결코 지리적인 범위에 한정된 '국가적 문제'로서 등장한 것이 아니라, 스스로가 생활하는 일상의 질서를 뒤흔드는 사건으로서 등장한 것 아닐까? 소중한 책을 도둑맞은 '나'는 분개하면서도 이런 생각을 하기 시작한다.

사실, 오랫동안 박해를 받다 보면 박해자에게 신의를 지킬 필요가 없어진다 한들 무리는 아니다. 칭찬할 만한 일은 아닐지언정 어떤 동정심이 생기지 않는 이야기도 아니다. 나는 미카에리가 일전에 해준 이야기를 떠올렸다. 토지를 가지고 있고 사탕수수를 재배해도 먹고 살 수가 없다. 사탕수수를 재배하지 않으면 더더욱 먹고 살 수 없다. 게다가 류큐 자체에서 생긴 어떠한 원인 때문에 이렇게 된 게 아니라 류큐 바깥의 대국이 착취를 하기 때문인 것이다. 류큐에서 일하기보다는 규슈의 T탄광에서 광부생활을 하는 편이 낫다고 생각하는 것도 고향 자체에 무슨 원인이 있어서 그런 마음이 든 게 아니고, 고향이 지옥 같은 느낌이 드는 것도 다 고향 바깥의 어떤 폭력적인 압박 때문이다. 이런 처지에 있지 않은 나는 똑똑히 실감할 수 없지만, 만일 내가 이렇게 압박받는 위치에 있었다면 나 역시 압박자에게 신의나 도덕을 지키고 싶지는 않았을지 모르는, 우리로서는 알 수 없는 어떤 마음이 류큐인에게 생겼다고 해도 어째 무리가 아닌 것 같다. 무기를 빼앗긴 류큐인은 예의 가라테라는 무서운 호신술을 만들어냈다. 이것은 육체의 문제지만, 정신적으로도 가라테와 비슷한 일종의 호신술을 고안했다고 해서 그렇게 부자연스러운 이야기는 아니다.[15]

여기에는 법 바깥에 놓인 사람의 삶이 질서에 부합하는 것일 리 없다는 지극히 정당한 직관이 그려져 있다. "'페어플레이'는 아직 이르다(루쉰)."[16] '나'는 자신이 공격을 받는 질서에 속하며 따라서 배신을 당하고도 모자라 가라테에 당해 쓰러지더라도 "부자연스러운 이야기는 아니"라고 인식하기 시작한다. 의분을 느끼게 하는 외법함과 범죄로 처리되는 위법은 결코 구별되는 것이 아니라 하나로 이어져 있는 사태임을 알아차리는 '나'는, 전자 즉 의분의 대상인 동시에 구제해야 마땅한 '오키나와 문제'가 자신과는 유리된 구제법의 대상으로서 지리적으로 존재하는 것이 아니라 자신에 대한 폭력으로서 잠재적으로 존재하고 있음을 감지한다.

여기에는 이 소설의 '나'가 양심에 근거해 의분을 토하는 양심적 지식인에서 비어져 나오는, 일종의 극점이 분명히 있다. 당해서 쓰러질 수도 있다는 예감은 "식민지주의자가 만들어낸 세계와 직면할 때 원주민은 늘 범죄 용의자다"[17]라는 프란츠 파농의 말과 함께 다시금 검토할 필요가 있지만,[18] 어쨌든 '나'의 이 극점은 의분을 바탕으로 '오키나와 문제'를 이야기하면서 자신의 일상은 그와는 별도로 확보하는 양심적 지식인의 안녕이 붕괴하기 시작하는 지점이다. 또한 덧붙이자면 '오키나와 문제'를 무산자라는 더욱더 보편적인 코드로 논하려 했던 아오노 스에키치도 이렇게 의분과 안녕을 구분한다는 점에서는 공통된다고 우선 말할 수 있을 것이다. 논점은 개별이냐 보편이냐가 아니라 문제로서 논의되는 대상을 자신의 일상마저 뒤흔드는 힘으로 감지할 수 있느냐 없느냐다. 그렇다면 장황하게 이야기하던 '오키나와 문제'가 정지하는 문턱의 영역에서는 어떤 일이 시작될까? 당해서 쓰러질 수도 있다는 '나'의 폭력의 예감은 어디로 향할까?

'나'가 발을 내디딘 '오키나와 문제'의 문턱은 오키나와 청년동맹의 항의서와도 깊은 관련을 맺고 있다. 「떠도는 류큐인」에서 '나'는 사기와 절도를 당하면서도 이를 단순한 부도덕이나 범죄로 보려 하지 않고 여기에 류큐인의 역사를 포개면서, "오랫동안 박해를 받다 보면 박해자에게 신의를 지킬 필요가 없어진다 한들 무리는 아니"라고 했다. 그리고 오키나와 청년동맹이 가장 거세게 항의한 것이 바로 이 부분이었다. 바꿔 말해 '오키나와 문제'는 외법하다고 그저 분노하는 양심적 지식인에서 비어져 나와 '오키나와 문제'의 문턱을 향해 가는 이 '나'에게 항의하기 시작한 것이다. '나'가 이렇게 말한 부분을 두고 오키나와 청년동맹은 다음과 같이 항의했다.

> 많은 사람이 즉각 류큐인은 도덕관념이 다른 사람들이다, 신의가 없는 놈들이다, 파렴치한 짓도 아무렇지 않게 한다, 신용할 수 없는 자들이다 같은 인상을 받지 않겠습니까? "물론 사람에 따라 다른" 것이니까 "모든 류큐인이 그렇지는 않다"고 해도, "대체로 그러한 경향이 있다"는 오해를 받지 않는다고 단언할 수는 없다고 생각합니다.[19]

여기에 쓰인 "물론 사람에 따라 다른" "모든 류큐인이 그렇지는 않다" "경향" 같은 말은 소설에서 인용한 것이다. 그리고 오키나와의 역사를 '경향'으로서 끌어들이려 한 '나'에 반해 오키나와 청년동맹은 이를 오키나와와는 무관한 개인의 문제로 돌려놓고, '경향'으로 논의된 내용은 오해라고 했다.

그리고 히로쓰는 항의를 받고 곧장 오해를 불러 일으켰음을 사죄했다. 맨 처음에 썼듯 히로쓰는 「떠도는 류큐인」이 실린 『주오코론』의 다른 호(1926. 5월)에 오키나와 청년동맹의 항의서 및 그에 대한 자신의 응답을 게재했는데, 그 서두에서 "오키나와 현 사람들에 대한 **세간**의 신용에 누를 끼칠 만한 점이 있었다면, 일반 오키나와 현민에게 죄송한 동시에 스스로도 유감"(강조는 인용자)이라고 썼다.[20] 그리고 그 뒤에 "현재 눈앞에 닥친 문제"인 오키나와의 "경제적 파탄에서 당신들 현민을 구해내는 것이 급선무"라며 '오키나와 문제'에 대한 의분을 재차 표명한다.[21] '오키나와 문제'가 자신이 사는 세계를 쓰러뜨리는 일은 있을 수 없다는 확신, 즉 이 같은 상상은 근거 없는 오해라는 확신과 '당신들'을 구하고 싶다는 양심적 지식인의 의분은 여기서 딱 포개지며 공범관계를 맺는다.

소설에서 '나'는 'H'라고도 쓰여 있어 히로쓰 본인이라고 여겨진다. 하지만 당연히 소설 속의 '나'와 히로쓰 본인은 다른 인물이다. 그리고 의분을 느끼는 외법과 범죄라는 위법을 포개어서 사고하기 시작한 '나'의 시도는 오키나와 청년동맹의 항의에 응답함으로써 히로쓰 자신에 의해 중단되었다고 할 수 있을 것이다. 그 결과 후자의 위법은 '일반 오키나와 현민들'과는 아무런 관계없이 비난당하거나 벌을 받아야 할 개인 범죄의 문제가 되고, 여기에 오키나와의 역사를 포개어놓고 생각하는 것은 '세간'에 오해를 불러일으키는 행위가 된다. 그리고 이를 바탕으로 히로쓰는 전자의 외법 즉

'오키나와 문제'에 대한 한층 더한 의문을 거듭 말하기에 이른다.

이 응답 과정에서 문제시되지 않고 방치된 것은 무엇일까? 이는 히로쓰가 세간이라 부른 자기 자신의 일상이며, 거기에 속하는 히로쓰 자신이다. 또한 범죄로서 단죄해야 할 위법은 '오키나와 문제'와 관련해서는 존재하지 않는다. 이는 '오키나와 문제'와는 무관한 범죄자의 문제이고, 개인에게 돌려야 할 사항이다. 따라서 오해를 불러일으켰다는 히로쓰의 응답은 일상 속에서 제기해야 할 물음을 봉인하고, 지리적으로 에워싸인 오키나와에 의문만을 보내는 것을 뜻한다. 이 지점에서 '오키나와 문제'는 순화될 것이다. 그리고 양심적 지식인은 안녕한 장소를 확보한다. 이 소설의 '나'가 열었던 '오키나와 문제'의 문턱은 오키나와라는 이름을 지리적으로 한정하고 이를 일상 바깥에 둠으로써 봉인되었다. 이는 또한 히로쓰가 다시 한 번 양심적 지식인으로서 자기를 규정하는 일이기도 했다. 하지만 「떠도는 류큐인」이라는 텍스트에서 사고해야만 하는 것은 히로쓰가 닫아버린 '오키나와 문제'의 문턱이며, 당해서 쓰러질 수도 있다는 예감과 더불어 발견되는 미래가 아닐까?

계엄령

이 소설을 둘러싼 물음은 아직 남아 있다. 즉 소철지옥이라는 사회 붕괴를 자기 자신의 문제로 끌어안은 사람들에게서 소설의 '나'가 발견한 이 '오키나와 문제'의 문턱이란 무엇인가라는 물음이다. 이는 오키나와라는 이름을 자연화된 지리의 이름이 아니라 유동적인 혹은 유동화할지도 모르는 사람들의 이름으로서 획득하고자 한 오키나와 청년동맹이 이 문턱이라는 영역에서 무엇을 감지하고 있었는가와 깊은 관계가 있다. 오키나와 청년동맹의 항의서 말미에는 이렇게 적혀 있다.

> 본 동맹은 산업 청년들의 동맹입니다. 우리는 자산도 없고 무능력하여 일하지 않고 목숨을 부지하지는 못합니다. 언제 우리도 일자리를 찾아 현 바깥으로 나가지 말란 법은 없습니다. 그렇다면 이 문제는 현민 대중 일반의 문제인 동시에 머잖아 우리 자신을 **위협**할 중대 문제인 것입니다.(강조는 인용자)[22]

다시 한 번 말하지만, 오키나와 청년동맹에서 오키나와라는 이름은 지리적으로 에워싸인 오키나와 현이 아니다. 이는 현 바깥에서 살 길을 찾는 사람들의 이름이고, '오키나와 문제'에서 볼 수 있는 오키나와의 지리적 자연화와는 달리 이러한 자연에서 떨어져 나왔거나 언젠가 떨어져 나와야 할지도 모르는 위기에 노출된 위태로운 삶이다. 바꿔 말해 이 사람들의 삶은 '오키나와 문제'의 근거가 되는 구제받아야 하는 삶과는 일치하지 않는다. 이 사람들에게 히로쓰의 소설이 초래한 오해는 어떠한 위협이었을까?

앞에서 썼듯 '류큐인'에게 계속해서 속으면서도 '나'는 자신이 반항의 대상이 되는 질서 속에서 살고 있으며 가라테에 당해 쓰러지는 것이 "부자연스러운 이야기는 아니"라고 했다. 이 '나'는 미카에리 다미요를 비롯한 '류큐인'에게 휩쓸리면서, '오키나와 문제'에 그저 의문을 표명할 뿐인 양심적 지식인에서 탈피하기 시작했다. 하지만 소설의 마지막은 이렇게 끝난다.

'떠도는 류큐인' 어쩌니 생각하면서 배신당하는 데에 흥미를 갖고 싶어하는 나 자신의 병적인 기질에 소름이 끼쳤다. 남이 이용하고 싶다고 생각할 만한 빈틈을 보여서 그 사람을 나쁜 쪽으로 유혹하고 있다고 해도 과언이 아닐 느슨하고 자포자기적인 스스로의 생활 방식에 "차려!" 하고 호통을 치지 않고는 못 배길 것 같았다.[23]

탈피 시도는 끝에 가서 '나'의 손으로 봉인된다. 그리고 이때 '나'는 사기나 절도를 그저 범죄로 간주하지 않고 오키나와의 역사와 함께 생각하고자 했던 것을 '병적'이라고 부르며, 이 같은 태도에 "차려!" 하고 호령한다. "부자연스러운 이야기는 아니"라는 예감은 단지 오해였다는 반성으로 끝나지 않는다. "차려!"라는 군사 호령으로써 봉인되는 것이다.

그리고 이 봉인은 '나'에게만 일어난 일이 아니다. 이 마지막 부분으로 향해 가기 전단계에, 미카에리의 행동을 맨 처음부터 꿰뚫어보고 있었다는 듯 "H씨는 사람을 너무 믿으시니까 조금은 정신을 차리시는 편이……" 하고 진언하는 하숙집 여주인이 등장한다.[24] 이 여주인이 보여주는 것은 세간의 상식이고, 이 같은 상식을 향해 가기 위해 '나'는 '나' 자신에게 "차려!" 하고 호령했다. 여기에는 확실히 신체를 억지로 세간에 맞추려고 몸부림치는 '나'가 있는 데, 호령을 통해 억지로 복귀하려고 한다는 점에서 '나'가 품고 있는 다른 가능성 또한 여운으로 남기고 있다고도 할 수 있다.

하지만 '나'를 세간으로 돌려보내는 이 호령을 오키나와 청년동 맹은 다른 울림으로 받아들였다. 이 호령 부분에 대해 오키나와 청년동맹의 항의서는 오해를 받을 수도 있다는 위험성을 자신들에 게 "차려!"라는 호통이 떨어지는 일로서 적는다. 앞에도 썼듯 '그러한 경향'이 오해를 살지도 모른다고 한 뒤에 항의서는 이렇게 이어진다.

귀하가 "자포자기적인 내 생활 방식에 '차려!'"라고 쓰신 글귀를 빌리면, 이는 소위 일반 '내지인'에게는 '류큐인'에게 '차려!'라고 "호통을 치지 않고는 못 배기겠다"는 말이 되지 않겠습니까?[25]

당해서 쓰러질지도 모른다는 '나'의 예감은 새로운 탈피로 나아 가지 않고 호령과 함께 자신들 오키나와인을 범죄자 혹은 병자로 서 진압하는 폭력이 되어 등장하는 것 아닐까, 오키나와 청년동맹 은 우려하고 있는 것이다. 여기서 상정하는 것은 개개의 편견이나 오해가 아니다. 결론부터 이야기하자면 이는 말 그대로 국가라는 기구와 관련한 군사적 폭력과 관계있고, 여기서 '오키나와 문제'와 함께 다시 정의된 국가의 의미가 드러날 것이다. 그리고 그렇기 때 문에 '나'가 위법을 자연스러운 것으로 간주하고 당해서 쓰러질지 도 모른다고 예감하는 것을 오키나와 청년동맹은 근거 없는 오해로서 미리 불식해두어야만 했던 것 아닐까? 히로쓰와 오키나와 청년동맹 사이의 항의와 사죄가 히로쓰에게는 탈피 가능성을 봉인하는 일이었다면, 오키나와 청년동맹에게는 국가의 폭력을 사전에 뿌리치는 행위였던 것이다. 여기에 이르면 이 둘이 의미하는 오키나와라는 이름은 결정적인 균열을 향해 가게 된다. 히로쓰에게 오키나와는 '국가적 문제'인 '오키나와 문제'였지만, 오키나와 청년동맹에게 이는 '오키나와 문제'로 수렴되지 않는 소철지옥에 각인된 삶이자 '오키나와 문제'의 문턱과 관련한 이름이었다. 그리고 이 이름은 국가의 폭력을 사전에 지각하려 한다.

이 지점에서 「떠도는 류큐인」이 게재되고 오키나와 청년동맹이 항의한 1926년이라는 시기가 큰 의미를 지니기 시작할 것이다.[26] 1923년 『후진코론婦人公論』에 히로쓰는 「아마카스甘粕正彦는 여럿인가?」라는 짤막한 에세이를 썼다.

나는 밀리터리즘이라는 것에 대단한 쾌감을 품고 있지 않다. 하지만 이번의 큰 재해에서 국내를 통치하려면 오늘날과 같은 인간의 진보 수준에서는 군대가 필요하다는 것을 충분히 인식했다. 이번의 큰 재해에서 가장 난잡하고 혼란이 극에 달했던 곳은 필시 요코하마 시일 것이다. 나는 저 대지진이 있던 날 밤 도쿄에서 가마쿠라까지 걸어갔기에 요코하마의 혼란상을 보았는데, 무슨 연유로 그런 대도시 옆에 일개 연대도 배치하지 않았는지를 미심쩍게 여겼다. 오십 만 인구가 있는 저 대도시 근방, 가령 호도가야保土ヶ谷 근처 고지대 부근에 만일 병영이 있어서 군대가

즉각 출동할 수 있었더라면, 요코하마에서 생긴 갖가지 일들에 대한 흉흉한 소문이 퍼질 일도 없었을지 모른다.[27]

에세이는 이 단락 다음에 '재해'를 맞닥뜨린 공병대, 육군, 해군이 얼마나 '진정 훌륭한' 활동을 했는지를 쓰고 나서 이렇게 이어진다.

군대에 대한 이러한 호감이 남아 있던 참에 금번 아마카스 사건은 참으로 군대 자체를 위해서도 애석한 일이 아니랄 수 없다. 민중에게 그 만큼이나 친숙해졌던 군대가 이번 사건으로 또 괜히 차갑고 무시무시해 보이기 시작했다. 아마카스 대위가 한 사람이라면 그나마 일본은 행복하다. 하지만 만일 불행히도 여럿 있다면, 이 기회에 끝까지 군대의 편견을 꾸짖고 개심시키는 것은 사회의 의무여야만 한다.[28]

히로쓰는 간토대지진 당시의 군사적 치안 유지 즉 계엄령에 기반을 둔 비상사태 조치를 전면적으로 긍정하고서, 아마카스가 오스기 사카에大杉榮와 이토 노에伊藤野枝 그리고 그 조카를 학살한 것은 '군대의 편견' 때문이었다고 지탄한다. 이 에세이의 표제에서도 알 수 있듯 히로쓰가 주제로 다루려 했던 것은 후자 즉 군대에 대한 비판이었고, 계엄령은 오히려 이를 강조하기 위한 도입부격인 기술이기는 하다. 여기에는 자신들을 지켜주는 계엄령과 그렇지 않은 '군대의 편견' 사이의 구분이 존재한다. 또한 "군대가 없었다면 안녕질서는 유지하지 못했다"고 쓴 사토 하루오佐藤春夫의 「양검예찬」(『가이조改造』 1923. 11월)에 단적으로 표현되어 있듯,[29] 군대에 대한 히로쓰의 이러한 긍정적인 느낌은 오히려 당대 지식인 사이에서는 공통된 것이었다 할 수 있을 것이다. 히로쓰와 사토 그리고 당대 지식인들이 당연하게 받아들인 계엄령이란 대체 어떠한 질서였을까?

주지하다시피 간토대지진 당시에 도쿄, 가나가와, 사이타마埼玉, 지바千葉에 등장한 계엄은 대일본제국헌법 14조에 있는 "천황은 계엄을 선고한다"에 입각한 것이 아니라 제8조 "천황은 공공의 안전을 유지하고 또 재난을 피하기 위한 긴급한 필요에 따라 (…) 법률을 대신할 칙령을 발표한다"에 입각하고 있다. 이 '긴급한 필요'에 따른 칙령으로서 계엄령이 부분적으로 적용되었다. 이는 법을 일거에 정지하고 군대가 지배하는 것이 아니라 치안 유지를 위해 일부 법의 운용을 행정적으로 제한하는 것이었고, 이를 시행하는 데에는 군대뿐 아니라 경관이나 지역 유력자도 관여했다. 이 같은 계엄령은 행정상의 법 운용 정지로 간주되어 행정계엄령이라 불렸는데, 이는 헌법에 계엄령 규정이 없는 현행 헌법 아래에서 자위대의 치안 출동이나 유사법제의 주변사태법* 그리고 나아가서는 대규모 지진 대책 특별조치법의 '경계 선언'과 유사하다고도 할 수 있고, '공공의 안전' 혹은 '재해를 피하기 위함' 같은 목적이 그 공통

---

* 유사법제란 유사시 자위대의 행동을 규정한 법제이고, 주변사태법은 일본 주변 지역에서 일본의 평화나 안전에 중대한 영향을 줄 수 있는 사태가 벌어졌을 때 일본의 대응을 정한 법률이다.

점이다.

하지만 재해나 안전과 관련한 이 같은 목적이 계엄령이라는 질서 형태의 목적임을 간과해서는 안 된다. 독재에서 법이 무엇을 의미하는지에 관한 칼 슈미트의 논의에 근거해 김항이 지적했듯, "문제는 어디까지나, 그것이 아무리 부분적으로 적용될지라도 계엄령을 포고함으로써 통상 법규를 정지시키고 규범의 지배를 유지하는 것을 목적으로 했다는 데에 있다. 다시 말해 법과 규범이 한없이 그 거리를 좁히는 사태에야말로 주목해야 한다".[30] 여기서 말하는 규범이란 법이 지키고자 하는 규범인데, 중요한 것은 이 규범의 실현이 '법규의 정지' 즉 초법적인 힘을 통해 수행된다는 점이다. 바꿔 말해 '공공의 안전'은 안전이라는 공적 규범을 규정하는 법에 의해서가 아니라 법을 초월한 무법 폭력으로써 수행되며, 거꾸로 말하자면 무법 폭력은 규범을 유지하는 것으로서 정당화된다. 그리고 법을 초월한 이 폭력이 바로 국가다. 따라서 계엄령의 법적 규정은 본디 법을 폭력적으로 일탈하고 재정립하는 수행적 과정을 포함하고 있으며 기존 법령의 발령을 통해서만 계엄령을 규정하는 일 자체가 어렵다고 할 수도 있을 것이다.[31]

이렇듯 규범과 법이 접근한 영역, 달리 표현하자면 국가의 폭력이 현세화하는 수행적 과정이 바로 일본인이라는 말이 짊어지는 장소다. 이는 법적 판단이 아니라 총구를 들이대면서 내리는 규범적인 판단, 즉 신문이다. 보호해야 할 일본인인지 아닌지를 신문을 통해 판별하는 일이 계엄령에서는 법을 대신하는 질서로 등장한다. 군대, 경찰, 자경단에서 등장한 이 같은 신문 체제에는 법적 근거가 없고, 다름 아닌 군대가 이 부단히 수행되는 신문 체제를 유지하는 힘으로 등장한다. 법이 '법을 정립하는 폭력'(벤야민)으로 밀려 넘어가는 것이다.

이러한 계엄령 아래에는 주둔군이 자신들을 지켜주는 존재라고 생각할 수 있는 사람과 그것이 자신들을 진압할지도 모른다고 예감하는 사람이 있다. 전자에 해당하는 인간이 보기에 조선인이나 중국인 혹은 아나키스트나 노동운동 활동가의 학살은 계엄령 본래의 정당성에서 일탈한 오해이고 '흉흉한 소문'이 야기한 예외적 사태라고 우선 말할 수 있을 것이다. 하지만 후자에게는 군대의 존재 자체가 정상상태이고 자신들을 향한 폭력을 예감케 하는 근거다. 오해나 잘못된 소문, 혹은 편견을 지탄하는 사람은 다른 한편에서 자신들의 안녕을 지키는 정당한 군대를 예찬한다. 또한 경우에 따라서는 이를 거들거나 대신하려고도 할 것이다. 하지만 오해를 지탄하는 사람과 오해라는 이름 아래 학살되는 사람이 있다. 후자에게 오해는 비상사태에서 생기는 특수한 사례로서 일상과 구분되는 것이 아니라, 언제 덮쳐올지 모를 폭력에 대해 정상상태에서 갖는 예감이다. 오키나와 청년동맹이 히로쓰에게 가한 항의는 이 예감과 관계있다.

안녕질서를 지키는 계엄령 아래에서 오키나와인은 끊임없이 신문을 받았다. "조선인이지?" "말투가 좀 다른데."[32] 서장에서 썼듯, 이미 살해당한 자들의 시체가 줄지어 있는 곳 옆에서 이루어지는 이 같은 신문을 단지 언어 커뮤니케이션으로 봐서는 안 된다. 몸에 내리꽂히는 그리고 온몸으로 통과해 나가야만 하는 신문은 생사를 가르는 신체검사이고, 고문이며, 이미 폭력이다. 그리고 목 안쪽의 성대를 긴장시키고 입 주위 근육에 최대한 주의를 기울이면서 내뱉는 "나는 조선인이 아니다"라는 말은 몸으로 보여주지 않으면 응답이라 간주하지 않는 "차려!"라는 호령을 향한 몸짓이다. 바로 그렇기 때문에 신문은 신체적으로 기억되고, 따라서 정상상태로서 계속된다. 이는 계엄령이 해제되어 군대가 이동해 간 뒤에도 그 또 다른 등장을 계속해서 감지하는 신경계로서 계속해서 존재할 것이다.[33]

"너희들도 오인되어 살해당하는 일이 없도록 해라."[34] 오키나와에서 오키나와 말을 교정하려고 하던 교사가 과거의 간토대지진을 언급하면서 교실에서 이렇게 말할 때, 여기서는 항상 계엄령의 폭력이 감지된다. '오인'되는 것 즉 오해는 곧 살해된다는 것을 뜻한다. 혹은 야마노쿠치 바쿠山之口獏는 전시 상황에 대해 이렇게 썼다.

어느 날 그가 나에게 "오키나와 사람들도 군君이나 충忠에 대한 생각은 있겠지?" 하고 물었다. 전시였던 만큼 나는 그의 말 한마디에 땀범벅이 되었다. 물론 식은땀이다. / "외국인이 아니니까" 했더니 / "그건 그렇지" 하고 그는 당황했다.[35]

'그'가 왜 당황했는지에 대해서는 의견이 갈릴 것이다. 하지만 이 인물이 '군이나 충'을 묻는 데에 한 치의 망설임도 없었음은 분명하다. 그리고 야마노쿠치 바쿠는 몸에서 식은땀을 흘리며 "외국인이 아니"라고 대답한다. 왜냐하면 '그'의 질문은 야마노쿠치에게는 신문이기 때문이다. 이 대답에 '그'는 곧장 "그건 그렇"다며 질문을 철회한다. 하지만 야마노쿠치의 몸에는 계속해서 식은땀이 흐른다. 신문은 역시 신체적으로 기억되고, 따라서 정상상태로서 계속되며, 신문이 끝난 뒤에도 그 또 다른 등장을 감지하는 신경계로서 존재하기를 그치지 않는다.

그리고 폭력을 감지하는 이 신경계는 1926년 당시의 오키나와 청년단에게도 있었다. 히로쓰의 오해는 틀림없이 군사적 호령으로 감지되고 있었다. 바로 그렇기 때문에 오키나와 청년동맹은 이 같은 오해에 항의했으며, 히로쓰는 이에 사죄하고 당해서 쓰러질 일 없는 안녕질서로 귀환했다. 계속해서 신문받는 자와 당연하다는 듯 안녕질서 속에서 계속 살아가는 자. 둘은 오해라는 이름의 화해를 했고, 그리고 결렬했다.

마지막으로:
제국에서 이탈하다

히로쓰와 오키나와 청년동맹의 「떠도는 류큐인」을 둘러싼 대화는 히로쓰가 "그 작품을 말살하고 싶습니다"[36]라고 선언함으로써 종결된 것처럼 보인다. 또한 이 작품과 이를 둘러싼 항의와 응답 과정은 앞서 언급한 『신오키나와문학』을 비롯해 많은 논의를 낳았는데, 오키나와 청년동맹과 히로쓰의 화해 자체는 전제로 깔려 있었다고 해도 무방하다. 하지만 이미 썼다시피 이 화해는 결정적인 결렬을 배태하고 있었다. 달리 표현하자면 이는 똑같은 말로 이야기하면서 남몰래 다른 신체를 확보해가는 과정이기도 할 것이다.[37] 이러한 말은 지금 터져 나오고 있는 '일본'이라는 외침이나 '오키나와 문제' 속에도 있다.

그리고 히로쓰가 사죄와 더불어 다시 한 번 '오키나와 문제'에 대한 연대를 선언하는 동안 그 문턱에 묵묵히 멈춰 서 있는 이들이 있다. 거듭 말하지만 오키나와 청년동맹이 오키나와라는 이름으로 끌어안은 것은 이 사람들이다. 이들은 단지 구제법만을 요구하지도 않거니와 오키나와라는 지리적 범위에 에워싸여 있지도 않다. 또한 반대로 오키나와 바깥으로 옮겨가서 산다는 것이 결정적인 분기선인 것도 아니다. 중요한 것은 구제를 요구하는 신청자들이 위기를 대표하는 가운데, 신청이라는 과정 자체의 내부에 신청자라는 이름을 댈 수 없는 영역이 구성된다는 점이다. 달리 말하자면 이는 자연화된 지리적 범위를 근거로 한 오키나와라는 이름이 신청의 근거가 되는 가운데, 이름을 댈 수 없는 영역이 토지에서 떨어져 나와 이탈한다는 잠재적인 가능성을 끌어안는 사태이기도 할 것이다. 이러한 잠재성은 어떤 지리적 장소로 이동하는 것으로서만 나타나지는 않는다. 신청자로서 오키나와에 머무는 이들도 신청자라는 이름을 댐으로써 이탈의 가능성을 획득한다. 중요한 것은 오키나와 청년동맹이 오키나와라는 이름으로 끌어안은 사람들이란 위기에 각인된 일상을 살면서도 동시에 자신의 삶이 '오키나와 문제'로는 해소되지 않는다는 것을 아는 이들이고, 구제의 법 바깥에서 '오키나와 문제'와는 다른 역사를 걸머지는 이들이라는 점이다.

소설 「떠도는 류큐인」의 '나'는 미카에리 다미요의 위법 행위에서 그 삶이 배태하는 이 같은 역사가 생성하고 있음을 불온한 미래로서 예감했다. 즉 범죄라는 사법상의 정의定義가 역사성을 띠기 시작하며 구제법과는 다른 가능성으로 등장하는 사태를, 당해서 쓰러질지도 모른다는 폭력의 예감으로 감지했던 것이다. '나'가 살고 있는 질서에서 이탈할 가능성 또한 이 예감 속에 있었는지 모른다. 이는 '오키나와 문제'에 대해 이야기하는 양심적 지식인으로부터 이탈하는 일이기도 했을 것이다. 하지만 이 예감은 오키나와 청년동맹의 항의를 받고 오해로서 봉인되었다.

하지만 이를 오해로 봉인한 한쪽 당사자인 오키나와 청년동맹 혹은 '오키나와 문제'의 문턱에서 침묵하는 사람들은 부단한 신문을 통해 사회가 구성되는 것이 정상상태임을 감지하는 이들이기도 하다. 계엄령이 보여주듯 법이 정지하고 군사적 폭력이 질서를 구성할 때, 질서 형성의 기점이 되는 것은 법이 아니라 신문이다. 일상은 법질서가 아니라 국가의 군사질서 아래에서 군사화되고, 양검을 들이대며 일본인인지 아닌지를 신문하는 과정에서 수행적으로 만들어진다. 사토 하루오와 히로쓰 가즈오가 승인한 것은 신문의 장에서 생성되는 이러한 국가와 국민이다.

그리고 오키나와 청년동맹은 '나'가 감지한 불온한 미래에서 바로 이 양검의 등장을 예감했다. 바꿔 말하자면 구제법 바깥에서 생성하는, '오키나와 문제'와는 다른 역사란 바로 이 양검 가까이에 있고, 오키나와 청년동맹은 화해를 통해 양검과 가까운 곳에서 생성하는 역사를 봉인하는 동시에 확보했을 것이다. 즉 이 역사는 "나는 조선인이 아니다" 혹은 "외국인이 아니다"라는 응답이 아닌 몸짓을 신문의 장에서 현세화할 가능성인데, 식은땀을 흘리는 신체는 이 가능성을 끊임없이 감지한다. 화해라는 이름의 봉인으로 이 가능성은 오키나와라는 이름 내부에 감추어졌다. 이는 지금이 "변화할 가능성이 있는 현재"이기도 하다는 말이다.

이렇게 감춰져 있던 가능성이 현세화하여 역사가 생성하는 것을 선취하고 진압하려 하는 것이 국가다. 이는 니코스 풀란차스가 말한 '국가의 비합법성'인데, "국가의 비합법성은 항상 국가가 설정한 합법성 안에 새겨져 있다."[38] 합법성과 비합법성 즉 구제법과 계엄령 혹은 '오키나와 문제'와 치안 출동은 새로운 역사 생성을 진압하며 보안security을 담당하는 하나의 기구로서 존재한다. 제국의 영토에서 이탈할 가능성은 우선 자연화된 지리적 범위를 기반으로 한 새로운 법과 국가의 비합법 즉 계엄령이 등장하는 곳 바로 옆에 있다. 그리고 많은 경우 이탈의 가능성은 제국의 영토가 다시 정의되는 과정으로 귀결된다. '국가 문제'로서의 '오키나와 문제'와 국가의 비합법인 계엄령은 둘 다 오키나와가 제국에서 이탈할 가능성을 지리적 영토로 다시 정의하는 과정이라 할 수 있다. '오키나와 문제'는 여전히 이 과정 속에 있지 않을까?

2011년 3월 11일 대지진과 관련해서 사람들은 자신의 신체 깊숙이 새겨진 상처를 보상으로 신청하도록 강요받고 있다. 하지만 이 신청은 동시에 결코 보상되지 않을 신체를 확인하고 확보하는 일이기도 할 것이다. 어디가 되었든 살아갈 곳은 이미 없어진, 장소를 박탈당한 삶은 결코 보상될 길이 없는 무딘 결의를 품는다. 이러한 신체는 보이지 않는 우리를, 그리고 기민을 낳는 국가의 모습을 지각한다. 해결할 수 있는 문제로서 위기를 설정하고 상처를 계산 가능한 평가액으로 치환한 다음에 보상을 제시하는 국가는, 동시에 이 법적 절차의 문턱에서 시작되는 '새로운 세계'(무토 루이코)를 선취하여 예방적으로 진압하는 무법국가이기도 하다. 재해는 역시 계엄령과 함께 있는 것이다.

간토대지진 때 그랬듯, 계엄령으로 주둔하는 군대가 자신들을 지켜줄 존재라고 생각하는 사람과 자신들을 진압할지도 모른다고 예감하는 사람이 여기에는 있을 것이다. 위장복을 입은 '친구=도모다치'에게서 팔루자의 흙과 피 냄새를 맡는 사람도 있을 터이다. 그리고 계엄령의 안녕을 향유하는 사람들 또한, 당해서 쓰러질지도 모른다는 두려움을 눌러 감추고 있다. 이시하라가 쓴 '삼국인'이라는 말에는 제국의 유산 위에 서 있다는 자각과 동시에 당해서 쓰러지는 데에 대한 두려움이 대전해 있다. 그는 계엄령에 의지하지 않고서는 자기 자리를 유지할 수 없음을 잘 안다. 이 같은 자각이 있는 자들은 "일관되게 '유사'시"(도바루 가즈히코)인 장소에 패트리어트 미사일(PAC3)을 배치하고 오스프리*를 선회시키면서 그 땅을 자신들의 영토로 사들이려 한다. 하지만 안녕을 향유하는 자들의 나라에서 이탈하는 일 또한 계엄령을 감지하는 힘에서부터 시작된다. 박탈당한 삶은 '떠도는 류큐인'들이 끌어안은 역사 생성

----
* Osprey: 미 해병대의 수직 이착륙기.

의 가능성을 비밀리에 계승할 것이다. 이 사람들 또한 구제나 부흥, 혹은 '~문제'와는 다른 이름을 획득하리라. 이러한 이탈과 생성의 시작을 확보하기 위해 2장 이후를 계속해서 써나가겠다.

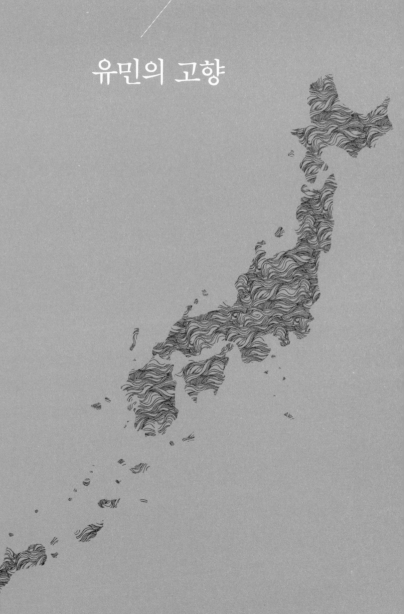

제2장

유민의 고향

망국의 유민

앞 장에서 논의했듯 소철지옥을 계기로 '오키나와 문제'는 구성되었다. 그리고 이 '오키나와 문제'는 계속된다. 이하 후유는 소철지옥이 "시마즈島津 씨의 류큐 침입*이나 폐번치현**보다 더욱 치명적"이었다고 규정하면서 이렇게 말했다.

나는 오키나와 현의 구제가 좀더 근본적인 것이어야만 한다고 생각하고 있었다. 즉 정해진 시기 동안 특별 회계나 그 비슷한 것으로 도민의 부담을 훌쩍 덜어주어야만 한다고 생각했다. 그리하여

---

* 1609년에 사쓰마 번이 류큐왕국을 침공한 것.
** 廃藩置縣: 1871년 메이지 정부가 봉건적인 번을 철폐하고 부와 현을 설치한 것.

경제생활이 느긋해졌을 때 오키나와 부흥의 서광도 비출 것이라고 보았다. 그러지 않고서는 어떤 훌륭한 교육 방침이나 적절한 산업정책도 헛된 탁상공론으로 끝날 것이라고 생각했다. (…) 어쨌든 오키나와 부흥계획이 진행되는 가운데 일본 정세가 변한 것은 오키나와 입장에서는 매우 불행한 일이었다. (…) 쇼와昭和 21년[1946년] 1월 2일 연합군 총사령부 명령에 따라 오키나와는 일본 정부 관할에서 떨어져 나와 미국 군정 아래에 놓였고 도민은 간신히 기아를 면했는데, 곧 자문기관인 민정부*도 설치되어 오키나와의 부흥을 꾀하는 중이다.[3]

인용한 글은 1947년에 간행된 이하 후유의 『오키나와 역사이야기』 끝부분에 나온다. 여기서 말하는 부흥은 오키나와 전쟁으로부터의 부흥이 아니다. 적어도 그것만은 아니다. 우선 이 인용문에서 읽어낼 수 있는 이하의 역사 인식 속에서 오키나와는 소철지옥 이후 이미 부흥의 역사를 걷고 있었고, 이는 오키나와 전쟁이 끝난 후에도 계속된다. 시작은 소철지옥이었던 것이다.

다시 한 번 말하지만 이는 '오키나와 문제'의 계속이기도 하다. 소철지옥 자체에 대해서는 다음 장부터 검토하겠지만, 소철지옥이 결코 전쟁 전 시기에 국한된 과거의 사건이 아니라 현재로 이어지는 '오키나와 문제'를 결정지은 위기로서 존재하고 있었다는 점을

---

* 民政府: 오키나와 군도에 설치된 행정기구로 미 군정부의 명령을 전달하고 그 실행을 보조하는 역할을 담당했다.

확인해두겠다. 그리고 바로 그렇기 때문에 제1장에서 검토한 「떠도는 류큐인」이 감추고 있는 역사 즉 '오키나와 문제'의 문턱에서 시작되는 역사가 현세화할 가능성 또한 계속된다. 아직 끝나지 않았다.

그런데 이하가 말하는 부흥의 역사는 미국에 의해 제한적으로 전개되다 1972년 이후에 오키나와 진흥개발계획으로 부상한다. 또한 이 부흥의 역사를 비판하면서 1970년대에 등장한 것이 자치 혹은 자립을 둘러싼 논의 그리고 국내 식민지론이나 독립론이었다. 이러한 자치나 자립에 관한 논의의 초점은 진흥과 개발이었다. 가령 1978년 11월 23일 나하 시 자치단체 노동조합회관에서 아라사키 모리테루新崎盛暉, 아라카와 아키라新川明 두 사람이 주창하여 "오키나와 경제의 자립을 향하여"라는 제목의 심포지엄이 열렸다.[4] 참가자들 중에는 다카라 구라요시高良倉吉, 가와미쓰 신이치川満信一 외에도 오키나와 사회대중당 멤버나 CTS* 반대 투쟁을 담당한 사람들이 있었다. 자립이라는 말로써 그들이 묻고자 했던 것은 "본토와의 격차 해소"를 목표로 하는 오키나와 진흥개발계획이었다. 또한 이때 1975년에 있었던 오키나와 해양박람회가 구체적인 검토 대상으로 언급되었다. 복귀를 진흥이나 개발이라는 차원에서 비판적으로 검토하고 오키나와의 새로운 미래상을 찾고자 한 이러한 조류 속에서 자치, 자립, 독립이 논의되었던 것이다.[5]

이 심포지엄의 발기인이기도 한 아라카와 아키라는 복귀한 지

------

* 석유비축기지.

1년도 채 되지 않은 시기에 잡지 『겐다이노메現代の眼』(1973. 3월)에 「토착과 유랑: 오키나와 유민에 대한 고찰」을 발표했다. 이 글 서문에서 그는 "망국의 유민이면서도 여전히 '토착'을 향한 뜻을 잃지 않는 강인함 속에 오키나와인의 공격성이 있다"고 썼다.[6] 아라카와의 「토착과 유랑」은 자립론이나 국내 식민지론과 마찬가지로 복귀가 국가에 의한 개발·진흥이자 일본 자본의 유입에 지나지 않는다는 점을 놓치지 않는다. 1975년에 있을 오키나와 해양박람회를 시야에 넣은 토지 매점買占은 복귀 직전부터 이미 시작되고 있었다. 알게 모르게 섬의 3분의 1이 매각된 민나 섬水納島의 사례도 부상하고 있었다. 이러한 사태를 앞에 두고 아라카와는 이렇게 썼다.

> 목하 오키나와의 실정은 관광자본을 중심으로 한 야마토日本 자본의 침식으로 인해 토착민의 붕괴와 유민화가 급속도로 진행 중이고, 이 과정에서 오키나와인들 자신의 공격성을 회복=탈환할 방안을 찾는 것이 시급하다는 데에는 이론의 여지가 없다.[7]

여기에는 분명 복귀 이후 전개된 자립론 혹은 국내 식민지론과도 통하는 현상 인식이 존재할 것이다. 하지만 자립론이나 국내 식민지론이 지리적 범위 혹은 영토적인 범주를 전제로 놓고 그 위에 토지와 하나가 된 주민을 상정하는 데 반해, 아라카와는 토지를 떠난 유민들에게서 미래를 그리려고 한다. 그가 주시하는 것은 토착민이 아니라 유민이었고, 복귀라는 귀속 문제와 국가 주도의 개발·진흥이 해방의 꿈을 찬탈하는 가운데 이러한 국가와 대비되는 '망국의 유민'을 그는 또 다른 미래를 향한 가능성으로서 논의했다.

「떠도는 류큐인」과 관련하여 서술했듯, '오키나와 문제'를 구성하는 진흥·개발과 같은 구제법의 등장과 유민화는 소철지옥이라는 한 가지 위기가 두 가지로 나타난 것이었다. 따라서 1972년 이후 오키나와 진흥개발계획에 대한 비판을 계기로 나온 자립론 혹은 국내 식민지론, 독립론은 아라카와가 말하는 유민화라는 차원에서 검토해야만 한다. 앞 장에서 논의한 '오키나와 문제'의 문턱에 감춰진 역사는 아라카와가 이야기한 '망국의 유민'의 공격성과 함께 있다고 우선은 말할 수 있을 것이다. 하지만 유민이란 무엇인가? 혹은 토착이란? 그리고 공격성이란? 먼저 아라카와를 따라가면서 검토해보자.

아라카와가 유민을 주시하게 된 배경에는 같은 시기에 가와다 히로시川田洋가 「반제反帝 망국·국경 돌파'의 사상」(『영화비평』 27호, 1972. 12월)에서 펼친 '토착에서 유민으로 다시 태어나기'라는 논의가 있었다. 1972년을 전후한 이 시기에 가와다는 다양한 잡지에 많은 글을 게재했는데, 아라카와의 「망국의 유민」은 우선 가와다의 이 논문에 대한 응답으로 읽을 수 있다. 여기서부터는 두 사람의 논의를 검토하면서 아라카와가 이야기하는 유민화에 대해 생각해보겠다.

'오키나와'의 '본토' 고발. 그것은 이미 상업적인 베이스에 올라탔다. (…) 토착 환상이 내세우는 '오키나와', 그것은 디스커버 재팬*의 관광 상품 중 하나에 지나지 않는다. 이러한 일본 제국주의 체

계의 총 과정에 대해 우리 류큐가 갖는 공격성은 토착에서 유민으로 다시 태어날 때에만 존재한다.[8]

아라카와가 이야기하는 "오키나와인들 자신의 공격성"은 가와다가 말한 "우리 류큐가 갖는 공격성"에 대한 응답이었다. 여기서 가와다가 비판하는 것은 "'오키나와'의 '본토' 고발"을 담당하는 이들 즉 오키나와를 고발자로서 운용하는 이들인데, 가와다는 그들이 이상화된 오키나와의 토착을 상정하고 있다고 본다. '오키나와적인 것'을 일본에 대한 대항논리로 그리는 이러한 조류의 구체적인 예로 가와다는 누노카와 데쓰로布川徹朗 등 NDU(일본 다큐멘터리 작가조합)가 찍은 다큐멘터리 「아시아는 하나」를 든다. 원래 가와다의 이 글은 기본적으로 영화 비평이지 아라카와에게 논의를 제기하기 위해 쓴 것이 아니다.[9] 다시 말해 가와다의 관점에서 볼 때 "토착에서 유민으로 다시 태어나기"는 무엇보다도 일본에 대한 고발자라는 역할을 배정받은 오키나와의 토착이라는 환상에 대한 비판이었다.

이 같은 이상화된 토착에 대한 비판은 가와다의 다른 논고에서도 일관되게 존재한다. 복귀 직전에 쓴 「'잉여'의 세계로 길을 열 수 있는가」(『영화비평』 4호, 1971. 1월)에서는 오에 겐자부로大江健三朗의 『오키나와 노트』(岩波書店, 1970)를 언급하면서 "오키나와의 공동체가 '토착' 투쟁을 창출하는 기반이 되던 시대가 끝난 지금도 그곳

------

* discover Japan: 일본 국유철도가 1970년부터 시작한 여행 캠페인.

에 코뮌의 환영을 강요하려 한다면, 그것은 우리들의 '본토'를 방어하는 논리와 접속할 수밖에 없다"고 비판한 뒤에 이렇게 썼다.

> 오키나와를 '제3세계' 안에 자리매김하려는 의식이 '오키나와'를 집어삼키려 덤벼드는 우리 '본토'를 해체할 논리를 형성하기 위한 방도를 찾는 싸움의 긴장을 낳지 않는다면, 그것은 단순한 요설의 범위를 뛰어넘어 '본토'를 온존시키고 방어하는 데 가담할 뿐이다.[10]

여기서 그는 자기 국가에 대한 비판을 제3세계라는 타자에 위임하고 거기에 깊은 공명을 표명함으로써 획득하는, 숨겨진 보신의 몸짓을 비판한다.[11] 그리고 가와다는 이러한 비판의 연장선상에서 "토착에서 유민으로 다시 태어나기"를 주장했다. 나아가 「'반제 망국·국경 돌파'의 사상」의 속편인 「'반제 망국·국경 돌파'의 사상 후속편: 다시, "아시아는 하나"라는 역설을 중심으로」(『영화비평』 28호, 1973. 1월)에서는 모든 지리적 범위 혹은 계층적 실체화를 거부하는 "유동하는 세계 기저부"라는 말로 이 유민화를 포착하고자 했다.[12] 아라카와는 이러한 가와다의 논의를 전제로 「토착과 유랑」을 썼다.

일반화된 코드로 공격성에 대해 이야기하는 가와다와 달리 아라카와는 다음과 같이 썼다는 점이 우선 중요하다.

문제를 제국주의 일반으로 확대하거나 유민화를 통해 창출되는 계급으로서의 프롤레타리아트 일반 속에 밀어 넣는 것은 아무런 대답도 준비하지 않은 것이나 매한가지라고 생각한다.[13]

여기에는 제1장에서 살펴본바, 복귀 직전에 히로쓰 가즈오의 「떠도는 류큐인」이 복각되었을 때 이 소설을 두고 오시로 다쓰히로가 언급한 내용과도 포개지는 논점이 있을 것이다. 즉 소설 간행 당시에 아오노 스에키치가 히로쓰 가즈오와 "지상에 편재하는 무산자"를 대치시킨 데 대해 오시로는 "오키나와 문제를 곧바로 인터내셔널한 추상의 장에 펼쳐놓고 거기서만 해결할 수 있다는 양 생각하는, 오늘날에도 곧잘 볼 수 있는 태도"라고 평했다. 아라카와가 보기에는 가와다의 "토착에서 유민으로 다시 태어나기"도 마찬가지로 "오늘날에도 곧잘 볼 수 있는 태도"였던 것 같다. 그리고 다음으로 문제가 되는 것은 아라카와가 이 "일반 속에 밀어 넣는" 것을 어떻게 극복하려 했는가라는 물음이다.

기묘하게 들릴지 몰라도, 질적으로나 양적으로나 유민의 역사를 가진 오키나와와 오키나와 사람들에게 유민과 '토착'은 결코 대립개념으로 존재하지 않는다. 즉, '토착'이면서 유민이고 유민이면서 '토착'인 관계성 속에 문제를 놓아야 한다고 생각한다. 유민이면서 '토착'이라고 하면 너무나도 괴이한 표현이니 만큼, 유민이면서도 '토착'을 향한 뜻을 잃지 않는다고 덧붙여야 할지도 모르겠다. '토착'이란 말이 정착의 동의어일 수는 없기 때문이다.[14]

이 인용문에서 확인할 수 있는 것은 아라카와가 말하는 토착이 유민과의 관계 속에서 이중으로 규정되고 있다는 점이다. 하나는 유민화를 통해 이탈해야 하는 토착이고, 다른 하나는 유민화의 연장선상에서 발견하고 획득할 미래로서의 토착이다. 아라카와는 후자의 의미에서 유민과 토착을 접합하고자 했다. 제1장에서도 썼듯 '오키나와 문제'에서 오키나와라는 이름은 지리적 범위로 자연화된다. 하지만 히로쓰 가즈오를 비난한 오키나와 청년동맹에게 오키나와라는 이름은 지리적으로 에워싸인 오키나와가 아니다. 그것은 '오키나와 문제'에 나타나는 오키나와의 지리적 자연화가 아니라, 이러한 자연에서 떨어져 나간 혹은 떨어져 나갈지도 모르는 위태로운 삶의 이름으로 존재했다. 아라카와의 토착 또한 유민들의 삶 혹은 유민이 될지도 모르는 삶이 새롭게 획득한 이름이라고 할 수 있겠다. 또한 여기서 정착은 아라카와의 말대로 확실히 토착의 동의어가 아니라, '오키나와 문제' 속에서 구제를 바라는 신청자로서 정립된 삶을 의미하고 있을 것이다. 처음에도 썼다시피 '오키나와 문제'는 전후에도 계속된다. 그리고 다시 한 번 말하지만, 이 정착하는 삶에는 다른 삶의 역사 즉 유민의 역사가 줄곧 감춰져 있었다. 이것이 '오키나와 문제'의 문턱이기도 할 것이다.

바로 그렇기 때문에 히로쓰의 「떠도는 류큐인」에 대해 "우리 자신을 **위협**하는 중대한 문제"라고 말한 오키나와 청년동맹이 끌어안고 있던 두려움에 대해 물어야 한다. 이는 또 다른 역사의 시작점인 동시에 계엄령을 감지하는 신경계이기도 했을 터이다. 아라카와의 토착은 무엇을 예감하고 또 두려워하는가? 바로 이 물음이 아라카와가 이야기한 공격성의 문제와 직결될 것이다.

어진御眞

아라카와의 관점에서 '망국의 유민'들의 토착 지향 혹은 공격성은 구체적으로 전쟁 전에 일본 혹은 남미로 이주한 사람들의 '아웃사이더'나 '아나키한 범죄자' 모습으로 나타난다.

> 오키나와 유민은 일본 본토에서도 '토착'의 뜻을 버리지 않고 오키나와 유민 부락을 만들었으며, 오늘에 이르기까지 체제 사회의 아웃사이더로 자신의 삶을 규정하고 있다. 혹은 남미로 유랑해 간 오키나와 이민자들은 국가 규범에 대한 아나키한 범죄자로서 유민의 진면목을 남김없이 발휘하여, 일본국의 국가권력을 지키는 관료들을 애먹이고 일본계 이민사회의 선량한 얼굴에 먹칠을 해댔다.[15]

아라카와는 남미의 오키나와인 이민사회를 토착으로 보고 여기서 제국 일본에 대한 대항을 발견한다. 우선 아라카와의 이러한 논의는 "진정으로 오키나와적인 것"을 일본에 대한 비판으로 설정한 오에와 지극히 가까운 곳에 있다고 지적할 수 있을지 모르겠다. 하지만 그렇다고 해서 아라카와가 이야기하는 토착이 실태와는 동떨어진 자의적인 상상의 산물이라는 데 비판해야 할 논점이 있는 것은 아니다. 여기서는 아라카와가 제국 일본이 범죄라 정의하던 영역에서 오키나와의 토착을 발견했고, 거기에 국가에 대한 공격성을 겹쳐놓았다는 점을 생각하려 한다. 바꿔 말하면 아라카와는 범죄 즉 합법성의 외부에 토착과 국가에 대한 대항을 설정했다. 이렇듯 법의 바깥이라는 영역에서 국가와의 대항을 걸머지는 토착의 문제에 대해 생각해보겠다.

도쿄에 거주하는 오키나와 출신자의 위법 행위에서 그 자신이 당해서 쓰러질지도 모른다는 가능성을 읽어낸 히로쓰 가즈오를 여기서 떠올려봐야만 할 것이다. 즉 히로쓰가 당해서 쓰러질지도 모른다고 감지한 영역을 아라카와는 토착의 공격성이라고 보았는데, 이 점에서 두 사람은 서로 대립하는 위치에 서 있는 것처럼 보인다. 즉 아라카와는 밀어 쓰러뜨리는 쪽에 서 있다. 하지만 히로쓰에게 항의한 오키나와 청년동맹에게 이러한 공격성은 우선 그 존재 자체를 눌러 감추어야만 하는 힘이었다. 오키나와 청년동맹은 간토대지진을 상기하고 있었으며, 계엄령이라는 상황 속에서 국가에 대한 공격성을 이야기해야만 했다.

그렇기 때문에 아라카와가 상정하는 아나키한 범죄자가 무엇을 두려워하고 있었는지를 먼저 **물음으로** 설정해야만 한다. 다시 말해 어떤 의미에서는 일방적인 아라카와의 토착을 검토할 때에는 일상 속에서 국가를 어떻게 감지했느냐는 물음을 함께 물어야 한다. 히로쓰가 오키나와 청년동맹과 만났듯, 아라카와는 남미의 오키나와인과 만날 필요가 있었다고 해도 좋겠다. 그리고 그 기회는 금방 찾아왔다.

아라카와가 「토착과 유랑」을 게재한 해인 1973년 11월 17일, 브라질에서 오키나와인 이민자 세 가족 열네 명이 도쿄에 도착했다. 그리고 이 귀환한 유민들은 비행기 트랩에서 내려서자 "천황 폐하 만세"라고 세 번 외쳤다. 마지막 '승자 조'*라 불린 이들에게 제국에 대한 충성심은 있을지언정 일본에 대한 공격성을 찾아보기는 어렵다고 일단 말할 수 있을 것이다. 또한 그렇기 때문에 아라카와는 귀국하고 1년쯤 지난 후에 이 세 가족이 사는 오키나와의 긴金武, 기노자宜野座, 구시久志를 찾아갔다.

"대체 이 사람들은 자신의 신념과 현실 사이의 간극을 어떻게 메웠을까?"[16] 이는 유랑에서 오키나와의 미래를 그리며 제국에 대한 공격성을 브라질 오키나와인 사회에 겹쳐놓던 아라카와에게는 피할 수 없는 물음이기도 했다. 혹은 이렇게 바꿔 말해도 좋겠다. 일본이라는 국가 귀속과는 다른 정치를 유랑에서 발견하려는 아라카와에게, 어떠한 말이 그 정치를 걸머지는가라는 물음이 던져졌다고. 그리고 세 가족의 집을 찾아가려는 아라카와는 무엇보다 천황에 대한 충성심이 현실 속에서 허물어진 대신 좀더 현실적인 정치 이야기가 나오리라는 기대를 갖는다. 아라카와는 이 새로운 현실을 이야기하는 말을 듣고 싶었을 것이다.

하지만 결론적으로 그는 "이 사람들이 나타내는 '불굴의 충성심'의 형성과 지속에 관해 일반적으로 추궁하는 것을 단념할 수밖에

---

* 勝ち組: 해외의 일본계 이민사회 특히 브라질에서 일본이 제2차 세계대전에서 승리했다고 믿었던 사람들. 일본의 패전을 받아들인 사람들 즉 '패자 조負け組'를 공격했다.

없었다".[17] 이는 이 사람들이 하는 말들에서 변함없는 불굴의 충성심을 읽어냈다는 뜻이 아니다. 문제는 "추궁하는 것을 단념한다"는 점에 있는데, 이는 정치를 이야기하는 말들의 정지 혹은 문턱이라는 영역과 관계있다.

아라카와가 얻어낸 것은 "일본은 역시 이겼다고 생각한다" "천황님은 하느님이다"라는 응답이다. 그리고 제국의 승리를 확신하고 천황에 대한 충성을 이야기하는 이러한 응답을 생각하면서 아라카와는 이 사람들이 "거의 읽고 쓰지 못한다"는 점을 중시하며 "정보 취득에 큰 결락"이 있다고 지적한다.[18] 하지만 읽고 쓸 줄 모른다는 것은 단순한 결락의 문제가 아니다. 이 사람들에게는 문서화된 영역 자체가 그들 자신의 신념이나 사고로부터 동떨어진 곳에 존재하고 있으며, 거꾸로 말하면 이들은 문서가 통치의 일부분이라는 사실을 날카롭게 통찰하고 있다고도 할 수 있다. 굳이 말하자면 이 완고한 태도는 천황이 상징이 되고 교과서에 먹칠이 됐다 해도 전후 일본은 여전히 천황제 국가 아니냐는 중대한 물음을 제시하고 있는 것이 아닐까?[19] 또한 읽고 쓰기의 세계에서는 이러한 물음을 어떻게 떠안을 수 있느냐는 물음이 아라카와에게 제기되었다고도 할 수 있을 것이다. 바로 그렇기 때문에 아라카와가 천황에 대한 충성이라는 응답 내용이 아니라, 그가 한 질문에 대해 이 사람들이 보인 경계심을 눈치챘다는 점이 매우 중요하다.

고향에 돌아온 지 1년이나 지났는데도 주위에 대한 이들의 경계심은 여전히 강해서 일종의 피해망상이라고 여겨질 정도다. 입만

열었다 하면 이렇게 말한다. "이겼다 졌다도 그렇고, 천황님에 대한 것도 그렇고, 누가 뭐라 생각하든 그건 그 사람 자유입니다. 저희도 아무 말 않을 테니까 저희들 생각에 대해서도 **아무 말 말았으면 좋겠습니다.** 각자의 생각을 서로 존중하며 살아가는 것이 인간다운 삶이잖아요……." 여기에는 겸허함보다는 무언가에 대한 두려움의 그림자가 있는 게 확실했다.(강조는 인용자)[20]

"저희도 아무 말 않을 테니까 저희들 생각에 대해서도 아무 말 말았으면 좋겠습니다."[21] 이 응답은 천황에 관한 사상 신조의 표명이라기보다는, 질문을 받았다는 사실 자체에 대한 경계 혹은 거절이 아닐까? 바로 그렇기 때문에 아라카와는 여기서 "무언가에 대한 두려움의 그림자"를 포착했다. 또한 이러한 경계나 거절은 이 사람들이 브라질에서 가져온 어진과도 밀접한 관련이 있다. 세 가족 모두 손궤 밑바닥에 이른바 어진을 넣어 왔다. 그리고 어진을 아직도 손궤 깊숙이 간직하고 있는 H부부에게 아라카와는 이렇게 질문했다.[22]

왜 꺼내서 장식하지 않는 거지요?

아라카와의 이 질문 뒤에 다음과 같은 대화가 이어진다.

H부인_ 무서워요…….
아라카와_ 뭐가 무서운데요?

H부인_ 아직 (오키나와의 사정을) 잘 몰라서요……. 모를 때는 되도록 **몸은 다잡고 있는 편이 좋거든요**…….(강조는 인용자)

대체 뭐가 '무섭다'는 걸까? 어진을 장식하고 천황에 대한 충성을 표명하다 천황제 반대주의자들에게 공격을 받을까 봐 무서운 걸까? 왜 "몸은 다잡고 있는 편이 좋"은가?

그런데 일본제국에 충성을 표명하고 그렇게 하지 않는 이들을 습격해온 '승자 조'라 불리는 집단 내부에서 다음과 같은 물음이 던져지지 않았을 리가 없다. 앞 장에서도 쓴, 전쟁 전에 야마노쿠치 바쿠에게 던져진 바로 그 신문 말이다.

오키나와 사람들도 군君이나 충忠에 대한 생각은 있겠지?

이 신문 때문에 야마노쿠치 바쿠의 몸은 식은땀으로 흠뻑 젖었다. 그리고 이 식은땀은 '승자 조' 속에서 살아온 이 사람들에게도 공통적인 것 아닐까? 더욱이 '승자 조'의 습격을 받은 '패자 조'도 자경단을 만들고 거기에 브라질 경찰까지 개입하는 상황에서, 어진은 적과 아군을 구별하는 신문에서 후미에踏み絵*로 등장했다.[23] 천황에 충성을 표명하든 반대로 패전을 인정하든, 어느 쪽이든 어진은 신문 속에 존재했다. 그리고 이러한 신문에 잘못 응답하기라

---

* 에도시대 기독교인을 탄압할 때 신자인지 아닌지를 식별하기 위해 그리스도나 마리아 상을 새겨 발로 밟게 한 것.

도 했다가는 말이 필요 없이 살해당하는 경우도 있었을 것이다. 바로 그렇기에 신문은 그 응답의 내용이 긍정이냐 부정이냐의 문제와는 관계없이 어떠한 응답에서도 식은땀으로 귀결된다.

어진에는 살해당한 사람들의 피와 함께 이러한 식은땀이 배어들어 있다. 그리고 이 땀은 아라카와가 기대한 것처럼 천황제의 옳고 그름을 둘러싼 사상 문제라기보다는 신문과 관련한 문제가 아닐까? 바꿔 말하면 히로쓰 가즈오를 규탄한 오키나와 청년동맹이 두려워한 신문은 이 '승자 조' 사람들에게서도 계속되고 있었던 것 아닐까? 그리고 이러한 식은땀을 앞에 두고, 제국에 대한 오키나와인의 공격성을 "아나키한 범죄"로서 이야기한 아라카와의 「토착과 유랑」은 히로쓰의 소설 「떠도는 류큐인」과 근접할 것이다. 즉 소철 지옥에서 등장한 '오키나와 문제'로는 다 담을 수 없는 가능성을 당해서 쓰러질지도 모른다는 예감으로서 기술한 히로쓰 그리고 복귀를 계기로 시작된 오키나와 진흥개발계획과는 다른 별개의 미래를 제국에 대한 공격성으로서 그리고자 했던 아라카와는 공격이라는 벡터의 어느 쪽에 서 있느냐는 점에서는 대립하는 것처럼 보이지만, '오키나와 문제'의 문턱에서 시작되는 다른 미래의 가능성을 오키나와의 공격성으로서 언어화하고 거기에 정치적 의미를 부여한다는 점에서는 공통의 지평에 서 있다.

그리고 오키나와 청년동맹과 마찬가지로 브라질에서 돌아온 이 유민들도 거론된다는 데 공포심을 품고 말하기를 거절한다. "왜 꺼내서 장식하지 않는 거지요?"라는 아라카와의 질문은 야마노쿠치 바쿠에게 던져진 "생각은 있겠지?"라는 신문 혹은 계엄령을 틀림없이 상기시킬 것이다. 아라카와에게 "아무 말 말았으면 좋겠다"라고 응답하면서 그들이 거절하는 것은 천황제를 비판하는 아라카와의 사상이 아니라 질문 그 자체다. 또한 아라카와가 이 사람들에게 "무언가에 대한 두려움의 그림자"가 있다고 할 때, 그는 그 **무언가에** 는 질문을 던지는 자기 자신도 포함된다는 사실을 깨닫지 못하고 있는 것 같다. 그들이 자신을 거절하고 있다는 것을 아라카와는 5년 뒤에 명확히 확인하게 된다.

1980년 4월 29일, 아라카와는 다시 한 번 이 사람들을 찾아갔다. 이 방문에서도 지난번과 마찬가지로 "대체 이 사람들은 자신의 신념과 현실 사이 간극을 어떻게 메웠을까"라는 물음이 축이 되는데, 결과적으로는 "이들 중 아무도 그 정신이 바뀌지는 않았음을 나는 재확인"했다고 한다. 하지만 이 재방문에 대해 아라카와가 쓴 「고뇌와 회한」(『신오키나와문학』 45호, 1980)에서는 이러한 '재확인'보다는 "이제 그 이야기는 하고 싶지 않다"[24]며 질문자인 아라카와 자신이 거절당하는 것이 직접적으로 그려진다고 하는 편이 좋겠다. 그리고 이렇게 거절당한 아라카와는 다음과 같이 쓴다.

이 사람들 모두가 브라질 이후 오늘날까지 그 정신을 조금도 바꾸지 않았다고 누구도 단언하지는 못한다. 혹은 반대로 이들 중 특정인이 표면적으로야 어떨지언정 실제로는 변심하지 않았을까 하고 억측하는 일도 허용되지 않는다. 아무도 마음속 깊은 곳의 어둠까지 엿볼 수는 없기 때문이다.[25]

아라카와는 자신이 가지고 간 물음 자체가 무효라고 선언한다. 이는 또한 '망국의 유민' 혹은 유민의 토착을, 그 정치성과 공격성을 이야기하기를 단념한 것이기도 하다. 하지만 말이 진정 짊어져야만 하는 영역은 여기에 있다. 이는 개인의 마음속을 헤집어야 한다는 의미가 아니다. 정치는 역시 말로 표현되어야만 하며, 말로써 이를 짊어지려고 하는 작업을 포기한 순간 세계는 무조건적인 폭력으로 뒤덮일 것이기 때문이다.[26] 이야기를 계속하자. 아라카와는 그의 재방문에 대해 쓴 「고뇌와 회한」을 이렇게 맺는다.

> 개인의 프라이버시와 관련한 이러한 구체적인 사항들을 '승자 조그후'라고 해서 더욱 시시콜콜 밝혀내는 것은 이제 이 사람들을 인간으로서 모독하는 일이기까지 할 것이다.[27]

하지만 아라카와가 마주친 것이 개인 혹은 프라이버시 문제였을까? 여기서 아라카와는 공적 세계에 대한 사적 영역 즉 공과 사라는 일반적인 구분을 가지고 들어오는 것 같다. 한 번 더 유민들이 가지고 온 어진 이야기로 돌아가보자. 어진이 감춰진 장소는 사적인 공간일까? 손궤 바닥은 사적인 영역인 걸까? 현관에 거는 것조차 '무섭다'고 하는 그 중얼거림에서는 사적인 영역이야말로 신문의 대상이었음이 선연히 부각되고 있지 않은가? 감히 말하자면, 사적이고 도메스틱domestic한 공간이야말로 신문에 노출된 장소였으며 말 그대로 천황제를 둘러싼 정치의 무대가 아니었던가? 그리고 바로 그렇기 때문에 식은땀이 밴 어진을 사적 공간 중에서도 더욱 깊숙한 곳에 감추지 않았을까? 다시 말해 어진은 사적 공간에서 펼쳐지는 정치에 관여하기를 거부하고 깊숙한 곳에 숨겨졌다. "몸은 다잡고 있는 편이 좋"으니 말이다.

이 손궤 바닥에 간직해둔 어진에서 무슨 일이 시작될까? 다시 말하는데, 어진을 넣어둔 장소는 사적이고 도메스틱한 공간이 아니다. 이 장소에서는 공과 사라는 구분 자체에 물음이 제기된다. 그리고 다름 아닌 집이나 공동체와 친화성을 갖는 듯 보이는 토착은 실은 도메스틱한 사적 공간이 아니라 이 공과 사라는 구분 자체를 묻는 정치로서 발견되는 것 아닐까? 글자 그대로 어진이 감춰진 장소가 바로 토착에 관한 언어의 자리이며, 그 정치가 시작되는 장소가 아닐까?

H부부 중 남편인 에이이치※— 씨는 "왜 그렇게 일본인이 되고 싶습니까?"라는 아라카와의 물음에 이렇게 대답한다.

> 이치를 따지자면, 류큐가 있었는데 그게 야마토유大和世(야마토 세상)가 됐다가 오키나와가 됐어요. 그리고 오키나와 사람도 일본인이 된 거죠. 사리에 밝은 사람들은 조금 뒤틀린 구석도 있을지 모르지만, 저야 어차피 일본인이 됐으니까, (…) (그게 싫으면) 오키나와는 본토에서 떨어져 나와서 독립해야 되는데, 독립은 시켜주지 않을 테니까 싫든 좋든 일본이 되는 수밖에 없어요. 하지만 그렇다고 오키나와인이라며 야마토 사람들이 얕잡아보면, 바로 한판 붙는 거죠……(주먹을 쥐고 때리는 동작)[28]

에이이치 씨의 이 말에서는 일본인이 되느냐, 오키나와인으로 독립하느냐라는 선택은 이미 빼앗겼다는 정치적 전제가 드러난다. "독립은 시켜주지 않"을 것이고, "싫든 좋든 일본이 되는 수밖에 없"다는 말이다. 또한 이렇게 주먹으로 응답하는 것을 에이이치 씨는 군대에서 배웠다고 한다.[29] 일본인이냐 독립이냐는 선택을 박탈당한 자들의 이 주먹은 "사리에 밝은 사람들"의 공적 담론이 아니며, 사적 제재로 처리될지는 몰라도 사적인 문제 또한 아닐 것이다. 굳이 말하자면 집안에 걸린 어진은 사적 영역이야말로 천황제를 둘러싼 전장임을 보여준다.

중요한 것은 주먹 바로 앞에 달라붙어 있는 식은땀이다. 신문 중에 흘러내리는 이 땀의 존재를 들켜서는 안 된다. 그리고 식은땀을 눌러 감추기 위해 주먹이 있을 것이다. 우리는 훌륭한 일본인이라고 하면서 꼭 쥔 주먹. 이 주먹은 독립과도 가까이 있을 것이다. 그래도 일본이라고 인정하지 않는다면 독립하겠다는 말이다. 주먹은 땀을 숨기기 위한 마지막 요새인 동시에 반란의 시작이기도 하다. 그리고 이러한 반란의 예감이야말로 히로쓰가 감지한 당해서 쓰러질지도 모른다는 가능성이었다.

하지만 식은땀에서는 주먹과는 다른 사태도 시작되고 있다. 어진을 집안에 내놓는 것이 "무섭다"고 하고 "몸은 다잡고 있는 편이 좋다"며 그것을 손궤 바닥에 감추는 사람은 정확히 말하면 H부부 중 부인인 나베ナベ 씨다. 왜 일본인이 되고 싶은지 묻는 아라카와의 질문에 남편인 에이이치 씨를 대신해 "이이(남편)는 군대에서 그런 교육을 받아왔"기 때문이라고 대답한 나베 씨는 아라카와의 같은 질문에 이렇게 답한다.

저는 그런 거 몰라요. 남자들이 하는 일이니까요……[30]

우선 이 응답은 어진을 내걸고 옆구리에서 주먹을 쥐며 승인을 요구하는 방식과는 다른 경로가 있을 가능성을 보여준다는 점을 확인해야만 한다. 당당히 장식해놓은 어진에는 식은땀이 배어들어 있고, 따라서 어진을 장식하는 일에는 주먹도 대기하고 있다. 바꿔 말해 일단 어진을 장식하면 식은땀을 둘러싼 주먹의 정치가 움직이기 시작하는데, 이는 또한 땀이 났음을 계속해서 눌러 감추려고 하는 내적인 통제가 작동한다는 말이기도 할 것이다. 그리고 어진을 집안에 내놓는 것이 "무섭다"며 "몸은 다잡고 있는 편이 좋다"고 하는 것은 일본인으로 승인해달라고 요구하는 정치가 이렇게 주먹이나 내부 통제로 전개해가는 데 반해, 그와는 다른 가능성이 있을지도 모른다는 유보를 계속해서 대전하는 것 아닐까?

나베 씨가 어진을 손궤 바닥에 간직할 때 그녀는 주먹으로 나아가는 이러한 전개 바로 앞의 영역을 확보하려고 하는 것 같다. 집안이 전장이 되는 것 자체를 거부하고 있다고 해도 좋다. 아니, 이미 전장임을 알면서도 주먹과는 다른 전개를 찾으려 한다고 말하는 편이 나을 수도 있겠다. 그녀가 말하는 '남자들'이란 이러한 탐구를 선언한 말이다. 나베 씨가 아라카와에게 토로한 어진을 장식하는 데 대한 두려움, 즉 식은땀은 전후 일본에서 천황에 대한 충성을 맹세하는 데 대한 공포심이 아니다. 이는 집안이 국가의 전장이 되는 것 자체에 대한, 즉 계엄령과 주먹을 통한 대결이라는 정치에 대한 두려움이다.

주먹은 역시 반란으로 향할지도 모른다. 경우에 따라서는 독립이라는 정치를 등장시킬 수도 있다. 하지만 동시에 나베 씨는 이 정치의 한 발 앞을 확보하려고 하는 것처럼 보인다. 그리고 나란히 놓을 수 없는 에이이치 씨와 나베 씨의 이 두 가지 모습이야말로 감춰두었던 식은땀의 현세화이고, 이 둘 다가 익숙한 토지에서 떨어져 나온 유민들의 토착과 관계있지 않을까? 또한 여기서 토착은 집이나 공동체와 친화성이 있는 것처럼 보이는 도메스틱한 사적 공간 혹은 공적 공간과 관련한 영역이 아니라, 이러한 공과 사라는 구분 자체를 묻는 정치로서 등장하고 있지 않을까.

도메스틱한 토착과 도메스틱한 영역을 성립시키는 공과 사라는 구분 자체를 묻는 토착. 여기서 토착은 이중이 된다. 그리고 아라카와 본인이 얼마만큼이나 자각적으로 읽어냈는지 문면만으로는 알 수 없지만, 세 가족을 방문한 그가 이중의 토착성과 만났음은 확실하다. 한편, 이미 「토착과 유랑」에 관해 썼듯 아라카와 아키라에게 토착이란 유랑과의 관계 속에서 두 가지로 규정되었다. 즉 유랑으로써 이탈해야만 하는 토착과 유랑 끝에서 발견하고 획득할 미래로서의 토착이 그것이다. 이는 오키나와 청년동맹에게는 오키나와라는 이름의 문제이기도 할 것이다. 다음 절에서는 유랑과 관련한 이탈이라는 시간성을 띤 토착의 이중 규정과 도메스틱한 영역을 중심으로 한 공간적인 토착의 이중성을 교차시켜가면서, 한 번 더 이 유랑과 토착이라는 말에 대해 검토해보겠다.

유착이라는 것

이동이나 이주는 향토homeland, 조국home, 고향home, 집home, 수용국host과 같은 단위 또는 그러한 단위를 구획하는 경계를 전제로 정의된다. 여기서는 이동이라는 변화와 관련한 말의 뉘앙스와는 달리, 이동에 대해 이야기하면 할수록 이동을 정의해주는 움직이기 힘든 향토나 조국 혹은 경계 같은 전제를 추인하고 강화하게 된다. 그리고 이러한 전제가 가부장적이고 남성중심주의적인 구조를 띤다는 점은 말할 필요도 없을 것이다. 그렇기에 "디아스포라 개념 속에서 남성중심주의를 한층 더 보편화해버릴 위험성이 있다".[31]

이 위험성은 아라카와의 토착에 대해서도 지적할 수 있을 것이다. 아라카와가 말하는 유랑과 관련한 이중의 토착이란 병렬적으로 늘어선 두 개의 토착이 아니고, 유랑이라는 이탈의 계기가 이 둘을 매개해야만 할 터이다. 하지만 아라카와는 새롭게 획득할 토착의 가능성을 그저 제국에 대한 공격성이라는 관점에서 단숨에 이야기하려 해버렸다. 여기서 그는 유랑과 더불어 진지陣地를 지리적으로 확장하는, 대단히 알기 쉬운 토착이라고 해야 할 균질적인 공동체를 상정하고 만다. 하지만 유랑은 단순한 지리적 이동이나 확대가 아니다. 결론부터 말하자면, 지리학적으로 상정된 시간적, 공간적 질서를 비스듬하게 횡단하는 시도다. 좀더 주의깊게 검토해야만 하는 것은 미리 준비된 두 지리적 공간 사이의 이동이 아니라, 유랑이라는 말이 함의하는 이탈의 계기다. 이 점을 주시함으로써 기원이나 전통 혹은 도메스틱한 공간을 상기시키는 토착으로 부터 이탈한다는 말이 무엇을 의미하는지를 유랑이라는 관점에서 명확히 할 수 있는데, 이는 이탈 끝에 찾아낼 미래가 기존 질서의 확장으로 되돌아가지 않게 하기 위해 반드시 필요한 작업이다.[32]

그런데 이시무레 미치코는 「유민의 수도」라는 제목의 강연록에서 시라누이不知火 해 연안 어촌의 "~에서 흘러온"이라는 표현에 대해 이야기한 적이 있다. 이때 **"흘러온"**이라는 말이 표현하는 것은 토착과 유랑의 구분이 아니다.

> 어렸을 때부터 자라온 과정을 생각해보면, 제 이웃마을 그러니까 바닷가에 있는 이 작은 마을에는 집집마다 그 집의 유래, 출신을 소개하는 말이 붙어 있었어요. "저 집은 사쓰마薩摩에서 흘러왔지"라거나 "저 집은 아마쿠사天草에서 흘러왔지" "저 집은 미국에서 흘러왔지" 하는 식으로요. 이게 무슨 말이냐면, 사쓰마에 못 있게 돼서 흘러온 사람들, 아마쿠사에 못 있게 돼서 흘러온 사람들 그리고 아마쿠사에서 머나먼 미국이나 아르헨티나, 남양군도, 필리핀 등지로 나갔다가 거기서도 못 있게 돼서 돌아오기는 했지만 고향에 되돌아가지 못하고 고향 가까운 데에 정착한 사람들, 이런 사람들이 정착해서 한 집이 시작되고 또 마을이 시작되는데 그런 출신과 유래가 분명히 드러나는 말, 그런 걸 표현하는 말이에요.[33]

다시 한 번 말하지만 유랑은 두 지역 사이의 이동이 아니다. 그리고 이시무레가 말하는 이 "~에서 흘러온"이라는 표현에는 이동을 정의하는 두 지역이라는 전제는 없고, 다름 아닌 이탈의 계기가 새겨져 있다. 어디로 가느냐가 아니라 흘러간다는 것, 즉 출향出鄕한다는 것이 중요하다. 나아가 이시무레의 이야기에서, 출향의 끝에는 돌아올 수 없는 고향이 부상한다. 또한 여기서 고향은 상상 속의 미래이기도 할 것이다. 고향은 이탈 속에서 등장하고, 상상 속의 미래 안에서 다시 한 번 등장한다.[34]

이시무레가 "~에서 흘러온"이라고 말한 것을 와타나베 교지渡邊京二는 유착流着이라고 부른다.[35] 이는 정착과 대비하여 설정한 말이다. 바꿔 말해 유랑에서 중요한 것은 어디에 정착하느냐가 아니라 이탈한다는 것이고, 이러한 이탈 속에서 미래를 상상하는 것이다. 정주는 항상 흘러가서 닿은 결과고, 또다시 흘러나갈 수도 있다는 예감으로 가득하다. 와타나베가 말하는 유착이란 이러한 이탈이라는 행위가 어디에 거주하느냐와 무관하게 계속되고 있음을 적확하게 표현하고 있다고 해도 좋겠다.

따라서 이는 토착이라고 여겨지는 사람들에 대해서도 할 수 있는 말이다. 유착은 동시에 "머물면서 하는 출향"이기도 하기 때문이다.[36] 아라카와가 유민이면서 토착이라고 말할 때, 이 토착은 이러한 계속되는 유착 속에서 찾아낸 상상 속의 고향이 아닐까? 그리고 거듭 말하지만, 이러한 상상력은 이탈이라는 계기를 통해 획득될 것이다. 이제 이탈의 계기를 놓치지 않기 위해 약간 이론적인 검토를 해보자.

먼저 호미 K. 바바의 포스트식민 이론부터 생각해보자.[37] 바바는 포스트라는 말을 "후after"가 아니라 "넘어서beyond"로서 논의한다. 식민자와 피식민자라는 대립 구조가 해소되거나 전자가 후자에 승리하는 것이 식민지주의 **후**의 시대라고 보는 일반적인 이해와는 달리, 이 **넘어서**라는 설정에서 바바는 둘의 구분을 규정하는 차이에서 시작되는 다른 세계를 탈식민지화 프로젝트로서 그리려 한다. 여기서 차이는 식민지주의의 대립 구조를 긋는 구분선 즉 대립 전선이나 쌍방의 진지를 구분하는 한계선이 아니라, 대립 구조 자체에서 줄곧 감추어져 있던 경계境界라는 새로운 장소다.

이러한 논의에 따르면 경계란 대립을 정의하는 구분이 아니라 무언가가 존재하기 시작하는 장소다. 바바는 난민, 망명, 이민, 국외 이산 등을 지적하면서 "경계는 거기서부터 무언가가 현존presencing**하기 시작하는 장소**"(강조는 원문)[38]라고 말한다. 또한 이러한 경계는 모호함보다는 바바가 파농을 언급하면서 지적하듯 기존 질서를 계속해서 부정하는 활동negating activity의 성격을 띤다는 점이야말로 중요하다.[39] 하지만 이 부정성은 대립이 아니다. 오히려 대립 구조가 있다면 이 대립을 존립시키는 구조 자체를 근원적으로 부정하는 것, 이른바 구분을 성립시키는 토대 자체가 융해하면서 무대 위의 대립이 다른 무언가로 바뀌는 계기다. 다시 말해 이 근원적인 부정성 속에서 구분으로서의 경계는 "무언가가 현존**하기 시작하는 장소**"가 된다.[40]

따라서 바바에게 부정성은 적대관계를 구성하는 구분된 공동체와는 다른 별개의 장소로 향하는 실마리이기도 하다. 경계를 정의하는 차이란 구분이 아니라 이러한 부정성을 대전한 징후인 것이다. "차이란 공동체가 하나의 프로젝트로서 등장하는 것을 예지하게 하는 표시"고, 이 프로젝트는 "사람을 자기 자신을 넘어선 장소로 데려간다".[41] 하지만 이 장소는 새로운 공동체로 귀착하지 않고 그 바로 앞에서 계속 머무른다. 그리고 이 지점이 기존의 공동체에 질서를 부여하던 시간과 공간이 융해하는 장소이기도 하다. 바바는 이를 '현재성the present' 혹은 '현재성의 정치적 상황'이라 부른다.[42] 질서가 융해하는 이 현재성을 계속해서 확보하는 한 넘어서기beyond는 멈추지 않고 계속 현존하며presencing, 이 현재성을 띤 과정이 바로 '문화의 장소the location of culture'다.

경계란 하나의 장이고, 여기서는 기존의 시간과 공간이 융해하기 시작하며 새로운 공동성을 수행적으로 발견해나가는 프로젝트가 등장한다. 그리고 바바는 이러한 경계에 관한 논의를 전제로 놓고 '[고향=집] 아닌 삶unhomely lives'이라는 개념을 제시한다.

> 그곳(경계)에는 고향=집home과 세계의 위치를 재규정하는, 유리遊離의 감각과도 닮은 것이 있기 때문이다. 이는 [고향=집]아 님unhomeliness이라 해도 좋다. 바로 이것이 영토를 넘어 문화가 교착하는 것의 시작을 고하는 조건이다. [고향=집]이 아니라는 것to be unhomed은 집이 없다는 것to be homeless이 아니며, 또한 [고향=집] 아님the unhomely은 사회생활을 사적인 것과 공적인 것으로 간단히 분할해서 구분하는 데 그치지 않는다.[43]

바바에게 [home]은 집, 고향, 나라 등을 가리킨다. 그리고 경계선境으로 구분되던 영역이 착종하여 사적인 일이 공적인 것이 되고 집안에 사회가 개입하며 나라 안에 다른 세계가 등장하는 사태가 경계에서 시작된다. 바바는 이러한 경계에 머무는 것을 "사회 바로 앞에서 체류하는 것dwelling"이라고 달리 표현하기도 하는데,[44] 이는 와타나베가 말한 유착을 떠올리게 한다. 또한 바바는 [고향=집] 아님을 "개인적인 것은 정치적인 것"이라는 페미니즘의 저 유명한 슬로건과 겹쳐놓기도 하는데, 이탈 속에서 발견하는 토착은 [home] 및 [home]을 근거로 구성되는 사회에 대한 비판과 함께 존재하기 때문이다. 이는 집안이라고 생각하던 장소가 이미 그렇지 않으며 안이라고 생각해왔던 곳이 바깥이기도 함을 사후적으로 깨닫는 사태다. 여기에는 공간적 구분의 혼란뿐 아니라 시간적 질서의 혼란도 겹쳐질 것이다. 잊은 줄 알았던 사건이 집안에 감춰져 있었음을 사후적으로 아는 것이다. 혹은 나베 씨가 집안이 국가의 전장이 될까 두려워 어진을 깊숙이 넣어두었던 것처럼, 굳이 집 내부에 감추고 시간을 앞으로 흘려보내려는 일이기도 할 것이다. 그리고 이것은 동시에 집이라는 일상성을 묻는 계기, 즉 이탈을 일상 속에서 확보하려는 일이기도 할 것이다. 여기서는 머무는 것과 이탈하는 것이 같은 장소에 있다. 유착의 사상.

하지만 이러한 경계 혹은 [고향=집] 아님이 어디에 위치하는지를 비평적으로 해설하는 것이 아니라 여기서 시작될 질서의 융해와 새로운 정치의 도래에 대해 말한다면, 그것은 어떠한 말일까? 굳이 말하자면, 어떠한 말이 유착의 사상을 걸머지는가? 즉 말 자체가 질서고 그 질서가 [home]과 사회를 상징적으로 구성하는 이상, 이 물음을 피해갈 수는 없을 터이다. 다시 말해 [고향=집] 아 님에서는 사회를 이야기하는 정치적 언어뿐 아니라 학계의 분석적 언어 자체에 대한 내성적인 검토가 요구된다. 그리고 이 [고향=집] 아님이란 그것이 무엇인지 명명할 수는 없지만 끌어안을 수밖에 없는 무언가고, 따라서 우선은 자신의 언어에 대한 위기를 대전하 면서 이 **무언가**를 향해 계속 거슬러 올라가는 동시에 계속해서 이 야기할 수밖에 없다. 물음으로서의 [고향=집] 아님이라고 할까. 그 리고 이는 아라카와에게 주어진 과제이기도 했을 것이다. 아라카 와가 마주친 아무것도 묻지 말라는 거절은 이 [고향=집] 아님이 폭력과 깊은 관계를 맺고 있음을 보여주며, 이때 그들이 끌어안을 수밖에 없었던 무언가란 외적으로 새겨진 하자瑕疵이기도 한 것 아 닐까? 그렇기 때문에 거기에 말이 다가오는 것을 두려워하고 거절 하는 것이다.

경계란 계界이기 이전에 경境으로서 절단되어 있다. 혹은 공과 사도 먼저 구분되어 있고, 개인적인 영역은 어디까지나 정치와 분 리되어 거기에 개입하는 것은 금지되어 있으며, 사람들은 [고향= 집] 아님이 아니라 [home]에 소속됨으로써 사회적인 의미를 얻는 다. 이는 말 그대로 통치의 문제이며 국가로 수렴하는 권력의 문제 라고 일단 말할 수 있을 것이다.[45] 그렇기 때문에 바바가 말한 장으 로서의 경계는 어디까지나 잠재적인 가능성이다. 그리고 이 통치는 언어적 질서와는 다르다. 이는 역시 계엄령의 문제이기도 한데, 바 로 그렇기 때문에 이 잠재적인 가능성을 현세화한다는 것이 어떠 한 사태인지가 중요해진다.

그리고 경계를 계속해서 경계로 유지하고자 하는 폭력이 바로 신문이다. 이러한 신문은 하자 혹은 기억을 신체에 새길 것이다. 또한 이 하자 혹은 기억은 신문이 언제나 준비되어 있음을 끊임없이 감지하는 신경계이기도 하리라. [고향=집] 아님이란 바로 이러한 하자와 기억 속에서 상상되고 획득된다. 움직이지 말라고 혹은 지시한 대로 움직이라고 윽박지르는 소리를 듣는 가운데 잠재화한 이탈의 가능성은 신문과 관련한 이 하자로서 현세화의 실마리를 획득한다. 이는 또한 이탈을 미연에 저지하는 내부 통제의 문제이기도 하리라. 거꾸로 말해 국가뿐 아니라 [home]은 이러한 통제를 담당하고, 여기에는 도메스틱한 폭력이 존재할 것이다. "어디에서 왔나?" "뭐하는 자인가?" 계엄령의 이 같은 신문은 "집밖으로 나가지 말라" "마을 밖으로 나가지 말라" "어진을 걸라"와 같은 도메스틱한 명령과 포개진다. 또한 이 두 가지 폭력이 결탁하고 있음을 감지하고 이를 하나의 통치로서 발견하는 것은 공과 사의 구분이 흔들리기 시작하는 시작점이기도 하다. 신문에 대비해 주먹을 준비하는 이들의 곁에서 감지할 수 있는 전장이란, 즉 나베 씨의 두려움이란 이러한 시작이 아니었을까?

류큐 여인의 수기

앞 장에서도 썼듯 오키나와 구제와 관련한 논의의 결과 1932년에 내각회의에서 오키나와 현 진흥계획을 결정한다. 즉 1930년대는 소철지옥에 대한 본격적인 법적 개입이 시작되는 시기라고 할 수 있겠다. 같은 시기에 오키나와 혹은 오키나와 출신자를 중심으로 생활 개선이라는 말이 공통된 슬로건으로 등장한다. 이 생활 개선에서 복장, 식생활, 축하 행사, 일상생활의 규율(시간 엄수 등), 음주, 육아 방법 그리고 오키나와어 등은 개선되어야 할 오키나와의 특이한 풍속이라고 지적된다. 또한 오키나와를 나간 사람들로 구성된 현인회를 비롯해 각종 단체들이 생활 개선운동을 주장하여, 일본 사회뿐 아니라 남양군도(미크로네시아) 그리고 오키나와 내부에서도 이러한 생활 개선이 등장한다. 생활 개선은 소철지옥을 계기로 한 사람들의 유출과 관련된 슬로건으로서 개개의 지역을 넘어 확대되어갔다. 더욱이 이러한 생활 개선은 1930년대 후반이 되면 오키나와의 국민정신 총동원운동에서도 커다란 기둥이 된다. 생활 개선은 오키나와를 나간 오키나와인과 관련한 슬로건인 동시에 오키나와의 전쟁 동원 및 그에 따른 일상생활의 조직화와도 깊은 관계를 맺고 있었다.[46]

　이러한 생활 개선은 이 시기에 오키나와 현 진흥계획이 등장한 것과도 무관하지 않다. 가령 오키나와 진흥계획을 입안하는 과정에서 내무성을 중심으로 설치된 '오키나와 현 진흥계획 조사회'의 제2차 회의(1932. 12. 6)에서, 이른바 이시구로 농정이라 불리던 사회정책적 농정을 펼친 이시구로 다다아쓰石黒忠篤(당시 농림부 차관)는 다음과 같은 정리 발언을 했다.

그러나 오늘날 고액의 국비를 들어 오키나와 현을 진흥해야 하는 상황의 원인을 연혁, 제도 등에 중점을 두는 것만으로는 충분치 않다고 생각합니다. 저는 오히려 솔직하게 현민 여러분의 정신적인 긴장, 육체적인 근로, 지식의 향상 같은 것을 본의로 두고 생각하시지 않으면, 권업은 물론이고 모든 방면의 진흥이라는 것이 실제 진흥으로서는 근본적으로 크게 결여된 부분이 있지 않을까 심히 우려됩니다. (…) 물론 오키나와 현민이 다른 부민, 현민과 비교해 이렇다느니 저렇다느니 하는 말씀을 구체적으로 드릴 수는 없지만, 그래도 세간에서는 이래저래 그런 점들에 관한 대강의 비판이 있고 또 스스로를 반성하여 근면 또 근면을 더해가지 않으면 작금의 상황을 타개해나가는 데에는 근본이 없다고 생각합니다. 그러니 현민 여러분도 오히려 앞장서서 이 방면에서 현비를 충분히 부담하시고 정신을 긴장시켜 공연히 조성금에 의지하지 않기를, 또 근로의 바람을 한층 더 불러일으키시기를, 저는 해당 위원을 맡은 이로서 충정으로 희망하는 바입니다.[47]

여기서 이시구로가 "세간에서는 이래저래 그런 점들에 관한 대강의 비판이 있"다고 우회적으로 표현하고 있는 것은 오키나와의 풍습이나 문화에 근면함이 결여되어 있다는 인식이다. 그리고 결정권이 있었다고 여겨지는 이시구로의 발언을 통해 이 조사회의 배경에는 '오키나와 현민'을 근면함이 부족한 나태한 사람들이라 보는 인식이 있었음을 짐작할 수 있다. 이러한 인식을 전제로 이시구로는 구제법과 나태를 개선하기 위한 자조의 노력이 한 세트가 되어야 한다고 주장한다. 여기에 이 구제법이 갖는 사상적 의미가 있을 것이다. 구제법이 누군가를 승인한다고 할 때, 여기에는 법적 승인에 선행하는 신청에서 신청자로서 주체화하는 것과 관련한 규범적 질서가 존재한다. 누구를 신청자로 보는가와 관련한, 법 앞의 법이라 해도 좋다.[48] 구제법과 자조 노력을 세트로 묶는 이시구로의 사고방식은 이러한 신청과 승인의 정치를 보여주는 것이라 할 수 있다.

그리고 생활 개선운동 내에서도 나태함에 대한 이야기가 활발했다. 지리적으로 한정된 구제법과 관련한 신청자로서의 규범적 질서를, 이 장소에서 흘러나간 사람들도 공유하고 있었던 것이다. 이는 히로쓰 가즈오에게 보낸 항의문에서 오키나와 청년동맹이 "우리는 자산도 없고 무능력하여 일하지 않고 목숨을 부지하지는 못합니다. 언제 우리도 현 바깥에 일자리를 찾으러 나가지 말라는 법은 없습니다"라고 표현한 노동자가 된다는 경로가 사회적으로는 오키나와적이라고 여겨지던 생활의 각 부분을 불식하는 생활 개선으로 등장했음을 뜻한다. 뿐만 아니라 이 생활 개선은 바로 "현 바깥에 일자리를 찾"아서 살아남으려 하는 심성을 통해 한층 깊이 그리고 광범위하게 침투했다고도 할 수 있다.

그런데 이러한 생활 개선이 일상생활의 각 부분들과 관련되어 있을 뿐 아니라 사적인 영역 혹은 가사나 육아에 관한 것이기도 했다는 점에 주목해야 한다. 사적이고 도메스틱한 영역 즉 [home]을 구성하는 구체적인 항목을 개선해야 할 대상으로 설정하고 감시했던 것이다. 그리고 이는 재생산 노동의 장이자 여성의 영역으로 간주된 장이기도 할 것이다. 현 바깥에 일자리를 찾으러 나가서 그것을 획득하고 사회적으로 출세한다는, 노동세계의 경로와 관련한 근면함은 재생산노동의 장인 사적이고 도메스틱한 영역에서의 생활 개선으로서, 구체적으로 지적되고 또 감시받았다. 도메스틱한 영역에 오키나와적이라고 간주되던 항목을 떠넘긴 다음 이를 노동세계와 구분하는데, 이 영역은 그렇게 구분되는 동시에 노동세계의 근거가 된다. 바꿔 말해 제몫을 하는 노동자가 된다는 것은 [home]의 오키나와를 불식하는 일이고, 일본인이 된다는 것이었다. "현 바깥에 일자리를 찾"는 사람들에게 생활 개선은 구제법을 향한 자조 노력이었을 뿐 아니라 노동을 둘러싼 이러한 세계의 문제였다.[49]

그리고 거듭 말하지만, 오키나와어는 일관되게 이러한 생활 개선의 축이었다. 여기서 다시 한 번 오키나와에서 오키나와 말을 불식하자고 주장한 교사가 학생들에게 한 말을 떠올려야만 한다. "너희들도 오인되어 살해당하는 일이 없도록."[50] 출세를 동인으로 삼아 [home] 내부로 밀고 들어오는 감시는 간토대지진의 기억과도 무관하지 않고, 생활 개선은 저 신문과 포개져서 감지되었다. 굳이 거칠게 말하자면, 생활 개선에 매진하는 [home]에는 예의 식은땀이 여기저기에 배어들어 있었다. [home]은 노동세계와 관계된 동시에 신문을 받는 전장이기도 했던 것이다. 이시구로가 구제법에 갖고 들어온 규범적 질서는 유랑하는 사람들에게는 이러한 [home]으로 등장했다. "개인적인 것은 정치적인 것"이라는 슬로건을 생각하려면, 먼저 [home]이 이러한 정치의 무대이자 전장이었음이 전제가 된다.

이때, 유랑하는 사람들에게 이러한 생활 개선 속에서 구성된 [home]에서 이탈한다는 것 혹은 경계가 장이 된다는 것은 어떠한 일이었을까? 오키나와적인 것을 불식하자는 외침이 터져 나오는 가운데, 바바가 말하는 '문화의 장소'는 어디였을까? 그리고 이 문화를 이야기하는 사람은 누구였을까? 혹은 불식을 외치는 사람은 누구였을까? 이러한 물음을 생각하는 것이 바로 '오키나와 문제'에서 구성된 생활 개선이 제시하는 미래와는 다른 길을 말 그대로 생활 개선 속에서 찾아내는 작업이다.

1932년에 구시 후사코久志芙沙子는 『후진코론婦人公論』(1932. 6월)에 구시 후사코久志富佐子라는 이름으로 소설 「망해가는 류큐 여인의 수기」를 연재했다. 하지만 이 연재는 편집부가 연재 중지를 결정함에 따라 한 회로 끝났다. 게재된 분량은 전체의 3분의 1 정도라고 한다. 또한 이 소설의 연재 중지는 오키나와 현 학생회로부터 "심한 꾸중을 듣고" 이에 대응하여 『후진코론』 편집부가 결정한 것이었다. 앞 장에서 논의한 히로쓰 가즈오의 경우와는 달리 항의문 등이 없기 때문에 어떠한 '꾸중'을 들었는지에 대해서는 『후진코론』(1932. 7월)에 게재된 구시의 『『망해가는 류큐 여인의 수기』에 관한 해명의 글』을 통해 상상할 수밖에 없다. 아래에서는 이 소설 및 해명 글을 통해 [home]에서의 이탈과 토착이라는 미래를 생각해보겠다. 여기서는 역시 '개인적인 것'이 '정치적인 것'이라는 점이 중요해진다. 하지만 앞에서 서술한 [home]이 초점이라는 데 대해서는 그것이 가부장제에서의 젠더질서 문제일 뿐 아니라 소철지옥을 계기로 한 '오키나와 문제'의 형성과 생활 개선이라는 문제이기도 했다는 점을 아울러 생각해야만 할 것이다.[51]

소설이 중단된 이상 전체 스토리에서 무언가를 읽어내는 일은 삼가야 하겠지만, 적어도 문체나 표현과 관련한 논점, 소설의 전제로 무엇을 배치했는가 하는 점에 관해서는 중단된 소설을 가지고도 논의할 수 있을 것이다. 또한 히로쓰의 경우 소설에 등장하는 '나'와 히로쓰 자신 사이에 거리가 있었고 소설에서 열린 가능성은 히로쓰 자신의 사죄로 인해 봉인되었지만, 결론적으로 말해 구시의 경우는 중단된 소설의 연장선 위에 이 해명 글이 있었다고 해도 좋다. 여기서는 소설의 '나※'와 「해명의 글」에서 구시 자신을 나타내는 저※를 연속해서 읽을 수 있다. 아래에서는 이 점을 전제로 몇 가지 논점을 검토해나가겠다.

이 중단된 소설은 숙부의 아버지가 숙부의 집안에 들인 '첩※'과 도쿄에서 성공을 거둔 숙부 그리고 마찬가지로 도쿄에 나와 있는 '나'로 구성된다. 즉 지리적으로는 '첩'이 있는 오키나와와 숙부 및 '나'가 사는 도쿄라는 구도다. 또한 오키나와의 집에 있는 '첩'은 너무나 큰 역경을 겪었기에 그 얼굴에는 말없이 "우는 듯한 표정"만이 새겨져 있다. 이 '첩※'과 '나※'는 그저 표기의 문제가 아니다. 가쓰카타-이나후쿠 게이코勝方＝稲福恵子가 날카롭게 지적하듯 이 소설은 화자인 '나'라는 주어가 드러내는 주체의 흔들림을 그 속에 품고 있는데, 이로 인해 일어나는 우의적인allegorical 의미 작용이 텍스트 자체를 교란시킨다.[52] 소설 내부에서 이야기하는 주체는 '나'이자 이야기되는 '첩'인 것이다. 더욱이 여기다 해명 글에 등장하는 '나妾'까지 포함하여 생각하면, '妾'이라는 표기는 소설 내부의 '나'와 '첩' 그리고 해명 글 속 구시 자신을 가리키는 '저'를 횡단하는 기표로서 존재하고 있음을 알 수 있다. 이러한 횡단성을 염두에 두고, 이제 '妾'이라는 표기를 소설 내부의 화자인 '나=妾', 소설 속에서 실제로 **첩**인 '첩=妾', 구시 자신을 가리키는 '구시=妾'로 다시금 기술하면서 논의를 진행해보자.

먼저 가쓰카타-이나후쿠 게이코가 지적하듯 일단 소설에서는 이 말 없는 '첩'에 대해 도쿄에 있는 '나=妾'와 숙부는 같은 위치에 놓인다.[53] 다시 말해 '나=妾'와 숙부 두 사람은 이탈의 계기를 공유한다. 숙부가 고향을 떠날 때의 광경은 아래와 같이 서술된다.

그리고 이야기라 해봤자 장마철처럼 눅눅하고 짜부라진 민족의 탄성뿐이었다. 무너진 돌담에는 냉이가 나고, 괜히 노인들만 많았다. 그[숙부]는 이 비참한 고향의 모습에 가슴이 막히기보다 먼저 진절머리가 났던 모양이다. 이십 일도 채 되기 전에 고향을 버리고 나갔다.[54]

이 숙부는 헤어질 때 '나=妾'에게 이렇게 이야기한다.

내 적은 X현으로 옮겨두어서 실은 아무도 이쪽 사람이란 걸 모른단다. 좋은 곳이랑 거래하는 데다 가게에서는 대학 나온 사람도 많이 부리고 있는데 류큐인이라는 걸 들키면 만사 형편이 나빠지거든. 집사람한테도 실은 벳푸別府에 간다고 하고 나왔으니

　　유착의 사상

까, 그렇게 알고……[55]

숙부는 '민족의 탄성'에 기력을 잃어 비참한 고향을 떠났을 뿐 아니라 스스로에게 들러붙는 고향의 징후를 자각적으로 소거하고자 한다. 우선 여기서는 이시무레가 말한 "~에서 흘러온"과는 달리 숙부에게 유출은 절단된 경계를 통과하는 것으로, 다시 말해 유랑은 토착을 유기하고 그 징후를 줄곧 숨기는 것으로 정의되고 있다고 말할 수 있겠다.

그렇다면 숙부와 마찬가지로 도쿄에서 살아가는 '나=妾'는 어떨까? 책의 앞부분은 먼저 최근에 고향에 돌아간 친구와 '나=妾'의 대화로 시작한다. 이 대화에서 그들은 "S시는 밤만 되면 캄캄하고" "돌담도 온통 무너져" 있다며 "류큐의 피폐함"을 이야기한다.[56] 역시 소철지옥으로 피폐해진 오키나와를 전제로 하고 있는데, 이 부분은 숙부도 공유한다고 할 수 있다. 뿐만 아니라 이는 히로쓰 가즈오나 오키나와 청년동맹과 동시대적인 현상 인식이기도 할 것이다. 그러고는 이러한 문장이 이어진다.

모든 가정이 **문신** 때문에 곤란을 겪었다. 벌어 모은 돈으로 아들을 몇 명이나 고등교육에 올려 보낸들 어머니는 손등에 배어든 **문신** 때문에 죽을 때까지 고향에 남겨져야 했다. 심한 경우에는 손자 얼굴도 모르고 죽어버린다. 아들들이 출세하면 할수록, 어머니는 아주 조금의 자유만이 있는 고향이라는 감방 속에서 근소한 용돈이나 받으며 갇혀 있어야 한다. 물론 약간의 예외는 있다. 조선인이나 타이완인처럼 자기들의 풍속 습관을 훤히 드러내고 내지에서 생활할 수 있는 대담함은 류큐인 인텔리들에게는 없는 재주였다.[57]

문신을 한 어머니를 감방에 집어넣은 사람은 출세한 아들들이자 인텔리들임을 '나=荌'가 지탄하는 것처럼 들린다. 그리고 숙부 또한 "류큐인의 '류' 자도 풍기지 않고 20년 동안 도쿄 한복판에서 생활하고" 있다.[58] '나=荌'가 지탄하는 사람은 숙부일 수도 있고, 혹은 현 바깥에서 일자리를 찾는 오키나와 청년동맹의 젊은이들일 수도 있다. 또한 구시의 이 소설을 '꾸중'한 오키나와 현 학생회도 "자신들의 풍속 습관"을 꾹 숨기고 '내지'에서 생활하는 이들이었을 것이다. 이 점에서 '나=荌'는 "류큐의 인텔리"가 '조선인'이나 '타이완인'과는 다르다고 본다.

이렇듯 '나=荌'는 출세한 아들이나 인텔리들이 제시하는 사회나 직업세계에 대해 거리감을 보인다. 그리고 이 거리가 무엇이냐가 이 다음에 가장 큰 요점이 된다. 다시 말해 계속해서 고향을 유기하고 '첩'이나 문신을 한 어머니를 유폐해온 숙부나 아들들에 대한 '나=荌'와 '첩=荌'의 관계성은 무엇이었을까? 이는 그저 똑같은 도쿄에 나온 사람들 사이에 존재하는 고향에 대한 생각 차이 같은 것이 결코 아니다. 중요한 것은 [home]에서의 이탈을 둘러싼 공과 사의 구분에서 비어져 나오는 관계성이 아닐까? 구시의 「망해가는 류큐 여인의 수기」는 [home]을 나온 '나=荌'와 [home]에 갇힌 '첩=荌'을 중첩시킴으로써, 나라는 개인의 탄생으로 성립된 근대소설이 전제로 받아들이고 마는 공과 사라는 구분 자체를 문제 삼는다.

이러한 설정을 통해 소설은 구제법 안의 오키나와 '오키나와 문제'를 묻는다. 스스로에게 배어든 고향의 징후를 줄곧 소거하려 하는 숙부가 계속해서 [home]에 금전적 원조를 하려는 것도 이러한 맥락에서 이해할 수 있다. 숙부에게서 [home]의 비참함은 계산된 구제 액수로 치환되고, '나=妾'는 이 돈을 맡아둘 뿐이다. 즉 '나=妾'와 '첩=妾'의 관계는 "우는 듯한 표정"을 한 '첩=妾'들을 [home]에 유폐하고 자기는 거기서 탈출한 뒤에 [home]의 비참함과 개선 혹은 구제를 이야기하는 이들로 구성되는 '오키나와 문제'에 대해 물음을 던진다. 바꿔 말하면, 이는 구제를 담당하는 법을 향한 신청의 근거가 되는 비참함을 비참함으로서 언어화하는 이는 누구인가라는 문제다. 혹은 '오키나와 문제'를 말할 자격이 있는 이는 누구인가? 표정과 문신만이 새겨진 첩과 어머니는 말을 나눌 존재가 아니라 그저 시선의 대상일 뿐이다. 그리고 이 누가 말하는가라는 지점이야말로 '꾸중'의 초점이며, 「해명의 글」의 의의와 관계있다.

앞에서 썼듯 구시를 질책한 오키나와 현 학생회의 주장은 이 「해명의 글」에서 유추할 수밖에 없다. 그러면 「해명의 글」에서는 무엇이 이 둘의 결정적인 차이였는지가 표면에 드러난다. 아니, 구시가 소설에서 준비한 '꾸중'을 들을 만한 요점을 「해명의 글」에서는 소설과는 다른 문제로 더 명확하게 드러내고 있다고 해도 좋겠다. 이러한 의미에서 「해명의 글」은 소설의 연장선 위에 있다. 또한 「해명의 글」 속 '구시=저=妾'는 소설의 '나=妾'와 '첩=妾' 위에 겹쳐

쓰인다.

먼저 「해명의 글」 서두에는 "학생 대표 이야기를 들어보면 제가 글에서 사용한 민족이라는 말에 무척 신경이 곤두서 있는 모양인데, 즉 아이누나 조선인과 동일시되면 피해를 입는다는 것"이라고 되어 있다. 이를 두고 '구시=串'는 "아이누 인종이니, 조선인이니, 야마토 민족이니, 굳이 계단을 만들어서 거기서 몇 번째쯤 되는 높이에 진을 치고 우월감을 느끼려는 의견에는 전 아무래도 동감할 수가 없습니다"라고 반론하며 이렇게 덧붙였다.

학생 대표 이야기에 따르면, 밖으로는 고향의 풍속 습관을 가능한 한 위장하려 애쓰고 안으로는 풍속 습관의 개량을 소리 높여 외친다는 말씀이었는데, 저串 자신은 다른 풍속 습관을 하나같이 꼭 천시하거나 배척해야만 하는 것은 아니라고 믿습니다.[59]

이는 글자 그대로 생활 개선을 정면에서 비판한 것이었다. 또한 풍속 습관을 개량하지 않으면 "취업난이나 결혼 문제에도 영향을 미친다"고 하는 학생 대표의 지적에, 취업 차별에 대해서는 차별하는 자본가와 대결해야 하고, 결혼 문제의 경우에는 무리해서 결혼하지 않아도 된다고 되받아쳤다. 「해명의 글」에 나타난 구시의 이러한 주장을 보면, 분명 구시의 생각은 생활 개선을 밀고 나가는 현인회나 현인 조직과는 대립한다. 또한 그렇기 때문에 구시가 차별에 맞서면서 일본으로의 동화를 비판하고자 했다는 논조의 평가가 오늘날까지 계속 존재한다.

하지만 「해명의 글」에서 생활 개선이나 풍속 습관에 대한 구시의 평가 혹은 제국의 차별적 위계를 둘러싼 생각만 드러나는 것은 아니다. 오히려 문제는 구시가 생각한 내용이라기보다 누가 오키나와를 이야기할 자격을 지니느냐는, 논의 이전의 전제와 관련하여 오키나와 현 학생회와 대립하지 않았을까? 「해명의 글」은 이렇게 끝난다.

> 저妾의 기탄없는 글이 사회적 지위를 갖고 계시는 여러분께는 그렇게나 강하게 울렸나 하고, 새삼 송구스럽습니다. 이 점 깊이 사과드립니다. 지위 있는 분들만이 아우성을 쳐대고 저 아래 있는 서민이나 학식 없는 사람들은 뭐가 됐든 지당한 말씀이라고 배청하는 오키나와에서는 늘 그렇듯이, 저 같은 교양 없는 여자가 번듯한 입을 놀리니 오죽 언짢으셨으랴마는, 위에 계시는 분들 형편에 맞춰 저희들까지 구워삶고 여기저기 끌고 다녀서야 저희도 면목이 서지를 않지요.[60]

「해명의 글」에서는 무엇을 말하느냐라는 내용상의 문제보다 누가 말하느냐가 논점으로 부상한다. 이는 소설의 스토리로는 환원되지 않는 '나=妾'와 '첩=妾'의 관계성 속에서 생성하는 의미 작용의 문제이기도 하고, 「해명의 글」에서 거듭 강조되듯 '교양 없고' '지위'가 낮으며 '번듯'하다고 인정받지는 못하는 '구시=妾'의 자기 설정과도 관계가 있다. 또한 앞에 나온 민족이라는 말에 대한 오키나와 현인학생회의 비판에도 "저 자신도 그중 한 사람인 만큼 절

대 모욕하겠다는 마음으로 쓴 게 아닙니다"라고 대답한다.[61]

여기서는 오키나와 문화 혹은 민족을 둘러싼 평가의 옳고 그름이 아니라 누구에게 말할 자격이 주어지는가, 즉 대표성과 관련한 문제가 제기되었던 것 아닐까? 오키나와 현 학생회가 구시에게 가한 질책이란, 고향을 대표해서 말하는 것은 우리이니 입 다물고 있으라는 말이 아니었을까? 그리고 그들이 대표하는 존재가 바로 "우는 듯한 표정"을 한 '첩=妾'들 아닐까? '구시=妾'는 「해명의 글」에서 훗날 종종 언급될 차별 반대, 동화 반대의 사상보다는 소위 공적 세계에서 버젓한 한 인간으로 취급되지 않는 사람들이 말하는 민족 혹은 토착과 관련한 문제를 명확하게 드러냈던 것이 아닐까?[62] 문제는 역시 공과 사의 구분에 놓여 있다고 할 수 있다.

토착에 유폐된 '첩=妾'과 달리 '구시=妾' '나=妾' '첩=妾'의 관계는 [고향=집] 아님을 확보하면서 공과 사를 가로지르고 둘의 경계를 장場으로 확장하려는 것 아닐까?[63] '첩=妾'을 둘러싸고, [home]의 경계를 유지하고 그 내부에 '첩=妾'을 유폐하고자 하는 숙부들의 힘과 경계 자체를 장으로 바꿔나가는 '첩=나=구시'들의 힘이 각축을 벌인다. 다시 말하지만, 경계를 장으로 바꾸어나가는 이러한 시도는 신문에 노출될 것이다. 또한 여기서 나오는 말들은 버젓한 것으로 간주되지도 않을 뿐더러 도메스틱한 말로도 여겨지지 않고, 경우에 따라서는 말의 자격도 얻지 못한 채 "우는 듯한 표정"으로서만 의미를 가질지 모른다. 따라서 '구시=妾' '나=妾' '첩=妾'의 관계는 새로운 말의 생성과 관계의 생성이 포개지는 동적인 사태일 수 있다. 그리고 여기서 이야기되는 민족이야말로 토착에서 이탈한 끝에 발견하게 될 토착, 즉 유랑자의 토착이 아닐까?

대표와
표상

구시 후사코의 「망해가는 류큐 여인의 수기」와 「해명의 글」이 제기하는 것은 문학 표현에서의 표상 문제가 아니다. 표상의 정치라고 하여 표상 자체가 곧장 정치이기라도 한 양 착각하고 도상이나 문학작품을 해석하는 것이 정치적 의미의 설명이라고 간주해버리는, 표상 연구나 문학 연구에 흔히 있는 자족적이고 닫힌 정치 논의를 하고 있는 것이 아니다. 여기서 가야트리 스피박이 대표와 표상의 차이에 대해 논의한 내용을 참조하면서 무엇이 문제인지를 마지막으로 명시하고자 한다.

스피박은 'representation'을 국가와 법 내부에서 대표하는 것과 주어-술어 관계 속에서 설명되는, 표상하는(즉 "A는 B를 표상한다" 따위) 것으로 구별한 뒤 마르크스의 『루이 보나파르트의 브뤼메르 18일』을 언급한다.[64] 스피박에 따르면 『브뤼메르 18일』에서는 'vertreten(대표하다)'과 'darstellen(표상하다)'이 구별되는데, 이 둘의 어긋남 혹은 공범관계야말로 정치가 정치일 수 있는 실천의 장이다. 즉 대표와 표상은 "어느 한 (기술적인) 계급의 형성과 (변혁적인) 계급의 미형성 사이에 있는 간극 속에 위치"하고 있으며,[65] 글자 그대로 사회의 생성과 관련한 정치는 이 둘의 어긋남과 공범관계 속에 존재한다.

　이는 말이 담당하는 의식意識의 영역과 사회를 산출하는 힘 사이의 어긋남과 공범관계라고 해도 좋다. 가령 『브뤼메르 18일』에 나오는 분할지 농민에 관한 유명한 구절을 참조해보자.

　　그들은 스스로를 대표할 수 없으므로 대표되지 않으면 안 된다. 그들의 대표자는 동시에 그들의 주인이나 그들을 지배하는 권위로서 나타나야만 하며, 그들을 다른 모든 계급으로부터 보호하고 그들 위에서 비와 햇빛을 내려주는 무제한적 통치권력으로 나타나야만 한다. 따라서 분할지 농민의 정치적 영향력은 집행권력이 의회를, 국가가 사회를 스스로에게 종속시키는 데에서 마지막으로 실현되었다.[66]

　여기서 말하는 대표하다vertreten라는 동사는 말을 초월하는 무제한적 통치권력에 직결되고, 따라서 대표하는 자는 말이 필요 없이 절대적인 주인이 된다. 가라타니 고진柄谷行人이 이 인용 부분에 대해 지적하듯, 이는 상징계의 외부 다시 말해 언어질서에서 배제된 외부를 일거에 대표하는 통치권력의 등장을 함의한다.[67] 이러한 통치권력이 바로 법이 정지하고 황제가 등장하는 것이었는데, 이는 말 그대로 "집행권력이 의회를, 국가가 사회를" 종속시키는 계엄령, 즉 앞 장에서 검토한 국가의 비합법성이라는 문제이기도 할 것이다. 법 규범의 실현이 법의 정지 즉 법 바깥의 힘을 통해 수행되는 것이다. 그리고 신문은 이러한 수행을 담당한다.

오키나와 청년동맹, H부부의 남편 에이이치 씨, 생활 개선 속에서 고향을 압살한 숙부 그리고 구시 후사코를 질책한 오키나와 현학생회는 자신들이 신문당하고 있음을 줄곧 감지한다. 즉 계엄령이라는 국가의 비합법성 속에서 자기 이름을 대고 누구인지를 제시하는 것을 우선 전제로 삼고 있다. 그리고 스피박은 이러한 신문 속에서 식은땀과 함께 제시되는 이름이 걸머지는 대표성을 국가 및 법과 관련한 대표성으로 놓고, 이를 언어적 질서에서 등장하는 표상과 구별한다. 여기서 국가 및 법과 관련한 대표성은 언어적인 매개를 초월한 곳에 있고, 따라서 신문은 신체적 고문이기도 하다.

숙부들이 그랬듯 유랑 속의 토착이라는 이름은 우선 이러한 신문에 대한 응답으로 존재한다. 바꿔 말해 말이 필요 없는 통치권력의 내부에서 자신들을 대표해야만 하는 것이다. 또한 그렇기 때문에 [home]에는 말 없는 '첩=妾'들이나 식은땀이 머물러 있다. 그리고 [고향=집] 아님은 이 신문으로 인한 하자나 기억 속에서 상상된다. 미연에 압살되거나, 움직이지 말라, 혹은 지시대로 움직이라고 공갈당하는 가운데 잠재화한 이탈의 가능성은 신문과 관련한 하자로서 현세화를 위한 실마리를 획득한다.

그리고 이러한 현세화를 담당하는 것은 역시 말이다. 이는 나베 씨가 숨겨놓은 어진에 배어든 식은땀이 말하기 시작하는 사태이고, 말할 자격을 얻지 못한 채 "우는 듯한 표정"을 짓고 있는 '첩=妾'으로부터 생성되는 '구시=妾' '나=妾' '첩=妾'의 관계이기도 할 것이다. [home]에 계속 머물러 있는 '첩=妾'들이나 생활 여기저기에 각인된 식은땀이 말을 획득하고 이탈의 가능성을 현세화해가는 과정이 유착이며, 그 끝에서 찾아낼 고향이 바로 유랑 속의 토착이 아닐까?

하지만 동시에 국가와 법과 관련한 숙부들의 대표성은 여전히 존재한다. 따라서 하자가 말을 획득하는 것은 대표성 내부에 균열을 초래할 뿐 아니라 대표한다는 실천에 무리를 주기도 할 것이다. 이러한 균열과 무리를 포함하는 둘 사이의 왕복운동에 유랑 속의 토착이라는 정치가 있다. 또한 이러한 정치는 기존의 대표성을 끊임없이 되묻는 과정이기도 하고, 이제까지의 [home]이 탈바꿈하여 신문에 응답하던 에이이치 씨나 숙부가 거기에 휘말려 들어가는 사태임이 틀림없다. 나베 씨와 에이이치 씨, 혹은 '첩=나=구시'들과 숙부는 함께 '오키나와 문제'의 문턱에서 시작되는 정치를 수행한다. 대표와 표상은 함께 시작되고, 바로 그렇기 때문에 이 둘을 뒤섞어버려서는 안 된다.

그렇다면 이 유랑 속의 토착이라는 정치는 말이 필요 없는 통치권력에 대해 어떠한 적대성을 산출할 수 있을까? 혹은 어떠한 대표성을 새롭게 획득할까? 그리고 대표성을 획득하는 과정이란 어떠한 사태일까? 이때 스피박이 마르크스를 언급하며 표상의 영역에서 대표의 영역으로 가는 전개가 기술적인 계급 입장에서 변혁의식으로 발전하는 것이라고 간주했다는 점이 중요하다.[68] 뿐만 아니라 스피박은 표상에서 대표로 가는 이러한 전개에, 상품교환을 전제로 한 경제적인 이해관계로 구성되는 경험 영역에서 노동력 상품과 관련한 착취를 묻는 정치로 나아갈 가능성을 겹쳐놓는다. 대표성은 말이 필요 없는 통치권력의 등장인 동시에 상품의 물신성으로 뒤덮인 자본에 물음을 던지는 정치이기도 하다.

스피박에게 디아스포라는 우선 글로벌한 자본에 포섭되며 여기에 긍정적인 의미는 없다. 바꿔 말해 유랑은 글로벌 자본주의로 포섭되는 일인 동시에, 지정학적으로 배치된 [home]에서 말이 필요 없는 통치권력군郡의 계속적인 신문을 받는 사태다. "어디에서 왔는가?" "어디로 돌아가는가?" 그리고 "누구인가?" 자본과 국가군은 결탁해 있다. 하지만 그 위에서 스피박은 이러한 결탁을 투쟁의 장으로 끌어들이는 정치의 가능성을 같은 디아스포라에서 찾아내려 한다. 유랑 끝에 발견할 토착은 [고향=집] 아님이 말을 획득하는 과정인 동시에, 국가와 자본에 물음을 던지는 정치의 가능성이라는 문제이기도 하다. 그리고 대표성과 적대성은 이러한 정치의 가능성에 관한 물음이다. 이 물음에 대해서는 제4장에서 다시 검토하겠다.

하지만 마지막으로, 이러한 정치의 가능성을 둘러싼 노골적이고 일반화된 담론들은 이탈을 다시금 기존 질서 속에 매장하고 대표성이 원래의 정치로 귀착할 위험성이기도 하다는 점을 역시 지적해야만 하리라. 유랑의 끝에는 원래의 토착이 준비되어 있는 것이다. **읽고 쓰기**를 행하는 이들에게 필요한 것은 대표성과 적대성과 관련한 정치의 내부에서 깊이 생각하고, 아직 끝나지 않았다고 중얼거리면서 이탈의 계기를 그때그때 계속해서 확보해나가는 일인지도 모른다.[69]

제3장

소철지옥이라는
시작

글은 결국 먹으로 쓰는 것이다. 피로 쓴 것은 혈흔일 뿐이다.[1]

―루쉰

이하 후유를
어떻게 읽을 것인가?

사상의 신체

요 몇 해 사이, 이하 후유를 둘러싸고 새로운 사실 하나가 논쟁을 불러 일으켰다. 논쟁의 초점은 미군이 이미 오키나와에 상륙해 있던 1945년 4월 3일과 4일에 『도쿄신문東京新聞』에 실린 이하 후유의 「결전장 오키나와 본도」라는 제목의 글이다. 이 글에는 "바야흐로 황국민이라는 자각에 서서 류큐 전체가 결속하여 적을 격퇴"해야 한다는 주장이 담겨 있다. 이 기사를 발견한 이사 신이치伊佐眞一는 이 글에서 익찬 지식인으로 변신한 전쟁 동원 추진자로서의 이하를 보았다.[2] 이는 또한 자유주의자로서 익찬 체제에 줄곧 비판적이었다고 여겨지던 지금까지의 이하 후유 상에 대한 통렬한 비판이기도 할 것이다.

이사의 평가는 나도 옳다고 생각한다. 하지만 그것이 다른 진정한 사상을 희구하는 방향으로 나아간다면 사상을 사고하는 작업이라고 할 수 없을 것이다. 사상을 사고한다는 것은 옳은 사상과 그른 사상의 서열 정하기가 아니다. 그것은 현재 상황에 존재하는 어떤 가능성, 굳이 밝히자면 정치적 가능성을 생각하는 일이고, 이때 요는 슬쩍 엿보았던 가능성을 압도적으로 불가능한 상황을 향해 접어 펼치는 일이다. 따라서 어떠한 사상에서 긍정할 만한 가능성을 찾아내어 옳다고 선양하기보다는 그 옳음이 소실되는 장소야말로 중요한 기점이다. 이하가 전시에 보인 무참한 모습에 대해 다른 옳음을 강조할 것이 아니라, 이 옳음이 정지한 지점에서 지금으로 이어지는 가능성을 사고해야만 한다.

기지의 존재가 너무나도 일상화되어 있기 때문에 제 몸과 깊이 인접해 있는 위험을 곧장 명확한 말로 표현하지는 못하는 채 펜스 옆에서 살아온 사람과, 기지의 존재를 갖가지 개념들로 장황하게 이야기하는 사람이 같은 말로 "기지는 필요 없다"거나 "있어도 된다"고 할 때 생기는 균열. 서장에서는 같은 것을 이야기하면서도 다른 신체로 생각하는 데에서 생기는 이러한 균열에 대해 썼다. 내게 이하 후유의 말은 찬동이나 반론으로 이루어진 논단 세계에 이같은 균열을 가져오는 것으로서 존재한다. 다시 말해 이하 후유는 남의 일로서 장황하게 이야기하는 말들에 다른 신체를 끼워 넣으려고 했던 것이다.

이는 이를테면 생각하는 것과 몸을 움직이는 것을 구분할 수 없게 된 말이고, 그 결과 말은 저절로 비유를 띨 것이다. 여기서 "바야흐로 황국민이라는 자각에 서서"처럼 국가를 앞에 둔 자기증명은 '황국민'을 거절하는 신체와 종이 한 장 차이다. 이러한 하나이면서 여럿인 의미를 지시하는 말은 진위나 옳고 그름을 판정하기가 매우 어렵고 또한 사상사 연구의 대상으로서는 다루기 힘들지도 모르지만, 사상이란 본래 이러한 신체를 갖는 말이다. 체계화되고 범용성을 갖춘 전집으로 묶여 그에 대한 일반적이고 옳은 읽기 방식이 지시되는 말들이 바로 아류다. 그리고 「결전장 오키나와 본도」가 읽는 이들에게 들이대는 물음도 이 신체라는 문제다. 또한 국가를 향한 희구라는 논점을 염두에 두고 생각해야만 하는 것은 살기 위한 자기증명이 피하기 힘든 죽음에 대한 자기설득으로 바뀌는 순간이다.

그런데 이 「결전장 오키나와 본도」는 전시 즉 전쟁 상태에서의 말과 관련한 문제이기도 하다. 이사 신이치가 이하와 대비시키며 높이 평가하는 가와카미 하지메河上肇가 대학을 떠난 1928년에 같은 교토대학에 입학한 마쓰다 미치오松田道雄는 스스로의 비합법 활동을 언급하면서 '전향의 육체성'이라는 문제를 제기했다. 간단히 요약하면, 취조실에서 당하는 고문뿐 아니라 다양한 일상적 폭력으로 인해 전향자가 된 이가 "육체의 약함을 변명할 수가 없다"는 것이 무엇을 의미하는가라는 문제다.[3] 많은 경우 비非전향은 육체에서 분리된 사상의 절대적 강함 혹은 옳음으로 선양되었고, 전향은 그저 사상의 패배로 유기되었다. 이는 육체의 패배를 사상의 패배로 선전한 특별고등경찰 측도 마찬가지였다. 둘은 대립하면서도 사상을 신체에서 멀리 떨어뜨리고 있었던 것이다. 하지만 동원이란 무엇보다도 먼저 신체의 문제였고, 국가가 말이 필요 없는 폭력을 행사해나가는 사태가 아니었던가? 또한 지금까지 살펴보았듯 계엄령이란 이러한 사상에서의 신체성이 문제되는 사태가 아닌가? "너는 누구냐?"라는 물음이 신문이기도 하고 고문이기도 한 계엄령 상태에서 이하의 '황국민'을 읽어내야만 한다. 그리고 바로 그렇기 때문에 사상의 패배에 비전향의 옳음을 대치시킬 것이 아니라, 패배로서 버려진 육체에서 **말이라는 영역을 통해** 다른 신체를 발견해내는 데서부터 시작해야만 한다.

겁쟁이라는 것

높이 들어라 붉은 깃발을
그 그림자에 죽음을 맹세하리
비겁자들아 갈 테면 가라
우리는 붉은 깃발을 지키리니

이 '붉은 깃발'이라는 노래는 독일 민요 '전나무'에 영어 가사를 붙인 것으로 1920년대에 세계 각지에서 노동운동가로 퍼져나갔다고 한다. 내가 학생이었을 때에도 윗세대 사람들이 술에 취해 부르곤 했던 것을 기억한다. "비겁자들아 갈 테면 가라"가 원래 영어에서는 "겁쟁이들이 움츠리고 배반자들이 비웃어도Though cowards flinch and traitors sneer"이니까, 글자 그대로 두려움과 비겁함은 똑같은 것으로 나란히 놓인다. 깃발에 죽음을 맹세하고 그러지 못하는 겁쟁이는 깃발을 배신한 비겁자라고 지탄하는 이 노래를 들었을 때 영 기분이 나빴다. 죽음이나 상처 입는 것이 주는 아픔을 눌러 감추고 목숨을 건 결기를 칭송하는 것은 혁명 혹은 해방이라 불리는 사건을 항상 따라다닌다. 어쩌면 그것은 반反혁명이나 파시스트들의 경우에도 마찬가지인지 모른다. 여기서 두려움은 숨겨야만 하는 것 혹은 추방해야만 하는 존재다.

또한 이처럼 두려움을 혐오하는 경향은 역사나 사상을 해설하는 이들에게 더욱 뿌리깊이 존재하는지 모른다. 용감한 비전향자는 항상 역사의 주인공으로 떠받들어지고, 겁쟁이는 배신한 전향자로서 극복해야 할 역사의 장애물이라는 위치에 놓인다. 하지만 겁쟁이의 신체에는 상처 입거나 상처 입히는 것과 관련한 상상력이 넘쳐흐르고 있지는 않을까? 이 상상력을 펴서 넓히는 것이 바로 역사나 사상을 생각하는 작업이 아닐까? 그리고 이하 후유는 겁쟁이였다.

앞서 언급한 마쓰다 미치오는 아시아 태평양 전쟁에서 일본군의 병역을 거부한 사람들의 증언을 읽고 나서, 비전향을 관철하는 굳은 의지가 아니라 아픔이나 죽음에서 어떻게든 벗어나고 싶어하는 두려움이야말로 병역 거부를 낳았다고 지적했다. 이는 거부라기보다 도망이나 이탈이라고 부르는 편이 좋을지 모른다. 그리고 또한 바로 이 두려움이 침략 전쟁에 가담한 일본을 지탱했다고 마쓰다는 쓴다.[4] 병역 기피와 전쟁 참여. 두려움은 역사를 구성하는 어떤 쪽 세력도 될 수 있고, 많은 일본 국민은 전쟁에 가담하는 쪽으로 기울었다.

하지만 사상의 물음은 여기에서 시작된다. 가담한 자리에서 이탈의 계기를 발견하고 이를 말로써 확보하기. 두려움을 추방하고 죽음에 대한 각오를 맹세하는 것이 아니라, 겁이 많기 때문에 상처 입거나 사람을 죽이기를 두려워하는 것이 바로 사회를 구성해나간다는 그러한 가능성으로 이어지는 실마리를 찾아내기. 아직 끝나지 않았다.

그리고 모든 사람은 겁쟁이다. 바로 그렇기 때문에 결기한 이들이 슬쩍 엿보았던 미래를 결기한 이들이 독점하게 두지 말고 그들 눈에는 배신자로 보일 존재에게서 다시금 확보할 필요가 있으리라. 결기라는 힘이 미래를 열어젖히는 순간을 만들어냈다고 해도 그 미래는 겁쟁이의 신체를 매개로 접어 펼쳐야만 하는 것이다. 사상이라 불리는 말들이 할 일은 여기에 있다고 나는 생각한다. 따라서 달아난 이들, 굴복한 이들을 '겁쟁이=배신자'라 하여 사고하려 하지 않는 사상은 제 할 일을 잊어버리고 있다고 해도 좋다. 이는 결코 결기의 힘이 무의미하다는 말이 아니다. 목숨을 건 그 행동을 포함해서 겁쟁이의 연대에 대해 생각하고 싶다.[5]

이하 후유의 사상은 겁쟁이의 사상이다. 그리고 거듭 말하지만, 이사의 평가는 옳다고 나도 생각한다. 하지만 역시나 그것이 다른 진정한 비전향 사상을 희구하는 방향으로 나아가서는 사상을 생각하는 작업이 되지는 않을 것이다. 사상을 생각한다는 것은 올바른 사상과 그릇된 사상을 선별하는 일이 아니다. 무참하게도 익찬 지식인으로 변모한 겁쟁이 이하가 살아갈 다른 미래를 어떻게 말로써 확보할지를 생각해야 한다. 즉 겁쟁이가 병역에서 이탈할지도 모르는 가능성을 어떻게 희구해야 할 미래로서 말로 표현하느냐가 중요하다.

겁쟁이 이하는 기존 질서 안에서 살려고 한다. 이는 동시에 일본이라는 국가 안에서 오키나와를 대표하려는 것이기도 하리라. 이 장에서는 1920년대 '오키나와 문제'가 구성되는 가운데 이하가 오키나와를 어떻게 대표하려 했는지를 검토하겠다. 이러한 대표성은 당연히 일본제국을 전제로 했을 뿐 아니라 그것을 필연적으로 추인할 수밖에 없었을 것이다. 하지만 다른 한편으로, 겁쟁이 이하는 대표하려는 동시에 이러한 대표성에서 이탈하려고도 한다. 이는 겁쟁이이기에 국가의 비합법성이 스스로에게 내리덮이는 폭력이라고 감지했기 때문이고, 식은땀을 흘리면서 감행한 필사적 도주이기도 했을 것이다. 겁쟁이 이하는 제국을 추인하고 그와 동시에 이탈한다.

"바야흐로 황국민이라는 자각에 서서"라는 이하의 자기증명은 '황국민'을 거절하는 신체와 종이 한 장 차이다. 신문 속에서 후자의 전개는 전자로 인해 결과적으로 소거될 것이다. 하지만 이 소실된 장소에서 사상을 생각하기 시작해야 한다. 아직 끝나지 않았다는 말이다. 이 장에서는 '오키나와 문제'에서 오키나와를 대표한 이하에게서 이러한 이탈의 계기를 동시에 발견해보려고 한다. 이는 글자 그대로, 앞 장에서 서술한 대표와 표상 사이의 어긋남과 왕복운동이라는 정치 공간을 이하에게서 확보하는 작업이기도 하다.

정신분석의 장소

이 장에서 논의의 축으로 삼는 것은 이하가 소철지옥이 한창일 때 집필한 「류큐 민족의 정신분석: 현민성縣民性의 새로운 해석」(오키나와 현 교육회, 『오키나와 교육』132호, 1924. 5. 1)이다. 내용에 대한 언급은 뒤로 미루기로 하고, 이하의 이 글을 읽을 때의 전제는 움직이기 힘든 운명과 거기에 맞서는 것의 어려움이라는 점을 지적해두어야만 하겠다. 겁 많은 신체에서 찾아낼 사상에서는 이 어려움이 논의의 초점이다. 즉 대부분의 경우 이러한 어려움을 앞에 두고서 이를 넘어서려는 결의를 선양하고 넘어서지 못하는 이들을 비난하기 시작할 것이다. 그리고 이 문제가 바로 마쓰다가 육체의 문제로 재설정한 지점이다.

움직이기 힘든 운명을 앞에 두고 맞서는 것의 어려움. 인종이나 민족과 관련한 말에는 이러한 어려움이 따라다닌다. 압도적인 약세의 위치에서 자신의 이름을 댈 때, 이 이름이 인종적이든 민족적이든 사람은 이름을 대는 것과 관련해서 연동하는 두 가지 어려움을 떠안게 될 것이다. 즉 질서에 맞서는 것의 어려움 그리고 그와 동시에 맞서는 근거를 둘러싼 어려움이다. 겁쟁이는 겁이 많기 때문에 질서를 확인하면서 추인하는 동시에, 그에 맞설 근거를 의심하면서 계속해서 물음을 던질 것이다. 겁쟁이의 사상은 추인을 결의로써 부인하거나 의심을 단단한 신념으로써 부인하며 사고하기를 중단하는 것이 아니라, 어려움을 어려움으로서 끌어안는다. 또한 대표와 표상이란 이러한 두 가지 어려움과 관계가 있다.

이는 프란츠 파농이 떠맡고자 했던 문제이기도 하다. 파농의 경우, 힘 관계 속에서 줄곧 맞서는 대항은 동시에 맞설 근거를 자기언급적으로 계속 묻는 일과 단단히 결부되어 있다.[6] 또한 민족의 이름을 대는 일에는 이러한 대항과 자기언급적인 거슬러 올라가기가 동시에 존재하는데, 이것이 파농의 민족 이해이기도 할 것이다. 즉 "민족문화란 민중이 스스로를 형성한 행동과 스스로를 유지한 행동을 그리고, 정당화하며, 칭송하기 위해 민중이 사고의 영역에서 행한 노력의 총체다"라고 말하는 파농에게 있어 민족의 이름을 댄다는 것은 끊임없이 갱신되는 "노력의 총체"다.[7] 그렇다고 할 때, 이름 대기와 관련한 어려움을 중심으로 이제부터 생각하려는 과제는 정신분석 혹은 정신의학 문제다. 즉 맞서기의 어려움이 맞설 근거의 어려움을 향할 때, 이는 일단 병으로 나타난다.

> 식민지주의는 타자를 계통적으로 부정하는 것이고 타자에게서 인류의 어떠한 속성도 거절하려는 흉포한 결의이기 때문에, 그것은 "실제로 나는 누구인가?"라는 물음을 끝없이 스스로 상기하게끔 피지배민족을 몰아붙인다.[8]

파농의 『대지의 저주받은 사람들』에 실린 「식민지 전쟁과 정신장애」 앞머리에 등장하는 "실제로 나는 누구인가?"라는 물음에는 먼저 "너는 누구인가?"라는 식민자의 질문이 선행한다. 즉 이는 자기소개를 촉구하는 인사말이 아니라 신문이고, "타자를 계통적으로 부정하는 것"이다. 그렇다고 할 때 "실제로 나는 누구인가?"라는 물음에서 중요한 것은 "누구인가?"라는 물음에 어떻게 대답하느냐가 아니며, 대답을 얻을 수 없다는 표상 불가능성에 대한 일반적인 규정도 아니다. 일단은 그것이 신문실에서의 구체적인 '정신장애'라는 어려움으로 설정되어 있다는 점이 중요하다. 혹은 이렇게 말해도 좋겠다. "실제로 나는 누구인가?"라는 자기언급적인 물음에 "진정한 민족은 어디에 있는가?"라는 물음을 포개어놓고 앞의 질문을 지워버리는 이들, 즉 싸우는 민중을 타자로서 명명하고 싶은 무리들에게 파농은 '정신장애'라는 임상 영역을 들이댄다. 이는 싸우는 민중을 바라는 이들의 말이 신문과 가까운 곳에 있음을 분명히 보여줄 것이다.

이러한 논의에서는 식민지 해방투쟁 속에서 정신과 의사로서 계속해서 임상의 자리를 지켰던 파농이 부상한다. 또한 싸우는 민중은 어디에 있느냐는 물음에 답을 제시하거나 이를 해설하지 않고 우선 정신질환이라는 임상 영역을 기점으로 두는 파농에게서는, 호미 바바가 문학비평을 통해 부각시킨 그와는 달리 글자 그대로 임상적인 실천 속에서 사고하기를 계속하는 파농이 강조되어야만 한다.[9] 이 문학비평과 임상은 뒷부분에서 다룰 이하 후유의 「류큐 민족의 정신분석」에서 정신분석이 의미하는 바에 대해 생각할 때 커다란 논점이 될 것이다.

이름 대기가 어렵다는 것은 이성적으로 입을 다무는 상태가 아니다. 단적으로 말하자면 이는 자기를 둘러싼 언어질서의 혼란에 관련되는데, 정신분석은 옆에 있으면서 그 혼란에 육박하는 강력한 타자의 말로서 등장한다. 또한 그렇기 때문에 이 분석적인 말들을 철저하게 검토해야만 한다. 거듭 말하건대 어려움을 어떻게 치유하느냐가 문제가 아니다. 인종이나 민족과 같은 말에 따라붙는 어려움을 듣고 다시금 기술하는 언어화 공정 속에서 정신분석의 말들 사이사이로 빠져나가면서, 이 '정신장애'라 정의된 언어질서의 혼란을 똑똑히 지켜보고자 한다.

개성의 '어려움'

일본제국이 한국을 병합한 1910년의 이듬해 간행된 이하 후유의 대표작 『고류큐古琉球』(沖繩公論社, 1911)에서 오키나와인, 류큐인, 류큐 인종, 류큐 민족[10]의 역사와 고유성을 '개성'이라는 말에 담은 이하는 13년 후인 1924년에 간행한 『류큐 교육琉球教育』(137호) 「세키호寂泡 군을 위하여」에서 이들이 "개성을 표현할 자기 자신의 말을 가지고 있지 않다"라는 결론에 다다른다. 이는 동시에 이하가 남도인南島人이라는 말을 쓰기 시작하는 기점이기도 했다. 1926년 8월 27일이라는 날짜가 찍힌 『류큐 고금기琉球古今記』(刀江書院) 「서장」에는 "이 책에 수록한 열 몇 편은 내가 일개 남도인으로서 주로 내부에서 남도를 본 것으로, 말하자면 남도인의 정신생활에 대한 하나의 기록이라 할 만합니다"라고 되어 있다. 류큐 민족에서 남도인으로. 주지하다시피 이하가 쓰는 남도라는 말은 야나기타 구니오柳田國男의 남도 연구나 남도 담화 모임 활동과 관련이 있다고 평가된다. 하지만 여기서는 이하가 도달한, '개성'을 이야기할 수 없다는 지점에 논의를 집중하고 싶다. 그리고 "개성을 표현할 자기 자신의 말"이 없다는 이하의 중얼거림에서 "실제로 나는 누구인가?"

라는 파농의 물음을 상기하면서 논의를 전개하고자 한다.

"방금 말씀드렸다시피 일치하는 점을 발휘하게 하는 일도 물론 필요합니다만, 일치하지 않는 점을 발휘하게 하는 일 또한 필요할지 모릅니다." 이는 『고류큐』「류큐 역사의 추세」에 나오는 문장이다. 여기서 말하는 '일치하는 점'이란 일본인과 오키나와인의 공통점 즉 '동조同祖'를 의미한다. 이 때문에 『고류큐』는 '일류동조론日琉同祖論'이라 불리기도 했다. 하지만 지금 눈을 똑바로 뜨고 읽어내야 하는 것은 오키나와인으로서 자기를 제시하려고 하는 이하가 "일치하는 점을 발휘하게 하는 일도 물론 필요"하다고 신중하게 전제하고 나서 전개하는 "일치하지 않는 점을 발휘하게 하는 일 또한 필요할지 모릅니다"라는 구절이다. 여기서는 "일치하지 않는"다는 것 즉 다르다는 것이 주의깊게, 또 굳은 결의와 함께 제시된다. '개성'은 이렇게 자기를 제시하는 말의 연장선 위에 존재한다.

다르다고 이하가 공언하는 이 순간에 모든 것을 집중해야만 한다.[11] 여기에는 오키나와 주민의 무장진압과 학살을 준비하던 자경단에 대한 기억이 있다. 청일전쟁 때 오키나와에 있던 일본인은 청일전쟁으로 오키나와가 내전 상태가 될 가능성을 상정하면서 군대와 함께 자경단을 결성해 주민 진압에 나섰다. 중학교에서도 교직원과 학생들이 의용대를 조직해, 당시 오키나와 보통중학교 4학년이던 이하 후유도 의용대에서 사격연습을 하곤 했다. 말할 필요도 없이 이하가 겨눈 총구는 그의 친족을 포함한 오키나와 주민을 향하고 있었다.

다르다는 말은 진압된다는 뜻이다. 그리고 이하는 자신들을 진압하고 죽이는 위치에 동원되었다. 또한 이 중학교 시절 기억에는 곁에서 계속되던 식민지 전쟁이 포개질 것이다. 청일전쟁에서 타이완 영유, 나아가서는 한국 병합으로 이어지는 일련의 전쟁 상태 속에 바로 이하의 '일치한다' 혹은 '일치하지 않는다'라는 말은 존재하고 있었다.[12] 다시 말해 이하는 "너는 누구인가?"라는 신문 속에서 '개성'을 주장했다.

따라서 '개성'을 이야기할 말이 없다는 사태는 전에는 있었던 아이덴티티를 상실했다는 것이 아니다. 또한 '개성'에서 다른 아이덴티티로 이동해간 것도 결코 아니다. '일치하지 않는다'가 '일치한다'로 바뀐 것이 아니라는 말이다. 이 말이 집합을 정의하는 평면 위의 구분이나 공통성이 아니라, '죽인다' 혹은 '죽임을 당한다'와 곧장 연동하는 전쟁 상태 또는 계엄령 속에서 적과 우리 편을 준별하려는 신문 가운데 존재하고 있었다는 점을 응시해야 한다.

또한 여기서 사용하는 아이덴티티라는 말은 에드워드 사이드가 프로이트의 『모세와 일신교』에서 발견해낸 하자瑕疵와 관련된 말이다. "즉 아이덴티티는 근원적이고 기원적인 단절 혹은 억압될 수 없는 하자와 함께 스스로를 구성하거나 상기할 수밖에 없고",[13] '개성'이나 '동조同祖'는 전쟁 상태라는 견디기 힘든 현실을 신중히 억압하면서 구성된 말이다. '개성'을 통해 '류큐인의 역사'를 그리고자 하는 이하의 말은 전쟁 상태라는 현실을 마음속에 억압하면서 목숨을 부지하는 이들의 말이기도 하다. 또한 구체적인 역사적 사실을 전쟁 상태라는 현실로서 곧장 '개성'을 설명하는 근거로 가져와서는 안 된다. 앞서 내가 타이완 영유 등의 역사적 사실로 설명해버린 전쟁 상태는 '개성'에 입각해서 말하자면 숨겨진 영역인데, 이는 하자로서만 존재하며 하자인 채로 끌어안겨 있다. 이렇게 끌어안긴 영역에서 시작해야만 한다.

사이드가 이 하자에서부터 이스라엘과 팔레스타인의 아직 존재하지 않는 역사를 그리고자 했듯, 이하는 '류큐인의 역사'를 쓴다. 또한 바로 그렇기 때문에 재클린 로즈가 하자가 '경직화'해 "국가의 폭력을 정당화"하게 된다며 사이드를 비판했다는 것이 역시 중요해질 것이다. '개성'이라는 말은 목숨을 부지하기 위한 말인 동시에 폭력을 정당화하는 역사와도 무관하지 않다. 또한 로즈가 말한 '경직화'는 류큐인의 '개성'에 들어와서는 안 되는, 부인해야만 하는 현실의 가장자리를 가리키는 '생번生蕃'*이나 '아이누'와 '개성'의 관계와도 관련된다.[14] 이하는 '개성'이 있는 류큐인을 식민지주의의 폭력을 당하는 '생번'이나 '아이누'와는 다른 종류로 구별하여 식민지주의 현실을 남의 일로 돌리고 회피하려 했다. 따라서 '개성'을 이야기할 말이 없다는 것은 이러한 말로써 부인하며 내일이 아니라고 회피하던 현실이 눈앞에 등장하는 사태이자, 발을 들여서는 안 되는 영역 바로 앞에다 '개성'의 테두리를 치기 위해 준비된 이러한 '생번'이나 '아이누'들이 새로운 행동을 개시하는 사태다. 또한 여기에는 로즈가 말하듯 다시금 경직화할 위험성도 당연히 존재할 것이다.

뒤에서는 「류큐 민족의 정신분석」을 읽으면서 오키나와라는 이

------

* 일본 통치 시대에 대만 원주민인 고산족 가운데 한족에 동화되지 않은 이들을 부르던 이름.

름을 걸머지려는 이하 후유가 겁쟁이의 신체를 가졌기 때문에 끌어
안은 어려움에 대해 검토하겠다. 이때 잊지 말아야 할 것은 소철지
옥을 계기로 한 국가의 변용이다. '개성'을 상실했다는 말의 의미는
소철지옥이라는 위기를 계기로 구성되는 '오키나와 문제'의 차원에
서도 검토해야만 한다. '오키나와 문제'에서의 이탈로서 말이다.

소철지옥의 세계성과
국가의 재정의

국가와 자본

국경을 선이라고는 생각하지 않기로 하자. 그것은 새로운 면이
된다. 이때 국경이라는 선을 바탕으로 면임을 주장해오던 '국내/국
외'는 붕괴하여 다른 의미를 띠기 시작할 것이다. 그리고 이러한 변
용에 대한 상상력이 결여되어 있는 한, 오키나와의 근대는 언제나
국경선의 가장자리다. 거꾸로 말하면, 이 '내/외'가 동시에 붕괴하
리라는 조짐과 함께 오키나와의 근대는 부상한다. 가장자리를 다
른 것으로 바꾸기 위해, 다시 말해 오키나와라는 가장자리가 역
사를 획득하게 하기 위해 다소 사변적인 노력을 해보고 싶다. 미리
말하자면 국가의 남단으로 구상화된 오키나와라는 가장자리는 근
대에는 가장자리와는 다른 세계성을 지니는데, 일단은 이를 다소
이론적인 골자로 논의해두고 싶다. 이 절의 목적은 역사적 사실의
분석과 사변을 뒤섞으면서 오키나와의 근대가 끌어안은 세계성을

논의하기 위한 간략한 스케치를 그리는 것이다.

'지중해'를 그려낸 페르낭 브로델은 이 가장자리가 잠재적으로 확보하고 있는 의미를 명확히 이해했다.

> 국가는 자본주의를 우대하고 원조한다. 아마 그럴 것이다. 하지만 반대 방향에서 바라보자. 국가는 자본주의가 국가의 자유로운 행동을 방해할 염려가 있으므로 자본주의의 약진을 방해하려고 한다. 둘 다 맞는 말이다. 서로 번갈아가며, 혹은 동시에. 현실은 늘 예견 가능하거나 불가능하게끔 착종되어 있기 때문에 호의적이든 비호의적이든 근대국가는 자본주의가 그 한복판에다 길을 뚫고 나아간 현실 가운데 하나다. 어떤 때에는 제약을 받고 어떤 때에는 도움을 받으며 그리고 대부분의 경우에는 둘 중 어느 쪽도 아닌 지면 위를 나아간 것이다.[15]

자본의 운동을 축으로 두지 않는 근대사는 있을 수 없다. 그리고 자본은 국내라는 공간을 조직하지 못한다. 주권제도가 정의한 영토나 국민과는 달리 자본은 언제나 정의되지 않는 비결정성(탈영토화)을 만들어낸다. 그렇기 때문에 이 비결정성을 결정하고자 국가는 끊임없이 새로운 국가로서 재정의(재영토화)된다. 국경선이란 이러한 결정과 비결정이 되풀이되는 재정의운동이고, 선을 넘는 자본이나 선을 긋는 국가가 아니라 "둘 중 어느 쪽도 아닌 지면 위에서 나아가"는 동태動態다.

가장자리란 이 동태를 말한다. 그렇기에 브로델은 지면을 구획하는 국경선으로서의 가장자리가 아니라 움직이기를 계속하는 바다에 주목했다. 이러한 동태는 우선 국가의 확장이기도 하다. 가령 천광싱陳光興은 '흑조黑潮'라는 은유를 써서 동남아시아로 흘러나간 타이완 자본의 동태와 함께 일어선 제국을 논의하는데,[16] 이는 '남진南進'한 일본제국의 문제이기도 할 것이다. 또한 이러한 비결정성을 국제관계나 해역세계로 구상화해 메타 레벨에서 재결정하려는 시도도 생겨날 것이다. 더욱이 이 재결정은 다음 제4장에서 논할 광역경제라는 제국과도 관련된다. 하지만 천광싱이 비판하듯 이러한 구상화는 자본의 운동이 갖는 비결정성을 너무나도 간편하게 고정하고 영토화한다.[17] 거기서 오키나와는 언제까지나 국경선의 가장자리, 혹은 장소 없는 국경 자체가 되고 말 것이다.

바다로 향해 간 브로델 또한 이를 기술하는 어려움을 충분히 이해하고 있었다. 자본의 운동이 상품세계라는 전제 위에서 구상되듯, 이 운동이 산출하는 관계성은 무엇보다 먼저 상품과 상품의 교환관계 즉 시장이다. 하지만 교환은 사회가 아니다. 그리고 동시에 교환은 사회에서밖에 감지할 수 없다.[18] 상품교환을 사회구조로 환원하지도 않았을 뿐더러 사회 외부에서 작동하는 법칙적인 시장으로 내던지지도 않았던 브로델은 교환을 "사회적인 것, 정치적인 것, 경제적인 것의 접점"이라 보고, 이를 기술하는 어려움에 대해 이렇게 썼다.

어려운 점은 시장이라는 복합체는 매년 변화하는 경제생활뿐 아니라 사회생활의 총체 속에서만 이해할 수 있다는 점이다. 이 복

합체 자체는 끊임없이 발전하고 변형된다. 매 순간 동일한 의미와 동일한 중요도를 갖지도 않는다.[19]

상품교환이 "사회생활의 총체" 속에서만 이해되고 "매 순간 동일한 의미와 동일한 중요도를 갖지도 않는"데도 불구하고, 교환 자체는 독자적으로 "끊임없이 발전하고 변형된다". 이러한 의미에서 사회에 대해 외부성을 지니는 시장을 그럼에도 불구하고 사회 안에서 이해하려는 어려움, 어쩌면 국가는 이 어려움을 앞에 두고 억지로 사회를 구성하려 할 것이다.[20]

이러한 어려움은 사회를 정의하려 한들 끊임없이 배신당한다는 불안의 징후이기도 하다. 브로델은 여기서 버티고 선다.[21] 기술하는 이로서 그가 보이는 이러한 태도는 브로델의 연구에서 세계체제론을 끌어낸 이매뉴얼 월러스틴과는 결정적으로 다르다. 브로델은 역사 기술의 어려움 속에서 자본이라는 논점을 먼저 확보한 데 반해, 월러스틴은 이를 세계체제로 설정해 기술의 근거로 바꾸었다. 비非결정을 재再결정하고자 하는 새로운 주권적 존재처럼 말이다. 게다가 세계체제론에서 이 재결정은 외부가 없는 최종심급의 결정이기도 하다. 이는 또한 세계체제를 지리적인 장소에 구상화하려 하는 갖가지 시도가 결국은 제국의 추인일 수밖에 없다는 사실과도 무관하지 않다. 여기서 가장자리의 잠재성은 새로운 제국으로 이어질 뿐이다.

월러스틴은 무엇을 놓쳤는가? 단적으로 말하면 상품과 상품의 교환이라는 관계성이다. 중요한 것은 이 관계성을 사회체제로 바꾸어놓아서는 안 된다는 점이다. 그런데도 주변에서 중심으로 향하는 지정학적인 부의 이동에서 근대를 보는 월러스틴에게 상품교환은 지리적 공간에 구상화된 부의 이동을 담당하는 구조로 환원되어야만 했다. 하지만 상품교환이라는 관계성을 사회 속에서 어떠한 존재로 상정하는가는 산업혁명국과 주변 사이의 부등가교환에서 어느 쪽이 부의 원천이냐는 식의 양적인 물음으로 바꿔쳐져서는 안 되는 문제다.

그만이 정의할 수 있는 환자의 무의식을 근거로 환자의 의식을 재단해 보이는 사이비 정신분석가처럼 월러스틴은 사회에 대해 외부성을 갖는 자본을 사회의 외부에 세계체제로서 정의하고, 외부를 아는 유일한 존재로서 그 자신의 분석을 가져다 놓으며, 그 외부를 근거로 사회를 재단해 보인다. 이때 사회는 지리적인 중심과 주변으로 구분된, 지역과 국가의 조감도로 그려진다. 하지만 사회 속에서 외부성을 갖는 자본을 감지하고 이 힘에 대항할 가능성도 함께 기술하는 것이 바로 가장자리가 요구하는 기술이 아닐까?

기존 사회가 사회에 대해 외부성을 갖는 자본의 운동을 글자 그대로 징후적으로 표현할 때, 이는 비결정을 결정하고자 하는 국가의 갱신, 다시 말해 국경선의 재정의와 일단 관계가 있을 것이다. 그리고 이 징후가 바로 가장자리의 영역이다. 또한 결정하고자 하는 권력은 불안정의 원천인 외부성을 초연한 부동의 근거로 삼으면서 인과율을 만들어내고, 비결정을 결정하는 앎이나 제도와 함께 등장할 것이다. 하지만 거듭 말하는데 자본은 사회를 조직할 수 없다. 조직화되지 않는 사회의 임계에 버티고 서는 것은 국가의 갱신 즉 제국이 아니라, 바로 이 임계에서 다른 세계를 그리는 일이기도 하다.

상상력이 문제가 되는 것은 바로 이때다. 여기서 상상력이 작동하지 않는 한, 가장자리를 바라보는 역사 기술은 바다의 제국이 됐든 뭐가 됐든, 제국의 추인 양식으로 한없이 전락할 것이다. 월러스틴의 세계체제론이 놓친 것은 결국 자본의 운동 자체에 대한 비판이고, 가장자리가 보여주는 제국 비판의 잠재적인 가능성이다.

오키나와와 식민지주의

그런데 오키나와의 근대를 생각할 때면 종종 류큐 처분 이야기가 처음에 나온다. 여기서는 '처분' 이전 류큐 왕국의 정치 형태를 어떻게 파악할 것인지나 판적봉환*에서 폐번치현에 이르는 과정 등이 류큐 처분의 성격 규정을 둘러싼 쟁점이었다. 하지만 어쨌든 1879년 군대와 무장 경관이 슈리首里성을 점령한 사건이 여실히 보여주듯, 이 '처분'이 무력 병합이자 점령이었음은 분명하다. 또한 이렇듯 류큐를 국내 '처분'으로 설정해나가는 과정 자체가 타이완을 군사적으로 침략하고 청나라와 대치하는 가운데 시작되었는데, 근대 일본이 당초부터 보여주던 제국으로서의 군사적 확장 속에서 류큐는 오키나와 현으로 편입되었던 것이다. 그렇기 때문에 류큐

------
* 版籍奉還: 1869년 메이지 정부가 시행한 중앙집권화 정책의 일환으로 각 번의 다이묘들이 천황에게 토지版와 백성籍을 반환하게 한 것.

처분은 오카나와를 둘러싼 식민지주의를 상징하는 사건으로 거듭 등장한다.

이러한 상징적이고 역사적인 은유의 의의를 인정하면서도, 여기서는 자본에 주목하고 싶다. 이른바 경제사적인 맥락에서 오키나와의 식민지주의를 검토하려는 논의는 류큐 처분에 비하면 애매하게 들린다. 한 가지 쟁점은 류큐 처분 후에 이어지는 '구관습 온존기舊慣期'의 존재다. 오키나와와 관련한 이른바 근대적인 제도개혁은 일본의 다른 지역에 비해 시간차를 두고 진행되었다. 가령 토지세地租개정에 해당하는 토지정리사업은 1899년부터 1904년 사이에 이루어졌고 녹봉 처분은 1910년까지 걸렸다. 식민지주의라는 문제에서는 근대적 제도가 정비되지 않은 이 '구관습 온존기'를 오키나와에 대한 독자적인 수탈 정책으로 이해할 수 있는지 여부가 논점인데, 이때 국세 징수와 국고 환류 사이의 차액이 문제가 되었다.

하지만 어찌 됐든 제도적 동일화는 진행되었고, 더욱이 가장 중요한 점은 경제활동의 자유가 제도적으로 보장되기 시작했다는 점이다. 가령 토지정리사업의 특징은 이때까지의 사탕수수 작부 제한을 철폐하거나 농민들을 토지 재분할제도*에서 해방했다는 점인데, 이를 계기로 오키나와 제당업은 농민의 소농 경영으로서 확실하게 확대되어갔다. 이 점은 원료 채집 구획제도를 도입해 농민 경영을 강제로 거대 제당자본에 종속시킨 타이완과는 현저한 차이를 보인다. 군사 점령과 경제적 자유. 이 두 가지가 일체가 되어

------

* 토지를 분할해 농민들에게 할당했다가 일정 기간이 지나면 할당지를 다시 바꾸는 제도.

등장한다는 점이 오키나와 근대를 고찰할 때의 중요 포인트다.

거듭 말하지만 주목해야만 하는 것은 자본이며 상품교환 즉 시장이다. 또한 이때 더 구체적으로는 오키나와의 제당업이 문제가된다. 뒤에 상세히 서술하겠지만, 제당업에 주목하는 이유는 단지 그것이 오키나와의 기간산업이기 때문만은 아니다. 설탕을 중심으로 한 생산과 노동이 바로 오키나와의 근대를 기본적인 차원에서 규정하고 있다는 의미에서다. 또한 제당업의 전개를 생각할 때 오키나와 경제사 연구에서 무카이 기요시向井淸史가 제시한 틀은 매우 중요하다.[22]

마르크스는 『자본』 「순환 과정의 세 가지 도식」에서 "그것이 화폐자본일 때에나 상품자본일 때에나, 산업자본의 순환은 매우 다양한 사회적 생산양식(그것이 동시에 상품 생산인 한에서는)의 상품 유통과 교착한다"라고 한 뒤 "이러한 상품들이 나오는 생산 과정의 성격은 아무래도 상관없다"고 말하며 "산업자본의 유통 과정을 특징짓는 것은 모든 상품의 유래가 갖는 다방면적 성격과 세계시장으로서의 시장의 실존"이라고 여겼다.[23] 무카이는 이러한 상품 유통의 확대를 레닌이 『러시아 자본주의의 발전』(1899)에서 묘사한 '변경의 식민지화'와 포개어 논의한다. 레닌은 영토의 확대와 자본의 운동에 대해 이렇게 썼다.

국내시장과 외국시장의 경계는 어디에 있는가? 국가의 정치적 경계를 든다면 이는 너무나도 기계적인 해결책일 것이다. (…) 중요한 것은 자본주의가 그 지배의 범위를 끊임없이 확대하지 않고서는, 또 새로운 나라들을 식민지화하여 비자본주의적인 오래된 나라들을 세계경제의 소용돌이 속에 끌고 들어가지 않고서는 존재하거나 발전할 수 없다는 점이다.[24]

즉 이는 훗날 레닌이 주창할 자본주의의 최고 단계로서의 제국주의론과는 일단 달리, "산업자본의 순환은 매우 다양한 생산양식의 상품 유통과 교착"한다는 경제적 자유에 기초한 식민지화다. 오키나와가 자본주의로 포섭되는 과정은 한편으로는 군사적으로 영토에 병합되는 동시에 기본적으로는 경제적 자유주의에 바탕을 둔 유통 과정을 통해 전개되었던 것이다.

레닌이 말한 '변경의 식민지화' 문제를 마이클 헥터는 국내 식민지론으로 이해하려 한다.[25] 또한 이러한 '변경의 식민지화'는 유명한 갤러거와 로빈슨의 자유무역 제국주의론[26]에서 아일랜드의 동향이 하나의 논점인 것과도 관련해서 논의할 수 있을 것이다. 국내 식민지론은 자유무역 제국주의론과 함께 재검토해야만 하는데, 여기서는 이른바 국내의 지역 문제로 다루어지던 장소가 제국의 확장과 관련하여 세계사적 의미를 지니게 될 것이다.

하지만 동시에 중요한 것은 어디가 국내 식민지인가라는 지리학적인 물음이라기보다는, 세계시장이라는 상품교환의 확대와 그로부터 강한 영향을 받으면서도 교환의 관점에서 보면 기본적으로는 "아무래도 상관없는" 노동과 생산의 양태다. 이 '변경의 식민지화'는 주권적 존재의 규정을 받는 기계적이고 정책적인 지배 구조나 법칙적 전개 속에서 식민지주의를 이해하는 것이 아니라, 상품교환과 노동의 우발적, 즉흥적인 결합 속에서 식민지화가 발생함을 의미한다. 자본의 자유 안에서 식민지 지배의 존재를 승인하는 것 그리고 이 지배는 계획적인 기구나 법칙적인 것이 아니라는 점. 국내식민지론 혹은 자유무역 제국주의론이 제기하는 논점 또한 여기에 있다.

오키나와는 이러한 '변경의 식민지화'로서 자본 그리고 국가에 포섭되었다. 바꿔 말해 국가라는 차원에서는 폭력적으로 영토와 국민으로 들어갔지만, 자본이라는 관점에서는 그 토지와 사람이 외부성을 띤 존재로서 형식적으로 포섭되었다. 거듭 말하는데, 이러한 포섭을 담당하는 교환은 브로델이 말하듯 "사회생활의 총체" 안에서만 이해할 수 있다. 따라서 문제는 사회 속에서 감지한 자본으로부터 무엇을 그리고 어떠한 미래를 추구할 것이냐다. 제국인가, 아니면 또 다른 길인가?

그런데 근대 오키나와의 이러한 점령과 자본의 포섭은 자유라는 것과 관련하여 다양한 의미를 내놓게 된다. 예컨대 자유민권운동의 '의인'으로 알려진 자하나 노보루謝花昇는 다른 한편으로는 류큐를 병합하고 계속해서 점령하는 근대국가권력의 담당자인 엘리트 관리이기도 했다. 자유는 역시 무력 병합과 함께 도래했던 것이다. 가령 자하나 노보루와 함께 나라하라 시게루奈良原繁 지사나 옛 지배계층을 비판했으며 오키나와 자유민권운동의 대표적 결사인 오키나와 구락부의 멤버이기도 했던 인물 사사키 쇼주로佐々木笑受朗를 보자. 그는 『오사카 마이니치신문大阪毎日新聞』의 '나하 통신원'으로 활동했는데, 그와 동시에 메이지 정부의 내정과 같은 활동을 한 인물이기도 하다. 예를 들어 사사키는 청일전쟁이 한창일 때 군과 연계하면서 청나라에 호응하는 오키나와 주민의 봉기를 대비한 무력 진압을 준비하기도 했다. 사사키는 구관습의 폐지를 강하게 호소했지만, 그 활동은 동시에 제국의 무력 점령과도 딱 겹쳐져 있었다. 그리고 자하나도 자유의 획득이라는 관점에서 점령과 매우 가까운 곳에 있었다.

하지만 한편으로 자하나는 농업기술자로서 오키나와 제당업의 생산 진흥을 거세게 밀고나갔다. 그에게 자유란 농민들의 설탕 생산과 관련한 경제적 자유이기도 했다. 구관습이 폐지되고 작부 제한이 철폐된 이래 사탕수수 재배와 설탕 생산은 농민 경영으로 확연히 확대되어갔다. 하지만 이러한 제당업 확대를 견인한 자유에 대해 자하나는 애초부터 우려를 품고 있었다. 1898년 『류큐신보琉球新報』에 게재한 「우리 현 설탕의 장래에 관한 의견 개요」에서 자하나는 이렇게 말했다.

> 위와 같이 계산해가다 보면 장래 오키나와 현의 설탕은 점점 늘어나 65만5000자루 안팎이라는 거대한 산출액에 달할 것이다. 이처럼 장래 산출고가 거액에 달한다 하나, 그 수요 여하를 살펴보자면 오사카 시장에서의 흑설탕 수요는 매년 40만 자루 안팎이라고 하는바, 이 사실은 앞으로 오키나와의 설탕에 일대 공황을 초래할 원인임을 피할 수 없다.[27]

자하나에게 자유란 농민의 당업 생산이 세계 설탕시장과 직접

이어짐으로써 성장, 확대하는 것을 의미했다. 하지만 동시에 그는 이 자유가 언젠가 사회에 파국을 가져오리라는 것도 예감하고 있었다. 자유는 사회를 부유하게 하는 요인이기도 하지만, 동시에 사회 붕괴에 이르는 길이기도 했다. 그리고 자유의 이러한 면은 구체적으로는 오키나와 제당업의 전개를 어떻게 이해하느냐와 밀접한 관련이 있다. 가장 큰 논점은 오키나와 제당업이 붕괴하는 1920년대 이후의 사태를 어떠한 위기로 이해할 것이냐는 문제다.

세계시장에 유통하는 설탕이라는 상품의 생산을 담당함으로써 확대되어가던 오키나와 제당업은 1920년대 일거에 붕괴한다. 기간산업이 이렇게 전개되는 가운데 1918년에는 0.2퍼센트였던 국세 체납율이 1921년에는 47.4퍼센트로 뛰어, 금융기관은 기능 정지에 빠져 도산하고 매해 만 명 가까운 사람이 바깥으로 흘러나갔다. 이들은 당시 동양의 맨체스터라 불리던 오사카의 불안정 저임금 노동시장과 일본제국이 위임 통치령으로 획득한 남양군도의 식민지 경영과 연관된 노동력으로 다시금 포섭된다. 이러한 사태를 칭하며 등장한 말이 다름 아닌 소철지옥이라는 표현이다. 자하나가 예감한 대로 사회는 붕괴했다. 그리고 이러한 위기는 우선 새로운 국가를 재정의하는 방향으로 나아갈 것이다.

소철지옥의 세계성과 국가

소철지옥이란 대체 무엇인가? 흑설탕 가격은 1920년까지는 급상승했지만, 1920년을 정점으로 폭락한다. 흑설탕을 중심으로 한 오키나와 제당업은 앞에서 썼듯 사탕수수 작부 제한이 철폐된 이후 구관습 온존기도 포함해 순조롭게 확대되어갔다. 하지만 이 또한 1920년대 이후의 가격 폭락 속에서 붕괴하기 시작한다. 그리고 수입 설탕의 가격 동향이 흑설탕 가격을 견인했다.

설탕에는 사탕무로 만든 것과 사탕수수로 만든 것이 있다. 당초에는 전자가 널리 퍼져 있어 19세기 말에 사탕수수설탕은 세계 전체 설탕의 40퍼센트에 그쳤다. 하지만 20세기가 되면서 사탕수수설탕이 급격한 기세로 퍼져나가 전체의 70퍼센트를 차지하게 된다. 이러한 확대를 이끌어낸 것이 쿠바, 네덜란드령 자바, 영국령 인도의 사탕수수 재배 확대였다. 그리고 아시아 국제 설탕시장에서 압도적인 지위를 차지한 것이 자바 설탕이었다. 흑설탕 가격 폭락은 이 자바 설탕의 등장으로 야기되었다. 하지만 동시에 여기에는 설탕을 둘러싼 세계시장의 블록화와 사탕무를 중심으로 한 국내 농업 보호도 겹쳐져 있었다. 설탕시장은 농업 보호와 결합되어 세계적 규모에서 재편되는 중이었고 이것이 한층 더한 공급 과잉과 자바 설탕의 덤핑 수출을 낳았다.

이러한 제당업의 재편을 어떻게 생각할지에 대해서는 뒤에 다시 쓰겠지만, 일본제국의 경우 타이완의 사탕수수 생산에서는 제당자본이 카르텔을 형성했고 또 베르사유 조약으로 획득한 남양군도(미크로네시아)에서는 남쪽의 만철*이라 불리던 남양흥발南洋興發

---

* 滿鉄: 남만주철도주식회사의 약칭으로 1906년부터 1945년까지 일본의 만주 진출의 경제적 거점이 되어 철도를 중심으로 한 갖가지 사업을 전개했다.

의 사탕수수 재배가 시작되었다. 제국 내부의 오키나와, 타이완, 남양군도 세 지역의 제당업에서 자바 설탕의 수입이 확대되는 가운데 오키나와 제당업은 붕괴했고, 식민지였던 타이완과 새롭게 획득한 남양군도의 사탕수수는 계속 유지, 발전한다. 또한 이렇게 시장이 생산을 재편하는 과정 속에서 오키나와에서 흘러나간 사람들은 남양군도의 사탕수수 재배 농업노동자로서 포섭되어갔다.

소철지옥이란 그저 제1차 세계대전 후의 만성적인 불황인 것만이 아니라, 세계적 규모의 이러한 생산 재편과 노동력 재배치, 나아가서는 사회정책적인 농업정책의 등장과도 복합적인 관계를 맺고 있었다. 또한 국내(오키나와), 식민지(타이완), 위임 통치령(남양군도) 그리고 네덜란드령 자바라는 지정학적인 지역 구분은 세계시장에서 연결되고 연동하면서 동시에 재편되어갔다. 소철지옥이라는 위기는 그 재편의 한 양상이었고, 뒤에 다시 쓰겠지만 이 재편이야말로 위기를 마주한 국가의 재정의와 깊은 관련을 맺고 있다.

오키나와에 입각해서 볼 때, 이러한 소철지옥을 어떻게 이해할 수 있을까? 소철지옥과 그후의 전개에 대해서는 우선 대립하는 두 가지 사고방식이 존재한다. 초점은 1930년대에 있다. 즉 소철지옥 속에서 농촌에 남아 새로운 생산력의 담당자로 형성된 층을 어떻게 생각할 것인가의 문제다. 확실히 이런 층이 형성되었다. 그리고 구리마 야스오來間泰男가 이를 새로운 생산력의 전개라고 적극적으로 평가한 데 반해 무카이 기요시는 기본적으로는 이것이 '열매 없는 꽃'이라고 보았다.[28] 이러한 대립은 소철지옥을 새로운 움직임으로 재편된 것으로 보느냐, 붕괴라 여기느냐의 차이이기도 했다.

둘의 논의는 개별 사료를 읽는 방식부터 분석 방법에 이르기까지 다방면에 걸쳐 있고, 이 가운데에서 생겨난 풍부한 논점의 가능성은 여전히 방치되어 있는 감이 강하다.

둘의 대립 축은 무카이가 소철지옥을 세계시장 속에서 파악한 데 반해 구리마가 어디까지나 오키나와의 이른바 내발적인 발전 가능성에 집중하려 했다는 데에 있다. 또한 여기서는 붕괴 과정에서 흘러나간 사람들과 재편 속에서도 생산에 머문 사람들이라는 두 가지 인간상이 떠오를 것이다. 역사를 담당하는 것은 어느 쪽인가? 하지만 이는 어느 한쪽이 아니다. 양쪽 다다. 이 둘을 어떻게 포개어놓고 생각하는가, 다시 말해 지리학적인 단절을 강요당한 이 둘을 동시에 사고하는 상상력이 요청된다.

그런데 오키나와 사회의 붕괴는 많은 르포르타주나 조사와 함께 제1장에서 썼듯 '오키나와 구제론'이라 불리는 구제 관련 논의들을 낳았다. 또한 이러한 흐름 속에서 제국 의회 및 현 의회에서 오키나와 구제를 논의했다. 1920년대를 거치며 소철지옥은 해결해야만 하는 '오키나와 문제'로 부상했다. 그리고 이러한 구제 논의는 이미 썼듯 1932년에 오키나와 현 진흥계획으로 구체화한다. 이 진흥계획이라는 사회정책적인 구제는 구리마가 지적했듯 1930년대 새로운 생산력 담당자가 등장한 것과 적잖은 연관성이 있다고 여겨진다. 세계시장 속의 붕괴와 사회정책적 구제가 겹쳐지는 장소에 오키나와는 내던져졌다. 여기에는 붕괴와 재편 둘 중 하나가 있는 것이 아니라, 둘 다가 포개져 있다. 이는 마치 녹아내리는 얼음 위에다 필사적으로 집을 짓는 듯한, 다시 말해 남아서 머무는 것과 흘러나가는 것이 하나로 겹쳐 있는 사태다.

그러면 이 소철지옥을 해결해야만 할 '오키나와 문제'로 정의하고 오키나와 구제와 진흥계획이라는 사회정책적인 개입을 해나가는 과정에서 어떠한 오키나와가 모습을 드러냈을까? 사회정책을 책정하려면 먼저 구제 대상을 확정해야만 하는데, 그것은 여전히 국경선의 가장자리였을까? 앞서도 말했듯 소철지옥의 궁핍함을 표현하는 많은 기술이 등장했다. 가령 구제론을 주장한 대표적인 책으로 와쿠가미 로진이 엮은 『오키나와 구제논집』(改造之沖繩社, 1929)에 수록된 『도쿄히비신문東京日々新聞』 기자 니즈마 간新妻莞의 「류큐를 방문하고」에서는 니즈마가 오키나와의 농촌을 걸으면서 그 비참함을 기술한다. 여기서 그는 '맨발' '몸 팔기' '빚' '타향벌이' '다 쓰러져가는 집'과 같은 말들로 소철지옥을 그린다.[29] 이러한 용어는 소철지옥을 묘사하는 관용구로서 광범위하게 유통되었다. 여기서는 온갖 사례를 구제받아야 할 오키나와의 제유로 그려내고자 하는 욕망을 엿볼 수 있다.[30]

이러한 기술에서 선의에 근거한 오리엔탈리즘을 발견하는 것도 가능하리라. 하지만 그뿐만이 아니다. 앞서 언급한 『오키나와 구제논집』에 수록된 『오사카 마이니치신문』 출신 마쓰오카 마사오松岡正男의 「적나라하게 본 류큐의 현상황」에서는 식량 생산액, 이출입액, 통화량, 금리, 농지 면적, 국세 미납액, 현세 미납액, 생산력, 생활수준, 체격 등을 통해 구제해야 할 오키나와를 묘사한다.[31] 오키나와는 채워 넣어야 할 갖가지 결여의 집적으로서 정의되어갔다. 이러한 비참함을 드러내는 관용구와 숫자들로 이루어진 사실 확

인적이고 범용성 있는 일반적 담론 속에서 구제받아야 할 오키나와는 구성되었다.[32]

그러면 이러한 구제론 속에서 부상한 구제 대상에 응하여 책정된 사회정책적 개입은 그 대상을 어떠한 존재로 정의했을까? 앞 장에서도 썼듯 구제 논의에 대응하여 내무성에서는 오키나와 현 진흥계획 조사회를 설치했다. 제1회 회합(1932. 10. 11)에서 진흥계획을 설명한 오키나와 현 지사 이노 지로井野次朗에게 당시 사이토 마코토齋藤實 내각의 법제국 장관이던 호리키리 젠지로堀切善次朗는 이렇게 질문했다.[33]

오키나와에서 타이완에 지지 않게끔 경영을 할 수 있느냐 하는 점이 머리에 충분히 들어오지 않는다는 말입니다. (…) 적어도 일본의 장래 산업에 도움이 되기 위해서는 타이완과 경쟁해서 지지 않는다는 논거가 있어야…….

이에 이노는 "타이완에는 뒤지지 않게끔 할 수 있지 않을까 합니다"라고 응답했는데, 이어서 구로다 히데오黑田英雄 대장성 차관은 다음과 같이 발언했다.

달리 적당한 토지가 있고 거기서 경제적으로 해나갈 수 있다고 한다면, 그런 것에 억지로 얽매여봤자 장차 또 그 때문에 힘든 경험을 하게 될 위험이 있는 것 아닌가?

네덜란드령 자바의 설탕 수출에 이끌려 설탕 가격이 폭락하는 기운데 오키나와는 타이완 및 그 외의 '적당한 토지'와 공통의 평면에서 논의되었는데, 여기서는 구태여 사회정책적인 개입을 할 필요가 있느냐는 의문이 제기되고 있다. 또한 이 '적당한 토지'는 타이완이나 남양군도뿐만 아니라 말 그대로 식민지를 의미했음이 분명하다. 오키나와의 제당업은 다름 아닌 식민지로서 붕괴했고, 이를 구태여 국내 농업처럼 구제할 필요는 없는 것 아니냐는 말이다. 하지만 한편으로 오키나와 현 농회장, 오키나와 현 각종 산업단체, 오키나와 현 농업자 일동의 『설탕 관세 및 부가세 철폐 반대 진정서』(1935)에는 다음과 같이 되어 있다. "정부는 다른 부나 현의 농촌에 대해서는 쌀값 유지, 인상 및 양잠업 보호 구제 등에 거액의 국고를 들여 갖가지 방책을 강구하면서, 오키나와 현민은 그러한 혜택을 전혀 받지 못할 뿐 아니라……."[34] 즉 여기서는 쌀이나 견 등에서 볼 수 있는 국내 농업 보호의 관점에서 오키나와 제당업 보호를 주장하는 것이다. 식민지 농업으로서 붕괴하는가, 국내 농업으로서 사회정책적으로 보호받는가? 소철지옥을 둘러싸고 국가가 새롭게 개입하는 가운데 오키나와는 안도 밖도 아닌, 혹은 안과 밖이 겹쳐지는 장소로서 붕 떠 있었다.

앞서 이하 후유가 쓴 '개성'의 정지는 이렇게 공중에 뜬 상태 및 국가의 개입과 관련된다. 그리고 이하가 「류큐 민족의 정신분석」에서 물은 것은 미리 말하자면 위기 속에서 붕 떠버린 이 장소의, 일본 국내도 아니고 식민지도 아닐 미래의 가능성 즉 제국에서 이탈할 가능성이다.

남도인은 누구인가?
류큐 민족의 정신분석

위기의 인식 혹은 인식의 위기

오키나와 현 교육회의 『오키나와 교육』(132호, 1924. 5. 1)에 게재된 「류큐 민족의 정신분석: 현민성의 새 해석」은 소철지옥 와중에 집필되었는데, 따라서 기본적으로 이하 자신이 휩쓸려 들어가 있던 위기 상황에 대한 비평이라는 방향성을 지닌다. 또한 이 글에서 이하는 오키나와를 떠나겠다고 예고하는데,[35] 실제로 그는 1925년 2월에 이를 실행했다. 말하자면 오키나와에 도래한 소철지옥이라는 새로운 사태의 등장과 오키나와 이탈이라는 이하 자신의 변화 한가운데에서 이 글은 쓰였다고 할 수 있겠다.

앞에서 썼듯 소철지옥이라는 위기를 계기로 오키나와 역사는 법적 구제의 대상이 된 머문 사람들과 밖으로 흘러나간 사람들이라는 두 종류의 사람들을 통해 새겨진다. 미리 말하자면 이하의 「류큐 민족의 정신분석」은 전자의 법적 구제와 깊이 관련된 내용인데, 여기에는 후자 즉 유랑하는 사람들과도 일맥상통하는 논점이 준비되어 있다고 할 수 있다. 또한 중요한 것은 이러한 위기가 오키나와를 이야기하는 말의 언어적 질서에 닥친 위기이기도 했다는 점이다. 무엇을 근거로 역사를 이야기하는가, 어떠한 말로 오키나와에 의미를 부여하는가? 이하에게 「류큐 민족의 정신분석」은 이러한 물음들로 구성되는 인식론적 위기의 극 지점에 위치하고 있었는데, 이 극점에서 무엇을 이야기하고 있었는지가 중요하다. 여기서는 구제법 안에서 오키나와가 대상화되고 오키나와를 이야기한다는 것이 국내 문제로서의 '오키나와 문제'라는 틀에 포획되어가는 가운데, 위기의 소용돌이 속에서 이하가 한 말로부터 '오키나와 문제'에 수렴하지 않는 미래를 끌어내보고자 한다.

이 장 맨 앞에도 썼듯, 위기의 소용돌이 속에서 이하가 끌어안은 '개성'을 이야기하지 못하는 어려움 속에서 이러한 미래를 논의하겠다. 이는 겁쟁이인 까닭에 "너는 누구인가?"라는 물음을 신문으로 받아들였고 그랬기 때문에 '오키나와 문제'와 함께 등장하는 국가를 추인하며 오키나와를 대표해가는 이하가, 이 일본이라는 국가에 맞서는 것의 어려움에서부터 맞설 근거를 찾아내는 것의 어려움으로 향해 가는 과정이기도 하다. "실제로 너는 누구인가?" 인식론적 위기는 이러한 내성적 물음과 함께 존재한다. 그리고 이는 우선은 병으로 등장한다.

따라서 「류큐 민족의 정신분석」에서 '정신분석'은 표제와 관련한 수사가 아니다. 다음에 설명하듯 이는 동시대에 '새로운 과학'[36]으로 등장한 프로이트 정신분석학과 관계가 있는데, 한편으로 여기서의 논점은 일반적인 과학론이나 과학사 문제가 아니다. 오키나와를 이야기하는 근거였던 '개성'이 말의 세계로부터 소실되어가는 과정 속에서, 그럼에도 불구하고 오키나와를 이야기하려고 하는 이하에게 정신분석이 걸머진 영역이란 무엇이었냐는 물음이야말로 중요하다. 또한 미리 말해두자면 이하와 관련한 정신분석을 향한 물음이 새로운 국가의 등장에 따른 정치의 가능성과도 관계있는 이상, 어디까지나 개인을 분석 대상으로 삼는 정신분석학 자체가 비판적으로 문제시될 것이다. 글자 그대로 "개인적인 것은 정치적인 것"이다.

그런데 이 인식론적 위기가 이하의 경우에는 대표작인 『고류큐』(1911)에서 단적으로 드러나는 역사 인식의 위기이기도 했다. 즉 이하는 「류큐 민족의 정신분석」에서 제국의 점령과 함께 시작된 오키나와의 근대에 류큐 민족의 소생을 겹쳐놓는 그때까지의 역사 인식을 단념한다. 이에 관해서는 지금까지의 이하 후유 연구들도 지적했는데, 거의 대부분이 이를 역사 인식의 전환으로 이해했다.[37] 가령 아라키 모리아키安良城盛昭는 이렇게 말한다.

> 여기서는 예전의 **물렁한** 류큐 처분론은 자취를 감추고, 따라서 이 **물렁한** 류큐 처분관에서 도출되어 이하의 계몽 활동의 두 축을 이루던 정신혁명론과 민중위생론에도 자기비판이 가해지며, 나아가서는 류큐 처분관에도 사실상 일정한 수정이 보인다는 데에, 소철지옥 한복판에서 이하가 겪은 변모의 일단이 상징적으로 드러난다.(강조는 원문)[38]

아라키에게 역사 인식의 근간은 류큐 처분론인데, 소철지옥 한복판에 있던 이하는 그 '물렁한' 인식을 '자기비판'했고 '변모'를 겪었다는 것이다. 여기에는 "실제로 나는 누구인가?"라는 내성적인 물음에 "진정한 민중은 어디에 있는가?"라는 타자에 대한 물음을 겹쳐놓는 이들의 전형적인 모습이 있을 것이다. 그리고 중대한 문제는 이하의 단념이 역사 인식의 변화뿐만 아니라 언어적 질서의 위기도 동반하고 있었다는 점 즉 병의 영역을 아라키가 소거하고 있다는 것이다. 다시 말해 아라키의 이하 해설에서 이하의 인식론적 위기는 병이 되어 역사 인식과 관련한 의미 세계의 바깥에 놓인다. 이래서야 역시, 사상을 생각하는 것이라고 할 수 없다.

이제까지의 말이 정지하고 혼란을 일으킬 뿐 아니라 단정 불가능성을 끌어안은 채 증식하며 남유濫喩, catachresis적으로 연쇄해나가는 과정으로서 위기는 등장할 것이다. 소철지옥을 역사 인식의 전환이 아니라 인식론적인 위기의 극점으로서 확보하기 위해서는, 의미 내용을 명시하기 어려운 이러한 언어 영역을 글자 그대로 어떻게 징후적으로 읽을 것인가를 물어야 한다. 그리고 바로 이 점에 「류큐 민족의 정신분석」이 많이 사용하는 정신분석학적인 용어의 논점이 놓여 있다.

그런데 「류큐 민족의 정신분석」에는 "지금에 와서는 민족위생운동도 뜨뜻미지근하고 계몽운동도 미적지근하여, 경제적 구제만이 우리에게 남겨진 유일한 수단이다"[39]라고 되어 있다. 앞서 인용한 아라키의 글에서 말하듯, 확실히 이하의 이 주장에서는 그때까지 민족 위생과 관련한 강연을 각지에서 행하며 개인의 노력을 계몽하던 이하가 소철지옥을 맞아 국가의 경제적 구제를 요구하는 입장으로 전환해갔음이 드러난다고 해도 좋다. "개인적 구제에서 사회적 구제로". 또한 이하는 이러한 구제와 부흥을 희구하는 입장을 그후에도 일관되게 견지했으리라 여겨진다. 가령 제2장 서두에도 썼듯, 죽기 직전인 1947년에 간행된 이하 후유의 『오키나와 역사 이야기』 끝부분에는 소철지옥이 "시마즈 씨의 류큐 침입이나 폐번치현보다 더욱 치명적"이라고 하면서, 소철지옥 이후의 오키나와는 그 사이에 오키나와 전쟁을 겪은 전후戰後 시기에도 부흥 도중에 있다고 썼다. 거칠게 말하면, 이하에게 소철지옥 이후의 오키나와는 역시 구제와 부흥의 역사였다. 하지만 거듭 말하건대 이 글에서 이러한 역사 인식의 내용 변화만을 읽어낸다면, 지금부터 살펴보듯 이하가 사용하는 용어가 모종의 혼란을 드러내는 수많은 부분이 그저 혼란으로 치부되어 논의 바깥에 놓이고 말 것이다.[40]

국가의 구제를 요구하는 것이 이 글의 축이라고는 해도, 계몽운동을 하던 이하에게 국가란 무엇이었던가? 또한 국가의 구제를 받아야 할 상황을 이하는 어떠한 위기로 인식했는가? 국가와 관련한 이러한 물음이 「류큐 민족의 정신분석」의 내용을 성립시키는 전제들로서 존재하고 있을 것이다. 혹은 이 글에서 "자기 나라인데도 자기가 지배할 수 없고"[41]와 같이 불쑥 등장하는 국가에 대한 언급을 어떻게 이해하면 좋을까? 결론적으로 말해 류큐 민족으로서의 주체화를 제국 일본과 겹쳐놓던 이하가 국가의 구제를 내세우던 바로 이때, 그 주체화는 일본이라는 국가로부터 결정적으로 떨어져 나간다.

이 점을 놓치지 않기 위해 이하의 이 글을 읽는 사람은 위기를 계기로 등장한 국가의 법적 구제로의 전환과 함께 이하가 끌어안은 인식론적 위기, 즉 말의 혼란 자체를 주의깊게 읽어낼 필요가 있다. 그것이 바로 위기 속에서 얼굴을 내밀었다가 법적 구제 속에서 다시금 매장된 미래의 가능성이 아닐까? 아직 끝나지 않았다.

새로운 과학

「류큐 민족의 정신분석」 첫머리에는 이렇게 적혀 있다. "나는 정신분석에 관한 몇 권의 저서를 펼쳐 보다, 이 새로운 과학의 빛을 류큐 역사연구에 갖다 대면 어떻게 될까를 생각해보았다. 그리고 히스테리 환자를 정신분석하는 것과 동일한 필법으로 비참한 역사를 가진 류큐 민족의 정신분석을 해볼 마음이 생겼다."[42] 이 '새로운 과학의 빛'이 이하의 「류큐 민족의 정신분석」과 어떠한 관련이 있는지를 생각하면서, 이하가 이 텍스트에서 프로이트나 정신분석을 언급하면서 영문학자인 구리야가와 하쿠손厨川白村이 1921년에 『가이조改造』(3권 1호)에 게재한 「고민의 상징」을 길게 인용하고 있다는 데에 유의하려 한다.[43] 구리야가와의 「고민의 상징」은 1924년에 가이조 사社가 같은 이름의 책으로 출판한 것을 루쉰이 중국어로 번역하기도 했다. 구리야가와 혹은 정신분석학을 매개로 한 루쉰과 이하의 관계성이라는 중대한 테마에 대해서는 추후에 생각해보고 싶다. 먼저 「류큐 민족의 정신분석」에서 정신분석은 이 「고민의 상징」을 매개로 등장한다. 또한 아래에서 쓰겠지만, 구리야가와의 「고민의 상징」과 이하의 「류큐 민족의 정신분석」의 관계는 명시적으로 드러나는 인용 부분에 그치지 않고, 정신분석과 관련한 용어를 둘러싸고 지극히 복잡하게 얽혀 있다. 이는 같은 말을 쓰면서 드러나게 되는 둘의 균열에 관한 문제이기도 할 것이다.

우선 '인젤슈메르츠Inselschmerz'라는 토가 달린 '고도고孤島苦'라는 말을 들어보자. 「류큐 민족의 정신분석」에서 처음으로 등장하는 '고도고'는 남도인과 더불어 이후 이하의 기술에서 빈번히 등장하는데, 지금까지 이 말에 관해서는 앞서 언급한 남도인과 마찬가지로 야나기타 구니오의 영향이 지적되곤 했다. 즉 1921년 2월 5일 야나기타가 오키나와를 방문하여 강연했을 때 "여러분의 소위 세계고世界苦는 반이 고도고"라고 했고, 이하가 이를 받아 사용하기 시작했다는 것이다. 이러한 야나기타의 영향과 더불어, 많은 경우 이 말을 경제적 피폐 즉 소철지옥과 포개어 이해하곤 한다. 즉 "그 무렵 소철지옥에 직면한 그[이하]는 계몽으로 오키나와의 각성과 자립을 목표한다는 방침의 한계를 통감하고 절망감에 빠지기 시작하고 있었"는데, "'고도고'는 그런 그가 보기에 사태의 총체를 한마디로 표현하고 거기에 명확한 틀을 제공하는 말"이었다.[44]

이러한 해석을 염두에 두면서, 앞에 썼듯 '개성'을 이야기할 수 없다고 한 이하가 도달한 장소에 논의를 집중해보겠다. 거듭 말하지만 질서에 맞서는 어려움은 동시에 맞설 근거를 이야기하는 말의 어려움이기도 하다. 소철지옥이라는 어려운 상황에서 내부에서부터 맞서고자 하는 이에게 있어 문제는 역시 비참함이나 절망감의 표명이라기보다는 이름을 대는 것과 관련이 있다. 이는 또한 '고도고'와 남도인을 이하가 야나기타로부터 계승한 두 개의 말이 아니라 이하 자신이 전개한 것으로서 생각해나가지 않으면 안 된다는 뜻이기도 할 것이다.

그리하여 「류큐 민족의 정신분석」에는 첫머리부터 '고도고'라는 말이 등장한다. "류큐 민족은 야마토 민족의 한 갈래로 천손이 강림한 후 얼마 지나지 않아 남도에 이주했는데, 그들이 먹을 것이 풍부한 미즈호 국瑞穂の國을 떠나 이 불편한 고도로 도망쳐 온 데

에는 깊은 사정이 있어야만 할 것이다." 그리고 이어서 말한다. "그들은 모종의 착오 때문에 모국에서 쫓겨나, 이 섬 저 섬을 건너 남도로 달아나서 소위 고도고Inselschmerz를 맛보았다. 이는 다름 아니라 그들의 생명이 받은 최초의 억압으로, 이윽고 그들의 심적 상해Psychisch trauma가 되었다."[45] 먼저 앞부분의 "류큐 민족은 야마토 민족의 한 갈래"라는 해석은 종종 평가되듯 이후 이하의 글에서 남도인과 관련한 기술의 기본적 틀이 된다. 여기서 남도인은 일본인의 한 방계로 둘의 공통성이 전면에 등장한다. 하지만 거듭 말하는데, '개성'을 이야기할 말이 없다는 사태에서 출발해 일본과의 공통성을 내세우는 남도인으로 향하는 전개는 "일치하지 않는다"가 "일치한다"로 이행한 것과는 다르다. 인종적, 민족적인 분류상의 구분이 문제가 아니라, 중요한 것은 '개성'이 됐든 '동조'가 됐든 이러한 말들이 견디기 힘든 현실을 신중하게 소거하고 이를 마음속 깊은 곳에 억압하면서 구성된 말이라는 점이다. 따라서 주시해야만 하는 것은 바로 이름 대기의 어려움과 관련해 사이드가 말한 하자다.

그렇기 때문에 앞서 인용한 부분의 뒤쪽이 중요해진다. 여기서는 "야마토 민족의 한 갈래"라고 스스로의 이름을 대는 근거를 역사적 근거로서 다시금 언급하는 셈인데, 이때 전면에 내세운 것은 '한 갈래'라는 분류상의 문제가 아니라 '고도고'다. 즉 다름 아닌 "남도로 달아나서 소위 고도고를 맛보았다"는 것을 강조하고, 나아가서는 이를 '심적 상해'라 바꿔 부른다. 인종 분류로부터 이름 대기의 어려움으로 사고가 거슬러 올라간 것이다. 그리고 이렇게 거

슬러 올라가는 데에 방향을 부여하는 말로 정신분석학의 '심적 상해'가 등장한다.[46]

'고도고'는 단순히 야나기타의 인용도 아니거니와 '절망의 깊이'를 보여주는 비참함의 표현도 아니다. 이는 '심적 상해'를 가진 사람의 말의 어려움과 관련되는데, 이 어려움의 영역에서 이하는 정신분석에 다가선다. 다시 말해 이하에게 '고도고'는 비참함을 강조해서 그리기 위해 야나기타가 사용한 말이 아니라, 이름 대기와 관련한 그 자신의 말의 어려움으로 존재한다.

이는 이하 후유 안에 새겨지면서도 역사학이나 민속학 혹은 인류학의 맥락에서는 결코 말의 세계에서 드러나지 않았던 하자에 '새로운 과학'인 정신분석이 접근해간 순간이기도 했으리라. 거듭 말하는데, 이름 대기의 어려움을 끌어안고 있는 이들에게 이 어려움이란 이성적으로 입을 닫고 있는 상태가 아니라, 단적으로 말하자면 말의 질서에 생긴 혼란과 관계가 있다. 또한 그렇기 때문에 정신분석은 그 곁에 있으면서 혼란에 육박하는 강력한 말로 등장한다. 이름 대기의 어려움과 정신분석의 이 같은 만남은 「류큐 민족의 정신분석」을 기점으로 시작된 이하의 민속학적인 남도 연구나 '오모로'* 연구를 주로 하는 국어학, 국문학적인 기술에서는 표면적으로는 지워진다. 하지만 이름을 댄다는 것의 어려움과 정신분석의 조우가 만들어낸 이 장소, 다시 말해 병과 관련한 장소는 남도인이라는 말 자체의 배후에 달라붙어 있다.

---

* '생각하다'라는 뜻의 오키나와 방언에서 온 말로, 오키나와의 오래된 노래를 뜻한다.

심적 상해

그런데 구리야가와의 「고민의 상징」은 프로이트의 『히스테리 연구』(1895)와 『꿈의 해석』(1900)을 중심으로 다루면서 이를 문학·예술의 비평이론과 연결했다. 그리고 「고민의 상징」에는 이하가 명시적으로 인용한 첫머리 부분 말고도 중요한 의미가 있다. 즉 「고민의 상징」에서 구리야가와는 '심적 상해' '무의식' '억압'과 같은 정신분석 용어를 논의하는데, 이러한 용어는 이하의 「류큐 민족의 정신분석」과 직접 겹쳐진다. 더욱이 이러한 정신분석과 직접 관련된 용어뿐만 아니라 '개성'이나 '노예근성' 혹은 '암시'처럼 이하에게 중요한 의미를 지니는 말들이 구리야가와의 이 글에서 등장한다.

먼저 다시 한 번 '개성'에 대해 생각해보자. 「고민의 상징」에서 '개성'은 생명의 힘의 표현이자 내적인 욕망에 바탕을 둔 것인데, 이 '개성'이 국가나 사회에서 억압을 받는다는 도식이 그려진다. 즉 "생활난의 위협을 무기로 경쟁하는 기계와 법칙, 인습의 강한 힘 앞에서 인간은 먼저 그 인간다운 개성 생활을 버리고, 크든 작든 법칙이나 기계의 노예"가 된다.[47] 그리고 구리야가와는 '개성'이 강제적으로 억압받는 상태를 '노예근성'이라 부르며, 여기서 해방되는 것이 바로 문학이나 예술의 세계라고 본다.

이러한 구리야가와의 논의에서 프로이트의 『히스테리 연구』는 '개성'이 강제적으로 억압당하는 '노예' 상태와 관련하여 언급되는데, '개성'의 억압은 '노예' 상태인 동시에 '히스테리' 상태이고 여기에는 '심적 외상'이 존재한다고 한다. 주지하다시피 프로이트의 『히스테리 연구』에서는 리비도의 억압이라는 사고방식과 이를 외상에서 파악하는 논의가 혼재하는데, 「고민의 상징」에서는 외상에서 파악한 후자를 강조한다. 여기서는 제도가 '개성'을 억압하고 그것이 '심적 외상'이 되어 '노예근성'을 낳는다. 그러고는 이 '심적 외상'에서 해방되는 것으로서 문학과 예술을 설정한다. 그렇다면 이러한 구리야가와의 '심적 외상'을 축으로 구성된 '노예근성'과 문예의 세계를 이하는 어떤 식으로 바꾸어 읽었을까?

그런데 구리야가와의 이 논의에 등장하는 '노예근성'이라는 말은 '개성'과 더불어 이하가 류큐인의 역사를 이야기할 때에 매우 중요한 용어이기도 하다. 『고류큐』가 간행되고 3년이 지난 1914년 『류큐신보』에 게재된 「폐번치현은 일종의 노예해방이라」에는 "우리 현 사람도 금후에는 이 타기해야 마땅한 잠재된 노예근성을 근본부터 일소하여 자기 내심의 통일을 꾀하지 않으면, 종국에는 슬픈 운명에 처하게 되리라고 생각한다"라는 말이 있다. 이 글은 이후 「류큐 처분은 일종의 노예해방이라」라는 제목으로 『류큐견문록』(1914)의 서문이 되는데, 이 '노예근성'의 극복은 이하 역사관의 근간을 이룬다. 여기서 그는 시마즈의 지배를 받으며 길러진 '노예근성'을 '개성'의 역사 속에서 극복한다는 새로운 역사를 전망한다.[48]

그리고 '개성'을 표현할 말이 없다고 쓴 이하는 「류큐 민족의 정신분석」에서 시마즈의 지배로 인해 길러진 '노예근성' 즉 역사 기술의 기점이 되는 이 말을 '심적 상해'라고 고쳐 부른다. "시마즈 씨의 억압에서 받은 뼈아픈 상해는 내공內攻하여 액체 속의 침전물처럼 류큐 민족의 '잠재의식' 속에 남아있다. 그리고 이 침전물은 그들의 의식 상태를 움직여 병적으로 만들고 이를 심히 어지럽히고 있다."[49] '개성'을 이야기할 말을 상실하여 이름을 대는 것이 어려워지는 가운데, 극복해야 할 '노예근성'은 움직이기 힘든 운명으로 '잠재의식'에 내재화해 병이 된 것이다. 그리고 이하는 이제까지 자신이 류큐인의 역사를 그리기 위해 사용하던 용어인 '노예근성'에 정신분석 용어 '심적 상해'를 포개어놓았다. 「류큐 민족의 정신분석」 끄트머리에는 이런 부분이 있다.

> 요즘 사상계의 자세는 "자유를 바라고 해방을 바라마지 않는 생명력, 개인성을 표현하겠다는 욕망, 인간의 창조성을 강조하려는 경향"을 보인다. 이미 이 생명력, 창조성을 긍정한 이상 여기에 반대하여 작동하는 모든 것을 배척해나가지 않으면 안 된다. 암시에 걸리기만 하다 일부 사람들에게 편리한 노예가 될까 보냐.[50]

주가 달리지 않은 인용문 "자유를 바라고 해방을 바라마지 않는 생명력, 개인성을 표현하겠다는 욕망, 인간의 창조성을 강조하려는 경향"은 구리야가와의 「고민의 상징」에서 가져온 것이다.[51] 문예비평을 논하는 구리야가와의 「고민의 상징」에 등장하는 정신분석은 이하가 역사의 정지와 '개성'을 이야기하는 어려움 속에서 도달한 장소였다. 그리고 스스로도 어려움을 끌어안으면서 이하는 "암시에 걸리기만 하다 일부 사람들에게 편리한 노예가 될까 보냐"라고 공언한다. 이 외침은 '심적 상해'를 보여주는 병 증상이 아니다. 이는 말과 하자가 가장 근접한 순간이기도 할 것이다. 말을 자꾸만 삼켜버리는 하자를 끌어안으면서도 말을 믿으려 하는 이하가, 말과 하자의 빠듯한 거리를 확보하고자 도입한 것이 정신분석이 아니었을까? 여기서 이하는 스스로 의사이기도 하고 환자이기도 하다.

앞에서 썼듯 프로이트의 『모세와 일신교』에서 아이덴티티와 관련한 하자를 발견한 사이드에게 로즈는 하자가 아이덴티티를 경직화할 위험성이 있다고 지적했다. 로즈는 또 『모세와 일신교』를 언급하면서 이 위험성에 대해서는 "논리적인 반론 따위는 무력"(프로이트)하고 이는 "정신병자의 망상"으로서만 이해할 수 있다고 했다.[52] 다시 말해 아이덴티티가 경직화하기 시작할 때에는 논리적인 사고가 아니라 정신분석적 임상을 통해서만 이와 맞붙을 수 있다는 것이다. 이는 또한 견디기 힘든 현실에 대항한 말의 마지막 요새로서 정신분석이 존재한다는 뜻이기도 할 것이다. 로즈는 이러한 정신분석의 위치를 사이드의 『시작』에 나오는 다음의 구절을 인용하면서 지적한다. 곧 "너무나 궤멸적인 나머지 자기 자신의 시야 안에서는 견딜 수 없고, 정신분석적 탐구의 주체로서나 간신히 견딜 수 있는" 지식으로서의 정신분석.[53] 하지만 거듭 말하는데, 이는 동시에 경직화로 향하는 위험한 한 발자국으로서 정신분석의 영역이 존재한다는 말이기도 할 것이다.

그리고 이 영역은 이하가 멈춰 선 채 그저 "노예가 될까 보냐"라고 외친 장소이기도 했다. 1926년에 간행된 『류큐 고금기』에는 이미 말했듯 "내가 일개 남도인으로서 주로 내부에서 남도를 본 것"이라는 서장이 있는데, 역사가 정지하고 '개성'이 말을 잃어버리는 가운데 정신분석의 영역에 멈춰 선 이하가 자신(들)의 장소로서 말한 것이 남도인 아니었을까? 이 남도인은 시작의 장소인 동시에 경직화의 바로 앞이기도 하다. 그리고 거듭 말하는데, 이는 야나기타의 장소도 아니고 구리야가와의 장소도 아니다. 혹은 역사 인식의 전환이나 사상의 올바름이라는 문제도 아니거니와 절망의 표현은 더더욱 아니다.

제도라는 문제

그런데 구리야가와의 「고민의 상징」은 앞에서도 말했듯 문학이나 예술비평과 관련한 이론적 검토다. "가슴속 깊이 숨겨둔 내용적 생활 즉 '무의식' 심리의 밑바닥에는 지극히 통렬하고 심각한 많은 상해가 축적되어" 있는데,[54] 그 "잠재의식의 바다 깊은 곳에 잠재해 있는 심적 상해가 상징화된 것"이 바로[55] 문학이며 예술이라는 것이다. 또한 구리야가와의 논의는 프로이트의 『꿈의 해석』에 바탕을 둔 것으로, 프로이트 책에서는 꿈의 언어화와 관련되는 영역에 구리야가와는 문학과 예술을 설정했다.

확실히 이러한 말의 영역이 이하의 '개성'과 관련한 어려움과 겹쳐진다는 점은 쉽게 받아들일 수 있을 것이다. '심적 상해'가 내재화하는 가운데 '개성'을 대는 것의 어려움에 이른 이하인데, 구리야가와에 따르면 '심적 상해'는 문학이나 예술의 시작이기도 하다. 그리고 구리야가와가 전면적으로 전개하지만 이하는 직접적으로는 언급하지 않는 프로이트의 『꿈의 해석』과 관계된 논점은 이 '개성'의 어려움으로부터 시작되는, 자기를 다시금 언어화한다는 문제와도 직접 관련된다.

여기서 검토해야만 하는 것은 프로이트가 꿈의 언어화에 설정한 정신분석학이고, 논점을 좀더 좁히자면 사이드가 프로이트의 『꿈의 해석』에서 발견한 "꿈을 꾸는 자와 꿈을 분석하는 자 사이의 분석적 관계"다.[56] 즉 분석자와 피분석자의 분석적 관계가 바로 정신분석학을 존립시키는 핵이다. 이는 단적으로 전이와 관련되는데, 여기서 중요한 것은 이 분석적인 관계야말로 남도인으로서 기술을 시작하는 이하와 비평이론으로 나아가는 구리야가와의 차이와 무관하지 않다는 점이다.

「고민의 상징」에서 구리야가와는 문학과 예술을 꿈이 언어화된 것으로 설정한 뒤, 그에 대한 '감상론' 문제로 논의를 옮긴다. 여기서는 문학·예술에서 작가와 감상하는 자 둘 모두의 행위를 '산출적 창작'과 '공명적 창작'이라 부른 뒤, "이 이중의 창작이 있고서야 비로소 문예의 감상이 이루어진다"며 "상징의 암시성, 자극성으로 교묘하게 독자를 일종의 최면 상태로 이끌어 환각 지경에 빠지게 하는" 것으로서 감상을 설정한다.[57] 거칠게 말하자면 이는 작품의 감상을 통해서 생겨나는 작자와 비평가의 공동성이다.

구리야가와가 문예의 감상에서 발견한 이 공동성은 프로이트가 만년의 「분석 기법에서 구성이 하는 일」(1937) 혹은 「끝이 있는 분석과 끝이 없는 분석」(1937)에서 전개한 구성이라는 논점을 선취한 것이기도 하리라. 여기서 프로이트는 분석 행위를 증례 해석 Deutung이 아니라 분석과의 관계성 속에서 고찰한다. 프로이트는 이 관계성을 수행하는 데에 해석이 아니라 구성Konstruction이라는 용어를 사용하는데, 여기서 분석은 분석 완료 후에 얻은 해석 내용의 진위가 아니라 미완의 수행적인 과정으로서 설정된다. 그리고 프로이트가 "내게 환자의 망상 형식은 우리가 분석요법에 임하여 짜올리는 구성의 등가물로 보인다"라고 할 때,[58] 환자와 의사는 매우 가까운 위치에 놓이고 분석은 관계를 만들어내는 수행적인 행위로 설정된다.

구리야가와의 감상론은 문예를 통해 심적 상해에서 시작되는 상징화를 관계생성적인 행위로서 발견했다. 그렇다면 이하는 어땠을까? '노예근성'을 '심적 상해'라고 고쳐 부른 이하는 노예를 운명으로 강요할 뿐 아니라 그 운명을 변경할 수 있는 것으로서 인식하는 일을 금지하는 제도를 발견한다.

> 그런데 300년 동안 이 중요한 의지를 움직일 자유를 얻지 못했기 때문에, 그들은 분명 세계에서 가장 의지가 약한 인민이 되어버렸는지도 모른다. 일단 시마즈 씨가 부여한 움쩍달싹할 수 없는 제도 속에 갇힌 이래 그들이 이 제도에 의문을 제기하는 것은 결코 용납되지 않았다. 말하자면 그들은 날 때부터 죽을 때까지 쭉 강한 암시에 걸려 있었던 것이다. (…) 우리 오키나와 현 사람들이 이 이상 암시에 걸려도 좋은 것인가?[59]

"오키나와 현 사람들이 이 이상 암시에 걸려도 좋은 것인가?"에서 '암시'와 관련한 부분은 앞선 인용에서 "암시에 걸리기만 하다 일부 사람들에게 편리한 노예가 될까 보냐"와 마찬가지로 '노예근성'을 '암시'에 걸린 상태로 바꾸어 말한다. 나아가 이는 앞서 거론한 『류큐 고금기』에 수록된 「오키나와 역사상의 무력과 마술에 관한 고찰」에도 이어진다. 즉 자신들은 한결같이 마술로 인한 암시에 걸려 있었고, 지금도 "고류큐 사람들과 마찬가지로 마술에 걸려 있으면서도 이를 자각하지 못하고 있으니 천하태평이다"라는 것이다.[60] 즉 '노예근성'은 '심적 상해'인 동시에 '암시'의 결과인데, 여기서 그는 '암시'를 걸고 "의문을 제기하는 것은 결코 용납되지 않는" 제도를 확인한다.

다시 말해 견디기 힘든 경험을 각인해온 지배 제도를 문제 삼을 뿐 아니라 이 경험이 경험으로 자각되는 일이 없게끔 이를 무의식 속에 억압하고 하자로 내재화시켜온 제도에도 문제를 제기함으로써, 이하는 제도를 비판해갈 회로를 경험에서 끌어온다. 거꾸로 말하면, 암시 위에서 성립하는 경험이 아니라 제도 비판으로 이어지는 경험의 영역을 확보하려 한다고 할 수 있을 것이다. 더욱이 이는 새로운 경험을 발견하고 획득한다는 것이 만들어내는 정치의 가능성이다. 이 경험은 치료나 구제의 근거가 되는 비참함이 아니며, 이 정치는 개인적인 치료나 법적 구제로 해소되지도 않을 것이다.

이 지점에서 이하가 법적 구제를 요청한 「류큐 민족의 정신분석」에 등장하는 "개인적 구제에서 사회적 구제로 눈을 돌려야 한다"라는 말의 의미가 명확해진다. 이는 동시대에 심심찮게 나타난, 구제의 법을 요청하는 오키나와 구제론 같은 것이 아니다. 또한 그저 역사 인식의 전환인 것만도 결코 아니다. 이하는 맞서야 할 제도와 맞설 근거가 되는 경험을 동시에 찾아내려 하고 있다. 그리고 남도인이란 이러한 경험을 발견하는 가운데서 등장한 이름이 아닐까?

이 경험이 '심적 상해'의 언어화와 관련되고 "내가 일개 남도인으로서 주로 내부에서 남도를 본 것"인 이상, 이 언어화는 타자를 대상으로 한 일방적인 치료나 계몽일 수 없을 것이다. 이는 역시 환자와 의사가 매우 가까운 위치에 놓인 장에서 자아져 나오는 말이며 관계다.

이것은 새로운 역사다. 일찍이 『고류큐』에서 단적으로 읽어낼 수 있었듯, '개성'의 부활로 그려지는 역사에서 '개성'은 류큐 민족에 처음부터 내재하는 존재, 즉 역사의 전제다. 하지만 끌어안아버린 '심적 상해' 즉 하자는 내재화를 담지하는 제도와 함께 있다. 내부에 있는 전제가 아니라, 내부에 있다는 것 자체가 제도의 존재를 드러내는 징후인 것이다. 여기서 시작되는 역사는 내부의 새로운 발견과 제도의 발견이 동시에 진행되는 사태이고, 맞서야 할 제도와 맞설 근거가 되는 경험을 동시에 찾아내면서 수행되는 역사일 것이다. 경험은 자연물처럼 전제로 간주되는 '개성'이 아니라 이 역사 속에서 부단히 갱신된다.

아마미라는 물음

근대, 혹은 자유라는 문제

2009년 사쓰마의 아마미 침략 400주년과 류큐 처분 130주년

이 나란히 놓이는 것을 보고 꺼끌꺼끌한 어색함을 느꼈다. 이는 내가 근대나 현대만을 생각하면서 지냈기 때문이 아니라 이하를 비롯해 류큐 처분을 **해방**이라고 공언한 이들과 관계가 있다. 이들은 왜 점령을 해방이라고 했을까? 그 '처분'에 무엇을 걸었을까? 되고 안 되고는 차치하고, 미래를 걸어야 할 상황이 도래한 것만은 분명하지 않았는가? 설령 나중에 배반당하리라는 것이 명확해졌다 해도, 그저 속고 있었을 뿐이라는 대답으로는 왜 점령에 해방의 미래를 걸었느냐는 물음에 답할 수 없다. 그리고 이 도박이 어떻게 배반당했느냐는 물음이야말로 중요하지 않을까? 류큐 처분이 살육으로 이루어진 영토화인 아마미 침략과 병치될 때, 이 해방이라는 말은 안정을 잃어버린다.

앞에서 말했듯 군사 점령과 경제적 자유가 일체가 되어 등장했다는 점이 오키나와 근대를 생각할 때의 중요한 포인트였다. 또한 이 경제적 자유라는 논점은 사쓰마 지배를 계승한 상인자본에 대해 아마미 농민들이 일으킨, 폐번치현 이후의 설탕 자유판매를 둘러싼 투쟁의 중요성과도 포개질 것이다. 국가와 이해는 엇갈리지만 국가의 후원을 받은 가고시마 현이라는 지방권력의 제도적 지배 그리고 오시마 상사*의 예처럼, 옛 지배계층에 의한 독점자본의 존재는 근대 아마미의 지배가 오키나와의 '구관습 온존기'나 타이완의 식민지 경영과 유사한 측면을 가지고 있었음을 보여준다고 할 수 있을지 모른다. 또한 그렇기에 마루타 난리丸田南里** 등의 경제

---

* 大島商社: 1872년 가고시마 현에서 세운 회사로 흑설탕을 독점적으로 사들이고 판매했다.

적 자유를 둘러싼 싸움은 글자 그대로 식민지로부터의 해방이라 부르기에 적합하다.

이 점에서 메이지 정부의 지배가 우선 사쓰마의 옛 지배계층이 해체되는 것으로 등장한 오키나와와, 사쓰마의 옛 지배계층이 그대로 가고시마 현으로 계승된 아마미 사이에는 국가를 둘러싼 온도 차가 생긴다고 할 수 있다. "류큐 왕국이 해체돼 오키나와 현으로 일본에 편입되는 사태는 정확히 말하면 오키나와는 오키나와 현으로, 아마미는 '가고시마 현 오스미大隅 국 오시마 군'으로 일본에 편입된 사태를 가리킨다고 해야 한다"는 말이다.[61]

이는 류큐 왕국을 둘러싼 인식에도 미묘한 그늘을 드리운다. 즉 무력으로 침략한 일본제국에 류큐 왕국의 꿈을 포개어버린 사람은 류큐 처분 교섭을 행한 이에 조초쿠伊江朝直뿐만이 아니다.[62] 처분되고 나서도 여전히 일본제국 안에서 류큐 민족이 부활하기를 바라던 이하 후유도 마찬가지다. 즉 침략을 당했음에도 불구하고 사쓰마 지배에 마침표를 찍은 제국 일본에 기대를 품는 양가적인 심성이 여기에는 존재한다. 군이 말하자면 오키나와에서는 사쓰마 지배로부터의 해방과 함께 점령이 등장했다. 다시 말해 점령은 자유와 함께 찾아왔다. 이에 반해 아마미에서 자유는 제국을 구성하는 옛 지배계층과 싸워서 얻어내야 하는 것이었다.

아래에서는 류큐 처분을 사쓰마 침략과 동렬에 놓지 않고, 오히려 이 복잡하게 얽힌 자유의 문제를 검토함으로써 아마미와 오키

** 아마미 출신의 사회운동가로 설탕 판매 자유화운동을 했다.

나와가 갖는 동시대성을 검토해보겠다. 앞에서 썼듯 가령 자하나 노보루에게 자유란 농민의 당업 생산이 세계시장과 직결됨으로써 성장, 확대하는 것을 의미했지만, 이와 동시에 자하나는 세계시장이 언젠가는 사회에 파국을 초래하리라고 예감하기도 했다. 1609년과 1879년의 동일성이 아니라, 이 사회 붕괴로 이어지는 자유라는 점에서 아마미와 오키나와의 역사는 겹치지 않을까? 즉 자하나가 근대국가와 함께 손에 넣으려 한 자유 그리고 마루타가 사쓰마-가고시마와의 투쟁 속에서 획득하고자 했던 자유가 바로 1920년을 경계로 하나의 위기를 향해 움직여나간다. 이 위기가 바로 소철지옥이다.

그런데 이제까지 오키나와 근현대사의 성격 규정과 관련해 세 가지 커다란 논의가 있었다. 류큐 처분 논쟁, 구관습 온존기 논쟁 그리고 앞서 말한 소철지옥 이후의 역사 인식이다(무카이 기요시·구리마 야스오 논쟁[63]). 지금 이 논의들을 오키나와의 식민지 규정과 관련한 문제라고 정리해버린다면, 앞의 두 가지는 영토 점령, 식민지 체제의 경제적 착취라는 19세기적 제국주의와 관련한 것으로 논의되었다고 할 수 있을 것이다. 하지만 이러한 논의가 사쓰마의 아마미 지배에서 단적으로 나타나는 근세적 권력과 전기적前期的 상인자본의 폭력적이고 강제적인 수탈과 어떤 관계를 맺고 있는지에 대해서는 제대로 검토되었다고 하기 어렵다. 또한 이 두 가지에 비해 세 번째는 굳이 말하면 현대 자본주의, 즉 전간기에 얼굴을 내밀고 전후에 확대된 새로운 제국에 관련된 문제가 아닌가 나는 생각한다. 거칠게 말하면 식민지주의는 소철지옥에서 재정의되었던 것이다.

이는 앞에서 말한 소철지옥의 세계성과 관련한 논점이기도 하지만, 여기서는 소철지옥을 계기로 한 국가의 재정의는 아마미와 오키나와에 공통적으로 나타난다는 점을 강조하고 싶다. 다시 말해 소철지옥의 세계성은 아마미와 오키나와의 관계로서 구현된다. 즉 이후의 아마미나 오키나와에 관한 구제 논의와 진흥계획(오시마 군 진흥계획 혹은 오키나와 현 진흥계획)의 등장 그리고 구제나 진흥과 동시에 진행되는 사람들의 대량 유출과 같은 매우 유사한 사태들을, 아마미와 오키나와의 식민지주의와 관련한 공통된 그리고 새로운 전개로서 우선은 검토해야만 한다.

그런데 앞에서 썼듯 오키나와 현 진흥계획을 논의하는 가운데 구로다 히데오 대장성 차관은 설탕 공급을 확보할 수 있는 '다른 적당한 토지'가 있다면 구태여 오키나와를 구제할 필요 따위는 없고 진흥계획 또한 불필요하다고 말했다. 오키나와를 '적당한 토지'와 나란히 놓은 뒤에 부적합하다 판정하고, 그 사회는 붕괴해도 문제없다고 본 셈이다. 이 '적당한 토지'로는 이미 식민지였던 타이완이나 새롭게 손에 넣은 미크로네시아('남양군도')라는 제국의 영토 그리고 장차 손에 넣으려 하고 있던 필리핀이나 자바 섬 등을 상정할 수 있을 것이다. 또한 오키나와에 대해서는 구제법 신청 자격으로서 '적당한 토지'가 아닐 것이 요구된다. 이 대장성 차관의 발언은 아마미 구제를 논의한 1927년 가고시마 현의회의 마쓰모토 마나부松本學 가고시마 현지사의 다음과 같은 발언과도 겹쳐진다.

오시마 군은 나라의 보고宝庫이자 국방의 제1선에 위치해 있기 때문에 먼저 국가가 구제·진흥을 해야 한다. 이 섬은 국가의 보고인 동시에 본 현의 보고이고, 그 도민이 일본의 국민인 동시에 본 현의 현민이기 때문에 오시마 군 진흥은 국가의 조성만을 기대해서는 안 된다.[64]

'다른 적당한 토지'가 있다면 구태여 구제할 필요는 없다는 논리는 동시에 국가에 중요한 땅이므로 군이 구제하겠다는 논리와 표리일체를 이룬다. 그리고 마쓰모토는 이러한 국가적 중요성이라는 면에서 아마미의 군사화와 군사 동원을 주장한다. 1927년 시점에서 아무렇지 않게 나온 '국방의 제1선'이라는 발언은 무서우리만치 이후의 아마미와 오키나와 역사를 예언하고 있다고 할 수 있다. 주권적 존재가 풀어놓는 사회정책적인 구제와 진흥은 동등하게 살아갈 권리가 있다는 생존권, 인권과 관련한 명제가 아니라 언제나 일본이라는 국가에 대한 귀속 문제로서 존재했고 이때 귀속은 적과 아군이 준별되는 군사 동원과도 이어져 있다. 동시에, 국방을 주장하는 마쓰모토에게 사쓰마의 아마미 지배라는 역사는 '본 현의 현민'이라는 한마디 말로 지워져버리고 없다. 새로운 제국을 이끌어낼 소철지옥이라는 위기는 옛 식민지 지배 역사 다르게 읽기를 동반한 채 출현한 것이다.

뿐만 아니라 아마미와 오키나와에서는 구제와 국가 귀속이 뒤엉키면서 전후라는 공통 시간을 구성해나갔다. 즉 전후 아마미와 오키나와의 '조국 복귀'라는 논점의 배후에는 언제나 이 구제와 진흥이 존재하고 있었다. 1953년 아마미의 복귀는 곧장 이듬해의 "아마미 군도 부흥 특별조치법"과 이 법에 입각한 부흥계획으로 등장했고, 이후에도 진흥개발계획으로서 계속 전개되어 현재에 이른다. 또한 이 구제와 진흥은 1972년 오키나와의 복귀와도 밀접한 연관이 있다.

　1969년 말 '사토-닉슨 회담'과 공동성명을 통해 정식으로 오키나와 반환 일정이 정해지는 동시에 이것이 여전히 군사기지의 계속임이 명백해졌다. 이 회담과 공동성명은 '복귀'와 군사적 폭력으로부터의 해방을 겹쳐놓던 이들에게 그것이 지배의 계속이자 새로운 지배의 등장일 뿐임을 의심할 여지없는 사태로서 들이대었다. 그런 가운데 같은 해 말에 '장기 경제개발 기본구상(류큐 정부)' 및 '오키나와 경제 진흥의 기본구상(총리부)'이 책정되는데, 이는 복귀 이후에 오키나와 진흥개발 특별조치법 공포, 오키나와 개발청 설치, 오키나와 진흥개발계획 실시로 이어진다. 이러한 움직임은 복귀운동 이후의 오키나와 정치를 이끌고 간 혁신공투*가 낳은 야라屋良朝苗 지사의 평화산업 논의와도 명백히 합치했다. 류큐 정부에서 오키나와 현으로 이행한 제도적인 전개는 안보를 둘러싼 자민당과 혁신공투의 대립으로 곧장 환원할 수 없는, 진흥이나 개발과 관련한 법이 등장하는 과정이기도 했던 것이다. 이는 또한 복귀에 걸었던 군사폭력으로부터의 해방이라는 꿈을 돈다발로 사들이는 새로운

---

* 革新共闘: 사공社共공투라고도 하며, 1960, 1970년대에 일본 사회당과 공산당이 혁신정권을 목표로 협력한 것을 일컫는다.

제도의 등장이기도 했으리라.

요약해서 말하면 아마미와 오키나와 양쪽에서 전후라는 시간을 구성한 최대의 주체는 국가주권이었다. 그리고 이 국가에 대한 귀속 문제는 동시에 사회정책적인 구제 및 진흥과 관련한 법이나 제도의 문제이기도 했다. 이러한 논점에서 보면, 아마미와 오키나와의 전후는 소철지옥에서 이미 시작되고 있었다고 할 수 있을 것이다. 그 결과 어떤 사람은 그 땅에서 계속해서 살았고, 그와 동시에 이러한 구제의 임계에서는 많은 사람이 흘러나갔다. 하지만 살아남기 위해 각각의 길로 걸어간 이 둘 모두를, 소철지옥을 계기로 구로다나 마쓰모토 같은 무리들이 '적당한 토지'라느니 '나라의 보고'라고 재정의한 하나의 장소의 경험으로서 획득해야만 하는 것 아닐까?

앞에서 봤듯 소철지옥으로 인한 사회 붕괴가 명백해지는 가운데 이하 후유는 「류큐 민족의 정신분석」에서 **노예가 된다**는 데 대한 위기감을 표명했다. "우리는 다시금 노예가 되고 싶지는 않다."[65] 이하가 "다시금 노예"가 된다고 할 때의 노예라는 말은 거듭 말하건대 우선 이하가 일찍이 "류큐 처분은 일종의 노예해방이라"[66]라고 했던 것의 연장선상에 있다. 즉 이하는 류큐 처분을 해방으로 보고, 사쓰마 지배를 노예라는 말로 표현했다. 이하는 해방이 점령과 함께 찾아왔음을 알면서도 그리고 계속되는 폭력적 진압을 부단히 감지하면서도, 고류큐 재생의 꿈을 해방에 걸었던 것이다. 따라서 다시금 노예가 된다는 것은 이러한 믿음이 소철지옥 속에서 배반당했음을 의미한다. 또한 여기서는 지나간 줄로 알았던 사쓰마 지배를 지금도 이어지는 지배로서 상기하고 있다고도 할 수 있을 것이다.

하지만 노예가 의미하는 것은 사쓰마 지배뿐만이 아니다. 거듭 말하지만 소철지옥은 자하나 노보루가 눈치 채고 있었다시피 이하가 고류큐의 재생을 걸었던 해방의 연장선상에 있다. 즉 굳이 말하자면 해방이 실현되지 않은 것이 아니라, 노예해방이었던 류큐 처분과 함께 도래한 자유의 연장선상에 다시금 노예가 등장한 것이다. 이곳이 바로 소철지옥으로 인해 이하가 결정적으로 선회하는 지점이다. 점령에 해방을 포개고, 자유에서 '개성'의 소생을 획득하는 데 걸었던 믿음을 이하는 소철지옥 속에서 단념했다. 그리고 제국과 충돌할지도 모를 '개성'의 부활과 관련해 이하는 일본이라는 주권적 존재가 풀어놓는 구제와 진흥을 주장한다. 굳이 말하자면 여기서 그는 민족의 내실을 보여주는 부활해야 할 '개성'을 대신해, '오키나와 문제'의 틀 안에서 비참한 오키나와를 대표하고 국가에 구제를 청원하는 주체를 상정한다. 노예는 이 청원하는 주체와 관계가 있다. 또한 이하가 **다시금** 노예가 된다고 말할 때 그 말에 담긴 사쓰마 침략이라는 역사의 재발견은, 소철지옥을 계기로 구성될 '오키나와 문제'에서 새롭게 시작될 지배에 대한 예감이기도 했다.

바로 그렇기 때문에 똑같이 소철지옥이라는 위기의 소용돌이 속에 있었던 아마미에 대해 물어야 한다. 오키나와와 아마미의 관계를 과거 사쓰마 침략의 역사를 발견하는 가운데서만 찾을 수 있는 것은 아니다. 오히려 이 다시금 노예가 된다는 말에서는 이 땅을 '적당한 토지' 혹은 '나라의 보고'로 간주하는 국가를, 그리고 새로운 지배의 전개를 감지할 수 있지 않을까? 다시금 노예가 된다는 말로써 묻고 있는 것은 바로 대량의 유민과 함께 시작되는 구제와 진흥 아닐까? 또한 아마미와 오키나와는 과거의 침략의 역사보다는 오키나와 진흥, 오시마 진흥, 아마미 진흥과 같은 구제와 진흥의 저류에 숨어 있는 유랑의 경험에서 포개지는 것 아닐까? 여기서 필요한 것은 유랑의 끝에서 도출될, 노예들 사이의 새로운 연결이 아닐까? 그리고 새롭게 등장한 남도인이 감추고 있는 것은 이 연결이 아닐까? 오키나와에 아마미라는 물음을 던지는 일은 바로 소철지옥의 세계성과 노예들 사이의 이러한 연결을 문제화하는 작업이다.

고니야古仁屋의 이하 후유

1918년 이하 후유는 아마미오시마의 고니야 보통소학교에서 "오키나와 섬을 중심으로 한 남도사南島史"라는 제목의 강연을 행했다. 이 강연을 준비하고 필기해 뒷날 강연록으로 정리한 사람은 다케시마 준竹島純으로 세토우치瀬戸内에 있는 시노카와篠川 농학교 교사였다. 그리고 이 강연록은 1931년 사립 오시마 군 교육회에서 엮은 『남도사 고찰南島史考: 류큐를 중심으로』로 간행되었다. 이 『남도사 고찰』에 부친 다케시마의 글 「남도사 강습과 본서 인쇄의 경위」를 통해 이 강연이 아마미의 지리나 역사와 관련한 향토사로서 시작되었다는 점, 당시 고니야 소학교 교장이자 세토우치 이부二部 교육회장이던 나가이 류이치永井龍一와 다케시마가 이를 준비했다는 점, 강연에 임해서는 당시 『오키나와 마이니치신문』의 기자였던 히기 슌초가 동행하여 그 또한 강연을 했다는 점 등을 알 수 있다. 또한 이 책에는 1929년에 경시청 특별고등경찰 계장에서 오시마 지청장으로 취임한 고바야시 사부로小林三朗가 쓴 「서문」이 붙어 있다. 그는 여기서 "우리 아마미오시마는 머나먼 남해의 한 고도이기는 하지만 실로 많은 연구 자료를 갖추고 있어 우리나라 문화사에서 점점 더 중요한 위치를 차지해가고 있다"라고 썼다.

1918년에 고니야에서 이하가 한 강연을 모은 『남도사 고찰』은 매우 다루기 어려운 책이다. 먼저 이 책의 작성을 담당한 다케시마 준의 「남도사 강습과 본서 인쇄의 경위」에는 강연 기록의 "필기 상태가 나빴기 때문에 강사의 저서 『고류큐』 및 『류큐의 다섯 위인』을 참고하여 쓴 부분도 있습니다"라고 되어 있으며 다른 참고서도 이용했다고 한다. 따라서 이 책은 이하의 강연 기록 그대로라기보다는 다케시마가 상당히 손을 댄 것이라 여겨진다. 즉 1918년에 강연한 기록을 1931년에 다케시마가 간행한 것이다. 문제는 강연에서 간행까지의 이 13년을 어떻게 생각하느냐다.

이 책에는 이하 후유가 쓴 「서문을 대신하여: 남도인의 정신분석」이 첫머리에 붙어 있다. 여기서는 먼저 이하 자신이 이 책의 간행에 이르는 경위를 설명하면서 이렇게 썼다. "대단히 정리가 잘 되어 있지만, 나의 주장이 성에 차지 않는 점이 많기 때문에 세상에 공개되는 것을 저어하여 오랫동안 서랍 밑바닥에 숨겨두었다. 그런데 그 뒤 나가이 류이치 군이 누차 독촉을 하기에 마지못해 돌려주었더니 요 사이 인쇄된 초고를 보내면서 서문을 요청한 것은 내게는 상당한 재난이었다." 즉 이하가 간행을 늦추고 있었다는 점, 또 다케시마가 손을 댔다고는 해도 이하가 그 글들을 훑어보고 '마지못해'서이기는 하나 간행에 동의했다는 점을 알 수 있다. 이 점에서 역시 이 책은 이하의 책이다. 그리고 문제는 이 「서문을 대신하여」의 내용이다. 이하는 여기서 앞에서 짚어본 소철지옥의 소용돌이 속에서 쓴 「류큐 민족의 정신분석」의 내용을 다시 쓰고 가필해 "남도인의 정신분석"이라는 제목으로 머리글 「서문을 대신하여」에 붙였다.

앞에서 말했듯 「류큐 민족의 정신분석」은 『고류큐』처럼 류큐 처분을 해방으로 보고 고류큐의 소생을 주장한 것이 아니라 소철지옥 가운데에서 다시금 노예가 된다는 위기감 속에서 집필한 것이다. 따라서 이 『남도사 고찰』에서는 강연에서 당시 류큐 민족의 부활을 꿈꾸던 이하가 이야기했을 아마미의 모습이 다케시마의 손을 거쳐 본문 내용을 이루고, 소철지옥 한복판에서 다시 만난 아마미가 이 「서문을 대신하여」에 덧붙여졌다고 해도 좋을지 모른다.[67] 가령 본문에는 「결론」으로 다음과 같은 부분이 나온다.

나는 류큐 처분은 일종의 노예해방이라고 생각한다. 그런데 300년 동안 노예제도에 길들여진 노예 자신은 도리어 놀라고 또 원래대로 노예가 되기를 바랐다. 오시마도 마찬가지다. 류큐 처분 결과 류큐 왕국은 멸망했지만, 류큐 민족은 새로운 일본제국 안으로 들어가서 부활했다. (…) 또 우리 조상들은 메이지유신의 대업을 이루는 데 숨은 조력자가 되었다. (…) 사쓰마-조슈長州

가 도쿠가와 바쿠후를 쓰러뜨린 것은 병력이 강해서이기도 하지만 실로 경제 문제에 기인한다. 사쓰마—조슈를 비롯한 근왕파*는 금력金力에서 이미 도쿠가와 바쿠후보다 우세했다. (…) 그렇다면 보기에 따라서는 오시마 오키나와인이 돈을 내어 바쿠후를 쓰러뜨렸다는 결론이 된다. 이러한 의미에서 우리는 큰 자신감을 가지고 만족해야 한다.[68]

'류큐 민족' 외에 '오시마 오키나와인' 혹은 '오시마인'이라는 표현에서도 알 수 있듯, 일단 여기에는 아마미를 포함한 역사 인식을 보이고자 하는 이하의 지식인으로서의 욕망이 있다. 그리고 이하가 여기서 제시하는 '오시마 오키나와인'과 관련한 역사 인식은 이제까지 그가 『고류큐』에서 그려낸 류큐 왕국 혹은 류큐 민족의 역사를 따른다. 즉 류큐 민족은 사쓰마의 지배를 받아 노예가 됐지만, 류큐 처분으로 해방되어 지금은 '새로운 일본제국'에서 부활했다는 것이다. 이하는 본문에서는 이 류큐 민족 안에 '오시마인'을 포함해서 이야기하려고 했다. 굳이 말하자면, 앞서 말한 '개성'의 구성 요소로서 아마미를 포함하려고 했던 것이다. "오시마도 마찬가지다." 또한 자신들의 '금력'이 '새로운 일본제국'을 낳았다고 하는 등의 부분은 일종의 해학처럼 들리기도 하지만, 적어도 이미 지배에서 해방되었다는 현상 인식이 전제가 되어 있음은 분명하다. 과거에는 이런저런 일이 있었지만, 현 상황에는 "만족해야 한다".

------

* 勤王派: 에도 말기, 도쿠가와 바쿠후에 대항해 천황의 친정을 주장했다.

이 인용 부분에 관해 훗날 이레이 다카시いれいたかし는 이하가 일본으로의 동화를 교도하는 계몽가로서 행한 역할을 격렬하게 지탄하면서 이렇게 말했다.

흑설탕을 중심으로 철저한 수탈을 당하고 그들 자신은 소철지옥에서 아사한 역사를 떠올리면, 이하와 같은 경박한 언동을 할 수 있을 리가 없다. 이는 그저 청중을 고취하기 위한 역사 야담이 아닌가? 이 강연이 맡았을 사회적 역할을 상상하면 나는 소름이 끼친다.[69]

청중을 '오시마인'이라 부르면서 사쓰마의 과혹한 역사는 이미 끝났다고, 해방된 현 상황에 만족해야 한다고 사람들에게 호소하는 이하의 모습은 확실히 소름이 끼칠 정도로 역겨운 것이었을지 모른다. 하지만 강연이 이루어진 1918년은 소철지옥에 돌입하기 직전이고, 기본적으로 아마미 경제는 급성장하고 있었다. 이는 오키나와 경제도 마찬가지였는데, 이하의 강연은 이러한 상황 속에서 받아들여졌는지 모른다. 바로 그렇기 때문에 문제는 이레이가 지적하듯 소철지옥이며, 또한 이하에 입각해서 말하자면 소철지옥 이후에 간행된 이 강연록 앞머리에 붙은 「서문을 대신하여」 즉 「남도인의 정신분석」이 중요해진다. 이 「남도인의 정신분석」은 앞에서도 썼듯 1924년에 『오키나와 교육』에 게재한 「류큐 민족의 정신분석」을 고쳐 쓴 것이다. 또한 「류큐 민족의 정신분석」에서는 해방이 아니라 다시 노예가 된다는 위기감을 표명하고, 류큐 민족의 부활이 아니라 국가를 통한 구제를 주장했다. 바로 그렇기 때문에 문제는 이렇게 류큐 민족의 부활을 단념하는 가운데 이하가 아마미를 어떻게 재발견했느냐는 물음이다.

먼저 「남도인의 정신분석」에 가필된 아마미에 관한 기술 중에서 주목해야 하는 것은 그것이 저항운동을 주시했다는 점이다. 가령 이하는 "시마즈 씨의 노예에서 해방되었지만, 가고시마 현 사람들은 그들을 해방하는 것을 달갑게 여기지 않았다"며, 설탕을 독점하는 오시마 상사와 싸운 마루타 난리와 함께 가고시마 현청에 자유판매 탄원을 하러 간 사람들을 언급하고, "내가 고니야에서 강연할 무렵까지만 해도 이때의 대표자가 아직 두세 명 생존해 있었다고 한다"라고 썼다.[70] 또한 1864년에 일어난 도쿠노시마德之島의 '인타부犬田布 소동'*에 대해 "이는 곧 궁지에 물린 쥐가 고양이를 무는 유의 일로, '왕국의 장식'이라는 풀솜으로 목이 졸린 류큐에서 300년 동안 한 번도 폭동이 일어나지 않았던 것과 재미있는 대조"라고 했다.[71] 즉 인타부 봉기를 매개로 류큐 혹은 오키나와에서는 왜 폭동이 일어나지 않았는가라고 여기서 자문한다. 또한 다음 부분에서 보듯 소철지옥이라는 공통의 위기 속에서, 「류큐 민족의 정신분석」에서 묘사한 오키나와의 연장선상에서 아마미를 파악하려고 한다.

청일전쟁, 러일전쟁 이후 그들[오키나와인]의 부담은 급증하여

------

* 아마미 군도에 속하는 낙도 도쿠노 섬의 인타부에서 일어난 농민 봉기.

작금 그 경제생활은 밑바닥까지 떨어지기에 이르렀다. 이 점에 대해 오시마인이 오키나와인과 유사한 운명이라는 데에는 실로 동정을 금할 수 없다. 나는 오늘날 남도의 어려운 상황—세상은 이를 소철지옥이라고 부른다—의 원인은 멀게는 시마즈 씨의, 가깝게는 중앙의 착취 정책에 있다고 말하고 싶다. 겨우 시마즈 씨의 노예에서 해방된 남도인은 이제는 좌우간 생존경쟁에 지쳐 떨어져서 죽을 지경이다. 이미 살아나기는 그른 듯한 느낌도 들지만, 그들[남도인]은 그저 "결연히 일어나서 너 자신을 구원하라"는 맥없는 고무를 들을 뿐이다. 그렇게 일어나기에 그들은 너무나도 짓눌려 있음을 알아야만 한다. 어떻게든 더 늦기 전에 근본적 구제책을 강구해두지 않으면 돌이킬 수 없는 상태에 빠질 것인데, 정당정치의 세상에서는 도저히 가능할 것 같지 않으니 슬퍼하지 않을 수 없다.[72]

여기서 이하가 개진하는 역사 인식은 앞서 인용한 본문과는 크게 다르다. 시마즈 지배를 언급하지만 지배는 현재까지도 이어지고, 굳이 말하자면 현재의 지배 속에서 시마즈 지배를 상기하고 있다. 또한 이러한 지배 가운데에서 지금은 바로 소철지옥의 소용돌이 속에 있으며, 구제 말고는 살아날 길이 없다고 주장한다. 이러한 역사 인식 안에서 이하는 아마미와 다시 만난다. 해방된 류큐 민족과 '개성'의 부활 속에 아마미를 포함하려는 본문과는 달리, 여기서는 지금 똑같은 위기와 지배를 공유하는 동지로서 아마미를 발견하고 있다고 할 수 있겠다. 앞서 등장한 저항운동에 대한 주목과 함께 생각해보면, 이하는 류큐에 아마미를 포함하려고 했다기보다 아마미의 투쟁의 역사가 오키나와에도 잠재해 있음이 분명하다고 주장하고 있는 것처럼 읽히기도 한다. 국가에 구제를 호소하는 동시에 폭동을 예감하는 이하가 거기 있지 않은가. 청원하는 주체를 그리면서도 다른 관계를 모색하는 이하가 있지 않은가.

그리고 이렇듯 소철지옥에서 찾아낸 아마미와 오키나와의 관계를 이하는 남도 혹은 남도인이라 불렀다. 『남도사 고찰』이라는 표제에서도 알 수 있듯 본문에서도 남도라는 말은 많이 쓰인다. 하지만 과연 1918년 강연 당시에 이하가 이 말을 얼마나 사용했을지는 의문이다. 주지하다시피 이하는 「류큐 민족의 정신분석」이 게재된 1924년 무렵부터 남도라는 용어를 많이 사용하게 된다. 여기에는 종종 지적되듯 야나기타 구니오가 1921년에 시작한 '남도 담화회'의 존재가 있는데, 1925년에 오키나와를 떠나 도쿄로 옮겨 간 이하는 이 연구회에 참가했다. 가령 상경 직후에 한 강연에서 이하는 "여하간 남도와 일본 본토의 관계가 매우 밀접했다는 것은 여기서 단언할 수 있으니, 내지에 있던 고대 생활이 실제로 남도에 많이 보존되어 있다는 데는 의심할 여지가 없습니다"라고 했는데,[73] 여기에는 이후 많이 쓰이게 되는 일본문화의 원류로서의 남도라는 맥락이 있을 것이다. 민속학이나 국어학과 관련해 이하에게 남도란 기본적으로는 이러한 맥락 속에 있었다.

하지만 이하 자신이 쓴 이 「서문을 대신하여」에 수록된 「남도인의 정신분석」의 남도는 이러한 일본문화의 원류로서의 남도가 아니다. 이는 소철지옥 한복판에 있으면서 다시금 노예가 된다는 위기감을 공유하는 자들, 국가의 구제를 호소하면서도 압도적인 유민화 속에서 폭동을 잠재시키고 있는 존재들이 아닐까? 굳이 말하자면 야나기타와의 관계에서 그린 남도와는 다른 지하 수맥이 이 말 속에는 들어와 있지 않을까? 내게는 그것이 야나기타의 문맥과는 다른, 즉 일본문화의 전통에 찬탈당하는 야나기타의 남도와는 다른, 다케시마와 이하에 의한, 굳이 덧붙이자면 소철지옥의 위기를 공유하는 이들에 의한 남도의 영역으로 보인다.[74] 또한 거기에는 국가의 구제나 진흥을 호소하면서도, 압도적인 유민화 속에 다른 정치의 가능성이 잠재해 있는 것 아닐까?

소철지옥이라는 시작: 다시 노예가 된다는 것

이하가 아마미에 관한 글을 쓰기 시작한 것은 1920년대 이후인데, 결론적으로 말하면 이 위기와 그때까지의 '개성'을 축으로 한 인식이 파탄하는 가운데 그는 아마미를 재발견한다. 또한 이 재발견에서 중요한 것은 아마미에서도 소철지옥이 심해졌고, 이하의 관점에서는 이 소철지옥이라는 위기의 지평에서 아마미와 오키나와가 만나게 된다는 점이다. 말하자면 다시금 노예가 된다는 예감을 연결 장치로 해서 둘은 만난다. 이는 또한 이후의 오키나와 현 진흥계획, 오시마 군 진흥계획처럼 위기에 대한 구제와 진흥이라는 국가의 사회정책적인 개입이 전개됨에 따라, 오키나와와 아마미가 공시적인 역사를 밟아가게 된다는 것을 의미한다. 다시 말해 둘은 똑같은 류큐 왕국의 중심과 주변이라는 형태로 뭉뚱그려지는 것이 아니라 근대의 자유가 가져온 위기와 국가의 재등장 속에서 겹쳐진다. 그리고 이하에게 아마미란 이렇게 소철지옥을 축으로 해서 시작되는 역사의 등장과 깊은 관계가 있었다.

　오키나와와 아마미의 이 같은 만남은 이하가 『고류큐』에서 소생을 꿈꾼 류큐와는 다르다. 그리고 이 차이를 확보하는 것이 이하가 끌어안으면서도 '개성'이라는 말로써 숨기고 있던, 바로 그 하자다. 고류큐의 부활로 그려지는 역사에서 '개성'은 류큐 민족에 처음부터 내재하는 존재 즉 역사의 전제였다. 하지만 「류큐 민족의 정신분석」에서 이하는 이렇게 끌어안은 '심적 상해' 즉 하자를 전제로서 내재하는 존재로서가 아니라, 내재화를 담당하는 제도와 함께 지적했다. 따라서 하자가 하자로서 역사를 걸어가기 시작한다는 것은 이제까지 '개성'을 성립시키고 있던 제도 자체에 대한 비판을 수반한다.

　다시 한 번 말하지만, 여기서부터 시작되는 역사는 내부의 새로운 발견과 제도의 발견이 동시에 전개되는 사태이자, 맞서야 할 제도와 맞설 근거를 경험으로서 동시에 발견하면서 수행해나가는 역사일 것이다. 여기서 구제법 안에서 오키나와인을 대표함과 동시에 법 자체에 계속해서 맞서는 경험이 확보된다. 또한 굳이 말하자면 '개성'이란 [home]을 말하며, 따라서 '개성'이 정지한 후에 시작되는 남도인은 내실을 잃어버린 토착 즉 유랑의 끝에서 발견하게 될 바로 그 토착이자 바바가 말한 [집=고향] 아님으로서의 토착이라고 해도 좋을지 모른다. 오키나와와 아마미는 이 새로운 토착의 지평에서 다시금 만난다. 노예로서.

그리고 소철지옥을 계기로 한, 시작으로서의 남도인은 류큐 민족 혹은 오키나와인과 같은 민족적인 카테고리의 배후에 달라붙게 된다. 거듭 말하지만 위기는 계속되고, 아직 결말은 나지 않았다. 달리 표현하자면 오키나와인에게는 다시금 노예가 된다는 역사가 계속 잠재해 있는 것이다. 바로 그렇기 때문에 노예의 역사가 현세화하는 과정도 역시 민족적인 카테고리와 함께 있다. 민족은 실체로서 가로누워 있는 것이 아니라 이러한 현세화와 함께 있고, 말하자면 미래를 획득하기 위해 입 밖에 내는 역사의 비유로서 존재한다.

「류큐 민족의 정신분석」에는 구제를 요구하는 신청자로서 오키나와인을 대표하고자 하는 이하와 동시에, 미래를 붙잡으려고 계속해서 비약하는 사람이 내놓는 비유로서의 표상이 존재한다. 정치란 법 제도를 전제로 한 대표성과 거기에 끌어안기면서도 아직은 끝나지 않았다고 계속해서 중얼거리는 이 표상 사이에 있다. 이하의 「류큐 민족의 정신분석」은 소철지옥이라는 위기 속에서 이러한 정치의 장소를 확보했다.

제4장

제국의 인종주의

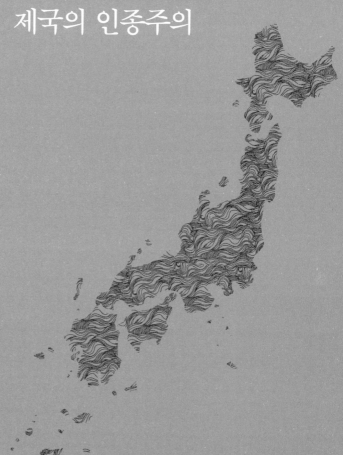

당신은 사르데냐 사람이라서 가난한 거야.[1]
—안토니오 그람시Antonio Gramsci

노예와
제국

임금노예

지금까지도 이야기했듯 이하 후유에게 노예라는 말은 극복해야
만 하는 자기를 나타내는 말로서 존재하고 있었다. 또한 이하 사상
의 저류에서 계속 흐르던 노예에 대한 이러한 강한 관심은 근대가
극복해야만 하는 억압으로서 시작된 이들에게 공통된 물음이기
도 했다. 예컨대 토니 모리슨이 "근대적인 삶은 노예제와 함께 시작
됩니다"라고 했을 때, 이는 새로운 시대의 개시였을 근대가 처음부
터 극복해야만 하는 장벽이었음을 보여준다.[2] 토니 모리슨의 이 발
언을 받아 폴 길로이가 "스스로의 근대성에 대한 환멸과 함께 근대
성의 달성을 향한 열망도 구성해왔다"라고 했듯,[3] 여기에는 확실히
환멸과 열망이 뒤섞인 근대에 대한 정동이 있을 것이다.

지금 여기서 노예라는 말로 무언가를 하나로 묶어버리려는 것이 아니다. 확실히 이하의 노예라는 말은 흑인 공민권운동의 지도자였던 부커 워싱턴Booker T. Washington이나 량치차오梁啓超 같은 이들과 공명한다. 하지만 그렇다고 미국 흑인의 역사와 오키나와가 똑같다고 말하려는 것은 아니다. 오히려 그 반대로, 근대라는 균질해 보이는 역사가 서로 중첩하는 복수의 노예들의 역사이기도 했음이 중요하다. 아니, 더 정확히 말하자면 근대가 근대로서 성립하는 조건으로서 이 복수의 노예들의 역사가 **동시에** 존재해왔다.

그러면 이하가 소철지옥의 소용돌이 속에서 내놓은 또 다시 노예가 된다는 경구 끝에서 어떠한 미래를 찾아내면 좋을까? 더 정확히 표현하자면, 국가가 구제를 위해 개입하고 사람들이 유랑하는 가운데 다시금 감지한 노예라는 말을, 어떠한 억압과 이탈의 가능성으로 들어야만 하는가? 이는 앞 장에서 「류큐 민족의 정신분석」을 축으로 삼아 생각했던 남도인의 미래라는 문제이기도 하다.

그런데 이하는 1928년부터 1929년에 걸쳐 하와이, 샌프란시스코, 로스앤젤레스, 맥시코를 방문해 각지에서 강연을 행했다. 귀국 후 이하 후유는 하와이에서 농업노동자로 일하는 일본계 이민자에 대해 이렇게 말했다.

노동자 부모에게서 태어나 부모를 봉양할 의무까지 지고 있는 일본계 이민자가 빈곤선 위로 올라가기에는 하와이는 너무나도 자본주의적 색채가 농후해졌다는 사실을 알아야만 한다.[4]

가와카미 하지메河上肇의 『빈곤 이야기』에서 인용하지 않았나 싶은 '빈곤선'이라는 말을 사용하면서 여기서 이하가 묘사하고 있는 것은 흡사 노예 신분처럼 출신에 따라 운명이 정해지는 농업노동자들이다. 아무리 교육을 받았거나 지식이 있어도 노예는 날 때부터 노예라는 것이다. 굳이 말하자면 이하는 자본주의에서 자유가 아니라 운명을 강요하는 강제력을 발견했다. 그리고 이러한 인식에 기초해 다음과 같이 말한다.

이러한 지방색 속에서 무산자를 부모로 가진 일본계 이민의 앞날은 실로 가엾다 아니할 수 없다. 그들이 아무리 정치적으로 각성한다 해도, 현대 정치가 경제적인 것의 집중 표현인 이상 그들은 도저히 피억압계급의 운명에서 벗어날 수 없을 것이다. 만일 그들에게 얼마간 앞날이 있다고 한다면, 이는 미국 자체의 자본주의가 붕괴하는 쇠락기일 수밖에 없다. (…) 위에서 쓴 내용으로 볼 때, 해외에 무산 이민자를 내보내는 것을 '해외 발전'이라 부르는 일은 온당치 않음을 짐작할 수 있다. 하와이에서 반세기 동안 쌓은 경험은 이미 이런 종류의 이민자가 영구적인 **임금노예**임을 증명했다. 이는 그저 하와이에서만 사실인 것이 아니라 향후 남미에서도 분명 되풀이될 것이다. 생각하건대 이런 식으로 이민자를 내보내는 것은 '해외 토출吐出'이라 할 만한 것으로 인구 조절책 외에 아무것도 아니며, 참된 '해외 발전'이란 결국 일정한 자본과 함께 이민자를 송출하는 것이어야만 한다.(강조는 인용자)[5]

이 글의 배경에는 우선 미국에서 있었던 배일排日운동과 입국 금지, 토지 소유 금지를 정한 1924년 배일이민법 제정이 있다. 또한 여기에는 하와이뿐 아니라 캘리포니아를 비롯해 미국으로 퍼져나가던 배일운동, 이민 배격운동도 있을 것이다. "하얀 캘리포니아를 유지하자Keep California White!"라는 슬로건에 단적으로 드러나듯[6] 미국에 등장한 인종주의야말로 이하가 하와이에 대해 쓴 이 글의 배경이었다. 그리고 여기서 이하가 '일본계'라 부르는 사람들은 무엇보다 먼저 오키나와에서 간 이민자들이다. 하와이, 캘리포니아, 멕시코 각지에서 이하는 그 땅에서 생활하는 오키나와 이민자들과 교류했다. 가령 캘리포니아에서 이하를 맞아들이고 강연회를 준비한 것은 재미 오키나와 청년회였는데, 이 모임의 멤버 중에는 1932년 1월 15일 로스앤젤레스 근교에서 개최된 미국 공산당대회에 참가했다 체포되어 탄압을 받은 이들도 다수 있었다.[7] 이 사람들도 가와카미 하지메를 읽었던 듯하다.[8]

이 재미 오키나와 청년회가 일본의 1930년 중의원 선거를 겨냥하여 발표했다고 여겨지는 '성명서'에서 그들은 "소철지옥의 참상을 보이고 있는 오키나와 노동자, 농민 생활의 현황"을 지적하고 다음과 같이 썼다.

이러한 까닭으로 미국에 있는 우리 노동자, 농민은 우리 오키나와의 노동자, 농민과 연계하여 우리들의 진정한 대표자를 의회에 보내고, 우리들의 계급적인 이해관계에 맞는 투쟁을 수행해야만 한다.[9]

소철지옥이라는 위기는 지리적 범위를 넘어서는 오키나와의 자기인식과 깊이 관련되어 있었다. '소철지옥의 참상' 속에서 '미국에 있는 우리'와 '우리 오키나와'는 연결되어 '우리들'이 된다. 제1장에서 이야기한 오키나와 청년동맹도 이러한 확장을 공유하고 있었을 것이다. 그리고 1928년부터 이듬해에 걸쳐 이하가 했던 강연 여행은 이러한 확장 속에서 오키나와를 사고하는 계기였음이 분명하다. 위에 등장한 임금노예는 이러한 '우리들'의 확장에 이하가 부여한 이름이다. 다시금 노예가 된다는 경구 끝에서 이하가 발견한 것은 이러한 임금노예의 영역이었던 것이다. 그리고 이는 이미 검토한 「망국의 유민」(아라카와 아키라) 혹은 「떠도는 류큐인」(히로쓰 가즈오)과 관련한 문제 영역이라 해도 좋겠다.

이 장에서 임금노예라는 이하의 말로써 제기하는 문제는 임노동이 노예 상태와 같다는 것이 아니다. 자본제가 마치 노예제와 같다는 식으로 노예라는 말을 착취를 강조하는 메타포로 이해하지 않고, 이 노예라는 말을 근대와 관련한 결정적인 역사 인식의 요체로서 다소 이론적으로 검토하고 싶다. 즉 자본의 자유에는 운명적으로 노예적 존재가 병존한다는 인식인데, 이하는 여기에서 다시금 노예가 된 류큐 민족을 발견했다. 이는 앞에서 썼듯 근대가 근대로서 성립하는 조건으로서 복수 노예들의 역사가 동시에 존재해왔다는 말이기도 할 것이다.

그리고 이러한 임금노예의 해방을 생각할 때, 앞서 인용한 글에서 이하가 임금노예는 '참된' '해외 발전'을 통해 해소되어가리라는 전망을 그리고 있다는 점이 매우 중대한 논점으로 떠오른다. 인용

부분 마지막의 표현 방식에 군이 집중해서 보자면 이하는 "자본과 함께" 임금노예의 미래를 그리고 있는 것이다. 그리고 이 점은 다음에 이야기할 제국의 새로운 재편과 깊은 관계가 있다. 사람들이 유민화하는 소철지옥은 제국을 재편하는 문제이기도 했다. 미리 말해두지만, 이러한 제국의 재편에 미래를 찬탈당해서는 안 된다.

자본이라는 물음

운명이란 거스를 수 없는 자연적 조건이기도 하다. 노예라는 자연이 자본의 조건이라는 말은 그것이 물음을 던질 수 없는, 혹은 질문하는 것이 금지된 전제이기도 하다는 뜻이다. 개빈 워커는 이 전제조건의 자리에 민족 문제를 놓았다.[10] 민족은 이 같은 자연적인 영역을 담지하고, 그러한 의미에서 자본의 전제다. 워커가 논의의 기점으로 생각하는 것은 마르크스 『자본』 제1권 마지막 장인 「근대 식민이론」이다. 여기서 마르크스는 자본이란 실체가 아니라 관계라고 한 뒤, 관계여야 할 이 자본이 사회적 실체로서 존립할 수 있게 해주는 전제가 식민지 지배임을 보여준다. 이에 근거하여 워커는 자본이 존립하기 위한 전제를 계속해서 유지하는 기구로서 지금도 여전히 "포스트식민이라는 조건"이 중요하며, 민족 문제는 이 조건과 관련한 문제라고 보았다.

이러한 관점에서 워커는 토지의 수탈과 함께 상대적 과잉인구를 낳는 공정과 그 기능 부전을 중요시한다. 이는 자본의 논리인 산업예비군이 작동하지 않는 사태인데, 그야말로 노동력이라는 범주가 소여의 존재로서 정립하지 못한다는 점에서 자본이 자연법칙적으로 전개하기 위한 전제와 관련한 기능 부전이라 해도 좋다. 산업예비군의 기능 부전에 대해서는 뒷부분에서 다시 검토하겠지만, 전제가 전제로 성립하지 않는 이 같은 영역에 워커 그리고 마르크스는 강제적인 폭력과 국가를 설정했다. "예로부터 문명국가들에서 노동자는 자유롭기는 하지만 자본가에게 자연법칙적으로 의존하는데, 식민지에서는 이 의존관계 자체가 **인위적 수단을 통해** 만들어져야만 한다."(강조는 인용자)[11] 자본과의 관계를 법칙적으로 조정措定하기 위한 전제로 식민지에서의 인위적 관계가 있으며, 자연화된 민족이란 자본의 전제인 산업예비군의 인위적 조달과 폭력의 작동과 관련한 영역이다. 다시 말해 이는 제국이 자본의 운동이기도 한 이상 인종주의를 전제하지 않을 수 없다는 뜻으로, 거꾸로 말하면 인종주의에 반대하는 운동은 동시에 자본에 반대하는 운동이기도 하다는 이야기다.

혹은 이러한 자본의 논리의 전제가 되는 인위적 영역은 아다치 마리코足立真理子가 로자 룩셈부르크를 언급하면서 논의한, 산업예비군의 저류에 상정되어 있는 '순종성의 자연성'이라는 논점과도 깊은 관계가 있다.[12] 아다치는 로자 룩셈부르크가 『자본의 축적』을 집필한 동기로 드는 입문서 『경제학 입문』을 거론하면서[13] 이 책의 산업예비군에 대한 기술에 등장하는 노동자의 순종성이라는 전제에 주목한다.[14] 즉 산업예비군이 기능하기 위해서는 자본과의 계약을 위해 대합실에서 얌전히 대기하고 있는 존재를 상정해야 한다. 이러한 순종성을 룩셈부르크는 아리스토텔레스를 언급하면서 '자연'이라고 부르고, 여기서 '노예'를 발견한다. 즉 그는 이 순종성이 "어떠한 착취 형태에 대해서든 책임을 지게 되어 있는 '자연'"이라고 하면서, 바로 이러한 '자연'에 의해 "수많은 인민 대중이 노예 상태라는 치욕스러운 지위까지 끌어내려"졌다고 주장한다.[15]

물론 이는 본원적 축적 그리고 노동력이라는 범주에 관한 문제일 것이다. 이 점에 대해서는 뒷부분에서 룸펜 프롤레타리아트와 관련한 물음으로서 검토할 예정인데, 지금 주목하려는 것은 자본의 논리적 완결성을 둘러싼 논의가 아니라 인위적인 것을 자연적 운명처럼 받아들여야 하는 이들이 자본의 논리적 전개의 전제를 짊어진다는 점이다. 한마디로 말해 이는 역시 노예라는 문제다. 혹은 받아들이기 힘든 노예로서의 자기를 탈출 불가능한 아포리아로 받아들일 수밖에 없는 사람들과 이를 이론으로서 이야기하는 사람들 사이의 차이라고 해도 좋다. 이것은 스피박이 "비판하면서도 밀착해 있는 구조에 '아니'라고 말하는, 본디 불가능한 자세가 바로 탈구축의 입장"이라고 한 것과도 포개진다.[16] 스피박은 탈구축을 탈구축 불가능한 경험으로 설정한다. 또한 탈구축의 기점인 아포리아란 "근원적 타성他性의 경험"이자 "불가능한 것의 경험"이라는 점을 강조한다.

아포리아는 딜레마나 패러독스와 같은 논리적 카테고리와는 구별된다. 경험이 전제와 구별되듯 말이다. 아포리아 자체는 뚫고 나갈 출구가 없는 상태를 말하지만, 뚫고 나가고 있다는 경험 속에서 알게 된다. 이렇듯 그것은 마성 속에서 펼쳐지며, 그러므로

불가능한 것의 경험이다.[17]

　지금 여기서 데리다의 논의에 얽매일 필요는 없다. 중요한 것은 벗어나기 힘든 운명으로서 도래한 자연을 어떻게 인위적인 것으로 이야기할 것인가라는 물음이다. 즉 '불가능한 것의 경험' 속에서 어떻게 말할 것인가? 그리고 지금은 논리적 설명이 아니라 이 불가능한 것의 경험과 그에 관련한 언어의 층위에 주목하려 한다.[18] 그 말에는 같은 것을 이야기하면서도 다른 차원으로 거슬러 올라가는 수행성, 혹은 대립이 아니라 대립을 정의하는 토대 자체를 뚫어 버리는 적대성이 대전하게 될 것이다.

　이 장에서는 이하가 말한 임금노동을 그야말로 개빈 워커가 말했듯 류큐 민족의 민족 문제로서 검토하겠다. 이때 지금 말한 '인위적 수단' 혹은 자연으로서 그려지는 순종성이 논점이 될 것이다. 또한 이 장에서 제국의 인종주의라 부르는 것은 이처럼 자연화된 민족 문제 속에서 구성되는 폭력과 관계있다. 하지만 동시에 노예라는 이하의 말이 노예를 자연으로서, 즉 질문을 던지는 것이 금지된 전제로서 받아들일 수밖에 없는 이에게서 나온 말이라는 점을 잊어서는 안 된다. 거듭 말하는데 이는 근대의 시작이 극복해야만 하는 억압이었던 사람들의 말이다.

　다시금 노예가 된다고 스스로에게 말한 자기언급적인 경구 끝에서 이하가 발견한 임금노예는 논리적으로 정의된 계급으로는 환원되지 않는다. 강조점은 노예라는 말에 찍어야 하는데, 여기에는 앞서 말했듯 수행성과 적대성이 대전할 것이다. 혹은 "비판하면서도 밀착해 있는 구조"와 마주하는 노예해방 전략에는 환멸과 열망, 부정성과 긍정성이 혼재해 있다. 그리고 그 바로 옆에는 긍정성을 스스로를 재정의하는 데에 갖다 붙이고자 하는 제국이 대기하고 있을 것이다. 다시 한 번 말하지만 제국에 해방을 찬탈당해서는 안 된다. 이하가 "자본과 함께" 임금노예의 미래를 그린 것은 이러한 분기의 최전방에서 일어나는 접근전을 보여주고 있다고 해도 좋을 것이다.

제국의 인종주의

인종과 사회 방위

그런데 아시아에서 인종 개념은 먼저 유럽의 세계 인식 속에서 등장했는데, 이러한 인종 인식에서는 일본도 포함해 일괄적으로 아시아로 인식한다.[19] 그리고 제국 일본의 인종 개념은 이러한 균질한 아시아 인식으로부터 종별하는 과정에서 처음으로 문제가 된다. 예컨대 다카하시 요시오高橋義雄의 『인종 개량론』(1884년)이나 이에 대한 가토 히로유키加藤弘之의 반론은 다카하시가 주장하는 '잡혼雜婚'의 옳고 그름이라는 문제를 넘어, 일방적으로 주어진 인종 개념을 조작 가능한 존재로 재설정하고 그 조작(개량)의 연장선 위에서 일본인을 발견하고 있다는 점에서는 공통된다.

혹은 나중에 다루겠지만, 대동아공영권의 구상을 기록한 1943

년 『야마토 민족을 중핵으로 하는 세계정책 검토』에 "서양문명을 단시간에 흡수하여 자기 문화의 영양분으로 쓸 수 있었던 것은 아시아인 가운데 일본인뿐이다"[20]라고 되어 있듯, 여기에는 인종을 개화라는 실천의 강도 차로 재설정하고 이 개화라는 경쟁의 승리자로서 아시아로부터 스스로를 종별하는 제국 일본의 일관된 인종 개념 전개가 있다.

또한 이 인용 부분에 등장하는 "자기 문화의 영양분으로 쓸 수 있었던 아시아인"이라는 표현에서도 상상할 수 있듯, 이러한 굴절된 수용 속에서 인종 개념은 일부 학자를 제외하면 생물학적 정의에서 벗어나 민족이나 문화, 역사의식 같은 사회적 개념들과 뒤섞이면서 등장한다. 여명기의 일본 인류학자로 저명한 도리이 류조鳥居龍蔵는 1913년 『도아노히카리東亞之光』(8권 11호)에서 서양에서 수입한 인류학을 대신해 일본 독자적인 '동양 민족학'을 주창하며 이러한 학문을 통해 제국 내부의 주민을 기술해야만 한다고 주장했는데,[21] 여기서는 서양에서 수입된 인종 개념을 대신할 제국 일본의 새로운 개념이 형성되고 있다. 일본에서 인종 개념의 수용은 인종 개념의 애매함과 사회문화적 요소의 혼입으로 이해할 수 있는데, 이는 또한 인종주의라는 용어의 애매함과도 관계있을 것이다.

하지만 이렇듯 생물학적 용어로는 완벽히 정의할 수 없는 애매한 인종 개념은 다른 형태로 코드화된다. 인종을 조작 가능한 맥락으로 바꿔놓고 이를 개량하는 실천에서 일본인의 우수성을 발견해나가는 가운데, 앞서 말한 다카하시 요시오는 중국, 조선을 '하급 문명'이자 '반半미개'로 간주했는데, 이러한 문명론적 맥락의 미개, 반미개는 점차 다른 맥락 속에서 과학화되었다. 다카하시 이후 30년 가까이 지나 등장한 운노 유키노리海野幸德의 『일본 인종개량론』(富山房, 1910)은 미개에 '정신병자'나 '범죄자' 같은 말들을 겹쳐놓는다. 여기서는 정신의학이나 범죄학이 애매한 인종 개념상의 미개를 다시금 코드화하고 있음을 확인할 수 있다.

이는 단지 각 과학들의 새로운 융합이라는 학문 지식의 과학사적 계보 문제에 그치지 않는다. 1907년의 형법 개정과 이에 따른 형법학자 마키노 에이이치牧野英一를 비롯한 근대학파 형법학의 등장, 혹은 1900년 정신병자 감호법에서 나타나는 '이상자異常者'에 대한 보안 처분에서 볼 수 있는 권력 구조의 변화가 이러한 재코드화에 대응한다.[22] 즉 사회 방위를 우선시하면서 '범죄자'나 '이상자'와 개인적 자질을 연결하여 그 자질을 과학적으로 정의하고, 이렇게 정의된 개인의 자질을 예방적으로 감시하며 격리하는 권력이 등장한 것이다. 이러한 사회 방위의 맥락 속에서 애매한 인종 개념 내에 있던 변경 가능한 미개는 재정의되어갔다. 미개는 '범죄자' '이상자' 속에서 재발견된 것이다. 또한 근대학파 형법학이 상징하는 사회 방위론과 치안 관리를 담당하는 권력의 중첩은 이후의 보안 처분을 둘러싼 동향이나 '심신상실자 등 의료 관찰법'처럼 오늘날까지 이어지는 현재적인 문제이기도 할 것이다. 뒤에서는 이러한 사회 방위론과 인종 개념의 중첩을 염두에 두면서 일본제국의 제국적 인종주의를 검토하겠다.

제국의 인종주의

그런데 제3장에서 논의했듯, 소철지옥을 겪고 있던 오키나와는 이를 식민지 농업으로서 붕괴하게 두느냐 국내 농업으로서 사회정책적으로 구제하느냐는 논의 속에서 안도 밖도 아닌 장소, 혹은 그 둘이 포개지는 장소로 내던져졌다. 법적 구제를 신청하는 이와 흘러나가는 이의 중첩도 이 안과 밖 사이의 장소와 관련 있을 것이다. 그리고 안과 밖이 겹쳐지면서 국경의 윤곽선이 흐릿해지는 사태야말로 다음 제국의 등장을 초래한다.

이 소철지옥이라는 위기를 계기로 등장하는 제국을 생각하기 위해서는 이 같은 위기가 제국에서 어떻게 확산되었는지를 검토해야만 한다. 이미 말했다시피 소철지옥은 식민지 농업이었던 제당업의 세계적 재편이 구현화된 한 방식이었고, 일본제국에서는 타이완, 남양군도 등을 끌어들인 식민지 농업의 전개와 함께 있었다. 이러한 식민지 농업의 재편 과정은 우선 경제 붕괴에 따른 상대적 과잉인구의 석출과 사회정책적인 개입으로 구성된다. 또한 이 움직임은 대동아공영권의 경제 구상 속에서 더욱 명확해졌다.

가령 제당업 자본은 타이완을 영유함에 따라 이른 시기부터 카르텔 체제를 완성했는데, 그 연합조직인 일본 당업 연합회는 1942년에 『대동아공영권 내의 제당업에 관해』라는 문서를 작성했다. 여기서는 자바, 필리핀을 일본 제국이 제압한 뒤에는 더 이상 오키나와, 타이완, 남양군도의 제당업은 필요하지 않다는 논의에 대응해 이러한 지역에서의 제당업의 필요성을 논한다. 즉 타이완, 오키나와, 남양군도의 제당업이 설탕 생산보다는 '통치·경제개발'이나 '지역산업 진흥'이라는 면에서, 다시 말해 지역사회의 안정이라는 면에서 중요하다고 주장한 것이다.[23] 여기서 말하는 '통치·경제개발' 혹은 '지역산업 진흥'은 사회 붕괴를 사회정책으로 막아낼 필요성을 가리키는데, 이는 글자 그대로 제국의 '통치' 문제였다. 여기서는 오키나와를 타이완, 남양군도와 나란히 놓은 뒤 이러한 지역들을 사회정책을 통한 구제, 보호의 대상으로 재설정했다.

이러한 재설정 속에서 자바, 필리핀을 말 그대로 당업 생산기지로 끌어안은 제국이 떠오른다. 생산 붕괴에 따른 사회 붕괴를 방지하고 식민지 농업을 유지하는 것, 이 두 가지 계기 속에서 제국 재편은 진행되었다. 바꿔 말하자면, 사회질서를 유지한다는 것은 생산 붕괴로 생겨난 유민들로부터 끊임없이 위협당하고 있다는 말이기도 할 것이다. 『대동아공영권 내의 제당업에 관해』에는 통치와 관련한 제국의 이 같은 불안이 숨어 있다.

이러한 제국 재편의 계기는 당연히 제당업과 관련한 것뿐만이 아니다. 거칠게 말하면 유민들에 대한 제국의 불안이야말로 사회 방위로서의 인종주의 문제이기도 한 것이다. 하지만 뒷부분에서 검토하듯 이와 동시에 제당업이 제국 재편의 한 전형으로서 존재했던 것도 사실이고, 이 점에서 제3장에서 논한 소철지옥의 세계성이 일본제국에서 지니는 의미가 보일 것이다.

앞에서도 조금 언급했듯 1943년에 간행된 『야마토 민족을 중핵으로 하는 세계정책 검토』라는 문서가 있다. 1981년에 헌책방에서 발견됐다는 이 책자는 100부만 작성된 기밀서류인데, 후생성 연구부 인구민족부의 연구자 40명이 무기명으로 집필한 3000여 쪽에

달하는 장대한 문서다.[24] 이 책자는 기본적으로는 방대한 사항과 지식이 집적된 것으로, 제국을 어떻게 학문적으로 표현할 것인가와 관련한 학문 지식을 총동원했다는 인상을 준다.

이 책자의 한 축은 표제에서도 알 수 있듯 '야마토 민족' 혹은 '일본 민족'(이 두 가지는 구별되지 않고 등장한다)과 그 외 다른 민족들을 정의하고, '지도적 민족'인 '일본 민족'을 중심으로 한 세계 민족 지도를 가지고 세계를 그려내는 것이다. 이 작업에서는 "민족은 가변적인 것으로, 고정적이지 않다"[25]고 전제한 뒤 민족의 '요소'를 열거한다. 즉 생물학적 조건으로 (1) 유전 (2) 변이 (3) 혼혈, 지리적 조건으로 (1) 기후 (2) 지형 (3) 음식물 (4) 재해 (5) 질병 (6) 민족적 이동, 또 사회적·문화적 조건으로 (1) 경제제도 (2) 정치 조직 (3) 풍속 습관 (4) 가족제도 (5) 혼인제도 (6) 육아 (7) 종교 및 사회사업 (8) 교육, 훈련 (9) 전쟁 등이다.[26] 개관하기만 해도 알 수 있듯 이 책자에서는 '생물학적' 혹은 '문화적'인 갖가지 요소를 절충한 범주로서 민족을 설정하고, 이러한 설정 아래에서 '일본 민족' 및 다른 민족들을 정의했다.

팽창하는 제국에 민족이라는 통일체로써 질서를 부여하고 이 질서의 중심에 '일본 민족'을 그리려 하는 이러한 행위에서 오키나와 혹은 오키나와인은 어디에 존재하는 것일까? 혹은 소철지옥이 끌어안은 역사성은 이처럼 비대해진 제국의 꿈속에서 어떠한 궤적을 그리게 될까? 가령 이 책자를 전면적으로 검토한 존 다우어는 그 내용을 이렇게 요약한다.

우선 첫째로 보고서는 교양 있는 일본인 전문직이 쓴 경험적 인종주의에 관한 매우 상세한 실례다. 다음으로 일본의 영토 확장 정책과 그 인종적, 문화적인 우월성이라는 상정 사이의 관계에 대한 지극히 솔직한 성명이다. 바꿔 말하자면 '범아시아주의'나 '공영' 같은 슬로건으로 일본인이 진정 의미하는 바의 핵심을 이루는 각 민족, 각 국가들 사이의 항구적인 계층성과 불평등 상정에 관한 성명이다. 마지막으로 보고서는 일본인의 인종주의와 자민족중심주의가, 간혹 이야기되는 것과는 달리 유례를 찾을 수 없는 독특한 현상과는 거리가 멀다는 것을 보여준다. 일본인이 으뜸이라는 주장은 서양의 압력과 같은 정도로 서양의 지적 영향도 반영하고 있었다. 가장 흥미로울 만한 부분은 일본인을 '지도적 민족'으로 강조하기 위해 쓰이는 말들이 서양의 인종주의 모델과는 현저히 다른 것처럼 보이는 경우에도 좀더 상세하게 분석해보면 지상주의적 패턴은 유사성을 띤다는 점이다.[27]

여기에는 이 책자에 대해 생각하는 데 중요한 지적이 있다. 이는 동시에 한층 더 비판적으로 검토해야만 하는 부분들이기도 하다. 확실히 '지도적 민족'으로서 '야마토 민족' '일본 민족'의 우위성을 주장하는 이 책자의 작업은 다우어가 지적하듯 제국의 '계층성과 불평등' 구조와 인종주의를 대응시켜나가는 것이고, 동시에 이러한 대응관계는 '독특'한 일본적 현상이 아니라 '서양'에서 온 인종 개념이나 인종주의의 수용 혹은 다우어가 풀어내듯 '서양'과 일본의 인종주의의 상호 규정과 관련한 문제인지 모른다. 하지만 "각 민족, 각 국가들 사이의 항구적인 계층성과 불평등"이라는 인종화된 제국의 계층구조 속에서 소철지옥을 끌어안은 오키나와는 어떤 위치를 점할까? 계층구조가 지시하는 지정학적 지도를 펼쳐놓고 '내지'와 '타이완' 사이의 어딘가에서 그 자리를 찾으면 되는 것일까?

그런데 이 책자에는 '혼혈'의 기피와 관련한 기술이 매우 큰 비중을 차지하는데, 이는 다우어가 지적하듯 나치의 인종주의를 학문적으로 수용한 것이기도 하겠다. 가령 이 책자에서는 '혼혈'에 관해 이렇게 쓰고 있다.

> 민족 접촉은 민족 이동에서 발생하는 것으로, 서로 다른 종족들의 접촉과 교차는 두 가지 다른 측면 즉 생물학적 현상과 사회학적 현상의 변화를 가져온다. 하나는 이전에 분리되어 있던 혈통의 혼탁이고, 다른 하나는 문화 계승질서의 파괴다. 전자는 인종의 순혈성을 훼손하고, 후자는 격리해 있던 전前시대에 확립된 문화적 균형이 크든 작든 교란됨을 의미한다.[28]

이 책자에서 '혼혈'에 대한 배격은 반복적으로 등장한다. 그리고 이는 배격이라기보다 인종이 서로 포개지는 것에 대한 극도의 두려움이라고 하는 편이 낫다. 이것은 인종화된 제국의 계층구조를 보여주는 증거라기보다 '민족 이동'의 확대로 인해 생기는 '민족 접촉'에 대한 사회 방위로서 고찰할 필요가 있지 않을까? 예를 들어 이 책자에서는 이민족 간 혼인을 '잡혼'이라 표현하고 "혼혈아는 부모 인종보다 평균적으로 열등하고, 더욱이 잡혼을 하는 부부는 그 중 한쪽이 자신이 소속된 인종의 평균보다 열등한 경우가 많다"[29] 면서, '잡혼'을 행하는 이들을 '매춘부' '불량' '범죄자' '주정뱅이' '부랑배' 등과 겹쳐놓는다. 이러한 서술에서는 서구로부터 '혼혈'에 관한 지식을 수용했다는 측면보다는 '혼혈'이 그저 '혼혈'인 것이 아니라 '불량'이나 '범죄자'의 '혼혈'이기 때문에 배제해야만 한다는, 사회 위험분자에 대한 두려움을 확인할 수 있다. 즉 이 책자에서 '혼혈'이나 민족이라는 설정은 계층구조보다는 사람이 유동화하여 '접촉'하는 기회가 확대되는 가운데 그러한 '접촉'을 위험으로 간주하면서 사회의 통일성을 다시금 만들어내고자 하는 것이 아닐까?

그러면 이 유동화란, 그리고 유동화 속에서 증대하는 접촉에 대한 공포란 무엇일까? 미리 말하자면 이는 글자 그대로 생산이 붕괴됨에 따라 유민들이 등장하는 것에 대비한 사회 방위인데, 바로 이 지점에 제국의 인종주의가 위치하는 것 아닐까? 이는 또한 소철지옥을 끌어안은 오키나와의 문제이기도 할 것이다.

계급의 인종주의

광역경제

그런데 민족정책에서 나타나는 이러한 유동화와 그에 대한 공포라는 문제는 이 책자의 대동아공영권 경제구조에서 등장하는 광역경제 논의와 깊은 관련이 있다. 즉 이 책자의 민족이라는 개념에서 중요한 것은 '서양'에서 그 개념을 수용했다는 점이 아니라, 그것이 바로 국민경제 및 식민지 경제의 새로운 재편과 세트로 등장한다는 점이다. 바로 여기서 개념의 수용이나 상호 규정이라는 문제를 넘어선 인종주의의 세계사적 동시대성을 논의해야만 할 것이다. 이 책자에서 대동아공영권의 '경제적 구성'은 다음과 같이 '민족 정책'으로서 거론된다.

> 이번 대전으로 세계경제는 몇 개의 광역경제권으로 분열되었다. 우리 주위에서는 우리나라를 중심으로 하는 대동아공영권, 이탈리아와 독일을 중심으로 하는 구주 경제권, 남북 아메리카를 잇는 아메리카 경제권 그리고 소비에트연방이라는 4대 광역경제권이 재편성되는 중이다. 허나 이 네 개의 광역경제권은 서로 그 경제적 기초가 다르고 지도 원리가 다르다. 광역경제권으로서의 대동아공영권을 정치적, 경제적으로 구성하는 목적은 말할 필요도 없이 사변事邊을 수행하기 위한 고도의 국방국가 건설인데, 이것이 성공하기 위해서는 동아 광역경제권의 구상뿐 아니라 그 기저를 이루는 내부적으로 분열된 각 민족들을 유기적으로 결합시키는 민족 정책을 확립하는 일이 필요하다.[30]

광역경제가 등장하는 가운데 제국을 통일체로서 다시 편제할 필요가 생겼고, 이 새 (재)질서의 '기저'로 '일본 민족' 및 다른 각 민족들이 설정된다. 바꿔 말하면 광역경제를 제국의 영토 내에서 실체화하는 것이 이 책자에 등장하는 민족 설정이었다. 그러면 이 광역경제란 무엇인가?

대학을 떠난 우노 고조宇野弘蔵가 일본 무역진흥협회 일본 무역 연구소 조사부 주임으로서 편집한『제당업으로 본 광역경제 연구』(栗田書店, 1944)는 대동아공영권의 '경제적 구성'으로 그려진 광역경제를 검토하기 위한 가장 중요한 텍스트다.[31] 이 책 서론과 결어에서 우노는 나치 독일의 광역경제론을 제당업 차원에서 검토한다. 자유무역을 통제하고 '자급자족경제Autarkie'를 지향하는 나치 독일의 광역경제는 그때까지의 식민지 경제나 자유무역을 넘어서는 이념으로 대동아공영권 구상 속에서도 종종 등장했다. 또 우노에게 제당업은 일본 제국을 이 광역경제로 검토하는 데 중요한 논점이었다.

우노가 전개한 광역경제 논의는 다음과 같은 기본적 이해에서 출발한다. "식민지 스스로 소비할 수 없는 식민지 생산물의 생산을 제한해야만 한다는 것은 이미 종래의 식민지 제도 자체에 대한 심각한 비판이다. 광역경제는 우선 이 문제를 해결해야만 한다." 그리고 우노에게 "설탕은 이러한 식민지 특산물을 대표하는 것"이다.[32] 우노의 주장은 '식민지 특산물'의 '대표'인 설탕이 1920년에 이미 세계시장에서 과잉 생산되었고, 그 가격 급락을 계기로 국내 경제와 식민지 경제의 재편이 불가피해졌다는 것이다. 이것은 다름 아닌 소철지옥의 위기이기도 했는데, 이 책에서 우노는 오키나와 제당업에 대해서는 언급하지 않는다. 또한 이 위기에 대응한 제국의 재편에 대해서는 국내 산업 보호를 주장하는 보호무역과 세계경제를 매개로 한 자유무역 둘 다를 비판하고, 무질서한 세계경제를 대신할 광역경제를 주장한다.

우노는 이렇듯 국민경제와 식민지 경제의 동시 재편이라고도 할 만한 형태로 광역경제를 주장하고, 이러한 재편 속에서 "본국과 식민지 사이의 경제 관계에 **국내 관계**에 준할 만한 불가분한 협동 관계"(강조는 인용자)를 구축하기를 요구한다.[33] 또한 식민지 경제의 붕괴와 국민경제의 정책적 유지의 중첩은 그야말로 제당업에서 분명히 드러났다. 여러 번 이야기했지만, 식민지 자바와 세계시장에서 연결된 오키나와 제당업은 식민지 경제로서 붕괴하는 동시에 국내로서 보호 받았다. 우노가 언급하지 않는 소철지옥이라는 위기는 그가 말하는 새로운 '국내 관계' 즉 광역경제라는 제국으로 가는 도정에 놓여 있었다.

그런데 이 광역경제의 전제는 사회를 조직하지 못하는 자본의 운동은 통제되고 상품과 상품의 교환관계는 관리를 받는다는 것이다. 제3장에서는 오키나와 제당업이 상품 유통을 매개로 자본에 포섭되었다고 했는데, 이처럼 세계시장과 함께 우연적으로 확대되는 '변경의 식민지화'는 광역경제에서는 존재할 수 없다. "설탕은 이제 세계 상품이 아니라 '광역 상품'으로 생산되어야만" 하고,[34] 「변경의 식민지화」에서 지적했듯 "이러한 상품들이 나오는 생산 과정의 성격은 아무래도 상관 없"는 것이 아니라 '광역 상품'의 생산이어야만 한다. 그리고 이러한 상품세계의 관리, 세계시장의 통제라는 이념은 광역경제뿐 아니라 굳이 말하자면 스탈린의 계획경

유착의 사상

제 및 뉴딜과도 기본적으로 통해 있으며, 혁명·반혁명을 불문하고 1930년대 이후의 세계성 속에서 존재한다.[35]

이 '협농 관계'라는 **국내** 관계가 대동아공영권에서 실현된 것은 결코 아니다. 하지만 새로운 '국내 관계'라는 새로운 영토를 구상하지 않을 수 없는 위기 자체는 현실이 되어 있었고, 그 전형이 바로 제당업이었다. 따라서 앞에서 말한 대동아공영권에서의 제당업 재편과 통치에 대한 불안은 광역경제를 전망해나가는 과정과도 다르지 않았으며, 여기에 제국의 인종주의가 필연화하는 근거가 있을 것이다. 바로 그렇기 때문에 세계시장으로 인해 해체된 오키나와 제당업이 광역경제에서 차지하는 위치 혹은 제국의 중핵인 '일본 민족' 내 오키나와의 존재가 여기서 암시된다. 이 비대해진 제국의 구상에서 직접적으로는 전혀 언급되지 않는 이 땅 그리고 소철지옥과 관련한 역사성을 감지해야만 한다.

1920년대 이후 세계 설탕시장에서 오키나와 제당업의 해체는 이미 현실이 되어 있었다. 이 지점에 1943년에 간행된 이 책자나 동시대 우노의 논의에 내재하는 일종의 기묘한 부인이 존재할 것이다. 광역경제나 앞서 언급한 일본 당업 연합회의 주장이나, 이미 벌어진 소철지옥이라는 위기를 직접 언급하지 않고 시장을 매개로 한 제당업 해체 위기의 장래 가능성을 논한다. 굳이 말하자면 향후의 대동아공영권 건설과 관련한 미래의 과제로, 이미 일어나고 있는 소철지옥이라는 위기를 은밀히 설정하고 있는 것이다. 즉 소철지옥이라는 위기는 한편으로는 법적 구제 속에서 '오키나와 문제'로 대상화되고, 다른 한편으로는 직접 언급되지는 않은 채 회피해야 할 제국의 과제로 치환되었다. 굳이 말하자면 광역경제는 이러한 오키나와의 소거와 치환 속에서 등장했다고 할 수 있으리라.

제국의 새로운 '경제적 구성' 속에서 지워져버린 이들을 감지하는 작업은 위기를 끌어안은 오키나와가 제국 안에서 차지하는 위치를 더듬어 찾는 일이기도 하다. 그리고 광역경제에서 소철지옥이란 국내에 존재하면서도 식민지화되어 결과적으로 해체되어간 국민경제의 흔적과 다름없다. 게다가 이러한 식민지화에서는 식민지경제가 성립할 가능성은 이미 닫혀 있다. 타이완이나 남양군도의 식민지 경제 자체를 재편해야만 하는 상황 속에서 오키나와 제당업은 그저 해체되고 구제의 대상으로서만 논의되었다. 국민경제의 해체를 가장 집중적으로 보여주는 제당업에서 이끌려나온 소철지옥이란, 국내에 존재하면서도 식민지가 되고 나아가서는 식민지 경제조차 전망하지 못한 채 붕괴해가는 사태였다. 여기서 사람들은 그저 내팽개쳐지게 된다.[36] 또한 이렇게 내팽개쳐진 사람들은 이미 존재하고 있는데도 불구하고, 제국의 구상에서는 회피해야 할 과제로서 논의된다. 광역경제를 기저로 한 '협동 관계'라는 영토에 소철지옥을 떠안은 오키나와는 존재하지 않는다.

그런데 앞에서도 썼듯 광역경제를 주장하는 이 『야마토 민족을 중핵으로 하는 세계정책 검토』는 지정학적 구분을 넘어서 확대하는 유민의 무리를 '불량'이나 '범죄자'라 명명하면서, 이들을 민족정책에서 구성될 사회질서의 위기로 그리고자 했던 책자이기도 했다. 제국의 인종주의는 광역경제의 전제가 되는 위기에서도 등장하며, 바로 그렇기 때문에 유민의 인종화가 초점인 것이다. 이는 동시에 사회 방위와 예방적 탄압 즉 신문이라는 형식이야말로 인종주의의 축이 되어간다는 것이기도 하겠다. 이는 바로 오늘날 에티엔 발리바르가 계급의 인종화라 부르는 사태다.

발리바르는 19세기 파리의 민중 소요를 파리에 흘러들어온 유민들의 무리라는 관점에서 그려낸 루이 슈발리에Louis Chevalier를 언급하면서, 이 사람들의 유동 상황을 도덕적 문제 혹은 치안 문제로 정의할 때 사용된 '위험한 계급'이라는 용어를 '노동자 계급' 전체와 관련한 것으로서 상상하게 되는 사태를 통해 계급의 인종주의를 논의하려 한다. 발리바르에게 계급의 인종주의는 오늘날 글로벌한 인구 유동화에서 현저하게 드러나는 인종주의인데, 여기서는 "집단으로서 자본주의적 착취의 운명을 진 사람들"과 "경제 과정을 통한 시스템의 직접 관리로부터는 벗어나 있지만 착취를 위한 예비군으로 유지되어야만 하는 사람들"이 "일반적인 기호로 일괄"된다.[37] 이는 또한 카스트처럼 운명적으로 지위가 정해지는 사회적 세습과 방랑 즉 노동력으로서의 유동성이라는 '모순된 요청'[38]을 한 번에 실현시키는 일이기도 하다. 이러한 요청을 떠맡아 위험한 계급과 노동자 계급을 하나로 묶는 기호의 내용에 대해 발리바르는 이렇게 지적한다.

즉 이는 물질적 그리고 정신적인 참상이라는 측면이고, 범죄나 선천적인 악덕(알코올 중독이나 마약 상습 등), 육체적, 도덕적 결손, 신체 불결, 성적 방탕, 인간성에 '퇴화'의 위협을 초래하는 특

정한 병이라는 측면이다.[39]

도덕규범, 치안 유지, 우생학, 인구학, 병리학 등이 동원되어 이러한 요소들을 구성하는데, 발리바르는 이를 '인종주의 복합체complex racist'[40]라 부른다. 이 복합체에서도 '혼혈'은 초점이 된다. 『야마토 민족을 중핵으로 하는 세계 정책 검토』에 등장하는 민족정책의 기술과 놀랄 만큼 일치하는 이러한 요소들이 의미하는 바는 제국 일본의 인종주의가 '위험한 계급'에 대한 두려움에 바탕을 두고 있다는 점인데, 여기서 발리바르가 말하는 계급의 인종주의를 찾아내야만 하지 않을까?

국민경제와 식민지 경제의 '협동 관계'를 구상하는 광역경제는 생산의 붕괴와 노동력의 재배치와 관련한 경제정책이고, 여기서는 유민화된 사람들을 운명적으로 자본에 묶어둘 것이 요청된다. 이러한 '모순된 요청'에서 대동아공영권의 민족정책 즉 제국의 인종주의가 갖는 계급의 인종화라는 의미가 명확해질 것이다. 이 인종주의는 유민을 동인으로 하면서도 이를 존재하지 않는 것으로 말살하고, 광역경제가 당연히 성립하는 양 자연적 토대를 확보한다. 그리고 소철지옥을 끌어안은 오키나와는 이러한 대동아공영권의 영토에서는 새로운 제국의 동인이면서도 생산을 담당하는 장소로서 기입되는 일 없이 그저 임금노예로 존재한다.

그림 1은 이 책자에 실려 있는 지도다. 사람들의 이동은 지도적 민족인 야마토 민족으로서의 '자국민의 발전'으로 그려지는 동시에 각각의 지역에서 생기는 민족 접촉이 문제가 되었다. 하지만 여

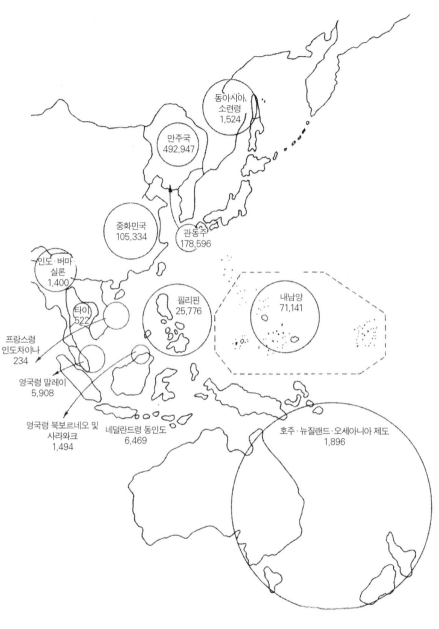

〔그림 1〕대동아에서 본 자국민의 발전

(『야마토 민족을 중핵으로 하는 세계정책 검토』에서)

숫자는 재류 자국민. 쇼와 13년(1938) 1월 1일 기준.

기에 오키나와의 자리는 없다. 이 지도를 보는 사람은 가령 '내內남양 71,141'*이나 '필리핀 25,776' 같은 기호를 응시하면서 소철지옥으로 인해 내팽개쳐진 사람들의 흔적을 눈앞에 끌어내야 할 것이다. '내남양 71,141' '필리핀 25,776'이라 표기된 이들은 때로는 '저팬 카나카'** 혹은 '일본의 바고보족'***이라 표현되기도 했다. 이는 임금노예로서의 류큐 민족이고, 오키나와의 자리는 이러한 이름으로 지시된다. 그리고 그것은 바로 '혼혈'의 영역이었다. 이는 다음에 이야기할 남방 노동력 문제와 깊은 관련이 있다.

남방 노동력 문제

그런데 『야마토 민족을 중핵으로 하는 세계정책 검토』에 보이는 제국 일본의 자화상을 생각할 때, 그것이 통일적인 결합체이기 위한 축이 될 만한 가치 규범은 과연 존재하는 것일까? 제2장의 생활 개선운동과 관련해서도 언급했지만, 호미 바바는 영 제국의 인도 지배를 이야기하면서 한편으로 자유와 민주주의 같은 보편적 규범을 내거는 국가가 다른 한편으로 제국으로서 타자를 지배할 때에는 식민지나 식민지 주민이 보편적 규범에 미치지 못한다는 것이 전제적 통치를 정당화하는 이유가 된다고 지적한다. 그리고

------

* 당시 일본이 위임 통치하던 남양군도를 이렇게 불렀다.
** 폴리네시아어로 사람을 뜻하는 말로 하와이나 남태평양 제도의 원주민.
*** 필리핀 원주민 중 하나.

이러한 지배를 "하나에 못 미치는 동시에 이중이다less than one and double"라고 표현한다.[41] 이 말에서는 '못 미친다'는 것이 동시에 또 다른 세계의 비유이기도 한데, 여기에는 '하나'인 제국의 붕괴에 대한 불안이 이미 조성되어 있다. 거꾸로 말하면, 이미 존재하는 붕괴 위기를 아직 '못 미치는' 사태로 바꿔치기함으로써 끊임없이 회피하는 것이다.

여기서는 또한 모른다는 것을 계산 가능한calculable 양적 이해로 무리하게 바꿔놓는데,[42] 이러한 무리를 수행하는 것이 바로 제1장에서 논한 신문이라는 형식이다. 누구냐는 물음이 끊임없이 어떻게 취급할 것인가라는 물음으로 제출되는 것이다. 바바는 이러한 물음의 형식에서 모른다는 경험을 알은체하는 서사로 치환하는 '지연遲延의 문법a syntax of deferral'[43]을 지적하고, "나르시스틱한 권위의 이면에는 권력의 편집증이 있다"고 했다.[44] 즉 신문의 형식과 '지연의 문법'으로 작성되는 문서는 스스로의 진단이 붕괴할지도 모른다는 제국의 편집증적 불안이기도 하다. 따라서 '이중이다'라는 말은 제국의 붕괴를 어떠한 사태로 상정하느냐 하는 중대한 물음이기도 할 것이다. 여기서는 다시 한 번 생활 개선에 초점을 맞추어 그것이 제국의 인종주의에서 지니는 의미를 생각함으로써 이 물음에 대해 검토하겠다.

우선 바바의 지적과 관련해서 생각해야만 하는 것은 이러한 이중성이 성립하려면 그 전제로 국가나 국민을 정의하는 보편 코드가 필요하지 않느냐는 점이다. 그러면 앞에서 썼듯 일본제국의 경우 이렇게 전체를 통합하는 축이 과연 존재하는 것일까? 영제국과 비교할 때, 일본제국은 국민국가의 성립과 동시에 제국으로서의 지배 범위를 급격히 확장해나갔다. 그리고 거의 90년도 채 되기 전에 류큐를 병합함과 동시에 아이누 민족의 토지(아이누 모시리)를 홋카이도로 획득하고, 그 후에는 타이완, 조선, 미크로네시아(남양군도), 중국 동북부 그리고 동남아시아를 포함한 대동아공영권으로 돌진해갔다. 이러한 경위를 두고 일단 지적할 수 있는 것은 식민지 지배를 둘러싼 전쟁 상태가 일관되게 이어지고 있었다는 점인데, 일본 제국에서는 폭력적인 점령과 통치가 계속적으로 발생하고 있었다고 할 수 있겠다.

이러한 전개 속에서 일본 근대의 학문 지식은 일본인을 문화적 혹은 인종적으로 정의하려고 기를 썼다. 이는 앞에서 말한 이른바 인종 개념과 관련한 인류학을 중심으로 한 학문뿐만 아니라 국문학이나 국어학 혹은 역사학의 경우에도 마찬가지였다. 즉 점령과 통치가 확대되는 가운데, 근대 일본의 학문에서는 지배되어야 할 타자를 정의하는 작업과 지배자로서의 일본인이라는 자기를 발견하는 작업이 수행적으로 이루어졌다.[45]

바로 그렇기 때문에 계속해서 확대되는 식민지 전쟁과 폭력적인 통치에서 누구를 일본인으로 간주하는가 혹은 간주하지 않는가라는 학문 지식의 물음은 그대로 통치기술에서의 신문 형식으로도 전개되었다.[46] 이는 구체적인 신문이라는 방법만을 가리키지 않는다. 저들은 누구인가라는 물음이 곧바로 저들을 어떻게 취급할 것인가라는 통치기술적인 합리성으로 직결되는 사태라고도 할 수 있을 것이다.

가령 오키나와에서 인류학은 이러한 통치기술 속에서 전개되었다. 이하 후유는 타이완 영유 직후에 오키나와를 조사한 인류학자 도리이 류조의 오키나와 조사에서 식민지 통치와 관련한 신문의 형식을 감지했다. 국내의 한 현으로 병합된 오키나와였으나, 일본인과는 다른 오키나와인의 문화적 차이를 주장하는 것은 식민지 통치의 대상이 되는 것이 아니냐라는 폭력에 대한 예감과 곧장 직결되어 있었다.[47] 보편적인 정당성이 전제가 된 통치라기보다, 신문이라는 형식 속에서 사람들을 감시하고 관리하면서 수행적으로 펼쳐지는 통치가 일본 제국의 경우에는 중요한 논점이 되는 것 아닐까?

또, 이러한 식민지 통치와 관련한 신문 형식은 제2장에서 논의한 1930년대의 생활 개선 문제이기도 했다. 이미 말했듯이 오키나와는 소철지옥을 계기로 안도 밖도 아닌, 혹은 안과 밖이 겹쳐지는 장소로 붕 떠버렸다. 이 붕 떠버린 상태를 구제해야 할 일본 국내 문제로 재정의해나가는 작업으로서 앞서 언급한 생활 개선의 실천을 이해할 수는 있을 것이다. 이미 몇 번이나 짚어보았듯, 생활 개선이라는 실천에서 개선해야 할 대상으로 거론되는 것은 오키나와어를 비롯해 맨발, 장례 의식, 산신三線,* 복장 등 일상생활의 모든 부분에 걸쳐 있었는데, 이러한 것들이 '일본인이 되기' 위해서 불식해야 할 오키나와의 풍속이며 문화라고 주장되었다. 또한 여기서는 공적인 정치영역보다는 일상적이고 도메스틱한 영역에서의

------

* 오키나와, 아마미의 현악기.

실천을 집중적으로 '일본' 혹은 '일본인'이라는 증거로 들었다. 붕 떠버린 상태를 구제해야 할 일본 국내 문제로 다시 정의하며 '오키나와 문제'를 국내 문제로서 구성해가는 작업은, 생활 개선에서 언급된 이러한 일상적이고 도메스틱한 '일본인 되기'의 실천으로서 전개되었다. 이러한 의미에서 '오키나와 문제'는 식민지 통치와 관련한 신문 형식의 연장선 위에 있다.

하지만 생활 개선에는 극히 다양한 측면이 있었다. 먼저 오키나와에서 생활 개선은 1930년대 후반의 익찬 체제 구축을 담당한 국민정신 총동원운동에서 활발하게 채택된 운동이었다. 이는 또한 같은 시기에 지사였던 후치가미 후사타로渊上房太朗가 '오키나와 문화 말살론'을 내걸고 오키나와어의 박멸을 주장하던 것과도 겹쳐진다. 오키나와어를 둘러싼 이러한 문화 정책은 뒤에서 언급할 '오키나와 방언 논쟁'이라 불리는 논쟁을 낳았는데, 어찌 됐든 생활 개선은 익찬 문화운동과도 포개지며 뒤에 가서는 일본에 동화하는 것과 관련해서 검토된다. 여기에는 다른 식민지와 마찬가지로 오키나와에서도 민족적인 계층구조를 전제로 한 제국의 동화정책이 전개되었다는 전제 틀이 있을 것이다. 하지만 앞에서도 이야기했다시피 광역경제와 계급의 인종주의로 구성되는 제국의 인종주의 속에서 오키나와가 차지하는 위치를 생각할 때에는 이러한 "야마토 민족을 중핵"으로 동심원을 이루며 확장되는 지정학적 제국의 한 지역으로서 오키나와를 자리매김하는 것으로 끝내지 않는 논의가 필요해진다. 이는 즉 한편으로는 법적 구제 속에서 '오키나와 문제'로 대상화되고 다른 한편으로는 직접 언급되지는 않은 채 회피해야 할 제국의 과제로 치환된, 위기의 영역이라는 문제다.

앞에서도 논의했지만 생활 개선에서 가장 거세고 격렬하게 언급된 것이 일상세계에서 오키나와어를 사용하는 문제였다. 후치가미 지사가 '방언 박멸'을 내거는 가운데 1940년 1월 민예운동을 이끈 야나기 무네요시柳宗悦 등 일본 민예협회 멤버가 오키나와를 찾았다. 이때 그들은 '방언 박멸'에 이의를 제기하고 그 문화적인 가치를 주장했다. 이를 계기로 오키나와의 『류큐신보』 『오키나와일보』 『오키나와 아사히』 같은 신문 미디어와 민예협회가 간행하는 잡지 『월간 민게이月刊民藝』에서 이른바 '오키나와 방언 논쟁'이 이루어진다. 야나기 등의 민예운동에서 오키나와가 차지하는 위치에 대해서는 여기서는 언급하지 않겠다. 다만 민예협회가 오키나와어를 어디까지나 문화의 문제로 다루려고 했다는 것은 중요한 논점이다. 야나기에 따르면 문화란 "올바른 것, 참된 것, 아름다운 것, 건전한 것"으로 어디까지나 미적 판단에 기초하고 있었다.[48] 하지만 오키나와의 도메스틱한 문화 영역은 이미 '오키나와 문제'라는 정치무대 안에 있었다. 따라서 문화라는 야나기 등의 주장은 정치적인 것을 비정치화하고 있었고, 이는 거꾸로 말하면 비정치적으로 여겨지는 문화가 이미 정치임을 보여주는 증거이기도 할 것이다.

이러한 가운데에서 주목해야 하는 것은 오히려 오키나와어의 불식을 이야기하던 이들이 무엇을 지향하고 있었느냐는 문제인데, 이것이야말로 제국의 통치 축과 관련한 물음일 것이다. 결론부터 말하자면 오키나와어의 불식을 이야기하던 이들이 지향한 것은 문화적인 의미에서 일본 혹은 일본어가 갖는 가치가 아니다. 또한 앞에서 말한 '오키나와 문제'의 틀 안에서 법적 구제를 요청하는 일도 아니다. '오키나와 방언 논쟁'에서 오키나와어의 불식을 주장한 이들이 상상한 미래는 굳이 말하자면 영토로서의 오키나와에서 이탈하는 것이었다. 자신들의 미래는 지리적으로 에워싸인 오키나와에서는 그럴 수가 없으며 그들은 오사카나 당시 남양군도라 불리던 지역에서 살아갈 수밖에 없다. 이 같은 미래에서는 오키나와어를 불식하고 일본어를 손에 넣을 필요가 있다는 것이다.[49] 여기서는 이탈이 제국에 대한 새로운 통합과 동거하고 있다. 또한 이러한 생활 개선을 생각할 때 그것이 오키나와뿐 아니라 많은 오키나와 출신자가 거주하는 오사카와 남양군도의 오키나와인 커뮤니티나 조직에서도 전개되었다는 점이 중요하다. 오키나와라는 지리적 범위를 넘어서는 생활 개선의 이 횡단적 확산은 '오키나와 문제'로부터의 이탈과 새로운 통합을 의미하고 있었다.

국내인가 식민지인가라는 공갈 속에서 '일본인 되기'를 목표하는 사람들은 동시에 일본이라는 국가가 정의하는 '오키나와 문제'로서의 오키나와에서 몰래 이탈하기 시작했다. 이는 제3장에서 검토했듯 소철지옥 와중에 이하 후유가 쓴 「류큐 민족의 정신분석」에서도 확인할 수 있었던 바다. 즉 국가의 법에 의존하는 것이 동시에 법을 단념하고 이탈하는 것과 나란히 존재했다는 말이다. 그리고 두 가지 다 살아남기 위한 경로였을 것이다. 생활 개선은 이렇듯 삶의 경로와 관계가 있었다.

그리고 소철지옥을 계기로 많은 사람이 현 바깥에서 살 길을 찾으려 했다. 이러한 측면에서 생활 개선을 생각할 때, 그것이 나태의 극복과 근면함을 내걸고 있었다는 점이 대단히 중요해진다. 제2장에서 언급했듯, 나태와 근면함에는 첫째로 오키나와 현 진흥계획에서 이시구로 다다아쓰가 말한 것처럼 구제법을 적용 받는 "현민 여러분의 정신적인 긴장, 육체적인 근로, 지식의 향상" 즉 자조 노력이라는 의미가 있다. 하지만 오키나와 방언 논쟁에서 부상하는 것은 굳이 말하자면 노동 능력을 측정하는 문제다. 즉 여기서는 오키나와어로 이야기하는 것은 나태라는, 다시 말해 한 사람 몫을 해내는 노동자로서 간주되지 않는다는 지표로 받아들여진다는 상황이 상정된다.[50] 나태와 근면은 소철지옥을 계기로 한 국가의 개입에서 정의된 '오키나와 문제'와 개별 신체와 관련한 노동이라는 두 가지 영역에서 의미를 지니고 있었고, 이것이 소철지옥이라는 위기의 표현으로 나타난 생활 개선이라는 실천이었다. 생활 개선의 무대인 [home]은 국가가 정의하는 '오키나와 문제'와 노동의 세계 양쪽에서 하나의 각축장arena이 된 것이다.

그리고 '위험한 계급'의 등장과 계급의 인종주의로 구성된 제국의 인종주의라는 관점에서 오키나와를 생각할 때, 노동세계에서의 이 [home] 즉 토착적이고 자연화된 영역이야말로 중요해진다. 여기에는 언어를 비롯해 일상생활을 구성하는 문화적 차이를 노동능력으로 서열화하는 치환 작업이 있을 것이다. 이는 맨 처음에 이야기했듯, [home]을 향해 제기되는 저들은 누구인가라는 물음이 곧장 저들을 어떻게 취급할 것인가라는 통치 기술적 합리성과 직결되는 사태이기도 하리라. 그리고 누구인가라는 문화적 차이와 관련한 물음과, 어떻게 다루는가라는 기술합리적인 물음이 겹쳐지는 모습은 일본제국의 남방 진출 실험장이었던 남양군도(미크로네시아)에서도 명확하게 확인할 수 있다.[51] 이곳은 또한 오키나와에서 많은 사람이 농업 노동자로 유입된 장소이기도 했다.

제1차 세계대전 후 일본제국은 미크로네시아를 위임 통치령으로 획득하여 실질적인 식민지 지배를 행했다. 처음으로 손에 넣은 이 열대 지역의 땅에서 많은 연구자가 열대의 과학을 만들어나갔는데, 여기에는 두 가지 물음이 혼재해 있었다. 하나는 거기 사는 '도민'들은 누구냐는 물음이고, 나머지 하나는 이 사람들을 어떻게 처우하느냐는 물음이다. 전자에서는 인류학이나 인종학, 후자에서는 노동과학, 위생학, 식민학이 축이 되었다. 그리고 이 두 가지가 겹쳐지는 가운데 문화적 차이는 노동 능력의 차로 치환되고, 노동 훈련은 식민지 경영의 과제로 설정된다.

예컨대 노동 감독관인 스즈키 슌이치鈴木舜一는 『남방 노동력 연구』(東洋書館, 1942)에서 미크로네시아 주민들에 대해 "그들 토착민에게는 노동 의지가 없다. 또 노동하려는 의욕, 노동하지 않으면 안 된다는 필요성 또한 심히 적다"고 하면서, 이러한 나태에는 노동과학에 근거한 직업교육이 필요하다고 주장했다.[52] 그런 한편 스즈키는 이 '토착민'을 광산노동에 투입하는 것과 관련해서는 강제노동의 필요성 또한 이야기한다.[53] 즉 문화적 차이를 노동 능력으로 치환함에 따라, 나태하다고 정의된 '도민'에 대해서는 교육과 폭력적 강제가 연속적으로 겹쳐지면서 동시에 등장한다.

그리고 이 '도민'을 둘러싼 문화적 차이와 노동 능력의 치환 속에서 이곳으로 건너온 오키나와인들의 문화의 위치가 정해진다. 앞서 언급한 '저팬 카나카'란 당시 남양군도에 건너온 오키나와인에게 붙여진 별명이었는데, 이 말은 '도민'인 '카나카'와 가까운 곳에 오키나와인을 정의한다. 즉 문화적 차이는 '도민'과 가까운 것으로 정의되는 동시에, 교육과 강제가 겹쳐지는 나태의 지표로 간주됐던 것이다. 바꿔 말하면 오키나와 문화를 불식하는 것은 이러한 나태로부터 탈출하는 일이었고, 가까이 다가오는 폭력적 강제로부터 몸을 떼어내는 일이었다. 이 지점에서 생활 개선의 의미는 명확해질 것이다. 남양군도라는 식민지 통치의 실험장에서 도메스틱한 오키나와 문화는 노동 능력을 둘러싼 '저팬 카나카'라는 지표로 설정되었다.

이러한 설정에서는 인류학 혹은 인구학이나 위생학 등이 총동원되고 있는데, 이것이 바로 앞서 논의한 사회방위론과 인종 개념의 중첩인 동시에 발리바르가 말한 '인종주의 복합체' 그 자체다. 소철지옥이라는 위기를 끌어안은 오키나와는 계급의 인종주의 속에서 다시 정의되었다. 같은 시기에 식민학자 야나이하라 다다오矢內原忠男는 남방 노동정책에 대해 "일본인의 해외 이민 문제는 오키나와 문제다"[54]라고 했는데, 여기에는 구제법에서 설정되는 '오키나와 문제'가 아니라 이 같은 계급의 인종주의에서 정의되는 오키나와가 있다.

제국이 붕괴하기 직전에 남양군도를 찾은 전후 일본의 저명한 인류학자, 젊은 우메사오 다다오梅棹忠男는 다음과 같이 썼다.

도민은 왜 일본인이 될 수 없는 것일까? 도민을 왜 빨리 일본인

으로 만들어주지 않는 것일까? 내지인이든, 도민이든, 오키나와
현인이든, 반도인이든, 일장기 아래에서 일하는 이들은 모두 일본
인이어야 하는 것 아닐까?[55]

차별적 용어로 뒤범벅된 우메사오의 이 발언에는 일본인을 둘러
싼 일종의 혼란이 있다. 우선 남양군도의 땅에는 오키나와뿐 아니
라 다른 식민지에서 온 많은 사람이 있었다는 사실이 전제가 되어
있는데, 여기에는 개개의 문화적 차이를 넘어서 노동 능력이라는
공통 평면이 존재한다. 우메사오가 지적하듯 일하는 자라면 누구
라도 상관없고, 굳이 말하자면 여기서는 인종 분류나 문화적 차이
를 넘어 노동력이라는 공통 평면이 형성되어 있는 것이다. 그리고
우메사오는 이 평면을 '일장기'라 불렀다. 하지만 '일장기'는 지향할
만한 보편적인 코드나 가치 규범이 아니라, 일하는 것과 관련한 경
험 속에서 끊임없이 상상될 뿐인 대상 아닌가? 국가나 국민과 관
련한 통일성을 걸머질 '일장기'보다는 노동력과 관련한 경험의 공
통 평면이야말로 문화적 차이를 횡단하고 있다고 생각해야만 하지
않을까? 그리고 노동과 관련한 이 경험은 '일장기'를 배반할지도
모른다. 이 지점에서 제국의 편집증적 불안이 조성될 것이다.

또한 갖가지 문화적 차이를 노동력이라는 공통 평면으로 바꿔
놓은 후 거기에 '일장기'를 세우는 우메사오의 주장에서는 노동과
생산을 관리하고 조직하는 노동 관리적인 제국이 모습을 드러낸
다. 이는 『야마토 민족을 중핵으로 하는 세계정책 검토』가 그린 광
역경제의 제국이기도 할 것이다. 이러한 제국의 식민지 통치는 앞

에서도 말했다시피 새로운 '국내 관계'이기도 하고, 따라서 외부인 식민지에 한정되는 것이 아니라 그 내부에 침입한다는 측면이 있다. 더욱이 이는 지정학적으로 구분된 집단 간 위계의 유동화라기보다는 노동력이라는 개개의 신체에서 전개되는 일이다. 제국의 인종주의는 계급의 인종화로서 국민국가의 내부에 반입되어 사회 방위라는 맥락에서도 등장한다. 여기서 근대학파 형법학이 상징하는 사회 방위론과 식민지 경영에서의 남방 노동력 문제가 제국의 인종주의로서 중첩될 것이다.

결국 바바가 "하나에 못 미치는 동시에 이중"이라고 한 제국의 통치는 일본제국에서는 노동력을 중심으로 구성되었고, 바로 이것이 광역경제를 기저에 둔 『야마토 민족을 중핵으로 하는 세계정책 검토』가 보여주는 제국의 자화상이다. 또 오키나와는 이러한 광역경제의 영토 속에서는 지리적 영토가 아니라 '하나에 못 미치는' 노동자로서 존재한다. 바로 그렇기 때문에 '하나에 못 미치는' 존재가 이중이 되어 다른 세계로 움직여가기 시작하는 사태를 검토해야만 한다. 제국 안에서 오키나와를 생각한다는 것은 바로 이러한 검토 작업이다. 이는 글자 그대로 탈식민지화를 어떠한 과정으로서 생각하는가라는 물음이며, 여전히 그것은 자연화된 [home]의 문제다.

노동력이라는
자연

산업예비군

'하나에 못 미치는' 노동자라는 존재가 이중이 되어 다른 세계로 움직여가기 시작하는 사태를 사고하려면, '하나에 못 미친다'라는 정량적 정의를 다른 세계를 구성해나가는 관계생성적인 정의로 바꾸어놓을 필요가 있다. 미리 말하자면 노동력이란 능력의 정량적 의미가 아니라 관계 개념이다. 또한 이 문제는 앞서 논의한 로자 룩셈부르크의 산업예비군에 대한 설정에서 등장하는 '순종성의 자연성'이라는 논점과도 깊이 관련된다. 즉 산업예비군이 기능하려면 자본과의 계약을 기다리며 대합실에서 얌전하게 대기하는 사람들이 상정되지만, 여기서 문제는 아직 노동자가 아닌 이 대기 상태를 자연스러운 존재로 설정하지 않고 다른 세계로 향하는 실마리로서 확보하는 것이다.

산업예비군은 실재 개념이 아니라 무리를 감수한 논리적 개념이다. 얀 물리에 부탕은 적확하게도 산업예비군을 "잘못된 일반화"이자 "논점의 선취와 논리적 악순환"이라고 지적하고는,[56] "산업예비군이 실재함을 증명하는 시도를 통해 실제로 증명되는 것은 실현하기가 매우 어렵다는 그 성격이다"라고 썼다.[57] 나아가 부탕은 이러한 '논리적 악순환'이 갖는 어려움은 노동자의 유동성 속에서 노정된다고 했다. 즉 마르크스의 경우 논리적 개념인 산업예비군이 상대적 과잉인구에서 실태적으로 표현된다고 논의하는데, 여기에는 주지하다시피 '유동적' '잠재적' '정체적'이라는 형태가 주어지며 그 밑바탕에는 구호해야 할 빈민이 상정된다. 이러한 상대적 과잉인구는 실업이나 지리적 이동만을 가리키는 것이 아니다. 거기서 중요한 것은 산업예비군에서 상정되는 논리적 경로로부터의 도망이 현세화한다는 점이다. 이 유동(=도망)은 산업예비군이라는 "논점의 선취와 논리적 악순환"이 파탄하고 다른 미래가 등장하는 사태인데, 이는 노동자가 '위험한 계급'으로 표정을 바꿔가는 역사적 과정(논리적 과정이 아닌)이기도 하다.

제3장에서는 오키나와 제당업이 상품 유통을 매개로 자본에 포섭되었다고 했는데, "이러한 상품들이 나오는 생산 과정의 성격은 아무래도 상관없다". 즉 유통 과정을 매개로 한 이러한 포섭에서 중요한 것은 기본적으로 그 생산 과정이 "아무래도 상관없"고, 유통 과정을 통해 연관되는 것을 제외하면 자본에게 그 노동의 내용은 "아무래도 상관없다"는 점이다. 자본에게는 시장을 매개로 획득하는 상품으로서의 생산물만이 중요하고, 그 노동 형태는 어떤 의미에서 자본의 외부에 놓인다. 따라서 산업예비군의 전제 즉 말 그대로 산업자본에 포섭되기 직전에 비축되어 있는 외부성이, 여기서는 생산 과정의 외부성 다시 말해 다른 생산 양식과 중첩된다. 이러한 중첩은 생산 양식의 접합으로서 논의되어왔는데, 이렇듯 외부화된 생산 양식에서도 앞서 말한 유동성과 도망은 상정될 것이다. 하지만 이러한 유동성이 단숨에 본격화한 것은 역시 소철지옥을 계기로 한 생산 과정 자체의 붕괴 때문이었다. 이런 붕괴 가운데 아무래도 상관없었던 노동은 일거에 유동화하여 바깥으로 내던져졌다. 이

는 상대적 과잉인구가 잠재적인 형태에서 유동적인 형태로 이행한 것이라고도 할 수 있지만, 중요한 것은 이 유동화 속에서 산업예비군이라는 논리로부터의 도망이 현세화한다는 점이다.

소철지옥이라는 위기를 전제로 하면서도 이를 말소한 광역경제와 계급의 인종주의로서 구성된 제국의 인종주의는 이러한 도망을 사전에 예측하여 '논리적 악순환'에 그치게 하려는 기획이기도 할 것이다. 그리고 이러한 기획과 도망 속에서 생활 개선이 초점화된다. 문제는 역시 [home]이다. 개선해야 할 대상으로서의 [home]을 자본의 논리가 요청하며, 이 개선해야 할 [home]의 등장은 자연이 인위적인 대상으로 탈바꿈하는 사태이기도 하다. 따라서 이는 '논리적 악순환'에 묶어두려는 기획인 동시에 그로부터의 도망이 현세화하는 실마리이기도 하다. [home]이 '이중'인 존재로 표정을 바꿀 잠재적 가능성과 그 가능성을 '하나에 못 미치는' 것으로 미연에 압살하는 제국의 인종주의가 바로 생활 개선을 구성한다. 그리고 거듭 말하지만 생활 개선은 노동의 문제였다. "하나에 못 미치는 동시에 이중인 상태"는 "스스로의 살아있는 신체 안에 존재하는 노동력 자체를 상품으로 제공"[58]하기 위해 대기할 것이 기대되는 사람들이 갑자기 그 기대를 배반하고 도망을 개시할 가능성의 문제이기도 하다.

이 점과 관련하여 마르크스가 노동력을 자연화된 실태가 아닌 가능성으로 파악한 것은 중요하다. 노동력의 가치 규정 즉 상품화는 그러한 가능성의 상품화이고, 중요한 것은 그 가능성이 노동 과정 안에서만 현세화한다는 점이다. "노동력은 그 표출을 통해서만 현실이 된다."[59] 자본이 흥미를 갖는 것은 이 현실뿐이고, 표출하는 과정이 없다면 그 가치는 전무하다.[60] 또한 『자본』 제1권 제5장 「노동 과정과 가치증식 과정」은 다음과 같이 시작한다.

노동력의 사용은 노동 그 자체다. 노동력 구매자는 판매자를 일하게 함으로써 노동력을 소비한다. 그때까지 가능성potentia으로서의 노동력, 노동자에 지나지 않았던 노동력 판매자는 이로써 현실로actu 활동하는 노동력 즉 노동자가 된다.[61]

즉 노동력이라는 힘은 철저하게 관계 개념이라, 노동 과정에서 생산 수단도 포함해 노동과 관련한 모든 관계들이 결합하는 과정 속에서 이 힘은 생성된다. 바꿔 말하면 노동력은 노동 과정에서 비로소 현세화하고, 이러한 의미에서 잠재된 '가능태'이자 "비현실적인 혹은 비실재적인 무언가"다.[62] 굳이 말하자면 "현실로 활동하는 노동력"은 우선 비현실적인 무언가인 것이다. 하지만 자본주의에서는 이 비현실적인 무언가를 중심으로 매매 즉 상품화가 이루어지게 된다. 그리고 노동 과정 속에서만 현세화하는 '가능태'를 상품 교환한다고 할 때, 여기에 불일치가 존재한다는 것이 곧장 명확히 드러날 것이다. 즉 마르크스가 말하듯 "노동력이라는 이 특수한 상품의 독특한 성질은 구매자와 판매자 사이에서 계약이 맺어져도 아직 현실에서는 그 상품의 사용가치가 구매자의 수중으로 옮겨가지 않는다."[63]

여기에는 일종의 사후성이라고도 할 만한 시간이 존재한다. 즉 노동력이라는 힘은 노동자가 실제로 노동 과정에 들어가 관계가 전개되고 나서야 비로소 힘이 된다. 바꿔 말하면 관계가 전개되지 않는 한 아무것도 만들어내지 않는다. 마르크스가 말하듯 "힘의 양도와 힘의 표출 즉 사용가치로서의 존재 사이에는 시간적 어긋남이 생겨나"며,[64] 이 '시간적 어긋남' 속에서 이른바 "노동자는 자본가에게 신용대출"[65]을 하는 것이다.

굳이 말하자면 자본을 자본이게 하는 등가교환을 전제로 한 가치의 착취에는 이미 신용대출이라는 관계가 내재해 있고, 이 대부받은 신용을 어떻게 그럴 듯하게 얼버무리느냐는 난제가 여기에는 이미 포함되어 있다고 해도 좋다.[66] 즉 생성하는 관계성과 힘의 표출이라는 수행적인 전개를 사후적으로 계약관계로 치환할 때에는, 신용을 대부받은 측이 "약속은 이랬을 텐데"라며 으름장을 놓는, 미래로 향한 예정조화적으로 얼버무려진 신용이 요청된다. 생성하는 관계 속에서만 현세화하는 힘에 대해 이를 사후적으로 마치 예정되어 있었던 일인 양 간주하는, 이러한 미래의 선취가 바로 노동력이 상품으로서 구매될 때의 전제로서 설정되어 있어야만 한다.

노동력을 둘러싼 이 같은 미래의 선취는 산업예비군이라는 '논리적 악순환'의 실태 개념인 상대적 과잉인구를 어떠한 가능태로 발견하는가, 즉 도망의 가능성으로서 발견하는가라는 문제와 직결된다. 실태로서의 상대적 과잉인구는 자본이 필요로 할 때는 언제나 "노동력 자체를 상품으로서 제공"[67]하기 위해 대기하리라고 기대되는 존재다. 자본에게 상대적 과잉인구는 지금은 힘이 아니고, 아직 관계를 체결할 약속도 하지 않았지만, 이미 예정대로 일이 진행되리라고 상정되고 있다.

그리고 이 예정조화 혹은 선취되어버린 미래가 바로 자본이 자본으로서 존재하기 위해 전제로서 요청되는 운명이며 자연이다. 또한 계급의 인종주의가 의미를 획득하는 것은 바로 이러한 전제에서다. 하지만 이 기초적인 전제는 붕괴할지도 모른다. 힘의 표출을 예정조화적으로 계약 관계로 치환하는, 미래로 향한 신용은 배반당할 수도 있다.

룸펜 프롤레타리아트

마르크스는 이러한 신용 바깥에 룸펜 프롤레타리아트를 그린다. 바꿔 말하면 이는 외부에 상정되면서도 신용을 통해 지탱되는 상대적 과잉인구보다 한층 더 바깥이고, 자본을 위해서는 결코 힘이 되어주지 않는 존재다. "상대적인 과잉인구의 최하층에 침전하는"[68] 구호 대상인 빈민보다 한층 더 가장자리에 '부랑자' '범죄자' '매춘부'로서 룸펜 프롤레타리아트를 놓은 것이다. 하지만 이 실태적인 기술은 직업의 문제나 수입액의 문제가 아니다. 사회학적으로 정의되는 계층이나 집단으로서 룸펜 프롤레타리아트가 존재하는 것이 아니다. 즉 룸펜 프롤레타리아트란 아직 표출되지 않은 관계생성적인 힘을 선취하는 신용관계의 가능성과 불가능성에 관한 문제이고, 굳이 말하자면 자본에 대한 노동력의 가능성이 불가능성으로 바뀌는 임계, 다시 말해 다른 가능성이 현세화하는 단서를 의미한다. 실태로서의 계층이나 집단이 아니라 어디까지나 힘을 둘러싼 관계 속에서 룸펜 프롤레타리아트를 정의해야 한다. 또한 중요한 것은 이 룸펜 프롤레타리아트의 영역에서 산업예비군이라는 논리는 **역사로** 등장할 수밖에 없다는 점이다. 이는 노동자가 '위험한 계급'으로 표정을 바꿀 가능성인 동시에 계급의 인종주의가 사회 방위로서 일어서는 장소이기도 할 것이다.

그런데 마르크스가 말한 '부랑자' '범죄자' '매춘부'로서의 룸펜 프롤레타리아트는 논리적 불가능성 혹은 다른 역사의 가능성을 실태화하고 있다. 이 지점에서 룸펜 프롤레타리아트와 관련해, 어떤 의미에서는 성가신 문제가 부상할 것이다. 여기에는 산업예비군에서 논리적으로 지적되는 잠재적 가능성(논리적 악순환)과 상대적 과잉인구에서 그려지는 실태화된 존재라는 두 가지 맥락이 존재한다. 이는 '순종적인 자연성'이라는 논점이나 계급의 인종주의라는 문제에도 공통되게 존재하는 성가신 면이고, 또한 제2장에서 논의한 것처럼 유랑에 오키나와인의 미래를 겹쳐놓은 아라카와 아키라가 제기한 토착의 문제이기도 할 것이다. 아라카와의 유랑에는 부탕이 말한 산업예비군이라는 논리로부터의 도망과 실태적으로 그려지는 브라질의 오키나와 이민자가 겹쳐진다. 룸펜 프롤레타리아트는 사회질서의 실태에서는 산업예비군이라는 논리적 가능성이 소거된 존재이고, 여기에 내포된 다른 논리적 가능성이 역사로서 현세화하는 과정은 논리적으로는 설명되지 않는다.

이러한 개념상의 혼란을 회피하기 위한 방책 중 하나는 논리적 맥락에서만 룸펜 프롤레타리아트를 정의하는 것인지도 모른다. 가령 지젝은 룸펜 프롤레타리아트는 "집단이 아니"라고 하면서 다음과 같이 설명한다.

> 그것은 온갖 사회계층에서 제외됨으로써 다른 집단의 아이덴티
> 티를 강화할 뿐 아니라 다른 모든 계층·계급이 이용할 수 있는
> 부동성浮動性의 요소가 된다. 그렇다. 그것은 노동자 투쟁의 급진
> 적이고 '카니발적'인 요소가 되어 노동자를 타협적이고 온건한 전
> 략에서 열린 대항운동으로 나아가게 하는 가능성이기도 하고,
> 어쩌면 반체제운동의 본질을 안에서부터 바꾸기 위해 지배자 계
> 급에 이용당하는 요소가 될 수도 있다.[69]

어떠한 집단으로도 실태화하지 않는 존재, 즉 사회에서 제외되
어 압도적인 결여로서 위치하는 존재가 현세화하는 과정은, 요소
로서 갖가지 집단들과 관계를 맺고 그 모든 집단의 재정의 속에서
결과적으로 등장한다. 이 집단은 노동자의 대항운동일 수도 있고
지배계급일 수도 있는데, 어떻게 될지는 이론적으로 정식화할 수
없다. 이론적으로 지적할 수 있는 것은 룸펜 프롤레타리아트가 온
갖 집단들로부터 제외되어 있고, 그런 까닭에 그 모두와 관련을 맺
을 수 있다는 점뿐이다.

지젝의 이 같은 지적은 옳을 것이다. 하지만 이 지적은 상당히
굴절되어 있다. 지젝의 논의는 라클라우가 논한 포퓰리즘 정치에
서 룸펜 프롤레타리아트가 갖는 의의에 대한 것이다. 라클라우
는 지젝과 마찬가지로 어떤 계층에도 속하지 않는 절대적인 외부
로서 룸펜 프롤레타리아트를 설정하고, 이를 포퓰리즘의 이질성

heterogeneity을 확보하는 이론적인 기점으로 자리매김한다. 즉 라클라우는 어디에도 속하지 않는 절대적인 결여로서의 룸펜 프롤레타리아트로부터, 포퓰리즘의 동질성·균질성homogeneity에 끊임없이 이질성을 가지고 들어와서 동질화에 대항해나가는 운동을 이론적으로 이끌어내고 정식화했다.[70] 그리고 지젝은 룸펜 프롤레타리아트를 포퓰리즘 정치와 연결 짓는 라클라우의 이론적 정식화에 대해 그것은 이론적으로 도출되지 않는다고 이론적으로 비판했다.

하지만 지젝의 논의가 굴절돼 있는 것은 이처럼 이론에 얽매이기 때문이 아니다. 지젝 자신도 룸펜 프롤레타리아트게에서 미래를 발견하려 한다. 즉 지젝은 오늘날 대도시의 슬럼을 언급하면서 "슬럼의 주민을 새로운 혁명계급으로 추어올리고 이상화하는 안이한 유혹에는 저항해야 한다"[71]라고 하면서도 다음과 같이 말한다. "우리가 이제부터 찾아야 하는 것은 슬럼의 집단에서 생겨날 새로운 사회 형태의 징후다. 그것은 미래의 조짐이 되리라."[72]

지젝에게 룸펜 프롤레타리아트는 라클라우의 경우에서처럼 이론적으로 정식화된 새로운 정치의 근거가 아니다. 거듭 말하지만, 산업예비군이라는 논리가 파탄한다는, 룸펜 프롤레타리아트가 내포하는 논리적 가능성이 역사로서 현세화하는 과정을 논리적으로는 설명할 수 없다. 또한 지젝에게 이러한 현세화는 무엇보다 먼저 "지배계급에게 이용당하는 요소"로서의 룸펜 프롤레타리아트이고, 이러한 측면에서 마르크스의 『루이 보나파르트의 브뤼메르 18일』을 언급하면서 그는 룸펜 프롤레타리아트를 "모든 계급의 대항적인 '찌꺼기'로 분류해야 한다"[73]고 주장한다. 하지만 이것도 다가 아니다. 여기에는 찾아야 할 "새로운 사회 형태의 징후" 혹은 "미래의 조짐"이 있다. 동시에 이는 이론적으로 정식화되지도 않는다. 미래는 설명하는 것이 아니라 말로써 찾아내고 획득하는 것이다. 따라서 논리적으로 정식화된 이론보다는 미래를 찾는 말이 어디에 있는가를 물어야 한다.

역시 한 번 더, 다시금 노예가 된다는 경구 끝에서 이하가 발견한 임금노예라는 말로 돌아가야만 한다. 이하의 말이 노예를 자연으로서 받아들일 수밖에 없는 이들의 입에서 나온 말임을 잊어서는 안 된다. 반복하지만, 이하가 말하는 임금노예를 산업예비군의 논리적 불가능성으로서 존재하는 룸펜 프롤레타리아트의 논리적 가능성으로 환원할 수는 없다. 앞서 이야기한 '순종적인 자연성'에 각인되는 "불가능한 것의 경험"(스피박)을, 말이 시작되는 장소에 놓아야 한다. 그리고 이러한 말의 영역이야말로 민족과 관련한 자연화된 [home]의 문제다.

이 지점에서 제2장에서 검토한 바바의 [고향=집]아님unhomeliness이 노동력이라는 자연과 관련한 물음으로서 다시금 부상할 것이다. 바바를 따라서 말하자면, [home]이 [unhomeliness]를 대전하기 시작하는 사태야말로 문화의 위치다. 또한 '불가능한 것의 경험'과 관련해서는 서장에서 언급한 후지타 쇼조가 "사물과 조우·충돌·갈등함으로써 자의의 세계가 뒤흔들리고 균열이 일어나며 희망적 관측이 혼란을 겪고, 욕구는 혼돈 속에 내던져지고 이 혼돈이 가져오는 고통스러운 시련을 거치면서 다시 욕구와 희망이 만들어진다"라고 말한 과정을 떠올려야만 한다. 즉 자연으로서 경험하고 있는 일들을 그 경험 한복판에 있는 사람들이 자연이 아닌 경험으로서 이야기하는 것이 요청된다. 혹은 이는 [고향=집]아님unhomeliness을 말로써 확보하는 작업이라고 해도 좋을지 모른다. 룸펜 프롤레타리아트라는 "새로운 사회 형태의 징후" 혹은 "미래의 조짐"에서 문제 삼아야 하는 것은 이러한 말의 영역임을 확인해두자.

거듭 말하는데 이는 이론적으로 알아맞히면 그만인 문제가 아니며, 잘 안다는 얼굴로 경험을 해설하고 지식인의 역할이라는 명목으로 사람들을 교도하는 일도 아니다. 앞에서 말했듯 바바는 이중이 될지도 모른다는 징조를 '하나에 못 미치는' 존재로 사후적으로 다시 쓰고 모른다는 경험을 알았다는 듯이 바꿔치기하는 통치담론인 '지연의 문법'을 지적하면서, 여기서 자신의 진단이 붕괴될 수도 있다고 하는 권력의 편집증을 발견했다. 이는 또한 경험을 타자화하고 개인화한 다음 해설을 다는 학문적 지식의 문제이기도 할 것이다. 아무리 양심적이어도, 또 학술적이어도, 지식인의 해설은 이러한 제국의 문서 파일 바로 옆에 있다. 지금 룸펜 프롤레타리아트와 관련해서 요구되는 것은 이러한 '지연의 문법'에 의한 말들이 아니다. 검토해야만 하는 것은 개인화되고 타자화되어 파일에 보관된 이들이 침묵을 깨고 다시금 말하기 시작하는, 또 다른 말의 수맥이다. 자연화된 이들이 "적의를 품은 자연, 근본적으로 반역적이어서 감당할 수 없는 자연"[74]으로 표정을 바꾸는 가운데 생겨나는 말들이 '위험한 계급'의 말로서 작동하는 것을 검토해야만

한다. "죽은 넋이나 산 넋의 말을 계급의 언어"로서 들을 수 있어야 한다.[75]

그렇기 때문에 제국의 인종주의로 인해 자연화된 영역에서 시작되는 사태가 중요하다. 민족이라는 말은 과거의 전통이 아니라 자연이 탈바꿈하기 시작하는 이 장소에, 있다. 그리고 이하가 류큐 민족의 미래와 관련해 노예라는 말에 얽매여 임금노예에 도달했듯, 가령 프란츠 파농은 민족이라는 말 속에 룸펜 프롤레타리아트를 받아내려고 한다.

룸펜 프롤레타리아트의 민족

민족을 이야기하는 말

프란츠 파농은 『대지의 저주받은 사람들』의 「민족문화에 대해」라는 장에서 피식민자를 열등하다고 간주하는 식민자의 인종화된 타자 인식을 뒤집어 식민지 지배 이전의 과거에서 자신들의 문화를 그려내는 원주민 지식인의 역할에 주목한다. 하지만 그에 대한 평가는 지극히 제한적이다. 확실히 '하나에 못 미치는' 존재로서 파일화된 문화에 대해 토착문화의 높은 가치를 들이대는 작업은 필요하다. 즉 "식민지주의는 피억압 민족의 과거로 방향을 돌려 이를 비틀고 일그러뜨리고 절멸시키"는데, 그렇다면 "과거가 결코 치욕이 아니라 존엄이고, 영광이며, 성전盛典이었음을 발견하는" 것은 중요하다.[76] 하지만 이는 운명적으로 존재하는 과거에 대한 평가를 둘러싼 싸움이고, 과거를 움직이기 힘든 전제로 수용한다는 점에서는 식민자나 원주민 지식인이나 똑같은 판 위에 있다고 할 수 있다. 그리고 파농은 이 판 자체를 '사고의 인종화'[77]라 부른다. 바로 그렇기에 파농은 운명으로서의 과거 자체를 다른 영역으로 옮기려 한다. 파농이 민족문화를 이야기하는 것은 이러한 이동 속에서지, 문화가 과거에 존재하는 것은 아니다.

> 하지만 원주민 지식인은 조만간 알게 될 것이다. 사람은 문화를 출발점으로 민족을 증명하는 것이 아니라, 점령군에 대항해 민중이 행하는 투쟁 속에서 문화를 표명하는 것임을. 어떠한 식민지주의도 그것이 지배하는 국토에 문화가 존재하지 않았다고 해서 정당화되지는 않는다. 알려지지 않은 문화재를 코앞에 들이대어 봤자 결코 식민지주의를 부끄럽게 하지는 못할 것이다.[78]

문화는 과거에 근거를 둔 민족의 증명이 아니라 지금의 투쟁의 표명이다. 이렇게 주장하는 파농에게 민족문화의 요점은 표명하다, 결의하다, 운동하다 같은 동사로 표현되는 현재진행형의 행위에 놓여 있지, 문화의 내용을 과거로 거슬러 올라가서 설명하고 정의하는 데에 있지 않다. 즉 파농에게는 '있는 것' 즉 내용이 아니라 '행하는 것'이 중요하다.[79] 또한 민족문화의 내용은 굳이 말하자면 행위수행적으로 표출되며 어디까지나 과정으로서 존재한다. 그렇기에 파농은 이렇게 말한다.

민족문화란 민중이 자기를 형성했던 행동, 자기를 유지했던 행동을 묘사하고 정당화하며 찬양하기 위해 민중 자신이 사고의 영역에서 행하는 노력의 총체다.[80]

'노력의 총체' 속에서 수행적으로 표출되는 민족문화. 민족문화에 관한 파농의 서술은 물질화된 과거나 자연화된 인종 범주를 말로써 넘어서고자 하는 강한 의지로 가득하다. 말로써 '사고의 인종화'를 안으로부터 찢어나가려고 하는 것이다. 거기서는 "근육이 개념을 대신해야만 했다."[81] 같은 텍스트에 등장하는 이 경악할 만한 표현은 결코 단순한 비유가 아니다. 이는 이야기되는 대상이었던 물질적인 영역이 말에 바싹 다가붙는 사태를 표현한다.

파농에게서 보이는 민족문화를 둘러싼 자연화된 영역과 말 사이의 관계를 조금 이론적으로 검토해보자. 근육이 개념을 대신하는 것은 어떠한 사태인가? 주디스 버틀러는 말과 관련한 신체에 대해 **"사람은 자신의 발화 가능성을 관리하는 규범을 스스로 체화함으로써 발화 주체라는 지위를 완성한다"**(강조는 원문)고 말했다.[82] 즉 규범이 물질적인 신체로서 자연화된다는 것은 발화 주체라는 사회적 지위를 획득하는 주체화이기도 하다고 버틀러는 지적하고 있는 것이다. 거꾸로 말하면, 말의 영역이 성립하기 위해서는 그 말을 발화하는 주체의 주체화에서는 승인되지 않는, 그저 물질적인 소리나 신체 움직임이라는 의미만을 갖는 비사회적인 말에 대한 '사전 배제 foreclosure'[83]가 존재해야 한다. 또한 이 '사전 배제'에 물음을 던지지 않는 표층적 해설이나 안이한 반대담론은 그러한 배제를 문제화할 수 없을 뿐만 아니라 부단히 추인한다. 따라서 진정한 비판적 작업이란 "발화가 자유로울 수 있는 특권적인 장소가 있기라도 하다는 양" 해설하는 것이 아니라 "사전 배제를 통해 그어진 경계"를 다시 긋는 일이다.[84]

그러면 경계를 다시 긋는 작업을 걸머지는 말이란 어떠한 것인가? 버틀러는 인종이나 젠더와 관련해서 존재하는 차별적 언사나 혐오 표현hate speech을 언급하면서, 여기서 신체라는 자연에 대한 언어적 표상이 아니라 말을 통한 신체의 생산을 발견한다. 인종주의나 성차별주의는 단순한 표상이 아니라 생산인 것이다. 즉 인종 차별과 관련한 말은 기존의 '사전 배제'를 부단히 확인하고 갱신하여 의문의 여지없는 자연적 신체를 계속해서 생산한다. 여기서 버틀러는 부르디외의 아비투스habitus 개념에 들어 있는 신체적인 앎을 언급하면서, 이를 '신체화된 역사의 저장고'[85]로서의 신체라고 바꿔 부른 뒤 이렇게 말한다.

여기서 단 하나 고찰해야만 하는 것은 인종이나 젠더를 따라다니는 비방이 이러한 말을 들은 사람의 육체 속에서 어떻게 육체로서 살아가고 번창하는가, 그리고 이러한 비방이 어떻게 시간이 지남에 따라 축적되고 자신의 역사를 거짓으로 감추며 자연스러운 것처럼 위장하여 '현실'이라 간주될 만한 억견doxa을 형성하고 한정하는가라는 문제다.[86]

버틀러의 이 지적은 파농이 '사고의 인종화'라 부른 사태와 지극히 유사하다. 인종은 운명으로서 존재하고 신체화되며 말의 전제가 된다. 하지만 버틀러의 싸움은 이러한 신체를 전제한 정치가 아니다. 과거에 대한 긍정적인 평가가 민족문화가 되지는 않는다고 한 파농과 마찬가지로 버틀러에게는 신체에 대한 평가가 아니라 신체 자체가 문제인 것이다. 즉 버틀러는 반복되는 인종이나 젠더 관련 담론에서 신체가 다른 무언가로 탈바꿈할 가능성을 끄집어내려고 한다. 즉 다음과 같이 계속한다.

> 이러한 신체의 생산 속에 행위수행성이 침전된 역사가 살고 있다. 즉, 침전된 말의 용법이 어떻게 신체의 문화적 의미를―**결정하지 않고**without detemining―만들어가는가come to compose, 또 신체가 신체 자신을 산출하는 담론 수단을 빼앗는 순간에 어떻게 그 문화적 의미의 방향을 바꾸는가.(강조는 인용자)[87]

'사전 배제'로 인한 경계선이 말로써 다시 그어질 때, 배제되고 자연화된 신체는 생산 과정 속으로 들어간다. 이 과정에서 신체와 말은 극도로 근접한다. 즉 신체가 신체 자체를 산출하는 말을 손에 넣는다는 것이다. 바꿔 말하면 이는 육체가 개념을 넘어서는 순간인데, 버틀러는 이를 "과거와의 단절을 통해 미래의 기초를 만드는 계기"[88]라 부른다. 혹은 바로 이것이야말로 [고향=집]아님unhomeliness을 말로써 확보하는 작업이리라.

적대성

파농에게서 볼 수 있는 이 같은 민족문화와 언어의 관계를 염두에 두면서, 다음으로 룸펜 프롤레타리아트라는 "새로운 사회 형태의 조짐"(지젝)을 검토해보자. 파농의 민족해방투쟁에서 룸펜 프롤레타리아트를 둘러싼 기술은 일관되게 이중성을 띤다. 가령 파농이 "토지 없는 농민은 룸펜 프롤레타리아트를 구성하고, 도시로 몰려가 슬럼에서 북적거리며, 식민지 지배에서 생겨난 항구와 대도시에 침투하려고 한다"[89]라고 할 때, 이는 '토지 없는 농민'이라는 실태와 '침투'라는 유동적 과정을 지적한다. 나아가 이 유동적인 존재 형태를 다음과 같이 바꿔 말한다.

일단 형성된 룸펜 프롤레타리아트, 온힘을 다해 도시의 '안전'을 덮치는 룸펜 프롤레타리아트는 되돌릴 수 없는 부패를, 식민지 지배의 중심에 뿌리내린 괴저를 의미한다. 이때 매춘굴의 주인들, 부랑자, 실업자, 보통법을 어긴 범죄자들이 간청을 받고 굳건한 노동자라도 된 양 해방투쟁 속으로 뛰어 들어온다. 이들 낙오자, 계급의 탈락자들은 활동가로서의 결정적인 행동을 거쳐 민족의 길을 다시금 발견해나간다.[90]

이는 '부식'이고 '괴저'이며, '범죄자'가 해방투쟁에 뛰어드는 사태다. 이 비유로 가득한 표현에서 중요한 것은 사회계층으로서의 '부랑자'나 '실업자'가 룸펜 프롤레타리아트라는 점이 아니라, 그것이 어떠한 계층이나 집단에도 소속되지 못한 채 그저 유동으로서만 존재하며 사회에서는 남유법적 표현을 통해서만 언급되는 이들이라는 점이다. 이는 말하자면 '낙오자'이자 '탈락자'이며 "굶주린 계급 이탈자 무리"[91]라는 외부인 것이다.[92] 그리고 이자들이야말로 민족주의와 해방투쟁을 구성한다. 바꿔 말하면 어떠한 집단도 아닌 집단으로서의 민족주의다. 이 민족주의란 무엇인가?

집단이 아닌 것을 집단이라고 바꿔 말하는 이 민족주의에 대해서는 다시 한 번 룸펜 프롤레타리아트를 근거로 하여 포퓰리즘을 논하려 했던 라클라우를 참조해야 할 것이다.[93] 라클라우는 여기서 인용한 파농의 룸펜 프롤레타리아트에 대한 기술을 언급하고, 여기에 어떠한 계층의 이해관계에도 속하지 않는 이질성을 산출하는 정치를 설정한다. 라클라우는 룸펜 프롤레타리아트를 실태화된 존재가 아니라 이론적으로 정식화된 가능태로서 설정하고 그 가능성이 구현된 것으로서 포퓰리즘을 논의하는데, 그러면서 그는 파농의 룸펜 프롤레타리아트 기술을 전면적으로 수긍한다. 하지만 한편으로 라클라우는 도시 하층사회를 룸펜 프롤레타리아트로 간주하는 파농의 실태적 기술이나 위 인용 부분이 수록된 『대지의 저주받은 사람들』에 등장하는 식민자와의 대립을 강조하는 기술에 대해서는 이질성을 지워버린다고 비판한다. 즉 파농이 강조하는 식민자와 피식민자의 적대성은 이질성을 균질화하는데, "그 주변에는 자코뱅주의가 있다"[94]는 것이다.

확실히 "비식민지화란 항상 폭력적인 현상이다"라는 첫머리로 시작하는 『대지의 저주받은 사람들』의 폭력론은 무장투쟁을 격렬하게 호소하는 것으로 받아들여졌다. "금지사항투성이인 이 좁은 세계를 부인할 수 있는 것은 절대적으로 폭력뿐"이라고 파농이 말할 때,[95] 여기서는 분명 폭력을 무장의 문제로 이야기하고 있을 것이다. 하지만 앞에서도 말했듯 폭력은 단순한 무장의 문제가 아니다. 지금 생각하려는 것은 무장이 아니라, 이 폭력이라는 힘의 등장을 마주하고 기존 세계의 전제에 격렬하게 '아니non'가 들이치는 부정성이다.[96]

이 부정성은 대립이 아니다. 이는 대립하는 힘을 정의하는 구조 자체에 대한 부정성이고, 대립하는 힘을 힘으로 성립하게 하는, 의문의 여지없는 토대 자체가 융해하여 토대 위에 있던 기존의 대립이 다른 것으로 바뀌는 계기다. 그리고 파농의 기술에는 이러한 부정성이 넘친다. 이는 적과 아군, 식민자와 피식민자의 폭력적 대립을 철저하게 그려낸 이 『대지의 저주받은 사람들』에서도 예외가 아니다.

가령 이 책 제5장에 수록된 「식민지 전쟁과 정신장애」에는 "열세 살과 열네 살인 두 알제리 소년이 같이 놀던 유럽인 친구를 살해"한 사례가 등장한다.[97] 이는 글자 그대로 적대관계가 구체적으로 등장하는 장면이다. "어느 날 우리는 개를 죽이기로 했어요. 유럽인들이 아랍인들을 모조리 죽일 생각이니까." 그리고 파농은 이러한 아랍인 대 유럽인이라는 대립 구도에 이르기 바로 전 상태에서, 개인과 집단이라는 설정 자체에 질문이 제기되는 식민지 상황을 발견하려고 한다. 즉 개인이 기존의 틀에서는 어떠한 집단에도 속하지 않는 비사회적인 존재로 탈바꿈하는 사태다. 정신과 의사로서 줄곧 전장이라는 임상에 서 있었던 파농에게 정신질환 문제는 이 점과 깊이 관련된다.

　파농의 이 같은 기술에 대해 파농의 저작을 현상학을 통해 검토하려 하는 루이스 고든은 적대관계의 등장이라기보다는 기존 질서로부터의 이탈과 익명화라는 계기를 지적한다.[98] 즉 아랍인, 알제리인, 유럽인, 프랑스인 같이 적대관계를 구성하는 내셔널한 공동체와 관련한 이름 바로 앞에는 먼저 익명화라는, 일상세계의 융해라고도 할 만한 과정이 존재하는데, 파농은 개인의 융해와 적대관계를 구성하는 공동체 사이의 영역을 정신질환의 문제로 확보하려고 하는 것이다.[99]

　라클라우가 자코뱅주의라고 비판한 파농의 부정성이 라클라우가 우려한 것처럼 균일한 동질화로 향하리라는 보장은 없다. 오히려 이러한 적대적 관계에야말로 질서의 자연화된 전제를 뚫어 없애버리는 힘이 작동하고, 이 힘의 영역이 바로 『대지의 저주받은 사람들』에 등장하는 파농의 폭력과 민족주의와 관련된 요점이다. 더 나아가자면 이는 부정성 속에서 그 토대에 의문이 제기되었던 기존 세계가 다시금 승인을 받기 시작하는 질서화의 문제이기도 할 것이다. 그리고 자연화된 전제가 융해되었다가 다시 또 질서화되는 와중에서 새로운 미래의 조짐을 확보하는 것이 바로 파농의 부정성이 제기하는 물음이다. 민족과 관련한 새로운 미래의 조짐이라는 이 물음이야말로 룸펜 프롤레타리아트의 가능성을 둘러싼 말의 문제다. 그리고 이처럼 토대 자체를 묻는 부정성을 지젝은 근원적 적대성radical antagonism이라 부르며 다음과 같이 말한다.

이 근원적인 적대성의 정치적 표현, 다시 말해 기존의 정치 공간에서 경험되는 '제외된 자'의 압력에는 항상 테러의 느낌이 있다.[100]

이 테러의 공포error에서 감지되는 것은 "주체 자체의 심연, 그것이 지니는 무시무시하고 자기관계적인 부정성의 힘"[101]이다. 바꿔 말하면 토대를 묻는 힘은 토대를 전제로 성립하던 주체 자체가 융해하여 다른 존재로 탈바꿈해가는 사태이며, 따라서 이러한 공포는 생각지도 못한 미래의 전조 혹은 그 도래에 대한 놀라움이기도 하리라. 그리고 이 공포와 관련한 경험 영역이 바로 서장에서 언급한 후지타 쇼조의 "자의의 세계가 뒤흔들리고" "희망적 관측이 혼란을 겪"는 경험, 또 자연화된 영역이 탈바꿈하기 시작하는 [고향=집] 아님과 관련한 경험 아니겠는가? 그러니까 "공포란 '자연은 존재하지 않는다'는 것을 완전히 받아들이는 것이다".[102] 그리고 지젝은 오늘날 글로벌 자본주의의 내부에서 미래의 조짐을 발견하기 위해 이러한 공포의 경험을 받아들여야 한다고 주장한다.

우리는 오늘날 이 같은 파괴적인 부정성을 다시금 필요로 하고 있지 않은가? 다르게 말해 오늘날의 진정한 선택은 두려움fear과 공포terror 가운데의 선택이라면 어떨까? '두려움과 전율'이라는 표현은 이 두 가지 말이 마치 동일한 현상의 두 가지 측면이기라도 하다는 듯 둘의 동일성을 전제한다. 하지만 전율(공포=테러를 경험하는 것)이 가장 근원적인 면에서 두려움에 대한 유일한 진짜 대항 항이 되게끔 둘 사이에 간극을 도입해야만 한다면 어떨까? 바꿔 말해 우리는 안전을 필사적으로 추구할 것이 아니라 반대로 마지막까지 전진함으로써, 즉 우리가 잃어버릴까 봐 두려워하는 것의 하찮음을 받아들임으로써 이러한 두려움을 타파할 수 있다.[103]

하지만 이것은 정언명령이지 이론적인 정식화가 아니다. 그리고 바로 그렇기 때문에 지젝이 말하는 공포가 타자에 대한 두려움으로 치환되어 안심을 추구하는 심성으로 바뀔 수 있음을 역시 지적해야만 한다. 토대가 의문시되는 사태는 안심이 위협을 받는 사태이고, 위협을 가해올 적으로부터 몸을 지켜줄 보호를 구하는 움직임이 될 수도 있다. 그리고 이처럼 보호를 구하는 심성은 국가를 재정의해나갈 것이다. 이것은 바로 후지타 쇼조가 "사적 '안락'주의"라 부른, 불쾌한 것을 무조건 배격하는 전체주의와 다름없다. 당연한 것처럼 여겨지던 토대가 뒤흔들린다는 점에서 공포는 비상사태이며, 말 그대로 기존의 법이 정지하고 국가의 비합법성이 얼굴을 내미는 상황이기도 할 것이다. 단적으로 말해 이는 제1장에서 검토한 계엄령의 문제다.[104]

라클라우가 미리부터 회피하려고 했던 것은 포퓰리즘의 이러한 전개일 것이다. 그럼에도 불구하고 역시 공포의 경험을 받아들일 필요가 있다. 왜냐하면 힘의 영역은 거기에 있기 때문이다. 민족을 둘러싼 파농의 서술이 폭력을 중심으로 전개되는 의의도 여기에 있다. 이는 동시에 두려움과 공포 사이의 문제로서 민족이 존재하고 있다는 말이기도 할 것이다.

독립이라는 것:
제국으로부터의 이탈과 대표성

룸펜 프롤레타리아트를 둘러싸고 지젝이 밀하는 근원적 적대성
과 라클라우의 포퓰리즘은 어느 쪽이 옳으냐가 아니라, 민족을 둘
러싼 정치가 두려움과 공포 사이에서 성립하는 정치임을 보여준다.
앞서 논의한 제국의 인종주의도 이 두려움과 공포와 관련된다. 그
리고 임금노예인 류큐 민족이 걸머져야 할 제국의 인종주의로부터
의 이탈은 이러한 민족을 둘러싼 정치로서 존재한다. 여기서 가장
큰 논점은 독립이다.

　다음 장에서 구체적으로 검토하겠지만, 독립이라는 물음에는 국
가주권의 획득뿐 아니라 제국으로부터의 이탈이라는 계기도 존재
한다. 제국이라는 국가로부터의 이탈과 국가 획득이 겹쳐지는 곳
에 독립이 있다. 일본으로부터의 독립은 일본이라는 국가에서 나
간다는 탈국가화 과정이기도 한 것이다. 따라서 이는 국가주의나
내셔널리즘 문제도 아니거나와 어떤 국가가 더 좋은가라는 선택의
문제도 아니다. 또한 지젝처럼 "두려움fear과 공포terror 중에서 선
택"하라는 정언명령이 아니라, 이 둘이 겹쳐지는 곳에 독립을 둘러
싼 민족의 정치라는 영역이 있다는 말이기도 할 것이다. 민족주의
라 불리는 것은 바로 이 영역과 관련한 문제다. 마지막으로 이 점

을 짚어보겠다.

> 서둘러라, 서둘러. 독립을 부여하자. 콩고가 알제리가 되기 전에
> 독립을 부여하자. 아프리카 기본법에 찬성표를 던지자. '공동체'
> 를 형성하고 그 '공동체'를 쇄신하자. 허나 맹세해도 좋다, 먼저
> 독립을 줘야 한다, 독립을……[105]

이 부분은 파농이 식민자의 말을 흉내 내서 쓴 것이다. 기술된
내용에서 알 수 있듯 이 식민자는 여러 독립국가를 월경하는 통치
자이기도 하다. 또한 이 식민자는 '알제리'라는 말로 표현되는 무
언가를 두려워하고 있다. 그리고 그 무언가가 현실이 되는 것을 회
피하고 두려움을 해소하기 위해 독립을 이야기한다. 여기서 말하
는 기본법이란 1956년에 실시된 프랑스령 아프리카에 관한 기본법
으로, 식민지에 자치를 부여하면서 통제하고자 한 것이다. '공동체'
라는 것은 식민지 독립을 인정하고 나서 프랑스의 지역공동체에
묶어두겠다는 말인데, '프랑스형 코먼웰스commonwealth'라고도 불
린다. 즉 다음 장에서도 논의하겠지만, 제2차 세계대전 후에 미국
이 각종 주권과 관련한 형태들을 매개로 군사 헤게모니를 확장해
간 것과도 매우 유사한 전개를 여기서도 지적할 수 있다. 이러한 전
개에서는 민족주의에 대해 "식민지주의자는 국가주권을 존중하는
입장에서 기본법 설정이라는 전략을 가지고 대응한다."[106] 제2차
세계대전 후 각 민족들이 독립하는 가운데 명확히 드러나는 이러
한 월경적 통치자에 대해서는 다음 장에서 미국의 문제로 검토하

겠지만, 민족주의를 주권 속에 놓고 질서를 형성해가는 과정의 한쪽 당사자로 식민자의 계보를 갖는 이 월경적 통치자가 있다는 사실을 잊어서는 안 된다.

또한 독립을 부여하겠다는 월경적 통치자의 맞은편에는 이 통치자와 대립하고 또 교섭을 행하는 민족주의 정당 및 정치가들이 있다. 이 양측이 독립을 교섭 테이블에 올린다. 독립은 여기서 우선 교섭 프로세스라는 시간을 획득할 것이다. 그리고 이 교섭을 담당하는 민족주의 정당이나 정치가들은 봉기한 민중에 대해 이렇게 말한다.

큰일 났습니다! 일이 어떻게 될지 짐작도 안 갑니다. 해결책을 찾아야 해요. 타협책을 찾아야 해요.[107]

지금이라면 아직 살육을 멈출 수가 있습니다. 대중은 아직 우리를 신뢰하고 있어요. 서두르세요. 모든 걸 망치고 싶은 게 아니라면 말이에요.[108]

이는 파농이 민족주의 정당과 정치가들을 흉내 내어 쓴 부분이다. 정치를 맡아 하는 이 사람들은 "큰일 났습니다!"라며 허둥지둥한다. 이는 예정이 예정으로서 성립하지 않게 되는, 시간의 위기이기도 할 것이다. 그리고 여기서 민족주의 정당이 말을 거는 상대는 바로 교섭 파트너인 식민자다. 이 민족주의 정당 정치가들은 민중의 봉기에 대해 "기껏해야 저 '야만적인 행위'의 이유를 설명하고 그것을 용서하는 정도가 고작"이라고 말한다.[109] 바로 그렇기 때문에 이 정치가들은 봉기에 대해 다음과 같이 말하는 것이다.

　대관절 뭘 가지고 식민자와 싸우겠다는 건가? 단도? 엽총?[110]

여기서 폭력은 무기의 문제로 완벽하게 치환되고 있다. 그리고 이러한 치환을 통해 폭력은 전망 없는 '야만적인 행위'로서 받아들여질 것이다. 폭력을 이렇게 수단으로 이해하는 일은 식민자와 교섭할 때의 타협책과 함께 있고, 이는 또한 민족주의가 국가주권이라는 질서로 빠져 들어가는 과정이기도 할 것이다. "먼저 독립을 줘야 한다."

　그리고 이 글에서 폭력을 무기의 문제로 바꿔놓음으로써 민족주의 정당이 설득하려는 사람들이 바로 파농이 룸펜 프롤레타리아트라 부르는 사람들이다. 독립을 둘러싼 교섭의 정치는 이 사람들을 두려워한다. 이 두려움은 무엇보다 먼저 폭력의 문제. 그리고 파농은 민족주의 정당이 무기의 문제로 치환한 이 사람들의 폭력을 다시 정의한다. "폭력이란 애당초 무엇인가?"라는 물음을 던진 뒤 파농은 이렇게 대답한다.

　자신들의 해방은 힘으로 이루어져야 하며, 그것 말고는 있을 수
　없다고 간주하는 직감이다.[111]

이는 굳이 말하자면 스스로의 미래에 대한 조짐을 눈앞에서 지

각하는 일이고, 그 미래를 스스로의 힘으로 만들어나갈 수 있다는 확신이다. 폭력은 이렇게 지각된 미래를 민족주의 정당이나 국가주권 바로 앞에 있는 힘으로서 계속 확보하는 것과 다름없다. 이는 그저 무장의 문제가 아니라, 미래에 관해 결코 끝나지 않는 물음을 던지는 일 즉 부정성을 확보하는 일이다.

민족주의란 균질한 집단성을 희구하는 운동이 아니다. 적어도 그것만은 아니다. 지금 검토했듯 파농이 『대지의 저주받은 사람들』에서 그려낸 민족주의는 세 가지 위상에서 구성된다고 할 수 있다. 하나는 일찍이 식민자였으며 주권을 초월한 통치를 행하는 자가 주장하는 민족주의, 즉 '독립을 부여'함으로써 민족주의를 지정학적으로 분열된 국가 주권군群으로 흡수하고 그 주권적 존재에 대해 여전히 통치권력을 유지하는 자가 주장하는 민족주의다. 두 번째는 이러한 '독립을 부여'하는 통치권력과 교섭하는 민족주의 엘리트나 민족주의 정당이 주장하는 민족주의다. 그리고 첫 번째와 두 번째는 대립하는 것처럼 보이지만 교섭이라는 정치 공간을 만들어낸다는 점에서는 일치한다. 세 번째로 파농이 그리는 것은 앞의 둘로 구성되는 정치 공간을 줄곧 위협하는 룸펜 프롤레타리아트의 민족주의다.

이 세 번째 민족주의가 갖고 들어오는 것은 단순한 계층 간의 대립이 아니다. 다시 말하지만, 중요한 것은 부정성이며 근원적인 적대성을 확보하는 일이다. 즉 민족주의 정당과 식민자의 공범관계 속에서 유지되는 정치 공간이 정치 자체가 붕괴하지는 않을까 하는 두려움을 품게 만드는 힘이 바로 세 번째 민족주의다. 이 민족주의를 앞에 두고 첫 번째와 두 번째는 "큰일 났습니다! 일이 어떻게 될지 짐작도 안 갑니다"라고 외치면서 서로 얼굴을 마주보며 어떻게든 사태를 수습하려 한다. 하지만 동시에 이 두려움은 근원적인 적대성과 관련한 감지력과 미래의 전조가 뒤섞인 공포와도 겹쳐질 것이다.

따라서 실태적으로 그려지는 이 셋은 결국 계층의 문제가 아니다. 그렇다기보다는 자연화된 존재가 적의를 품은 자연으로 탈바꿈하고, "자연은 존재하지 않는다"는 것이 점차 드러나며, 기존 질서가 두려움과 공포, 무기와 폭력이 뒤섞인 힘의 관계로 들어가는 과정 속에 이 셋은 존재한다. 바로 그렇기 때문에 이 과정은 중층적으로 구성되는 '노력의 총체'인 것이다.

그리고 이러한 두려움과 공포가 뒤얽히고 힘이 현세화하는 과정인 민족주의야말로 룸펜 프롤레타리아트의 가능성을 둘러싼 정치의 각축장이다. 파농은 이 셋으로 구성되는 민족주의의 영역에서 룸펜 프롤레타리아트의 정치를 발견했고, 이를 계층 간 대립이 아니라 개인과 집단의 질서가 융해하는 '노력의 총체'로서 확보하기 위해 부정성 즉 폭력을 공포와 함께 끌어안았다. 여기서 파농이 민족문화와 관련해 근육이 개념을 대신한다고 했던 수행적 전개는 민족주의 정당과 식민자에 대한 부정성으로 설정된다. 굳이 말하자면 이는 남유적이고 수행적인 전개가 정치라기보다는 룸펜 프롤레타리아트의 근원적 적대성으로 구성되는 정치이고, 버틀러가 말한 언어행위의 수행성이라기보다는 전제로 방치해둔 자연적 영역이 계속해서 탈바꿈하는 가운데 구성되는 대표성의 문제로서 일

단 부상한다.[112]

민족주의는 어디에도 갈 곳이 없는 룸펜 프롤레타리아트와 관련한 근원적 적대성을 중심으로 한 대표성의 문제다. 이는 제국의 인종주의에서 자연화되었던 노동력이 다른 무언가로 탈바꿈하기 시작하는 실마리이고, 말 그대로 다름 아닌 임금노예가 걸머지는 정치다. 근원적 적대성은 이러한 민족주의에서 처음으로 현세화한다. 그리고 다시 한 번 말하지만 이 현세화는 계엄령이라는 사태이기도 한데, 여기서는 미래를 지각하는 것과 미래를 획득할 힘을 확신하는 것, 즉 파농을 따라 말하자면 폭력이 중요해진다.

이 폭력은 이론적 정식화의 문제도 아니고, 공포가 타자에 대한 두려움으로 치환되어 안심을 구하는 심성으로도 바뀔 수 있는 위험성을 그저 지적하고 해설한다고 해서 끝나는 문제도 아니다. 자신의 운명을 스스로 결정하지 못하고 그것을 움직이기 힘든 운명으로 받아들일 수밖에 없는 이들, 즉 노예들로부터 시작되어야만 하는 것은 이 미래에 대한 지각과 힘의 확신이 아닐까? 또한 민족이란 고정적으로 정의된 집단이 아니라 이러한 지각과 확신을 통해 수행적으로 생성하기를 계속하는 사람들을 가리키는 것 아닐까?

이는 일본이라는 제국으로부터 이탈하는 것이고, 인종화된 계급으로부터 이탈하는 것이며, '위험한 계급'으로서 류큐 민족이 등장하는 사태다. 그리고 그 속에서 구성되는 대표성의 문제가 바로 민족주의와 관련된다. 거듭 말하지만 독립이란 국가를 오성적으로 해설하고 설계하는 일이 아니다. 이는 바로 이탈 속에서 중층적으로 구성되는 이 대표성의 문제.

전후라는 물음

대체 나는 누구인가
대체 나는 [전전]에 있는가
대체 나는 [전중]에 있는가
대체 나의 [전후]는 어떻게 됐는가[1]
—신조 다케카즈

오키나와의 해방은 오키나와가 본토에 복귀하거나 본토가 오키나와에 복귀하는 것이 아니라 바람직한 아시아, **바람직한 세계에 복귀**하는 것이어야만 한다.(강조는 인용자)[2]
—미야기시마 아키라宮城島明

귀환과
탈출

1969년 말 '사토-닉슨 회담'과 공동성명에서 정식으로 오키나와 반환의 정치 일정이 정해졌다. 제3장에서도 논했듯, 군사폭력으로부터의 해방을 복귀와 겹쳐놓던 이들에게 이 회담과 공동성명은 해방이 배반당하리라는 것이 명확해진 사건이었다. 이러한 가운데 복귀 후의 오키나와 진흥개발계획 실시로 이어지는 움직임도 가속도를 높여갔다. 류큐 정부에서 오키나와 현으로 이행하는 제도의 전개는 군사적 폭력이 계속되고 진흥이나 개발과 관련한 법이 등장하는 일이기도 했다.

이 1960년대 말부터 1970년대 사이의 오키나와를 중심으로 한 정치 과정에서는 사회운동에서의 복귀라는 슬로건은 제도로서 실현됐지만 여기에 담긴 내실은 배반당했다는 중층적인 과정이 중요하다. 이는 또한 일본 복귀를 호소하는 복귀운동을 담당하던 정치의 언어가 무효가 되는 사태이기도 했는데, 따라서 일본이라는 국가를 거절하는 새로운 정치를 낳는 과정이기도 했다고 우선은 말할 수 있을 것이다. 문제는 무엇을 거절이라고 부르며 그것이 어떠한 말과 관련되는가라는 점이다.

1972년 5월 15일로 예정된 오키나와의 일본 복귀에 대해 일본이라는 국가를 거절하는 조류는 종종 반反복귀론이라 불려왔다. 또한 이 반복귀론은 훗날 복귀운동을 비판적으로 생각할 때 중요한 논점으로 언급된다. 하지만 왜 '論론'인 걸까? 1972년으로 향하는 사회운동의 슬로건으로는 '복귀'가 압도적인 주류였다는 데는 의심할 여지가 없다. 반복귀 혹은 독립을 정면에 내걸고 주장한 사람은 명백히 소수였다. 1972년으로 귀착하는 복귀의 조류를 비판적으로 생각하는 일은 이 반복귀를 복귀운동과 '논'으로서 대치시키는 일은 아니지 않을까? 여기에는 지식인으로 구성되는 논단의 조감도를 곧바로 정치라고 믿는, 오늘날까지 이어지는 착각이 있는 것 아닐까?

반복귀가 '논'으로서 등장한 것은 오키나와 논단을 구성하던 『신오키나와문학』의 두 특집에서다. 1970년 12월에 나온 이 잡지 18호의 특집은 '반복귀론'이고, 다음 호인 1972년 3월에 나온 19호에서도 '반복귀론 속편'을 엮었다. 이 특집도 포함해 복귀라는 것에 대한 거절이나 이질감을 언어화하고 사고하려 했던 사람들은 아라카와 아키라, 가와미쓰 신이치, 오카모토 게이토쿠岡本惠德를 비롯해 적잖이 존재한다. 하지만 이러한 사고를 반복귀론으로 한

데 묶어 복귀운동의 조류와 대치시켜버리는 것과 이를 운동 가운데에 다시 놓고 다시 읽는 것은 다른 작업일 것이다. 따라서 문제는 사고에 곧장 '논'을 붙여서 지도를 그리고 거기서 자기 자리를 찾으려고 하는 이들이라고 할 수 있을지 모른다. 오해의 소지가 없도록 말해두자면, 지금 민중의 목소리나 소리 없는 소리를 건져 올려야 한다는 말을 하려는 것이 아니다. 복귀를 둘러싸고 남겨진 이 많은 문서를 어떻게 다시 읽을 것인가가 지금의 문제다.

가령 내가 반복귀론에 이질감을 느끼는 것은 다음에 인용할 기요타 마사노부清田政信의 「귀환과 탈출」이라는 글과 관련이 있다. 이 글에는 1968년 9월이라는 날짜가 붙어 있다.[3] 1950년대에 기요타는 오키나와 땅에서 '섬 전체 투쟁'이라 불린 토지투쟁을 했는데, 이 싸움이 종식되는 가운데 운동을 담당하던 오키나와 인민당을 탈당했다. 이 토지투쟁은 그후의 복귀운동의 원류로 여겨지고, 오키나와 인민당은 이 운동의 전위조직으로 등장한다.

복귀라고 말하는 이상 어딘가로 돌아간다는 것이다. 그것이 설령 스스로 탈출한 고향이나 나라라고 해도, 혹은 스스로 선택하는 행위와는 관계없이 외적인 힘으로 인한 합당치 못한 분단이라 해도, 현재 처해 있는 정황으로부터의 탈출로서 이를 지향하는 한 고향이나 나라로부터의 탈출인 줄 착각할 정도의 모습을 보여줄 때 이는 미래에 가담하는 행위가 될 것이다. 복귀와 탈출이라는 반대 방향으로 튕겨 나가는 정황을 V자 모양으로 꽂히는 받침점으로 잡아 당겨서 발동하는 논리가, 어머니 품으로 돌아간다는

'민족 감정'을 지양하고 변혁하는 시점視点이 되리라.[4]

복귀에는 탈출이라는 계기가 존재한다. 현재 상황에서 탈출하는 것이 결과적으로 일본이라는 국가로의 귀속 즉 복귀로 제도화돼버리는 것이지, 일본이라는 국가로의 귀속이 탈출을 의미하지는 않는다. 복귀라는 과정의 단선적인 시간을 미분하는 듯한 기요타의 이러한 사고에서 도출되는 탈출은, 굳이 말하자면 일본 복귀를 희구하는 운동이 국가주권의 획득으로 제도화되는 가운데 소실되는 어떤 것이다. 즉 일본의 일부가 된다는 과정을 밀고 나가는 운동 내부에서 일부가 아니라는 거절이 잠재적으로 생성하는데, 이는 말하자면 복귀운동의 동인이 되면서도 복귀가 완료됐을 때는 표면적으로는 지워져버린 미래를 향한 가능성이라는 문제다. 확실히 1972년 이후 오키나와는 오키나와 현이라는 일본의 한 지역이 되었다. 하지만 일본의 일부가 된다는 과정 속에서 오키나와는 일본이라는 전체에는 완전히 들어가지 않는 다른 잠재적인 가능성을 품고 있었는데, 기요타는 이 가능성을 다름 아닌 복귀 안에 확보하려고 했다. 긴조 마사키金城正樹는 이러한 기요타의 사상을 두고 거기에는 운동에 배반당했다는, 패배에 대한 철저한 내성적 사고가 있다고 지적한다.

　복귀운동이 좌절해가는 가운데 오키나와 현 내부에서는 '오키나와 붕괴'라는 외침이 나왔고, 여기에 조건반사라도 하듯 '반복귀론'이나 '오키나와 자립론'이 급작스럽게 활기를 띠기 시작했다.

복귀론은 물론 붕괴론이나 자립론에도 가세하지 않았던 기요타는 패배를 글자 그대로 붕괴나 결여로밖에 인식할 수 없다는 점이 이러한 사상의 한계임을 이른 단계에서 꿰뚫어보고 있었다고 할 수 있다.[5]

기요타에게 복귀를 생각한다는 것은 "운동 과정에서 해방의 꿈을 꾸어왔다는 것과 해방의 꿈을 의탁한 주체에게 배반당해왔다는 것"[6]이라는, 길항하는 두 방향의 경험을 패배의 경험으로서 사고의 기저에 두는 일이었다. 귀환과 탈출은 이러한 두 방향을 가리키는 말이기도 하며, 그 결절점에는 패배가 놓인다. 이 패배는 이제까지 정치를 구성해온 말의 패배이기도 할 것이다. 그리고 이러한 말의 패배 속에서는 민중과 지식인 같은 친숙한 구도에 대한 물음도 당연히 던져졌을 터이다. 반복귀론이 조건반사라고 하는 긴조의 지적은 자신의 말로써 이러한 말의 패배를 끌어안지 않고 부랴부랴 정치 해설을 개시하는 사람들의 문제에 대한 것인데, 이는 오늘날까지 이어지는 오키나와나 오키나와 전후사를 둘러싼 논단의 문제이기도 할 것이다. 굳이 말하자면 이 조건반사에는 논단과 거기서의 자기 자리를 지키려고 하는 보신이 대전해 있다. 거듭 말하지만 이는 이미 정치가 아니다.

패배 속에서 많은 이가 말을 잃어갔다. 이 시기에 남겨진 문서에서 먼저 읽어내야만 하는 것은 상황 설명이나 정치 해설이 아니라 바로 말의 정지다. 가령 가와미쓰 신이치는 「나의 오키나와, 원한의 24년」에서 "오키나와에는 앞으로도 핵 기지가 있을 뿐이고, 거기에 거주하는 100만 명의 인간은 이전에도 이후에도 산 채로 사망자 장부 속의 머릿수로 간주될 뿐이다"라고 말하며, 앞서 말했듯 복귀가 현상 유지임을 명확히 보여준 '사토-닉슨 회담'을 사망자의 머릿수라는 인식으로 받아들인 뒤에 이렇게 썼다.

> 사토-닉슨 회담의 공동성명을 기다리는 1969년 11월 22일 깊은 밤, 오키나와는 사반세기에 걸쳐 축적된 '이루 말할 수 없는 굴욕'을 삼키며 이미 배반당한 꿈의 단편에서 희미한 희망이라도 찾을 수 있지 않을까 하고 흡사 물에 빠진 사람이 지푸라기라도 잡으려는 듯 불면의 발버둥을 계속 쳤다.[7]

가와미쓰의 이 말에서는 확실히 맞설 수 없는 절망적인 상황이 드러난다. 하지만 이 평론이 "이것은 나 자신의 광기가 나를 정신병원 쇠창살 속으로 끌고 들어가지 않도록 가까스로 억제하기 위한 카타르시스라고 생각한다"라는 혼잣말 같은 말에서 시작해 "나하시 근교 정신병원의 철창에서 공허한 눈을 허공으로 돌리면서 뭔가가 몰아대기라도 하는 양 벽을 부수고 소리소리 지르며 미쳐 날뛰"던 H씨, "자살로 목숨을 끊은" M씨, "점점 제 광기를 심화시키는" K군을 차례차례 등장시킬 때,[8] 이 글에서는 비참한 상황에 대한 설명보다는 설명을 하는 말의 붕괴가 드러난다. 가와미쓰는 자신의 광기를 억제하기 위해 쓰고 있는 것이다. 물론 가와미쓰의 글 자체는 혼란스러운 말이 아니고, 평론으로 쓰인 말은 그 자체로는 광기가 아닐 것이다. 하지만 가와미쓰의 글에서 표면으로 떠오르는 것은 글을 쓰는 사람의 바로 옆에까지 광기가 근접해 있다는 사실이다.

어쩌면 이러한 말의 정지는 이제까지는 정치로서 이야기되지 않았던 영역이나 정치를 이야기하는 전제로서 불문에 부쳐졌던 영역에서 "아직 끝나지 않았다"고 말하기 위한 근거를 찾아내려는 발버둥이기도 했으리라. 현실이 되어가는 복귀를 앞에 두고 1970년에 발표한 오카모토 게이토쿠의 「수평축의 발상」은 이러한 논의에서 가장 중요한 텍스트 중 하나일 것이다.

> 오키나와의 인간이 오키나와의 인간이라는 것을 출발점으로 한, 그러니까 자신들이 자신들이라는 것으로써 스스로가 스스로를 지탱하지 않는 한 살아낼 수 없다는 '공동체적 본질'이며, 국가와 권력을 사회적인 조건으로 상대화할 수 있었다는 데에 '복귀운동'의 에너지를 촉발하는 계기가 숨어 있었다고 할 수 있다.[9]

오카모토는 국가에서 거리를 둔 장소에 복귀운동을 확보하기 위해 공동체적 본질을 끄집어내고, 나아가서는 이를 국가를 거절할 가능성으로서 발견하고자 한다. 일본이라는 국가로 복귀하기를 원하는 '공동체적 본질'의 '에너지'야말로 동시에 국가를 상대화하고 거절한다. 여기서는 복귀와 반복귀가 대립적으로 병치되지 않는다. 국가에 대한 거절은 국가에 귀속하는 그 과정에서 생겨나는 것이다. 오카모토는 스스로가 동인이 된 국가와 맞설 가능성을 공동체라는 말로 확보하려 했던 것 아닐까?

오카모토의 「수평축의 발상」에서 중요한 것은 공동체론이 아니다. 중요한 것은 어떠한 '논'이냐가 아니라 오카모토가 한 말의 소재所在라고 할 법한 지점이다. 즉 국가의 기반으로서 자연화된 공동체(공동체적 본질)를 다른 무언가로 탈바꿈시키기 위해 오카모토가 '공동체적 본질'에다 "여태 이론화되지 않은 정념의 영역에 많이 숨어 있는 것처럼 보이는 '공동체적 생리'"[10]라는 말을 포개고 있다는 점을 읽어내야만 한다. 자기 삶의 전제인 동시에 국가의 동인이 된 자연화된 영역을 오카모토는 복귀와는 다른 미래의 근거로 말로써 다시 그리려 한다. '생리'란 이러한 말과 자연의 최소한의 접점이다.

이는 앞 장에서 논의한 파농이 민족을 이야기하는 말이나, 말의 전제로서 존재하는 '사전 배제'를 말로써 다시 긋고 자연화된 신체를 말로써 다시 생산하려고 하는 버틀러의 시도이기도 할 것이다. 또한 기요타를 따라 말하자면 귀환과 함께 발견될 탈출의 가능성이기도 하다. 귀환이 정치를 구성하는 이상, 탈출이란 이제까지 정치로서 이야기되지 않았던 영역이 정치의 말을 하기 시작하거나 혹은 말을 잃은 행동이 불거져나가는 사태이기도 하다. 공적인 것을 정치라 부른다면, 이것은 사적 영역과 관련한 것이 새로운 정치로서 발견되는 사태 즉 "개인적인 것은 정치적인 것"이라고 일단은 말할 수 있겠다.

그리고 말의 정지는 폭력의 발견이기도 하다. 하지만 이는 무기로서의 폭력이 아니다. 글자 그대로 "근육이 개념을 대신"하는 사태이고,[11] 미래를 지각하는 힘으로서 폭력을 발견하는 것이다.

1969년 10월 20일 동료들과 함께 화염병으로 무장하고 담장을 타넘어 가데나嘉手納 기지에 뛰어든 마쓰시마 조기松島朝義는 그 직후에 옥중에서 「넘어서기의 논리」를 썼다. 여기서는 자신의 행동을 "윤리적인 문제가 하나의 행동 축이 된 육탄의 사상"이라고 부르며 "[자기가] 넘어서야 할 사람은 자기이고, 넘어서야 할 것은 철망이다"라고 쓴다. 동시에 마쓰시마는 "생활공간에서 재탈출"하자고 주장한다. 기점은 육탄이며 자기이고 일상생활이다. 그리고 이러한 자연화된 영역을 넘어서는, 말을 뛰어넘는 행동이 바로 정치다.[12]

말의 패배를 적당히 넘기지 않고 받아 안는 이들. 1972년의 복귀로 향하는 과정 속에서 등장한 것은 바로 이러한 사람들이다. 긴조는 기요타 사상의 축에 '패배를 소유하는 자'를 놓고 이렇게 말한다.

만일 패배자가 그 이름대로 어떤 결여라는 의미를 내포하고 있다면, 결여의 낙인이 찍힌 채 그들/그녀들이 살아가는 것은 가능할까? 분명 불가능할 것이다. 살아가기 위해서는 어떤 의미를 새롭게 발견해내지 않으면 안 되고, 바로 여기에 기요타가 표현을 행하는 근거가 있다.[13]

패배자란 패배를 패배로서 받아들이고, 그럼에도 불구하고 계속되는 꿈을 사고하는 자다. 가령 "패배자가 의지를 가지고 패배의 길을 내려갈 때 이미 그는 단순한 패배자가 아니다. 그는 패배를 의지함으로써 패배를 소유하기 때문이다"라고 기요타가 말할 때,[14]

여기에는 스스로 동인이 된 운동을 패배로서 받아들이는 이들이 야말로 만들 수 있는, 앞의 인용문에 있는 "복귀와 탈출이라는 반 대 방향으로 튕겨내는 정황을 V자 모양으로 꽂히는 받침점으로 잡아당겨서 발동하는 논리"가 있을 것이다. 또한 가와미쓰의 '광 기', 오카모토의 '공동체적 생리', 마쓰시마의 '육탄'은 패배를 말의 패배로서 받아들인 사람들 즉 "패배를 소유하는 자"들이 그래도 미래를 말로써 획득하고자 했던 흔적이고 실마리다. 동시에 여기에 는 다음의 오키나와 투쟁을 장황하게 이야기하는 해설자에 대한 거절이 있을 것이다. 패배를 소유하는 일 없이 거기에 그저 결여의 낙인만을 찍는 것은 "승리-패배라는 가치의식에 깊숙이 사로잡힌 정치 주체의 모습"[15]과 다름없다.

복귀운동은 틀림없이 오키나와의 전후사를 생각하는 축이다. 하지만 이는 복귀운동에 입각하여 역사를 그리는 것이 아니라 이 운동이 패배였음을 받아들인다는 의미에서의 축이다. 복귀로 귀착 한 오키나와의 전후를 지금 검토하는 것은 이 패배를 소유하는 것 이고, 복귀운동의 동인이 된 해방의 꿈을 "아직 끝나지 않았다"고 중얼거리면서 확보하는 작업이다. 그리고 이 작업은 예컨대 공동체 나 신체 혹은 폭력이나 광기와 관련된다. 이는 공동체나 광기가 해 방인지 아닌지를 알아맞히는 것이 아니다.[16] 말로써 신체를 다시 생산하는 일이다.

이러한 작업을 정치의 바깥에 두고 패배를 그냥 지나쳐버리면 서 오키나와 전후사는 구성되었다고도 할 수 있다. 이는 어떤 의미 에서 민중은 여전히 싸움을 계속하고 있다며 민중을 칭송하는 양심적 지식인이 하는 이야기이자 일종의 진보사관이기도 할 것이다. 하지만 이 장에서는 이 진보를 정지시키고, 패배에서 찾아낸 전후사에 대한 물음을 소급적으로 사고하고자 한다.

미결성에 대해, 혹은 뒤처진 사람들

그런데 긴조나 기요타가 말한 패배를 소유하는 이들로부터 소급적으로 찾아낼 수 있는 역사란, 연표식으로 정리된 시계열적 역사가 아닐 뿐더러 면적을 지닌 지도 위 오키나와의 역사일 수도 없다. 이 지도 위의 오키나와는 뒷부분에서 검토하듯 영토, 주권, 귀속과 같은 말의 전제를 구성할 것이다. 또한 공동체나 신체가 미래를 사고하는 실마리가 된다는 것은 이러한 지도 위의 지리화되고 자연화된 전제에 대한 물음이기도 하다. 굳이 말하자면 앞서 말한 기요타, 오카모토, 마쓰시마, 가와미쓰 등의 물음을 다 더해도 결코 지도 위의 오키나와나 그 일부분에 귀착되지 않는다. 하지만 이는 곧바로 오키나와라는 전체가 붕괴함을 의미하지도 않는다. 여기서 제기되는 물음은 서장에서도 썼듯 '오키나와의'라는 소유격의 문제다.

글자 그대로 영토적 정치의 현실화인 복귀 속에서 패배를 소유하면서 사고한 이들을 통해 오키나와라는 이름은 토지로서 자연화된 전제에 대한 물음으로 뒤범벅되고, 전제 위에 성립하는 예정이 아니라 다른 미래를 향한 가능태로서 상정된다. 이는 동시에 오키나와를 면적으로 기입한 세계지도가 더 이상 보편적이고 초월적인 전체가 아니게 되는, 굳이 말하자면 영토를 영토로서 정의하는 외부 세계를 상정할 수 없게 되는 사태라고도 할 수 있을 것이다. 이는 서장 마지막에서 썼듯 역사 경험이 오키나와라는 명칭을 획득하는 것과 지도 위의 오키나와라는 지명으로부터 이탈하는 것이 구분할 수 없는 한 가지 실천으로 등장하는 일이기도 하리라.[17] 기요타를 따라 말하자면 귀환하는 오키나와가 동시에 탈출하는 오키나와이기도 하다는, 굳이 말하자면 귀환을 정의하는 외부로부터 오는 영토적 혹은 주권적 시선과 아직 본 적 없는 세계로의 탈출을 내부에서부터 시도하는 행위가 교차하는 하나의 장소, 즉 기요타가 말한 "V자 모양으로 꽂히는 받침점"에서 오키나와는 모습을 드러낸다.

지도에 기입된 오키나와와 역사 경험의 내성적인 과정과 관련한 오키나와라는, 이름과 관계되는 위의 논점을 염두에 두면서 다음으로는 역사라는 시간 축에 대해 다소 이론적인 문제 설정을 해보겠다. 이는 역사의 동인이 되는 사회운동과 그 운동이 어떤 제도로서 결실을 맺는 것 사이에 있는 간극이라 할 만한 문제인데, 바꿔 말해 제도 자체와 제도를 향해 가는 운동의 과정을 동일시하지 않는다는 말이다. 즉 운동 과정에서 그린 미래의 꿈 혹은 거기서 분명히 생성되었을 관계성이나 사회를 새롭게 만들어나갈 가능성은 운동의 결과로 등장하는 제도적 질서와는 일치하지 않는다. 뿐만 아니라 제도가 등장하고 질서가 만들어진 뒤에는 이 역사의 동인이었던 운동의 꿈이나 가능성은 보이지 않게 되고, 그 결과 질서 형성의 동인이 되면서도 스스로가 동인이 된 그 질서 속에서 이 동인 자체는 소실된다. 이는 질서 자체가 운동의 필연적 결과이기라도 한 것 같은 역사적인 인과관계를 사후적으로 획득하는 일이기도 하리라.

이 과정은 예컨대 당이나 운동 조직 그리고 국가가 역사의 주체로서 등장하는 사태이기도 한데, 이러한 주체는 스스로를 역사 안에 자리매김하고 마치 과거에 그 주체의 기원이 있기라도 한 양 역사와 전통을 창조(날조)할 것이다. 따라서 이는 기원과 역사를 말하는 지식인의 문제이기도 하겠다. 또한 굳이 말하자면 패배를 소유하는 일 없이 지나쳐 가버린 오키나와 전후사는 뒤에서 검토하듯 계속해서 전진하는 민중 상像의 기원을 날조해버렸다. 그리고 이러한 날조를 통해 질서는 역사를 획득한다. 뜻밖일 수도 있겠지만 오스기 사카에의 글 중 한 부분을 인용하겠다.

물론 무정부주의자라 해도 그 점을 충분히 알고 있었다. 예견하기도 했다. 이를 예견하는 것이 바로 무정부주의이기도 한 것이다. 하지만 그들은 혁명에 열심인 나머지 이렇게 이용당하는 것을 차라리 달게 받아들였다. 그리고 이렇게 달게 받아들인 데에는 10월 혁명 당시 볼셰비키의 민중적 혁명의 함성에 다소 현혹된 형태가 있었다. (…) 무엇보다 이처럼 현혹됨으로써 무정부주의자들은 실수를 저질렀다. 당초 혁명의 가장 유력한 무장 단체였던 무정부주의 노동자 군대가 공산당의 새 정권에 감히 손끝

하나 대지 않았을 뿐 아니라 순순히 해산돼버렸던 것도 이 때문이다. 그리고 무정부주의자는 그 사이에 노동자나 농민 대중 속에서 전적으로 반권력적이고 자유로운 단체를 십분 발달시키는 데에 그 힘을 충분히 조직하고 집중할 시기를 놓치고 말았다. **뒤처진 것이다.**(강조는 인용자)[18]

『가이조』(1923. 9월)에 게재된 오스기의 이 글은 아나키즘의 계보에서 자주 언급되는 네스토르 이바노비치 마흐노가 이끈 농민군에 대해 쓴 것이다. 붉은 군대와 함께 싸우며 대對지주투쟁 중에 우크라이나 농촌에서 해방구라는 자치적 권력을 만들어내었지만 볼셰비키가 권력을 수립한 후 압도적인 붉은 군대에 궤멸당한 마흐노 무리의 운동은, 아나키즘뿐 아니라 농촌을 둘러싼 유토피아 운동으로서도 주목을 받았고 또 허황된 꿈이라고 경멸당하기도 했다. 이러한 농민 유토피아는 마흐노 진압의 마지막 국면인 1920년에 모스크바에서 간행된 알렉산드르 차야노프의 기서奇書『농민 유토피아국 여행기』에도 흘러들었다. 이 책은 새로운 반란을 망상적인 전조로서 기록했다.[19]

오스기의 글은 마흐노 무리가 폴란드로 달아난 1921년에서 2년이 지난 뒤에 쓰였다. 여기서 러시아 혁명사를 검토하려는 것은 아니다. 생각해보고 싶은 것은 오스기가 그 자신의 아나키스트로서의 삶을 포개면서 마흐노의 운동을 일컬어 "뒤처졌다"고 중얼거렸다는 점이 보여주는 반란의 시간에 대해서다. 오스기가 보기에 마흐노는 어디에 뒤처졌다는 말일까? 이 뒤처진다는 말은 무엇을 의

미할까?

그런데 마흐노운동사의 고전으로 마흐노 군의 정보 선전을 담당하던 표토르 아르시노프의 『마흐노 반란군사』가 있다. 이 책이 간행된 것은 오스기의 글과 마찬가지로 1923년이다. 지극히 어려운 상황 속에서 집필된 이 책은 상황에 대한 아르시노프의 절박한 마음으로 가득하다. "우리의 현재는 설혹 이렇게 불완전한 형태로나마 이 책이 바깥 세계로 나오기를 요구하고 있다. 따라서 중요한 것은 완벽한 저작이 아니라 후속 작업을 이끌어낼 발단이다."[20] 이 부분에서는 궤멸된 운동의 여열과 동시에 운동을 기술함으로써 새로운 실마리를 만들어내려는 마음이 전해진다. 아르시노프는 "이들[마흐노운동]의 공적은 소비에트 정부에 의해 그 가치를 모조리 찬탈 당했다"라고 하고 나서 이렇게 쓴다.

> 소비에트 정부가 붕괴하지 않고 러시아에 뿌리를 내릴 수 있었던 것은 수많은 반혁명에 과감한 혁명전쟁으로 도전한 마흐노 반란군 덕분이다. 이는 자못 아이러니컬한 역설이지만 부정할 수 없는 사실이다. 그리고 마흐노운동은 사람들 사이에서 혁명의 불꽃이 죽지 않는 한 앞으로도 혁명전쟁의 무대에 거듭 등장할 것이다.[21]

아르시노프에게 소비에트 정부는 단지 자신들을 압살한 억압자가 아니다. 자신들의 힘과 가치를 찬탈하고 이를 통해 공고한 질서를 수립한 제도다. 그리고 이 "아이러니컬한 사실" 한복판에서 그래도 다른 미래를 향한 기점을 확보하고 반란을 계속하기 위해 이 책은 쓰였다. 오스기가 "뒤처졌다"고 할 때 이 말이 상정하는 것은 이 아이러니컬한 사실이고, 이를 기술하려고 한 오스기 또한 아르시노프와 마찬가지로 이러한 **사실**이 뒤덮고 있는 세계와는 다른 별개의 미래를 열어젖히려고 했음이 분명하다. 뿐만 아니라 이 책을 번역한 오쿠노 로스케奧野路介는 아르시노프를 언급하며 이렇게 썼다.

> [거기 있는 것은] 말하자면 미처 죽지 못한 자의 원통함이고, 죽지 못했기에 "운 좋게도 세상을 떠나버린" 동지들의 운명을 세계에 전하고 알리지 않으면 안 되는 자의 비애다. 사람은 이야기함으로써 **거기서 있었던 일들**을 객체화하거나 혹은 객체화하면서 이야기하는데, 이렇게 객체화함으로써 그는 다름 아닌 **있었던 일들**의 바깥에 서는 자가 되기 때문이다. 그리고 아르시노프는 바로 이 같은 비애를 제 몸에 띰으로써 우리에게 이 책을 남기고 갔다.(강조는 인용자)[22]

뒤처진 자들은 소실되고 오쿠노도 포함해 미처 죽지 못한 자들은 소실 이후를 지배하는 질서 속에서 비애를 띤 말을 획득한다. 이는 또 패배를 소유하는 이들의 말이 존재하는 곳이기도 하리라. 오스기, 아르시노프 그리고 오쿠노의 글에서는 사라져버린 이들이 남기고 간 땅을 응시하려는 지점이 부상하는 것 아닐까? 이 지점은 단선적인 시간 축에서 뒤처진 이들 '후後'가 아니라, 무엇보다도 이러한 소실과 관련되어 있지 않을까?[23] 동시에 여기에는 "아직 끝나지 않았다"고 중얼거리면서 이 뒤처진, 사라져간 이들이 현혹 속에서 발견한 미래를 지금 떠오르게 하려는 행위가 있다.

하지만 다시 한 번 말하건대 이러한 소실은 그저 지워진 것이 아니다. 질서 형성의 동인이 되면서도 스스로가 동인이 된 그 질서 속에서 소실한 것이다. 이는 동시에 질서가 다른 인과의 연쇄 속에서 스스로의 도래에 의미를 부여해나가는 과정이기도 할 것이다. 역사란 우선 이러한 동인을 지워버린, 다른 인과의 연쇄를 말하는 것 아닌가? 나아가 이 과정은 역사의 주체와 그 주변에 당이나 전위조직 혹은 역사를 해설하는 지식인층 그리고 국가가 등장하는 사태이기도 할 것이다. 이러한 주체와 그 측근들은 역사 속에 스스로를 자리매김하고, 마치 과거에 기원이 존재하기라도 하는 양 전통을 창조한다. 뒤처진 이들의 꿈을 찬탈하여 성립한 질서는 다른 인과 속에서 스스로의 도래에 근거를 부여하고, 역사의 주체로서의 집단성과 그것이 걸어갈 미래를 획득한다. 분명 이 미래는 단선적으로 보일 것이다.

오스기나 오쿠노의 말은 이러한 역사나 주체와 관련한 맥락 속에 있지 않다. 그것은 지워져버린 이들을 향하고 있고, 당이나 조직 혹은 지식인이나 국가가 획득한 미래 바로 앞의 장소에 뒤처지고 사라져버린 이들의 꿈을 되돌려, 아직 매듭이 지어지지 않은 그 바로 앞의 장소에서 다른 선을 다시 그으라고 촉구한다. 하지만 그것은 쉽지 않다. 사라져버린 이들을 응시하는 지점은 유토피아를 찬탈하고 상속한 자가 이미 지배하고 있는 아이러니컬한 현실 세계 안에 있고, 꿈은 이 현실세계의 역사와 주체 속에서 말을 얻는다. 바꿔 말하면 꿈을 언어적 질서에 포획하는 일은 틀림없이 아이러니컬한 현실과 가까운 곳에 있다. 오쿠노가 이야기를 함으로써 "바깥에 선다"고 했을 때 이 **바깥**이란 이 같은 역사의 인과 속에서 등장하는 집단적인 공시태에 대한 외부성이다. 이는 소위 정치 방침이나 강령에 반대함으로써 거부할 수 있는 문제도 아니거니와, 운동이 아니라 학계의 언어를 사용한다고 벗어날 수 있는 것도 아니다. 단적으로 말해 '논'의 문제가 아닌 것이다. 거칠게 표현하자면 이는 언어 자신이 지니는 질서와 관련된다.

질서의 동인이 되면서도 그 질서의 도래와 함께 사라져가는 존재를 프레드릭 제임슨을 인용해 '사라져가는 매개자'라고 부른 슬라보예 지젝은 유고슬라비아에서 자유선거가 시행되기 직전 시기인 1989년부터 1890년까지를 "다시없을 유토피아적 순간"이라고 하면서, "이제 와서는 끝나버렸을 뿐 아니라 '사라져가는 매개자'처럼 기억에서 지워져 더욱더 보이지 않게 되었다"라고 썼다.[24] 지젝 또한 선거에 이르는 민주화운동이 발견한 미래의 꿈 즉 '유토피아적 순간'과 선거를 통해 성립하는 새로운 국가 체제 사이에 있는 깊은 균열을 찾아내려고 하는 것이다. 또한 덧붙이자면, 언어적 질서도 꿈이나 가능성을 소거하는 데 관여한다. 가령 지젝은 소실되고 감추어진 사건을 발견하는 것을 외상trauma과 관련한 사후성 deferred action으로 다음과 같이 설명하려 한다.

처음에는 의미 없는 중립적인 사건으로 받아들였던 무언가가, 일이 끝나고 나서 소급적으로 즉 주체의 발화 작용의 위치를 규정하는 새로운 상징의 그물망이 도래하고 나서 이 그물망에는 통합될 수 없는 외상으로 변화한다는 것이다.[25]

질서가 도래한 후에 잃어버린 것이 무엇이었는지를 사후에 외상으로서 안다. 질서의 동인이 된 사건은 언어라는 상징적 질서의 도래 속에서 비로소 그 질서에 통합되지 않는 상처로서 그 존재를 주장한다. 지젝에게 '유토피아적 순간'과 관련한 경험이란 우선은 이 상처다. 바꿔 말하면 경험을 **안다**고 하는 행위자는 이미 "새로운 상징적 그물망" 속에 있고, 유토피아의 순간은 무의식의 영역에 억압된 존재로서 외상화한다는 것이다. 여기서 요점은 상상적인 언어질서에 있을 것이다. 즉 유토피아의 순간을 역사 경험으로 이야기하는 어려움은 언어 자체의 질서가 유토피아의 순간을 현전에서 지워버리는 데 있다. 또한 언어질서와 관련한 이 어려움은 질서 안에서 사는 분석자가 그 질서로 인해 소실된 이들을 사후적으로 이야기하는 것이 가능한가라는 물음이기도 할 것이다.

뒤처지고 사라져간 이들의 꿈을 이야기하는 어려움은 이 같은 유토피아를 이야기하는 어려움이고, 이 어려움은 또한 언어 자체의 질서가 유토피아의 순간을 현전에서 지워버린다는 데 있다. 이 같은 어려움은 펠릭스 가타리가 기원의 서사로 구성되는 역사를 시니피앙의 연쇄라고 부르면서 그 절단coupure을 '혁명적 역사'[26]라 부른 것과도 무관하지 않을 것이다.

역사학이란 시니피앙 절단의 파급효과를 연구하는 것이고, 모든 것이 거꾸로 뒤집어지는 순간을 파악하는 것이기도 하다. 하지만 이 시니피앙의 절단은 꿈의 현재顯在 내용을 바탕으로 잠재 내용을 해독하는 것만큼이나 해독하기가 어렵다.[27]

꿈을 이야기하는 것 즉 소실을 이야기하는 것은 시니피앙의 연쇄를 절단하는 일인데, 이 절단 속에서 유토피아의 순간은 부상한다. 또한 여기에는 언어가 억압하고 있는 꿈을 **언어를 가지고** 해독하는 어려움이 따라다닌다. 하지만 지금 이를 지젝이 종종 해설적으로 단언해버리듯 "상징구조를 창설하고 있는 자기 자신의 기원에는 도달할 수 없다는 이 불가능성"이라고 단정해버려서는 안 될 것이다.[28] 이러한 설명 자체가 외상을 억압하고 언어를 구조화시킨다는 점에서는 이미 통치를 추인한다.

중요한 것은 외상이란 무엇인가를 해설하는 것이 아니라 외상화 속에서 살아왔다는 경험이고, 해설을 하는 이의 삶 자체다. 꿈을 이야기하는 행위는 이러한 삶 속에서 이해해야만 한다. 그리고 바로 그렇기 때문에 도래하는 질서와 조직화를 전제로 하면서도 그 도래를 선취하고 물리치며 끊임없이 다른 미래를 전조로서 개시하는 운동적인 영위를, 말 자체가 이미 구조화되고 질서 자체가 유토피아를 억압하고 있다는 어려움에 입각하면서도 확보해두고 싶은 것이다. 소거에서 운동으로, 혹은 낡은 표현을 쓴다면 해석에서 실천으로. 말이 걸머져야 하는 것은 이러한 전전轉戰이다.[29] 꿈을 해독하는 것이 아니라 꿈을 현실로 끌어당기는 것이다. 혹은 각성한 꿈이다. 여기서는 역사의 인과 속에서 등장하는 내부성과는 다른, '혁명적 역사'와 관련한 다른 집단성이 떠오른다.

그리고 동인 한복판에 있으며 도래한 질서로 인해 소실된 이들의 꿈과 가능성을 질서가 역사를 획득하기 바로 전 시점에서 발견하고자 하는 일이란, 이미 사라지고 난 **후**라는 일종의 뒤늦음을 거스르면서 사회는 여전히 결정되지 않았고 가능성은 아직도 이어지는 중임을, 즉 사회의 '미결성openness'을 보여주는 일이다.[30] 바꿔 말하면 이 미결성은 동인이 질서를 향해가기 한 발 앞의 장소와 관련한 문제로, 이미 질서가 자리 잡은 사회가 동인의 한복판에 있던 이들의 꿈과 가능성 속에서 여전히 결정되지 못한 유동적 상황으로서 부상함을 뜻한다. 이 미결정 속에서 유토피아의 순간은 이미 사라지고 난 후가 아니라 미래를 구성하는 여러 실천으로서 떠오를 것이고, 말은 언어질서가 붕괴한다는 느낌을 동반하면서도 이러한 실천들 가까이로 다가갈 것이다. 가와미쓰의 광기나 오카모토의 공동체 혹은 마쓰시마의 육탄은 이러한 말이 있는 곳에서 태어났다.

지젝이 사후적인 상처로 설정한 유토피아의 순간은 아직 종식되지 않은 미결성으로서 새로운 말을 획득하고, 후지타가 말한 선험주의와는 다른 미래를 선취하려고 할 것이다. 그리고 이 미결성을 미래를 향해 재형성해나가는 과정에서야말로 몇 번이나 인용했듯 "자의의 세계가 뒤흔들리고 균열이 일어나며 희망적 관측이 혼란을 겪고, 욕구는 혼돈 속으로 내던져지고 이 혼돈이 가져오는 고통스러운 시련을 거치면서 다시 욕구와 희망이 만들어"지는 역

사 경험을 확보할 수 있다.[31]

면적을 지닌 지도 위 오키나와라는 것은 지도라는 전체 속의 일부인 오키나와라는 사고방식이고, 이미 전체를 정의하는 제도나 질서 혹은 국가와 같은 주권적 존재가 등장한 이후의 사고다. 이러한 사고 속에서 오키나와는 국토의 일부라는 영토적 실체를 획득할 것이다. 그 결과 오키나와라는 소유격을 가진 경험의 영역은 정의된 이 전체와 관련해 아무래도 제유적이고 예정조화적인 의미를 얻게 될 것이다. 하지만 이는 유토피아의 순간이 사라진 이후의, 지리적 장소로 둘러싸인 경험을 의미한다. '혁명적 역사'는 지도 위에서 지워졌다. 혹은 전체 공간이 시간을 제압했다고 해도 좋다.

바로 그렇기 때문에 제유적인 의미를 띤 그 구체적인 장에서 아직 매듭지어지지 않은 미결성을 부상시키고, 사라져간 이들의 꿈과 가능성을 다시금 미래를 향해 열어갈 것이 요구되지 않겠는가? 이는 전체의 일부나 주변이라는 위치를 강요당한 구체적인 장이 전체로서 그려진 역사에서 이탈하고, 전체 속의 오키나와가 예정되어 있던 미래와는 다른 미결의 미래를 향해 열리는 일이다. 오키나와라는 명사는 이 구체적인 장에 잠재해 있는 미결성에서 언어적 실천을 통해 부상할 새로운 사회성이다. 오키나와라는 명사는 기존 세계에서의 귀속이 아니라 "새로운 세계로의 복귀여야만 한다".[32] 단 미리 부언해두자면, 이러한 사회성은 명백히 새로운 질서의 등장과 가까운 곳에 있다. 따라서 질서로 나아가는 선험주의를 거스르면서 여러 관계성이 미래를 향하여 생성하고 연루해가는 운동으로서 계속 미결성을 확보해나가는, 일종의 근접전이 요구될 것이다.

기아

　패배를 소유한 이들로부터 사고하는 것은 이들을 뒤처진 이들이라고 지워버림으로써 등장한 역사에 맞서 "아직 끝나지 않았다"라고 중얼거리는 데서부터 시작된다. 따라서 이는 1972년에 한정된 것이 아니라 복귀운동의 기원을 소급적으로 문제화하는 계보학적인 영위가 될 것이다. 이는 패배를 선택한 기요타의 경우에도 마찬가지다. 기요타에게 패배란 그저 1960년대 후반 복귀운동의 고양에 관한 것만은 아니다. 많은 오키나와 전후사에서 다름 아닌 복귀운동의 시작으로 거론하는 1950년대 '섬 전체 투쟁'에 이 패배는 일단 각인되어 있다. 아니, 정확히 말하면 복귀운동이 고양되는 가운데 기요타는 1950년대를 소급적으로 상기하고 거기서 패배, 즉 복귀와는 다른 가능성으로 통하는 새로운 경험을 발견한다. 미리 말하자면 그 경험은 기아와 관련된다.

　1967년, 기요타는 「구로다 기오黒田喜夫에 대하여: 파국을 넘어서는 시점」이라는 글을 『류다이문학流大文學』(3권 8호)에 발표했다.[33] 여기서 기요타는 복귀운동의 원류라 평가되는 1950년대 섬 전체 투쟁을 염두에 두면서 이렇게 논의한다.

　예를 들어 우리의 50, 60년대에 행동을 함께한 청년들이 연대한 이유는 이민족의 토지 수탈과 미군의 직접적인 시설을 거부하는 강령이 있었기 때문이다. 이는 농민이나 소시민의 자제 등에 이르는, 전에 없던 넓은 계층의 공공투쟁을 형성했다. 하지만 이 시점에서 농민들의 굶주림이 정말로 청년들의 사상을 심화하는 요인이 될 수 있었는지에 대해서는 의문의 여지가 남아 있다.[34]

여기서 기요타가 굶주림의 사상화思想化라고 할 때의 기아란, 이 글 표제에서도 알 수 있듯 구로다 기오의 「죽음에 이르는 기아: 안니야에 대한 고찰」과 관련된다.[35] 구로다 기오는 전전戰前 야마가타山形 농촌의 극빈 속에서 자라다 열다섯 살 때 도쿄에 도제 기계공으로 고용살이를 나간다. 전후에 고향 마을에 돌아온 뒤로는 공산당원으로서 농민조합을 조직하지만 조직이 와해되면서 병으로 쓰러지고 1962년 병실에서 당의 조사를 받고 나서 제명된다. 이런 그가 1964년에 발표한 것이 이 평론인데, 부제의 '안니야'는 근세 농촌에서 연공으로 바쳤던 질물 봉공인質物奉公人*에 역사적 계보를 두는, 이른바 도호쿠東北 농촌의 빈농보다 못한 극빈층이다.

토지투쟁을 한 기요타에게 이러한 기아의 초점은 촌락村이라는 생활공간에 있었다. 즉 촌락이 운동의 근거지가 되어 농민이 궐기할 때 굶주림을 끌어안은 '안니야'는 어디에 있는가? 이 굶주린 자는 과연 일어설 것인가? 구로다 기오는 「죽음에 이르는 기아: 안니

---

* '봉공奉公'은 일종의 고용관계를 칭하는 말로 널리 쓰였는데, 그 중에서도 빚에 대한 담보로서 고용되어 일하다 몸값을 갚으면 빼내올 수 있는 것이 질물 봉공인이었다.

야에 대한 고찰」 앞머리에 다음과 같은 시를 놓는다.

굶주리는 것은 괴롭다 그보다
굶주림을 생각하는 것은 무섭다 허나 아귀도를 간다
아귀도를 지나 혁명의 길로 아귀도를 지나 반혁명의 길로……[36]

혁명으로 구를 수도 있고 반혁명으로 구를 수도 있는 구로다의 굶주림은 특정한 계층의 것이 아니다. 이는 실로 "모든 사회계층에서 제외됨으로써 다른 집단의 아이덴티티를 강화할 뿐 아니라 다른 모든 계층·계급이 이용할 수 있는 부동성의 요소가 된다".[37] 그리고 이 '안니야'를 중심으로 구로다는 자기 자신의 고향에서 만난 어떤 농촌개혁 광경을 그려낸다. 여기서 농지개혁을 혁명의 주춧돌로 삼고자 농지위원회에 참가한 '혁명당원'이자 '전투적 조합원' T를 언급하는데, 그가 바로 줄곧 '안니야'라 불리던 인간이었다. 거기에는 구로다 자신도 겹쳐진다.

T는 다가올 미래를 위해 일어섰다. 하지만 그것은 혁명의 이상이나 정당성 같은 말로 표현할 수 있는 미래가 아니다. 적어도 그것만은 아니다. 여기에는 굶주림이라는, 도저히 메울 수 없는 결여가 숨어 있다. '안니야'는 지금의 처지에서 탈출하려 한다. 조금이라도 대우가 좋은 자리로 조금씩 상승하여, 항상 '안니야'로 보이던 존재에서 탈출하려고 몸부림친다. 하지만 기존 질서를 전제로 한 상승이나 **몸부림**이 아무리 해도 통하지 않는 순간이 역시나 찾아온다. 다른 미래가 얼굴을 내미는 것은 이때다. 이 순간에 그는 '보이

지 않는 사내'로 비약한다.

그러나 '안니야'로서 출세하는 것이 아니라 출세를 부정하고 생애에 걸친 '안니야'로서의 상승운동을 역전시키는 가치관을 향해 비약하기 위해서는 어떤 용수철 같은 것이 필요했는데, 이 용수철이란 그들 안에 있는 여러 세대에 걸친 기아의 느낌을 이를테면 절대화함으로써 만들어졌다. 즉 그들은 굶주림 때문에 **보이는 사내**였다 이를 스스로 주시하고 의식함으로써 **보이지 않는 사내**로 변신한 셈이다. 이때 그들 관념 내부의 굶주림은 옅어진 것이 아니라 주시됨으로써 짙고 깊어졌으며, 그것이 무엇으로도 메울 수 없을 정도로 심화되었다고 느꼈을 때 그 깊이를 용수철 삼아 그들은 보이지 않는 사내로 비약했다.(강조는 원문)[38]

구로다는 존재로서의 '안니야'를 대화를 주고받는 상대가 아니라 마치 풍경처럼 사람들이 바라보는 자연의 위치에 놓는다. '안니야'는 언제나 그저 보일 뿐이다. 그리고 누적된 기아를 절대화시킨 용수철을 통해 이러한 자연이 다른 존재로, 즉 '보이지 않는 사내'로 비약한다. 그 무엇으로도 대체할 수 없는 절대적인 결여의 깊이까지 압축된 용수철이 일으키는 비약. 굶주림이란 보전 가능한 구제 대상으로서의 결핍이나 계층 상승으로 해소되는 부족함이 아니라 이러한 구제나 계층상의 대상화를 모조리 거절한, 그저 용수철의 작동으로서만 감지되는 결여다. 여기 있는 것은 굶주림의 절대화라고 부를 만한 사태다. T에게, 다가올 미래는 이러한 용수철의 작동과 함께 있다. 바로 그렇기 때문에 다음과 같은 말이 등장한다.

우리는 혁명을 요구한다. 우리는 정의를 위해서가 아니라 정의보다 무거운 굶주림 때문에 어떠한 수단으로라도 혁명을 요구한다.[39]

이 문장에서 등장하는 '우리'는 무시무시하다. 모든 것을 무효로 만들면서도 계속해서 남아 있는 "어떠한 수단으로라도"라는 한마디가 열어나가는 세계 속에 '우리'의 미래는 있다.[40] 굶주린 자는 일어선다. 그리고 그때 정의를 넘어선다. 결코 정의라 불리지 않는 수단이라 해도 굶주린 자는 그것을 요구한다. 모든 논리를 넘어서는 이 역동과 도약은 혁명도 아니거니와 반혁명도 아니며 둘 중 무엇이든 될 수 있다. 바로 그렇기 때문에 운동을 조직하려는 이들은 이러한 굶주림을 훈육하여 스스로의 힘으로서 조달해야만 한다. 그리고 지극히 역설적이지만 정의를 초월해 절대화된 굶주림을 다시 한 번 자신들의 정의로서 획득하고자 하는 자가 바로 진정한 의미의 전위조직이다. "스스로의 굶주림을 절대화하고, 당·지도자와 혁명의 모든 수단을 절대화"[41]하는 것이다. 이때 전위는 모든 수단을, 모든 정의의 외부를 제 자신의 정의로서 획득할 것이다. 또한 굶주림에 대해 생각한다는 것은 이러한 정의의 붕괴와 재획득 사이에 머물며 양쪽의 정의로부터 공격 받는 자리에 서는 일인지도 모른다.

그리고 농지위원회에서 찾아낸 꿈이 농지개혁 과정에서 소멸하여 당 자체가 분파되고 혼란을 일으키는 가운데 T는 고압송전선 철탑에서 몸을 던졌다. 스탈린주의라는 안이한 표현을 피한다 해도, 여기에는 비판해야 할 조직의 모습이 존재할 것이다. 그리고 이러한 비판은 비약한 T를 계속해서 획득한 것은 당이었다는 엄연한 현실에서 출발할 수밖에 없다.

비약하는 T가 발견한 미래는 결코 메울 수 없는 결여와 함께 있다. 또한 중요한 것은 T에게 이 결여는 "언제나 스스로의 분석이나 해석을 초과하는 곳에 있었다".[42] 굳이 말하자면 굶주림이란 용수철의 작동으로 모든 것이 융해하는 사태이며, 분석이나 해석의 언어 격자를 부단히 무효화하는 힘이다. 또한 "어떠한 수단으로라도"라고 할 때의 수단이란 의미가 무효해진 뒤에도 여전히 남아 있는, 이러한 힘의 영역이다. 그리고 당은 이 비약을 선취하여 그 결여가 무엇인지를 표현하고 나아가야 할 미래를 제시할 것이다. 또한 이 과정에서 수단은 전위의 도구가 되어 목적합리성 속에서 새로운 의미를 얻을 것이다. 그리고 많은 경우 사람들은 이 목적합리성을 운동으로 이야기할 것이다.

지금 여기서 비약을 선취하는 것이 잘못이라는 말을 하려는 것이 아니다. 하지만 비약은 용수철과 함께 있고, 여기서 수단은 힘의 영역에 있으며, 말은 끊임없이 이 힘 속에서 무효화된다. 그리고 이 비약과 말의 관계는 모든 것을 융해시키는 용수철과 눈앞에서 윤곽을 가지고 퍼져나가는 미래를 말로써 붙잡으려고 하는 선취 속에서 생성하는 것이지, 보편적 이념으로부터 오성적으로 연역하거나 법칙에서 도출한 계획이 아니다. 바꿔 말하면, 기존의 현실이 무너지는 가운데 미래를 붙잡으려고 하는 선취는 이상으로서의 미래상이나 계획된 예정과는 별개의 것이다. 미래가 운동의 목적합리성으로 이야기되는 가운데 패배자들이 확보하려고 한 것은 이러한 비약이자 힘의 영역이다.

기요타로 다시 돌아가자. 1950년대 오키나와 땅에서 미군에 대항해 토지투쟁을 하고 그 싸움이 종식되는 가운데 당을 떠난 기요타 마사노부에게, 구로다가 말한 굶주림은 스스로가 경험해온 토지투쟁에 대한 소급적 비판으로 이어졌다. 토지 수용을 결정지은 '프라이스 권고'*가 나오자 앞에서 썼듯 '섬 전체 투쟁'이라 불리는 토지 접수 반대운동이 퍼져나갔다. 접수 반대의 한 축은 토지 접수와 관련한 보상 문제이기도 했다. 결과적으로는 '총검과 불도저'라는 말이 상징적으로 표현하듯 미군에 압살된 이 운동은 접수에 반대하는 실력행사도 포함한 광범위한 것이었는데, 미국 지배에 반대하여 오키나와에서 일어난 저항운동의 시초로 특필되곤 한다.[43] 이 투쟁에서는 오키나와 인민당과 그 배후에 있는 오키나와 비합법 공산당이라는 공산주의 정당이 중심이 되어 운동을 지도했다. 기요타는 그 멤버이기도 했다. 그리고 투쟁이 한창일 때 다음과 같은 문구가 적힌 입간판이 등장했다.

* 1956년 6월에 미 하원 군사위원회가 제출한 오키나와의 군용지 문제에 관한 보고서. 그때까지의 군용지 매상과 토지 접수 정책을 전면적으로 긍정하며 지대의 일괄지불·토지 수매의 필요성을 권고했다.

미국은 미국의 것

오키나와는 오키나와인의 것

마자眞謝는 마자 부락의 것

하늘도 아는 이 도리

미국은 신이 무서운 줄 알라.⁴⁴

기요타는 후에 이 문구를 두고 "궁지에 몰린 농민들의 최소한의 자기주장"이라고 하면서도 "[촌락村]의 배타성과 혈맥에 직결된다"라고 비판한다.[45] 또 나아가 여기서 "소토지 소유자의 의식을 조직에 이입하여 투쟁을 강화하는" 좌파정당의 문제를 지적했다. 즉 운동이 "마자는 마자 부락의 것"이라는, 촌락 토지를 둘러싼 동어반복적 소유의식에서 유래하는 토지의 사적 소유에 대한 희구에 기반을 두고 있는데, 기요타가 보기에 이러한 기반에서 발견되는 촌락은 진정한 의미의 굶주림을 눌러 감추는 존재와 다름없었다. 앞에서도 인용했듯, 바로 그런 이유로 기요타는 "농민의 굶주림이 정말로 청년들의 사상을 심화하는 요인이 될 수 있었는지" 하고 물음을 던진다. 그리고 덧붙이자면, 토지투쟁을 전개한 전위조직은 결과적으로는 굶주림을 훈육하고 촌락을 조직했다. 기요타는 앞서 인용한 「구로다 기오에 대하여: 파국을 넘어서는 시점」에서 이러한 굶주림의 훈육을 '사회정책적 차원'이라 표현하고 다음과 같이 쓴다.

위장의 굶주림은 체제의 그 어떤 논리도 무의미하게 만드는 집념이지만, 이는 사람이 위장의 굶주림으로 죽는 것은 결코 용인되어서는 안 된다는 유랑자의 불문율이 되기에 이르러, 사회정책적 차원의 구원을 훨씬 상회하는 변혁의 동인이 된다.[46]

거듭 말하지만, 어느 정도의 굶주림이냐가 문제가 아니다. 여기서 제시되는 것은 현실을 살면서 그 현실에 대해 품는 결정적인 결핍감이라 할 만한 굶주림이고, 요점은 이 결여에 대한 집착이 동인이 되어 움직이기 힘든 현실이 다른 것으로 탈바꿈해간다는 것이다. 또한 여기서 기요타가 언급하는 것은 촌락을 구제의 대상으로 보는 사회정책과 구제의 바깥에 놓이는 유랑자 무리다.

복귀운동의 시작을 알린 '섬 전체 투쟁'은 동시에 토지의 강제 몰수를 보상이라는 형태로 요구하는 측면을 분명히 가지고 있었다. 토지투쟁의 슬로건인 4원칙에는 수용된 토지에 대한 적정한 보상과 이제까지의 손해에 대한 배상 요구가 담겨 있었다. 이러한 요구가 주지하다시피 앞서 언급한 '프라이스 권고'에 배반당하면서 토지투쟁은 고양되지만, 구리마 야스오가 정확하게 지적하듯 1959년 군용지 사용료 인상에 따라 지극히 높은 액수의 지대가 성립한다. 이는 그야말로 "군사기지가 눌러앉는 것을 용납하는 대가를 전부 지대를 통해 보상"한다는[47] 이른바 사회정책적 구제가 사적 소유와 관련한 지대로서 성립하는 도착적인 관계의 시작이기도 했다. 기요타가 말한 '사회정책적 차원'이란 이러한 사회정책과 군용 지대가 포개진 것으로서 이해해야만 한다.

즉 기요타는 굶주림을 "사회정책적 차원의 구원을 훨씬 상회하는 변혁의 동인"으로 파악했는데, 이 변혁 속에서 유랑자들이 등장한다. 기요타가 이 유랑자들로 보여주려고 했던 것은 현실을 살면서도 그 현실에 대해 품는 결정적인 결핍감이라고도 할 법한 굶주림이고, 현실에서는 채울 수가 없는 이 결여에 집착하는 가운데 거꾸로 현실을 다른 것으로 바꾸는 굶주림이다. 그리고 여기서는 굶주림을 두 가지 맥락으로 파악한다. 즉 첫째로 그 결여를 필요량으로 표현할 수 있는 굶주림. 이 굶주림은 대수적 평면으로 치환되고 나서 사회정책에 의해 압살당할 예정이다. 또한 굶주린 자들은 주권적 존재가 꺼내놓는 사회정책을 희구하고, 또 그 구제법을 승인한 다음 스스로를 법에 대한 신청자로 주체화할 것이다. 바꿔 말하면 굶주림은 결핍량 혹은 필요량이 되고, 이렇듯 계량할 수 있는 대수평면의 지배를 받는다.[48]

바로 그렇기 때문에 또 하나의 굶주림, 즉 논리를 넘어선 집착이라고도 할 만한 굶주림이자 결코 표현될 수 없는 절대적 결여로서의 굶주림으로 기요타는 향한다. 유랑자들의 굶주림이라 해도 좋다.[49] 그리고 역시 중요한 것은 그 굶주림이 무엇이냐는 것보다는 이러한 집착 속에서 촌락의 정경이 다른 것으로 탈바꿈해간다는 점이다. 이 탈바꿈 속에서 소토지 소유자의 연합체였던 촌락에서는 유랑자가 배회하는 광경이 부상할 것이다. 그리고 이 광경과 관련한 지각을 기요타는 '광기의 논리'[50]라 부른다.

> 그것은 흡사, 더할 나위 없는 광기의 순간에도 여전히 발광할 수 없을 때 사람을 광기로 몰아가는 모든 악의가 보이기 시작하는 것 같은 철저성에 기인한다.[51]

광기나 악의라는 표현이 보여주는 것은 기존 인식의 격자가 융해하기 시작하는 가운데 생겨나는 지각이며, 굳이 말하자면 용수철과 관련한 지각이다. 그리고 바로 이 지각을 통해 감지할 수 있는 세계가 있다. 문제는 결여가 무엇이냐가 아니라 이 지각과 세계다. 지금, 자연화된 촌락의 풍경에서 유랑자들이 모습을 드러낸다. 여기에는 T도 있다.

지금까지 살펴봤듯이 소철지옥 이후 구제나 진흥을 말하는 사회정책이 등장했다. 또한 여기에 미국 점령지에 주는 가리오아 GARIOA 기금* 또는 미국 통치 중의 기지 건설 및 기지 유지와 관련한 재정이나 자금 투하가 이어지는데, 복귀 후에 이러한 구제나 진흥은 오키나와 진흥개발계획과 오키나와 개발청 설치라는 형태를 띠고 등장한다. 따라서 소철지옥에서 시작되는 전후란 동시에 굶주림을 구제하는 사회정책적인 법이 구성한 시간이기도 했다. 그리고 기요타가 통찰했듯, 전위당 또한 이러한 구제의 틀을 벗어나지 않았는지도 모른다. 하지만 여기에는 동시에 "사회정책적 차원의 구원을 훨씬 상회하는" 유랑자들의 굶주림이 존재한다. 즉 주권적 존재가 꺼내놓는 구제 및 진흥법의 대상으로서 신청되는 굶주림이 있다고 한다면, 기요타가 주시한 것은 이 유랑자들의 굶주림이다. 영토로서 존재하는 그 땅에 머물며 주권에 의해 구제받은 것처럼 보이는 사람들의 굶주림은 실은 이 유랑자들의 굶주림과 연

---

* Government Appropriation for Relief in Occupied Area Fund: 점령지역 구제를 위한 정부기금.

결돼 있는 것이다.

그리고 이 같은 연결 속에서 굶주림은 "체제의 그 어떤 논리도 무의미하게 만드는 집념"이 되고, 진흥계획과 관련해 등장하는 주권 혹은 '귀속 문제'와 같은 논리는 무효가 된다. 바로 그렇기 때문에 진흥을 수반한 복귀라는 정의正義가 정치 과정에 올라오기 시작하는 1976년에 기요타는 1950년대의 토지투쟁으로 소급하여 거기서 패배를, 즉 다른 가능성으로 통하는 새로운 경험을 발견하려고 했다. 그리고 그렇게 발견한 이 유랑자의 굶주림을 복귀를 향해 가는 정치에 들이대어, 정의를 정지시키고 새로운 연결을 획득하고자 한다.

정의를 분쇄하는 굶주림을 공유하여 불가능성의 영역으로 출발해야 한다. 거기서 사람들을 결합시키는 말은 이미 정의라고 불리지는 않으리라.[52]

기요타는 유랑자의 굶주림으로부터 다른 지평을 확인하려 했다. 유랑이란 단지 지리적인 이동이 아니라 사회정책을 넘어서 절대화된 굶주림과 관계있으며, 모든 논리를 무효화하는 용수철과 다름없다. 그리고 유랑자들이 획득하는 말이란 기존의 정의를 정지시키고 다른 연결을 담지하는 말들이 아닌가? 이는 "더할 나위 없는 광기의 순간" 바로 곁에 있다. 또한 분쇄되는 정의를 지키려고 하는 자들은 용수철의 등장을 앞두고 허둥지둥할 것이다. "큰일 났습니다! 일이 어떻게 될지 짐작도 안 갑니다."[53] 하지만 머물 곳이라곤 어디에도 없이 '아귀도'를 걷는 이들은 새로운 "사람들을 결합시키는 말"을 중얼거리기 시작하고 있다. 이는 역시 근원적인 적대성을 둘러싼 대표성의 문제다. 굳이 말하자면, 기요타는 복귀로 향해 가는 정치 과정 속에서 자연화된 영역을 구동시키고 거기에 유랑자인 임금노예들을 불러들여, 일본 귀속으로부터 이탈하는 '노력의 총체'[54]로서의 정치를 전후라는 시간 내부에서부터 짜내려고 했던 것이다.

탈식민지화와
냉전 사이

아마유

그건 그렇고, 오키나와의 '귀속 문제'는 곧 열릴 강화회의에서 결정될 예정인데, 오키나와인은 그때까지 그에 관한 희망을 말할 자유를 가지고 있기는 해도, 현재의 세계정세로 추측하건대 자신의 운명을 스스로 결정할 수 없는 처지에 놓여 있음을 알아야만 한다. 그들은 자손에게 이러저러하고 싶다고 희망할 수는 있지만, 이러저러해야 한다고 명령할 수는 없을 터이다. 이에 대해서는 현이 설치된 후 겨우 70년 동안 인심이 변화한 것만 봐도 동의할 수 있다. 아니, 전통조차도 다른 전통으로 갈아 끼워지리라고 각오해둘 필요가 있다. 모든 것은 나중에 올 사람의 의지에

맡기는 것 말고는 길이 없다. 하여간 어떤 정치 아래에서 생활할 때 오키나와인은 행복해질 수 있느냐는 문제는 오키나와사의 범위 바깥에 있는 고로 그에 대해서는 일절 언급하지 않기로 하고, 여기서는 그저 지구상에서 제국주의가 끝을 고할 때 오키나와인은 '니가유'* 에서 해방되어 '아마유'** 를 누리며 개성을 충분히 살려 세계 문화에 공헌할 수 있을 것이라는 한마디를 덧붙이고 붓을 놓는다.[55]

당시 오키나와인 연맹 회장이었던 이하 후유는 전후 오키나와의 국제법상 지위가 논의되기 시작한 1947년에 간행된 『오키나와 역사이야기』의 끝을 이렇게 맺었다. 오키나와인 연맹에 대해서는 뒤에서 서술하겠지만, 여기서 이하는 오키나와인이 "자신의 운명을 스스로 결정할 수 없는 처지"에 놓여 있다고 쓴다. 오키나와인이 미래를 획득하기 위해 오키나와의 역사를 계속 써왔던 이하가 "오키나와인은 행복해질 수 있는가라는 문제는 오키나와사의 범위 바깥에 있는 고로 그에 대해서는 일절 언급하지 않"는다는 말을 죽기 직전에 남긴 것이다. 여기서 무엇이 시작되려 하고 있었을까?

이하의 많은 글 가운데서도 가장 많이 인용되는 부분 중 하나인 이 마무리에는 세 가지 논점이 겹쳐 있다. 이는 그야말로 오키

---

* にが世: 비참하고 불행한 세상.
** あま世: 행복한 세상. '유世'는 세상이라는 뜻의 오키나와 방언인데, 이는 일종의 독특한 세계관을 보여준다. 즉 도누유唐の世에서 야마토유大和の世로, 또 아메리카유アメリカ世로 바뀌었다는 식의 인식에서처럼 이 말에는 역사로부터 소외되었다는 느낌이 있다.

나와의 전후를 글자 그대로 중층적으로 결정짓는 세 가지 논점이라 해도 좋다. 또한 굳이 말하자면 오키나와의 전후를 오키나와 전쟁 후로 그려내는 논의에 대한 비판이기도 하다. 너무나도 깊은 상처였던 만큼 오키나와 전쟁은 전후를 이야기할 때의 결정적인 전제였다. 하지만 이러한 전장의 기억 자체를 중층적인 전후라는 시간 속에서 재검토하지 않으면 안 된다.

우선 지적해야 할 것은 이하가 말한 "자신의 운명을 스스로 결정할 수 없는 처지"가 다름 아닌 냉전체제의 구축과 관련된다는 점이다. 서두에 있는 '귀속 문제'란 오키나와의 주권이 어디에 귀속하는가에 대한 것인데, 이는 일본제국의 식민지를 이어받은 미국의 전후 질서 구축과 이러한 질서 내에서의 오키나와의 '귀속 문제'다. 뒷부분에서도 다루겠지만, 결론적으로 말하면 주권을 넘어선 글로벌한 지배질서는 주권적 존재를 매개로 전개됐으며, 이렇듯 주권적 존재가 질서를 형성하는 가운데 이하는 "자신의 운명"을 결정할 수 없다고 한 것이다.

두 번째로 지적해야 하는 것은 소철지옥 이후의 구제법에 관해서다. 제2장 처음에도 썼듯 이하 후유의 『오키나와 역사이야기』에서 앞서 인용한 부분 조금 앞에는 "오키나와 부흥계획이 진행되는 가운데 일본 정세가 변한 것은 오키나와 입장에서는 매우 불행한 일이었다"라는 전전기에 대한 인식과, "쇼와 21년 1월 2일 연합군 총사령부 명령에 따라 오키나와는 일본정부 관할에서 떨어져 나와 미국 군정 아래에 놓였고 도민은 간신히 기아를 면했는데, 곧 자문기관인 민정부도 설치되어 오키나와의 부흥을 꾀하는 중이다"[56]라는 현상 인식이 잇달아 나온다. 즉 여기서 이하는 소철지옥에서 시작된 구제와 부흥의 역사 속에서 전후의 시작을 바라보는데, 이는 단적으로 말해 전전의 '오키나와 부흥계획'의 재개로서의 전후다. 또한 자신의 운명을 결정할 수 없는 상황과 그러면서도 일본이나 미국에 구제법을 희구하는 구도는 제3장에서 검토한 「류큐 민족의 정신분석」의 반복이기도 하다. 굳이 말하자면 소철지옥에서 구성된 '오키나와 문제'의 연장선상에서 전후를 전망하고 있다고 할 수 있을 것이다.

그리고 세 번째로 지적해야 할 것은 '유世'라는 말에 담긴 세계 인식이다. 이는 마지막에 등장하는 "지구상에서 제국주의가 끝을 고했을 때 오키나와인은 '니가유'에서 해방되어 '아마유'를 누리며 개성을 충분히 살려 세계 문화에 공헌할 수 있을 것이다"라는 말을 어떻게 이해할 것인가라는 물음과도 관련된다. 즉 노예로부터 해방되기를 한결같이 희구하며 류큐 역사를 그려온 이하가 스스로의 운명을 결정할 수 없다면서 마지막에 "어떤 정치 아래 생활할 때 오키나와인은 행복해질 수 있느냐는 문제는 오키나와사의 범위 바깥"이라고 쓴 이 인용문에서는 먼저 패배 선언으로도 보일 만큼 절망적인 상황이 떠오른다.[57] 이하가 이 패배를 전제하면서도 '아마유'라는 말에 걸었던 미래란 무엇인가? 여기서 그는 기요타와 마찬가지로 다름 아닌 "패배를 소유하는 자"들이 확보할 수 있는, 아직 정해지지 않은 미래를 전망하고 있는 것 아닐까? 가령 긴조는 이 부분을 두고 탈식민지화란 "어느 하나의 제도적 장소에서 다른 제도로 이행함으로써 모든 지배가 끝나버리는" 것이 아니라 "탈식민지화의 꿈을 계속해서 꾸는" 것이라고 지적했다.[58] 즉 '귀속 문제'라는, 주권적 존재로 구성되는 절망적인 현실 속에서 그 현실에 대한 패배를 선언한 이하는 그래도 "아직 끝나지 않았다"라고 중얼거리고 있다. 따라서 '아마유'란 '귀속 문제'에서 탈출하는 것이고, 이것이 곧 유토피아적 순간이다.

이하의 이 '아마유'가 바로 전후의 시작이었다. 그리고 전후를 소급적으로 검토하는 작업은 이러한 '아마유'에서 시작될 미완의 미래를, 패배를 소유한 자들의 "아직 끝나지 않았다"라는 중얼거림과 더불어 계보학적으로 드러내는 일이다. 또한 앞에서도 언급했듯, 이러한 '아마유'는 주권적 존재인 국가가 내놓는 사회정책적인 구제법이 구성하는 현실에 대한 비판이 되는데, 이는 전후의 시작을 기록한 이하의 이 마지막 글을 다름 아닌 소철지옥 한복판에서 쓴 「류큐민족의 정신분석」의 연장선 위에 놓고 읽어야 한다는 점을 보여준다. 혹은 인용문에 있는 "'아마유'를 누리며 개성을 충분히 살려"라는 끝부분은 소철지옥 속에서 "개성을 표현할 자기 자신의 말을 가지고 있지 않다"[59]라고 중얼거리던 이하의 말과 공명한다. 전후란 그저 1945년 이후를 의미하는 것도 아니고, 오키나와 전쟁을 경계로 긋는 시대 구분도 아니다. 말하자면 1920년대부터 이어진 '오키나와 문제'와 '아마유'의 문제인 것이다.

민주주의와 냉전

다음으로, 앞서 언급한 "자신의 운명을 스스로 결정할 수 없는 처지"로서 등장한 냉전체제 구축과 주권적 존재의 관계에 대해 검토해보자. 이러한 주권적 존재와 탈식민지화 과정의 관계도 논점이 된다. 여기서는 냉전-주권-탈식민지화라는 중층적인 구조를 먼저 염두에 두어야 한다. 그런데 탈식민지화라고 할 때에는 앞 장에서 논의한 제국 인종주의로부터의 해방이 중요하다. 굳이 말하자면, 이 하가 말한 임금노예에서 해방된다는 의미의 탈식민지화 과정과 "자신의 운명을 스스로 결정"하는 것을 허락하지 않는 제도적 주권의 등장 사이에, 냉전체제 구축과 관련한 논점을 설정해야만 한다.

그런데 오키나와 전쟁 중에 시작된 미군 통치는 1948년을 경계로 아시아-태평양 지역을 향한 출격 기지로서 오키나와를 장기 점령한다는 방침으로 전환되었다. 이후 1952년 4월에 발효한 대일강화조약에 따라 국제법상의 근거를 얻어 미국은 정식으로 오키나와를 장기 점령하기 시작한다. 출격 기지로서 오키나와를 통치하는 것은 오키나와를 잘라낸 일본의 주권 회복과도 병행하지만, 동시에 일본에서도 미일안전보장조약이 체결되었다. 뿐만 아니라 미국은 일찍이 일본이 통치하던 남양군도를 군사적으로 자유롭게 사용할 수 있는 전략적 신탁통치령으로 획득한다.

이렇듯 동시 병행하는 미국에 의한 군사화 과정을 염두에 두면, 미국이 오키나와 통치를 오키나와에 한정하여 구상한 것이 아니라는 점이 분명해질 것이다. 미국 통합참모본부는 1945년 10월 시점에서 이미 미국의 해외군사기지 전개에 관해 검토했는데, 이 월경적인 군사적 전개에 대한 구상은 일찍이 일본의 식민지 지배를 받은 지역에서 어떠한 주권 형태를 구성하느냐는 문제와도 포개진다. 이때 형태라는 것은 스스로의 주권 아래에 획득할 지역, 전략지역으로서 신탁통치를 할 지역 등의 구분인데, 여기서는 "미국 병사의 피로써 쟁취한 것"이라는 전장의 논리 또한 통치 근거로 동원되었다.[60]

이 같은 미국의 군사화 프로젝트는 세계정세 속에서 변화를 거치면서 오키나와에서는 잠재 주권이라는 대단히 희한한 형태로 등장했다. 대일강화조약 제3조는 오키나와의 법적 지위를 규정했는데, 여기서는 신탁통치 제안이 있을 때까지는 미국이 통치하는 것으로 정했다. 이는 "신탁통치 제안을 사실상 무기한으로 연장하는 것을 전제로 미크로네시아의 전략적 신탁통치와 동일한 군사적 권리를 확보"[61]하는 것과 다를 바 없었는데, 동시에 미국은 오키나와의 주권은 '잠재적'으로 일본에 있다고 명언한 것이다. 오키나와에서 주권 문제는 미국이 주권을 키울 용의가 있다며 결정을 뒤로 미루는 언명을 함으로써 실질적 통치를 정당화하는 한편, 이 미래의 주권은 잠재적으로 일본에 있다고 했다는 점에 있다. 그리고 이 잠재 주권은 오키나와의 주권이 일본으로 복귀하는 것으로서 구성되도록 경로를 규정했다. 미국 입장에서는 무엇보다 월경적인 군사 전개를 확보하는 일이 중요했으며 주권은 이를 위한 회로에 지나지 않았음은 이 과정만 봐도 분명할 것이다. 거듭 말하지만, 이러한 주권과 군사화의 관계는 오키나와뿐 아니라 세계 각지에서 동시대적으로 공통되게 나타난다.

또한 동아시아의 경우, 일본도 포함해 과거에 일본이 지배하던 지역의 주권을 어떠한 형태로 만들어나갈 것인가라는 문제와 전후 미국의 글로벌한 군사 전개는 밀접한 관계가 있다. 거칠게 말하면 여기에는 전략적 신탁통치, 병합, 독립 후의 군사동맹 등 자치나 주권 획득과 관련한 갖가지 형태들을 회로로 삼으면서 군사적으로 확장해가는 제국이 있으리라. 또한 신탁통치라는 형태는 때로는 군사 전개의 회로가 되기도 하지만 그 소외물로 등장하기도 했다. 결과적으로, 일본에서는 점령을 거쳐 안전보장조약이라는 군사동맹을 통해 기지가 확보되었고 미크로네시아는 점령과 동시에 전략적 신탁통치 아래 미국이 자유롭게 쓸 수 있는 핵실험장이 되었다. 또한 한반도는 신탁통치에 반대한 이승만 정권의 탄생과 함께 전장이 되었고, 오키나와는 신탁통치를 뒤로 미룬 잠재 주권 속에서 한반도를 향한 최전방의 출격 기지가 된다.

게다가 이러한 주권 문제는 1947년에 코민포름을 설립함으로써 각국 공산당을 지도하고자 했던 소비에트연방과도 통하고 있었다. 신탁통치를 경유한 주권 획득은 오키나와나 조선에서는 좌익진영의 방침으로 등장했고, 뒤에서 언급하겠지만 패전 직후 일본 공산당이 오키나와에 대해 내놓은 방침들도 소련이 각 지역 공산당을 매개로 주권을 구축하고 월경적 헤게모니를 획득해간 과정 속에서 이해할 수 있을 것이다. 지금 오키나와의 전후를 생각할 때, 오키나와가 이렇듯 주권과 군사화의 동시대적 지평 속에서 '기지 섬'으로 등장했다는 점을 먼저 확인해두어야만 한다. 또한 여기에는 일찍이 제국이었던 일본이 이 같은 전개를 승인하고 적극적으로 가담해갔다는 공범관계가 존재한다.

이 동시대적 지평은 주권의 이런저런 형태들에 포함된 사람들이 냉전이라 불리는 구조에 휩쓸려 들어가는 사태이기도 하다. 소위 미소 양 진영에서 시작된 냉전은 이하의 말처럼 많은 사람이 "자신의 운명을 스스로 결정하지 못하는 처지"로 내몰렸음을 의미하고, 매우 거칠게 표현하자면 주권이나 자치라는 이름 아래 사람들은 '자신의 운명'을 상실해갔다. 주권의 구축은 그것을 기르고 감시하며 경우에 따라서는 압살하는, 주권을 넘어선 통치의 등장과 함께 시작되었다. 이는 이하에 근거해서 말하자면, 단념된 오키나와사 혹은 '아마유'의 문제일 것이다.

하지만 오키나와사라고 할 때 이 오키나와는 어느 장소를 가리킨단 말인가? 오키나와인이란 누구를 가리키는 말인가? 방금 그려낸 주권과 글로벌한 군사 전개의 공범관계는 전후 사회를 형성하는 주권적 형태를 축으로 한 지역 구분과 거기에 에워싸인 주민이라는 사람들의 배치가 이미 통치의 산물임을 보여주고 있지 않은가? 다시 말해, 주권적 형태로 구분되어 면적을 갖는 지정학적 지도를 동과 서의 대립으로 나누는 사고 자체에 물음을 던져야 한다. 이러한 지정학적인 냉전적 사고는 현재까지 계속되고 있다고 할 수 있다. 왜 우리는 오키나와에 대해 이야기할 때, 저 지도 위의 섬을 위로부터 바라보는가? 왜 냉전은 여전히 동서 대립, 남북 대립 같은 영토적 대립으로 그려지는가? 그리고 일찍이 제국 일본의 영토에 색칠을 하던 이들은 왜 갑자기 일본 영토를 북쪽은 홋카이도, 남쪽은 규슈인 지도 위의 섬으로 그리게 되었는가? 이하가 보여준, 역사를 그리는 데에 대한 패배 선언에서 전후 세계를 구성한 지리적 영토와 거기에 에워싸인 주민이라는 냉전적 사고에 대한 질문을 확보해야만 하는 것 아닐까?

이러한 질문은 앞 장에서 검토한 민족이라 불리는 집단성의 정치적 함의와도 깊은 관계가 있을 것이다. 전후 세계에서 이 집단성은 독립이라는 주권적 형태를 획득하고자 했던 민족주의라는 의미를 우선 지닌다. 그리고 "냉전 구조에 바탕을 둔 진영 논리가 어떻게 민족(주의) 문제를 뛰어넘게 만들었는가?"를 확인해두어야만 한다.[62] 주지하다시피 소비에트연방에서는 코민테른 시대부터 민족주의를 프롤레타리아 국제주의 속에서 반제국주의 투쟁을 담당하는 세력으로 간주했다. 여기서는 제국주의 대 민족해방투쟁이라는 도식을 명확히 그려놓은 뒤, 어떻게 민족주의를 공산당이 지도하는 혁명과 결합시켜나갈 것이냐가 가장 큰 과제가 되었다. 그리고 미국에서도 어떻게 민족주의를 '온건한 민족주의'로서 자기 진영으로 획득할 것인가가 지역 지배전략으로 등장한다.[63] 오키나와를 군용지로 접수하기를 결정한 1956년 '프라이스 권고'도 오키나와에 '도전적 민족주의운동'이 존재하지 않는다는 점을 오키나와의 군사적 가치에 대한 근거로 기록하고 있다.[64]

그리고 냉전 구조 속에서 육성되고 감시되는 주권이 바로 민족이 정치로서 자리매김되는 장소가 되었다. 바꿔 말해, 모든 주권적 형태는 민족이라는 집단성을 통해 정당성을 얻었고 민족은 지정학적인 지도 속에 끼워 넣어졌다. 이 동서 두 진영에 공통되는 끼워넣기 논리에서 민족 문제는 역으로 방치되어 '뛰어넘을' 수 있는 것이 되었다. 이러한 주권과 주권을 넘어서는 통치의 공범관계 속에서는 곧장 제국주의 대 민족해방투쟁이라는 도식을 그릴 수가 없다. 주권이 냉전질서의 구성요소가 되고, 민족주의가 주권 획득이라는 맥락에서만 정치화하며, 사람들을 영토적인 국민이라는 틀에 끼워 넣어 그저 지도 위에 등록할 뿐이라면, "국민주의 혹은 민족주의는 식민지 체제에 대한 저항의 계기를 잃어버렸다"라는 말은[65] 확실히 정곡을 찔렀다고 할 수 있을지도 모르겠다. 끼워 넣기의 논리는 넣은 채 붙박아버리고자 하는 논리이고, 바로 그렇기 때문에 이하는 '귀속 문제'에 대해 적확한 패배 선언을 한 것이다.

이러한 전제 위에서 민족주의가 품고 있는 다른 가능성과 그 계보를 생각해보려 한다. 이는 민족 문제를 뛰어넘은 월경적 통치 속에서 사람들이 다시금 미래를 획득한다는 것은 어떠한 것이었는가라는 문제, 월경적인 통치가 두려워하던 '도전적인 민족운동'이란 무엇이었는가라는 문제 그리고 이하에 준거해서 말하자면 오키나와인은 어떻게 오키나와사를 획득할 수 있었는가 즉 '아마유'의 문제다. 이렇듯 민족주의를 계보학적으로 검토하는 가운데 끌어안을 수밖에 없는 과제는 후지이 다케시藤井たけし가 지적했듯 제3세계주의 그리고 파시즘이다.[66]

동서 냉전구조의 구성요소였던 주권적 존재에 끼워 넣어진 민족주의의 저류에는 동서 어느 쪽 진영에도 정통성을 부여하고 또 어느 쪽과도 격렬하게 대립하는, 후지이가 '전투적 민족주의'라 지적하는 영역이 펼쳐져 있었는데, 이 영역과 가장 가까이에 있는 것이 제3세계주의이고 파시즘이다. 또한 이 문제는 동아시아에서는 다름 아닌 대동아공영권 문제로 부상할 것이다. 동서 두 진영의 논리와 접합하면서도 다른 가능성으로 향하는 계보를 생각하는 작업에는 틀림없이 이 일본제국의 계보를 어떻게 비판하느냐는 문제가 들어 있다. 그리고 이제까지 검토해왔듯 일본제국은 동원과 인종주의의 제국이었고, 거기서 이탈하는 것은 파농이 이야기한 룸펜 프롤레타리아트의 민족주의라는 문제다. 이는 앞 장 마지막에 언급한 독립이라는 물음과도 깊은 관계가 있을 것이다.

그런데 1946년 2월 24일 일본 공산당 제5차 대회에서는 다음과 같은 "오키나와 민족의 독립을 축하하는 메시지"를 만장일치로 채택했다. 이 메시지는 그 석 달 전인 1945년 11월 11일에 창립된 오키나와인 연맹에 보낸 것이었다.

오키나와인 연맹이 금일 대회를 개최하는 것에 대해 일본 공산주의자인 우리는 진심으로 축하 인사를 올립니다. 몇 세기에 걸친 일본의 봉건 지배 아래 예속되다 메이지 이후에는 일본 천황제 제국주의의 착취와 압박에 고통 받던 오키나와인 여러분이 이번에 민주주의 혁명의 세계적 발전 속에서 드디어 다년간의 숙원이던 독립과 자유를 획득하는 길로 접어든 만큼, 여러분들은 크나큰 기쁨을 느끼고 계시겠지요. (…) 즉 오키나와인은 소수민족으로 억압받아온 민족입니다. 세계혁명의 성공만이 여러분의 해방을 진정으로 보호할 수 있습니다.[67]

일본 공산당은 자신의 지도('보호') 아래에 오키나와 독립을 그린다. 또한 독립의 근거로 일본 제국주의와 천황제의 오키나와 지배를 지적한다. 1950년대 이후 아마미나 오키나와에서 일본 복귀를 요청하는 목소리가 확대됨에 따라 일본 공산당도 허둥지둥 복귀를 내걸게 되지만, 다른 한편으로 이러한 독립 구상은 1953년 아마미 복귀 직후까지도 잔존한다. 지금 여기서 독립이냐, 일본 복귀냐가 이 메시지와 관련한 문제의 초점은 아니다. 이러한 주권과 영토에 관련한 사고로는 포착할 수 없는 연결 관계를 생각하는 일이야말로 중요하다.

조금 전에도 썼듯, 이 메시지는 오키나와인 연맹을 향하고 있다. 그리고 오키나와인 연맹은 패전 직후에 창설된 일본에 거주하는 오키나와인 단체로, 회장은 이하 후유였다.[68] 오키나와인 연맹의 첫 번째 목적은 일본에 사는 오키나와 출신자의 생활 보장이었고 또 오키나와와의 교신이나 귀환 업무 등이었다. 연맹이 연합군 총사령부GHQ에 제출한 '청원서'에서 이들은 자신들에 대해 이렇게 설명한다.

현대 오키나와인 즉 류큐인Luchuan은 다음과 같은 범주로 나뉩니다. (1) 도내 거주민 (2) 해외 이민자 (3) 국내에 돈 벌러 나간 사람[69]

'청원서'는 '해외 이민자'에 관해 '하와이' '미국 본토' '남미' '브라질' '루손 섬' '다바오' '남양군도' '타이완' 등의 지역을 구체적으로 제시한다. 또 '국내 이주민'에 대해서는 '간사이關西 지방' '게이힌京浜* 지방' '규슈' '나고야' 등을 제시한 다음 '다이쇼大正 구' '기타오카지마北恩加島' '시칸지마四貫島' '니시나리西成 구 이마미야今

宮’‘다카라즈카宝塚’‘아마가사키尼ヶ崎’‘쓰루미鶴見’‘가와사키川崎’ 같은 집주 지역을 적었다. 전쟁 피해에 대해서도 오키나와 전쟁으로 인한 참상뿐 아니라 오키나와 밖으로 피난 간 사람들, 본토의 이재, 해외에서 온 복원, 본국 귀환 등과 관련한 어려운 상황도 쓰고 있다.

우선 주목해야만 하는 것은 이 ‘청원서’에서 오키나와인이 영역 횡단적으로 퍼져 있다고 상정된다는 점인데, 이와 달리 일본 공산당의 독립 구상에는 이 같은 횡단성을 영토와 영토 내의 주민으로 바꿔놓는 사고가 역시 들어 있다. 적어도 여기서 (1) 도내 거주민이야말로 독립을 걸머질 오키나와인이라는 사고가 일본 공산당이 구상하는 독립의 전제인 것이다. 이렇듯 민족주의를 영토에 끼워넣는 사고와 달리, 오키나와인 연맹의 자기표명에서는 근대 이후에 오키나와에서 나간 유민들 특히 소철지옥과 관련해서 등장한 사람들의 유랑을 오키나와인 자신들의 계보로 감싸 안으려 한다. 그렇기 때문에 전쟁 피해를 오키나와 전쟁 즉 오키나와 본도의 전쟁 피해라는 지리적 시선에서만 보는 것이 아니라 여러 장소의 경험으로 받아들인다.[70]

지금까지 많은 이가 지적했듯 오키나와인 연맹의 활동은 구제나 귀환과 관련한 활동이 주였고, 이른바 정치단체로서 갖는 의의는 명확하지 않다. 하지만 이 책에서 줄곧 써왔듯 중요한 것은 무엇이 정치가 되느냐는 문제이며, 생활 개선과 유민화가 착종하는

------
* 도쿄와 요코하마 및 그 주변.

도메스틱한 영역이 바로 정치의 전장이었다. 다시 말하지만, 공/사라는 기존의 정치 구분 자체가 의문시되고 있는 것이다. 오키나와인 연맹의 횡단적 확대와 그 활동에 대해서도 이러한 새로운 정치공간을 염두에 두고 검토해야만 한다. 미리 말해두자면, 오키나와인 연맹에서 볼 수 있듯 영역 횡단적 넓이를 갖는 민족의식은, 냉전체제 속에서 주권적 존재가 민족을 영토로 에워싸기 바로 전의 영역에 동시다발적으로 존재한다.

유랑자들의 계보

오키나와 구원운동

1946년 3월 1일, 오키나와인 연맹은 「해외 각지의 오키나와 출신 동포 제현께 호소함」이라는 메시지를 발표했다.[71] 여기서 해외란 "미국, 남미, 하와이 등"을 가리킨다. 이 메시지는 "지금 우리는 미국 해방군을 맞아 간신히 일본 군국주의의 질곡에서 해방되는 중"이라는 인식을 보여주고, 이렇게 이어진다. "우리는 이 같은 운명을 통해 군국주의 근절과 모든 오키나와인의 결속 강화, 황폐화한 향토 오키나와의 부흥에 공헌하기 위해 열렬한 운동을 펼치고 있습니다." 이 메시지에 등장하는 '미국 해방군'이라는 규정은 이 시기 일본 공산당이 이른바 미군을 해방군으로 보던 인식과도 겹쳐진다고 우선 지적할 수 있을 것이다. 뒤에서 다시 쓰겠지만, 여기에는 전후 초기의 일본 정치와 관련한 구도에는 다 담기지 않는 내용이 들어 있다. 더욱이 오키나와인 연맹의 확대는 일본 정치를 전제로 한 것만은 아니다. 이는 또한 여기서 '해외 각지'라는 말이 가리키는, 이 메시지의 수신자와도 관계가 있다.

이 메시지에 앞서 1946년 1월 7일 날짜로 된 다른 메시지가 존재한다. 이는 1945년 10월에 미국의 '원폭 피해 민정조사단'과 동행한 북미 오키나와협회의 나카무라 노부요시仲村信義, 고치 신세이高地新政 등이 오키나와인 연맹에 가지고 온 것이다. 북미 오키나와 협회는 재미 오키나와 현인회를 비롯한 각종 단체들을 통합하여 1941년 6월 6일에 설립한 조직이다. 북미 오키나와 협회가 오키나와인 연맹에 보낸 메시지는 이렇게 끝난다.

우리는 신생 오키나와의 재건에 대해 미국에 있는 모든 현인에게 호소함과 동시에, 하와이, 남미, 일본이 일환이 된 일대 민주 갱생 활동을 위해 작은 힘이나마 다하고 싶다는 열의를 품고 있습니다.[72]

일본제국이 패배한 직후부터 세계 각지에 거주하던 오키나와인들은 잇따라 오키나와 구원운동을 전개했다. 가령 미국에서는 1946년에 재미 오키나와 구원연맹이 결성되었다. 이 연맹은 전미 각지에 있는 오키나와인 단체의 연합체로, 오키나와인 연맹에 메시지를 전달한 나카무라 노부요시, 고치 신세이가 뉴욕에 임시 사무소를 설립한 뒤 1946년 6월 23일에는 로스앤젤레스에서 창립

대회를 열었다. 뉴욕, 워싱턴, 시카고, 애리조나, 프레즈노, 샌프란시스코, 로스앤젤레스 등 미국 각지에 지부가 생겼고, 운동 기관지인 『규엔 뉴스救援ニュース』도 간행했다. 또한 하와이에서도 히가 다로比嘉太朗를 중심으로 매우 이른 시기부터 오키나와 구원운동이 시작되어, 대학 설립을 목표로 한 오키나와 구제 후생회나 하와이 연합 오키나와 구제회 등 많은 단체가 태어났다. 또한 브라질, 페루, 멕시코, 볼리비아, 캐나다에서도 오키나와를 떠난 사람들이 오키나와 구원운동을 개시했다. 세계 각지로 유랑해간 오키나와인은 오키나와 전쟁 직후부터 일제히 구원운동을 시작했던 것이다.[73]

　이러한 각지의 구원운동이 실제로는 어느 정도까지 구체적으로 연계하고 있었는지는 명확하지 않다. 하지만 위에서 든 『규엔 뉴스』는 하와이, 브라질, 캐나다, 멕시코의 구원운동과 정보를 교환하고, 나아가서는 오키나와인 연맹과도 연락을 주고받았다.[74] 또한 오키나와인 연맹이 간행하는 기관지 『지유 오키나와自由沖縄』 기사가 『규엔 뉴스』에 전재되기도 했고 반대로 『지유 오키나와』에도 이 구원연맹에 관한 기사가 다수 존재한다. 이로 미루어볼 때, 유랑자들의 오키나와인 네트워크가 이 구원운동 속에 존재했다는 것은 확실하다. 이는 또한 앞서 언급한 오키나와인 연맹이 '해외 이민자'라는 자기규정을 내걸고 있다는 점과도 관계있다. 이러한 자기규정은 일반적인 해외 이민자의 상이 아니라 굳이 말하자면 유랑자들의 구체적이고 횡단적인 네트워크를 전제로 쓰인 것이었다. 마찬가지로 오키나와인 연맹이 발표한 「해외 각지의 오키나와 출신 동포 제현께 호소함」이라는 메시지도 이러한 관계를 염두에 두고 나왔다.

과거에는 독자적인 문화를 가지고 멀리 지나·남양에까지 웅비하여 교역하던 역사가 있는 우리 오키나와 민족은 이제 새로운 역사 환경에 대응해 안팎에 있는 우리 민족의 일치단결과 미국 및 일본의 협력 나아가서는 국제 정의의 원조 아래, 새로운 민주 오키나와, 평화와 자유 번영의 부흥 건설을 반드시 달성할 수 있다고 확신합니다.[75]

이 글은 1947년에 재미 오키나와 구원연맹이 오키나와 민정부 지사 시키야 고신志喜屋孝信 앞으로 보낸 메시지의 일부다. 여기에 등장하는 '오키나와 민족'이나 '안팎에 있는 우리 민족의 일치단결'은 구원연맹뿐 아니라 세계 각지의 구원운동이 공통적으로 가지고 있던 인식이었다고 할 수 있다. 각지에 있던 구원 관련 단체는 각 지역의 상황 속에서 오키나와인임을 표명하는 동시에 '오키나와 민족'으로서 횡단적으로 이어지고 있었다. 거듭 말하지만, 앞서 살펴본 오키나와인 연맹의 자기규정도 이러한 확대 속에서 이해할 필요가 있겠다. 각각의 장에 여러 '오키나와 민족'이 존재하며 연계하고 있었던 것이다. 이러한 여러 '오키나와 민족'은 결코 균일한 오키나와인이 아니었으리라.

또한 이 메시지의 "미국 및 일본의 협력 나아가서는 국제 정의의 원조 아래"라는 글귀에서는 역시 냉전의 시작을 읽어내지 않을 수 없다. 이러한 구원운동은 미국의 자원봉사활동이 세계 각지로 진출해갔던 예들 중 하나이기도 한데,[76] 여기에는 분명 냉전체제 아래 미국의 글로벌한 지배를 받으며 길러진 '온건한 민족주의'

가 겹쳐진다. 다시 말해 구원운동은 류큐의 독자적인 문화를 청양하는 미국 통치와도 겹쳐져 있었다.

여기에 오키나와 민족을 둘러싼 중층적인 구도가 있다. 한편으로 구원운동의 확산은 앞서 언급했듯 냉전시대에 지배의 매개가 된 영토적 주권을 넘어서는 연대를 낳았는데, 이는 또한 다양한 장에서 축적된 유랑자들의 계보가 겉으로 드러난 것이기도 했다. 다른 한편으로 이러한 연대는 점차 영토적인 틀 속에 끼워 넣어져서 냉전체제 속에서 미국의 영향을 받은 '온건한 민족주의'로 축소되려 하고 있었다. 앞서 언급한 오키나와인 연맹의 미국 인식도, 단지 일본공산당이 미군을 해방군으로 인식했다는 사실과의 관계뿐 아니라 이러한 횡단적 민족주의의 전개와 영토적 주권을 매개로 한 냉전체제 구축 속에서 이해해야만 할 것이다.

사실 재미 오키나와 구원연맹은 1949년에 부흥연맹으로 해소되었고, 하와이의 운동도 거의 같은 시기에 해산했다. 뿐만 아니라 이러한 움직임과 때를 같이하여 오키나와인 연맹도 1948년 제3회 전국대회와 그 직후에 열린 임시대회에서 오키나와 연맹으로 명칭을 변경하고, 일본 복귀운동을 떠맡게 된다. 이 시점에서 오키나와의 미래는 일본에 귀속하는가, 아니면 미국 점령 아래의 '온건한 민족주의'인가라는 두 갈래 길로 갈라진다. 다시 말해 오키나와 민족의 민족주의는 '귀속 문제'가 되었다. 앞에서 재미 오키나와 구원연맹의 메시지를 받은 시키야 지사는 한국전쟁 발발 직전인 1950년 1월 25일에 '오키나와 기旗'를 발표했다. 하지만 이것은 독립을 표명하는 동시에 냉전체제의 시작을 알리고 있었다.[77]

난세이南西 제도 민족과 류큐당黨

유랑자들의 횡단적인 연결은 국경을 넘는 오키나와 민족만의 것이 아니었다. 이러한 연결이 유민과 관련한 것인 만큼, 이러한 확장을 생각하는 데에 소철지옥의 경험을 공유한 아마미는 결정적으로 중요해진다. 어디서 손에 넣었는지는 기억나지 않지만, 내게는 손으로 써서 등사판으로 찍은 오키나와 청년동맹 내부 공부모임용 발제문의 복사본이 있다. 주지하다시피 오키나와 청년동맹이라는 명칭은 서로 관계가 없다고는 할 수 없지만 우선은 별개인 세 단체가 사용했다. 하나는 1926년에 결성된 단체로 제1장에서 다룬 오키나와 청년동맹이다. 이는 오키나와의 노동운동 활동가와 오사카의 오키나와 출신자들이 만든 좌파그룹 세키류회를 중심으로, 오키나와와 오사카를 횡단하는 형태로 결성되었다. 두 번째는 1947년에 오키나와인 연맹 청년부를 중심으로 결성된, 마찬가지로 좌파그룹이다. 세 번째는 1972년 '복귀'운동 속에서 "모든 오키나와인은 단결하여 궐기하라, 오키나와 인민의 권력을 수립하라"라고 주장한 소위 '오키세이도沖青同'다. 확실히 이들 각자는 별개의 단체지만, 오키나와에서 이주한 젊은이들을 중심으로 결성됐다는 점에서는 공통된다. 제1장에서도 썼듯 이들은 오키나와를 나감으로써 오키나와인을 구성했다. 그리고 내 수중에 있는 것은 세 번째 즉 오키세이도의 자료이지만, 세 단체는 이 발제문에서도 서로 얽히고 있다.

발제문에는 '오키나와 인민의 투쟁'이 연도별로 실려 있다. 전쟁 전의 '재일 오키나와인의 투쟁'으로서 "소철지옥' 하의 오키나와에

서는 많은 오키나와인이 일본으로 내쫓겼다"라고 적혀 있듯, 1920
년대의 소철지옥을 운동에 의의를 부여한 중요한 역사적 전환점을
보여주는 사건으로 다루고 있다. "내쫓긴" 재일 오키나와인을 투쟁
하는 주체로서 발견해나가는 이러한 역사 인식은 이 발제문뿐 아
니라 오키나와 청년동맹의 논문집인 『오키나와 해방으로 가는 길』
(ニライ社, 1972)에도 공통적으로 나타난다. 또한 앞에서도 썼듯 소
철지옥은 당연히 오키나와뿐 아니라 아마미도 포함하는 위기였다
는 점이 중요하다. 따라서 소철지옥의 경험을 응시하여 그로부터
어떠한 주체화를 발견해내는 역사 인식은 오키나와/아마미라는 지
리 구분을 횡단할 것이다.

그런데 오키세이도의 문서 자체에는 아마미와 관련한 기술은 거
의 눈에 띄지 않는다. 하지만 패전 직후에 대한 이 발제문의 기술
에서는 "오키나와인과 아마미인의 통일조직"으로 1946년의 '난세
이 제도 연맹 간사이 본부' 결성을 들고 있다. 널리 알려져 있듯, 소
철지옥이라는 공통 경험으로 많은 사람이 오키나와 혹은 아마미
의 고향을 떠나 오사카나 고베 같은 간사이 지역으로 향했다. 난세
이 제도 연맹이 간사이 지역과 관련한 이 같은 역사적 사정을 배
경으로 하고 있음은 분명하다.[78] 또한 여기에는 이러한 유랑자들이
일상세계에서 갖는 공통 경험을 어떠한 말로 대표하고 합칠 것이
냐는 문제가 있다. 앞서 살펴봤듯 당시에 이미 각지에서 오키나와
인 연맹은 속속 결성되고 있었고 또한 아마미 출신자들은 1946년
2월에 아마미 연맹을 결성하기도 했는데, 간사이 지역에 한정하면
이 지역에서 생활을 꾸려온 출향자들의 일상세계를 어떻게 대표해

나가느냐가 오키나와인 연맹과 아마미 연맹의 공통된 과제였다. 오키나와인 연맹의 중심 멤버였던 나가오카 지타로氷丘智太朗는 「오키나와인 연맹의 성격에 관해」라는 글에서 아마미 출신자에 대해 다음과 같이 쓰고 있다.

> 오키나와인 연맹에는 아마미오시마 사람을 포함해도 좋다. '오키나와'라는 명칭은 국지적인 명칭이었다가 오키나와 본도의 명칭이 되었고, 점차 주변에 딸린 섬들도 포함하여 사키시마先島 열도까지 아우르는 총칭이 되었다. 이러한 역사성을 감안할 때, '오키나와'를 인종적으로나 민족적으로 동일한 아마미오시마를 포함하는 명칭으로 발전시킬 개연성은 이제 충분히 주어졌기 때문이다.[79]

하지만 오키나와인 연맹 측에서 이렇게 '포함'시키는 데 대해 아마미 출신자들은 반발하기도 했을 것이다. 효고 현 아마미 연맹의 활동을 전하는 『아마미 뉴스』(1947. 5월. 3호)의 「왜 버림받았는가?」에서는 연맹의 "1년 동안의 발걸음"을 바탕으로 고베 연맹의 움직임에 대한 문제점을 열거하고 있는데, 그 가운데 "일부 오키나와인들과 결탁해 오키나와인 연맹으로부터 괜한 미움을 사는 것"이라는 기술이 있다. 아마미 연맹은 어디까지나 '아마미인 공통의 이익 옹호단체'이고자 했던 것이다. 그렇다면 오키세이도의 발제문에서 "오키나와인과 아마미인의 통일조직"이라고 표현한 난세이 제도 연맹 간사이 본부는 이러한 상황 속에서 어떠한 위치를 차지하고 있었을까? 발제문에서 난세이 제도 연맹 간사이 본부는 오키나와인 연맹의 전사前史 혹은 오키나와인 연맹 전체의 일부로 기재돼 있다. 그렇다면 이 난세이 제도 연맹에서 오키나와인 연맹으로 가는 경위는 무엇을 의미하고 있을까?

오키나와인 연맹 기관지 『지유 오키나와』 간사이판이 1947년 3월 10일 발간되었다. 발행처는 오키나와인 연맹 효고 현 본부이고, 발행인은 가미에스 히사시上江洲久라 되어 있다. 제1호(1947. 3. 10)에는 「남은 문제/명칭의 통일」이라는 기사가 있다.

전국적인 명칭을 오키나와인 연맹이라 하고 제2회 전국대회에서도 이 점을 재확인했지만, 오사카에 있는 간사이 본부는 난세이 제도 연맹이라 칭하여 동일한 조직 체계에 이중의 명칭이 생기는 큰 오류를 범하고 있습니다.

또한 같은 『지유 오키나와』(간사이 판) 제1호에 실린 「명칭을 통일하라! 간사이의 특수한 사정이란 무엇인가?」라는 기사에서도 난세이 제도 연맹이라는 이름을 "조직의 암"이라 부르며 "반동적 행위"라 규정한다. 나아가 이러한 "조직의 암"이 등장한 배경으로 '간사이 세력'의 '특수한 사정'을 지적하고는, 간사이 이외의 오키나와인 연맹 대표가 "간사이의 세력을 과대평가하고 있다"고도 쓴다. 당장에 지적할 수 있는 것은 이 오키나와인 연맹 효고 현 본부가 대표하는 세력이 난세이 제도 연맹에서 오키나와인 연맹으로 가는 움직임을 추진하고 있었다는 점인데, 이 움직임에 대항하는 간사이 지역과 관련한 모종의 사정이 있었다고 상상해볼 수 있다.

여기서 '반동'이라고 비난받는 난세이 제도 연맹이라는 명칭을 조직명으로 주장한 간사이 본부의 회장은 고치 조켄幸地長堅이다. 전쟁 전부터 그는 오키나와 출신자가 집주하는 지역의 보스 격 지도자였다. 또한 소철지옥 이후에 형성된 오사카 집주지역의 압도적인 기반을 배경으로 오키나와인 연맹의 전국 대의원 중에서는 오사카가 다수를 차지했는데, 앞서 언급한 오키나와인 연맹에서 오키나와 연맹으로 전환하는 계기가 되었던 제3회 전국대회에서는 전체 276명 중에 무려 108명이 오사카에서 선출되었다. 난세이 제도 연맹이라는 이름 뒤에는 소철지옥 이후에 형성된 생활공간과 지역사회에 뿌리를 내린 두터운 지도자층이 존재하고 있었던 것이다.

그런데 소철지옥으로 오키나와에서 흘러나가 오사카에 도착한 사람들을 둘러싼 정치를 생각하면, 여기서는 일관되게 소위 좌파라 불러도 좋을 만한 활동가와 지역의 보스 격 존재인 지도자들 사이의 얽히고설킨 관계가 모습을 드러낸다. 전쟁 전인 1920년대에도 집주지역에 지부를 창설하는 한편 방적 여공을 축으로 노동운동을 전개한 간사이 오키나와 현인회가 있었는데, 그 지도자들은 마르크스주의자였으며 현인회의 전신으로 세키류회라는 활동가 집단을 결성하기도 했다. 제2장에서 다룬 히로쓰 가즈오를 비판한 오키나와 청년동맹도 이러한 맥락 속에 위치한다. 또한 이 같은 좌파 활동가들이 더 이상 활동할 수 없게 된 1930년대가 되면, 현인회는 확대되는 오키나와 출신자 집주지역이나 그곳의 향우회 등의 동향단체들을 연합한 단체로 재편되는데, 여기서 이들은 지역사회의 보스 격 지도자를 중심으로 일상생활과 관련한 생활 개선운동을 주장한다. 좌파 활동가라는 목적의식과 동향단체나 그 지도자로 구현되는 일상에서 생기는 반쯤 의식적인 관계성. 이 두 가지 벡터가 소철지옥 이후 유랑자들의 정치를 규정해나갔다고 우선 말할 수 있겠다.[80] 그리고 오키나와인 연맹에 대해 난세이 제도 연맹을 내걸었던 이름 문제도 우선은 이러한 맥락 속에 있었다고 볼 수 있을 것이다.

하지만 그뿐만이 아니다. 난세이 제도 연맹을 주장한 세력을 대표하는 신문으로 3호까지만 발견된 『난세이신보南西新報』가 있다. 1호(1946. 4. 10) 창간사에는 "우리 오키나와인과 오시마인도 (…) 압박받고 반식민지화됐던 과거의 어두운 기억을 불식하고, 민족 평등과 생존권, 인권의 확립을 주장"한다고 되어 있다. 또한 "우리는 오키나와인, 오시마인의 과거의 독특한 문화, 선진국에도 결코 뒤지지 않는 지적 소질을 더욱더 발양하고, 이로써 새로운 난세이 제도 건설의 일익"을 담당한다고도 했다. 위에서 이야기한 명칭 문제의 초점은 마찬가지로 소철지옥을 경험하고 아마미의 섬에서 한신阪神* 지역으로 흘러간 이민자들이었고, 제3호에 게재된 이 연맹 제3회 중위원회 보고에는 "오시마인의 합류를 재확인했다"고 되어 있다.

여기서 '오시마인'이라 기재된 아마미 출신 이민자들도 동향단체를 형성했다. 또한 식생활이나 노동 면에서 오키나와 출신자들

---

* 오사카와 고베 혹은 이를 중심으로 한 지역.

과 일상적인 교류를 했으리라는 점은 어렵지 않게 상상할 수 있다. 특히 이 이름 문제가 등장한 시기에는 밀주나 양잠 등을 둘러싸고 둘 사이에 다양한 관계가 생겨나고 있었다. 앞에서 이야기한 두 가지 벡터와 이러한 일상성을 포개어놓고 생각한다면, 난세이 제도 연맹이라는 명칭 문제는 아마미 출신자도 포함한 이름 문제였고 또한 오키나와와 아마미에서 흘러나간 이들의 일상성에서 생겨난 여러 관계를 어떠한 이름으로 대표할 것인가가 논점이었다고 볼 수 있다.

가령 전후 첫 중의원 선거에서 이 연맹은 입후보자를 응원하는 활동을 했는데, 여기에는 앞서 언급한 간사이 오키나와 현인회 활동을 이끈 활동가이면서 일본 공산당 후보로 나온 이노구치 마사오井之口政雄, 1930년대의 동향단체를 축으로 한 오키나와 현인회 지도자였던 도요카와 주신豊川忠進, 아마미 출신으로 대서인 일을 하던 하지메 이나모리元稲盛 등의 이름이 있다. 또한 이러한 좌파나 오키나와 혹은 아마미의 동향단체 지도자들이 출마한 선거를 총괄하여, 같은 신문 2호(1946. 4. 20)에 게재된 사설 「총선거 결과는 우리 연맹에 무엇을 시사하는가?」에서는 "난세이 제도 백만여 민중의 이익을 대표하여 끝까지 싸우는 것은 역시 우리의 민족 대표"여야만 한다며, "이 기회[총선거]에 난세이 제도 사람들이 일치단결한 위력을 일본의 모든 인민에게 보여주는, 극히 중요한 정치적 의의"가 있었다고 평가한다. 앞에서 썼듯 간사이 지역에서 형성된 일상성과 이를 정치화하고자 하는 목적의식 속에서 아마미 출신자를 포함한 집단을 대표하여 어떠한 정치를 주장할 것인가라는 문제로서, 난세이 제도 연맹 간사이 본부가 존재하고 있었음을 짐작할 수 있다. 다시 말해 아마미도 아니고 오키나와도 아닌 제3의 대표성을 구축하려 했던 것이다.

이러한 가운데, 당시 난세이 제도 연맹 간사이 본부 서기장이던 다카야스 시게마사高安重正가 같은 신문 2호(1946. 4. 20)와 3호(1946. 5. 18)에 게재한 「오키나와 오시마인 연맹의 성격에 관하여」라는 제목의 논설은 난세이 제도 연맹이 만들어내려고 했던 정치적 헤게모니가 그야말로 대립이나 갈등 속에서 유동성을 띠고 있었음을 보여준다. 다카야스 시게마사는 1922년에 오키나와 구니가미國頭에서 도망나간 뒤 노동운동을 조직하는 한편 일본 노동조합 전국협의회 결성에도 참가하여 인민전선 사건으로 투옥되기도 했지만, 패전 직후에 석방되자마자 오키나와인 연맹 결성에 관여했다. 표제에서도 드러나듯 그 스스로는 난세이 제도 연맹이 아니라 오키나와 오시마인 연맹 간사이 본부 서기장이라는 이름을 대면서 명칭 문제에 대한 미묘한 입장을 보여준다. 다카야스는 또한 1950년대에는 일본 공산당의 아마미·오키나와 대책을 담당하면서 복귀운동을 추진했고, 1953년에는 당내 난세이 지역 특별대책위원회('류타이琉對'라고도 불린다)를 조직했다. 하지만 다카야스가 이 「오키나와 오시마인 연맹의 성격에 관하여」라는 논설을 썼던 시기 공산당의 방침은 앞에서도 언급했듯 일본공산당 제5차 대회에서 오키나와인 연맹을 향해 내놓은 「오키나와 민족 독립을 축하하며」가 상징적으로 보여준다. 즉 이들은 복귀가 아니라 일본과 오키나와 각각의 독립을 획득하고자 했다.[81]

이 「오키나와 오시마인 연맹의 성격에 관하여」라는 논설에서는 먼저 "지금까지 오키나와 현인회니, 아마미회니, ~촌민회니 하는 잡다한 조직들이 있었다"라는 인식을 제시한다. 즉 다카야스가 보기에 오키나와 오시마인 연맹이라는 절충적인 표현은 소철지옥 속에서 고향을 나갔던 사람들이 만들어낸 이러한 동향성에 대한 헤게모니를 어떻게 구축할 것인가라는 문제였다. 또한 이 논설에서는 "연맹이 난세이 제도 민족의 해방을 위한 민족전선조직"이기 위해서는 기성 정당에 적극적으로 참여해야 한다고 주장하면서도, "우리의 사상과 정치적 신념이 통일되어 가령 류큐당과 같은 정당을 결성하는 데까지 나아간다면, 우리의 활동은 매우 강력한 것이 될 것이다"라고 쓰기도 한다. 난세이 제도 민족의 민족전선 그리고 류큐당. 대표성을 둘러싸고 꼬리를 물고 나오는 이러한 용어들을 어떻게 이해하면 좋을까?

예를 들어 오키나와 전쟁 당시 제32군이 난세이 제도 수비대라 불렸거나 미군 측의 '빙산 작전'*의 별명이 난세이 제도 공략작전이었던 것처럼, 원래 난세이 제도라는 표현은 군사지정학적인 개념이다. 또한 연합군 최고사령관 총사령부GHQ/SCAP가 내린 '비非일본인'의 등록 및 운송에 관한 각종 지령들이나 그러한 지령을 받아서 내무성, 후생성이 내놓은 알림 문서 등에도 오키나와인, 류큐인, 난세이 제도민 같은 용어가 등장했다.[82] 난세이 제도라는 용어는 말하자면 이러한 미일의 군사 혹은 통치 카테고리로서 우선 존

------

* Operation Iceberg: 오키나와 전쟁의 연합군 측 작전명.

재하고 있었던 것이다. 그리고 다카야스는 이를 "난세이 제도 민족해방을 위한 민족전선"이라는 오키나와 오시마인 연맹의 강령 격인 규정으로 내걸었다. 바꿔 말하면, 통치 대상으로서 주어진 이름을 아마미와 오키나와에 공통되는 저항의 이름으로 자칭하려 했던 셈이다.

따라서 다카야스의 논설이나 『난세이신보』에 등장하는 난세이 제도인, 난세이 제도 민족 같은 이름은 공통된 문화적 속성을 일의적으로 함의하거나 공통 역사를 갖는 지역을 뜻하는 것이 아니다. 오히려 통치를 위해 부여된 명칭을 반복하고 그로부터 저항 주체를 구축하려는 전략에 근거하고 있기에, 이 말의 내실 자체는 어떤 의미에서 매우 엉성했다고 할 수 있다. 또한 다카야스뿐 아니라 오키나와인 연맹 여기저기에서 곧잘 보이는 '오시마인'이라는 표현도 결코 스스로가 붙인 이름이라고 보기는 어렵다. 앞서 언급한 『난세이신보』 '창간사'에 등장하는 '반식민지화된 과거의 어두운 역사'나 '과거의 독특한 문화'도 말하자면 가져다 붙인 듯한 피상적인 표현이었다.

이 엉성함이 반대로 어떠한 리얼리티를 자아낸다. 즉 소철지옥을 계기로 출향한 사람들의 경험이나 한신 지역에서 생겨난 일상의 관계성을 오키세이도가 발제문에 적었던 "오키나와인과 아마미인의 통일조직"으로 묶어내는 이름은 아직 발견되지 않았다는 말이다. 하지만 동시에 유랑자들의 일상세계에서 오키나와나 아마미 같은 지리적 범위를 초월하는 연결이 존재했던 것도 사실인데, 명칭 문제는 글자 그대로 유랑자들의 대표성을 어떻게 구축할 것인가라는 문제였다.

확실히 소철지옥은 많은 유랑자의 경험을 낳았다. 하지만 다카야스처럼 문화적 속성이나 과거 역사를 동원하는 것만으로 그 경험을 이야기할 수는 없다. 그리고 이야기하기가 어렵기에 그 속에서는 그저 일상의 관계성만이 리얼하게 부상한다. 같은 소철지옥을 경험한 아마미와 오키나와를 잇는 횡단적인 말은 여전히 없었지만, 그럼에도 불구하고 다카야스는 전략적인 목적을 위해 갖가지 기괴한 조어들을 만들어내면서 대표성을 모색하고 있었다고도 할 수 있겠다. 하지만 이러한 모색도 샌프란시스코 강화조약이 코앞으로 다가오면서 사라져간다. 이는 유랑이라는 경험을 둘러싼 대표성이라는 논점에서 영토 귀속 즉 '귀속 문제'라는 논점으로 옮겨 가는 일이기도 했다.

'귀속 문제'와 대표성

오키나와인 연맹 회장 이하 후유가 세상을 떠난 지 석 달이 지난 1947년 12월 27일, 도쿄 하마마쓰초浜松町 중앙노동회관에서 "북위 30도 이남 오시마인, 오키나와인, 나아가 류큐에 관심이 있는 모든 민주주의자, 민족학자, 학구들"에게 참가를 호소하는 '류큐 민족 간담회'가 열렸다.[83] 간담회를 모은 발기인에는 히가 슌초, 나가오카 지타로, 히야네 안테이比屋根安定, 노보리 쇼무昇曙夢, 야나기타 구니오, 야나기 무네요시, 미야기 세이이치의 이름이 있다.[84] 곧이어 1948년 1월 10일에 '류큐 민족 간담회' 제2회 총회를 오키나와인 연맹 총본부 내에서 개최했는데, 상임이사로 나가오카 지타로, 히가 슌초, 히야네 안테이, 히가 료토쿠比嘉良篤 그리고 다카야스 시게마사를 선출하여 다음과 같은 '취지서'를 채택했다. 전문을 인용하겠다.

이번 태평양전쟁의 마지막 결전장이 된 우리의 향토 류큐는 10만의 인명과 문화재 전부를 상실하며 유사 이래 미증유의 손해를 입었다. 그 부흥의 기초는 물론 포츠담 선언이 명기하고 있듯 궁극적으로 자유와 평화를 따르는 '민주 류큐'를 재건하는 것이어야 한다. 일본에 잔류하는 류큐인들의 전국적인 단일단체인 오키나와인 연맹, 오키나와 청년동맹, 아마미 연합[85] 및 아마미 청년동맹[86] 등을 결성해 밤낮 그 대책을 위한 노력을 경주하고 있지만, 여전히 변화하는 객관 정세에 즉각 대응하지 못하고 있어 강화회의를 눈앞에 두고도 충분한 자료도 없고, 따라서 잔류 류큐인 전체의 통일된 의견도 표명하지 못하는 실정이다. 실제로 류큐인 일부가 류큐의 일본 복귀운동을 암암리에 전개하고 있다. 또한 최근에 중국은 다가올 대일강화회의에서 류큐의 반환을 요구할 의도가 있음을 공식적으로 천명했을 뿐 아니라, 현재 류큐를 점령하고 있는 미국의 류큐 처리방침은 이미 정해져 있기라도 한 것처럼 전해진다. 류큐의 통치 형태는 최종적으로는 다가올 강화조약의 규정을 받겠지만, 류큐가 어떠한 통치 형태로 이행하든 류큐 민족은 그 자주성을 포기해서는 안 된다. 즉 자유와 평화의 류큐를 부흥하고 건설한다는 목표는 포츠담 선언의 지상명령인데, 우리 류큐인들 사이에서는 이에 대처할 여론이 통일되어 있지 않다. 이는 심히 우려할 만한 상태다. 강화회의는 적어도 향후 몇 세대에 걸친 류큐인의 운명을 결정하는 역사적 중대사건이다. 우리는 자유롭고 평화로운 '민주 류큐'를 부흥하기 위한 건설적 의견이나 주장을 연구하고 통일하기 위해 여기에 류큐 민족 간담회를 결성하여, 내외에 계시는 류큐인 동지들은 물론이고 국적에 상관없이 류큐 문제에 관심이 있는 민주주의적 사상가, 학자, 그 외 사람들에게도 참가해주시기를 바라며, 별지에 있는 규약을 승인하는 민주주의자를 결집해 즉시 운동을 전개하기를 염원한다.

이 '취지서'에서 우선 중요한 것은 귀속과 통치 형태를 결정하는 강화회의를 앞두고, 류큐 민족이라는 명칭을 스스로를 대표하는 이름으로 내걸고자 한다는 점이다. 즉 냉전체제가 구축되는 가운데 통치 형태는 영토적 주권을 매개로 우선은 외재적으로 결정되려 하고 있는데, 이에 대한 수동적 대응으로 류큐 민족을 내걸고 있는 것이다. 굳이 말하자면 이하가 절필하면서 쓴 글 마지막에 있는 "자신의 운명을 스스로 결정할 수 없는 처지"를 전제로 놓고, 그러면서도 스스로의 결정을 내놓으려고 노력하고 있었다고 할 수 있다.

이러한 수동성은 물론 앞서 이야기한 난세이 제도 민족이라는 명칭에도 존재하겠지만, 거기에는 유랑자들의 경험을 어떻게 조직하고 대표해나갈 것인가라는 과제가 포함되어 있었다. 하지만 이 '취지서'에 나오는 류큐 민족이라는 말에서는 난세이 제도 연맹처럼 유랑자들의 일상성이나 명칭을 둘러싼 논의의 엉성함은 찾아볼 수 없다. 대신 오키나와인 연맹, 아마미 연합 등의 단체들을 병치함으로써 국제 정치에 대한 응답을 현실적으로 내놓았다고 볼 수 있겠다.

하지만 난세이 제도 민족이건 류큐 민족이건, 유랑자들의 일상 세계와 냉전을 담당하는 영토적 주권 사이에서 스스로의 정치 공간을 구성하려고 했다. 다시 말해 냉전을 구축하는 주권을 초월한 지정학 속에서 통치를 담당하는 영토적 주권과 관련한 주체로서의 민족을 구성하려 했던 것이 아니라, 이러한 정치 바로 앞에서 스스로의 민족을 구성하려고 했던 것이다. 즉 "류큐가 어떠한 통치 형태로 이행하든 류큐 민족은 그 자주성을 포기해서는 안 된다". 가장 중요한 것은 '귀속 문제'가 아니라 이 자주성이다. 이는 또한 '아마유'라는 미래를 확보하려는 시도일지 모르지만, 결과적으로는 '귀속 문제'가 이 시도를 삼켜버린다.

그런데 자주성 확보에 대한 요청은 강화회의로 나아가는 과정 속에 일관되게 존재하고 있었다. 가령 이 간담회 상임이사였던 나가오카 지타로는 오키나와인 연맹 결성 초기부터 "어떠한 통치 형태로 이행하든"이라는 전제에 서서 정치 공간을 구성하려 했다. 나가오카는 앞서 인용한 「오키나와인 연맹의 성격에 관하여」(『지유 오키나와』 6호, 1946. 5. 5)에서 "아마 우리가 좋든 싫든 상관없이 미국에만 의존하는 신탁통치 제도가 실시될 것"이라고 전망했다. 그리고 이를 전제로 "오키나와는 신탁통치 속에서도 점차 자치를 얻을 것이고, 장차 우리의 모든 뜻이 희망한다면 독립도 주어질 것이다"

라고 하고는, 아직 "연맹은 이러한 문제를 다룰 만한 단계로까지 발전하지는 않았다"는 인식을 보여준다.

나가오카 자신은 일본과 오키나와의 연방제를 구상하고 있었는데, 어쨌든 문제는 신탁통치, 독립, 혹은 연방제 같은 통치형태를 선택하는 것이 아니라 스스로의 운명을 결정한다는 점에 있었다. 즉 앞 장에서 쓴 "자신들의 해방은 힘으로 이루어져야만 하며, 그것 말고는 있을 수 없다고 간주하는 직감"[87]이야말로 중요하다.

나아가 나가오카는 「오키나와의 정치 동향」(『지유 오키나와』 10호, 1946. 11. 15)에서 "미국이 됐든 일본이 됐든, 그것은 부차적인 일이다"라는 오키나와 민정부 의회에서의 발언을 끌어오면서 다음과 같이 말했다.

> 여하튼 현재 오키나와인은 미국 군정 아래에 있고, 미래의 신탁통치에서 종전보다 높은 수준의 자치를 획득하는 것을 당면 목표로 삼아야 한다.

나가오카가 말한 "높은 수준의 자치"를 곧장 영토적 주권과 관련한 통치 형태의 유형으로 해설하면 안 된다. 여기 있는 것은 벗어나기 힘든 운명을 어떻게 스스로의 힘으로 바꿀 수 있는 인위적인 것으로서 이야기하는가라는 물음, 즉 어떻게 '불가능한 것의 경험'(스피박) 속에서 스스로의 운명을 이야기하는가라는 물음이다. 그리고 민족주의가 움직이기 힘든 운명을 바꿔나가는 '노력의 총체'(파농)라고 한다면, 그야말로 이것은 냉전체제 속에서 근원적인 적대성을 끌어안는 민족주의와 다름없지 않은가?

나가오카는 1946년에 간행한 『오키나와 민족독본沖縄民族讀本』
에서 소철지옥이 낳은 유랑자들을 오키나와 민족으로 검토하려고
했다. 부제가 '오키나와 민족성의 형성 과정'인 이 책에서 그는 근
대 이후 오키나와에서 흘러나가 오사카나 남양군도에서 살 길을
구하려 했던 소철지옥의 경험을 오키나와 민족이 형성되는 과정
으로서 그리려 하는 것이다.[88] 이는 확실히 앞서 언급한 오키나와
인 연맹이 GHQ에 보낸 '탄원서'에 등장하는 자기규정, 즉 "(1) 도
내 거주민 (2) 해외 이민자 (3) 국내에 돈 벌러 나간 사람"과 포개
질 것이다.

하지만 나가오카의 경우, 영토적 주권에 환원되지 않는 오키나
와인은 오키나와인 연맹에서 갑자기 등장한 것이 아니었다. 나가오
카는 상하이에 있던 동아동문서원*을 중퇴한 뒤 제1차 공산당 중
앙위원, 잡지 『가이조』 기자를 거쳐 1937년 7월에는 고노에近衛文麿
내각 산하 탁무성**의 촉탁이 되었다. 마르크스주의의 세례를 받은
가타야마 센片山潛과도 교류가 있었던 나가오카는 탁무성 촉탁으
로서 이른바 남방의 식민 문제, 노동 문제와 씨름했다. 오키나와에
서 익찬 문화운동을 담당하던 잡지 『월간 분카 오키나와月刊文化沖
縄』에 수록된 「오키나와 현인의 식민지적 성격」(1권 3호, 1940)에서

* 東亞同文書院: 1939년 상하이에 설립된 사립대학.
** 조선이나 타이완 등 식민지 통치나 해외 이민과 관련한 업무를 관장하던 전쟁 전의 행
정관청.

나가오카는 남양군도나 필리핀에 있는 오키나와인을 언급하며 다음과 같이 쓴다.

> 이처럼 남방 지방에 있는 오키나와 현인의 개척 적성에 관해서는 이미 적지 않은 위대한 실적들이 증명하고 있으므로, 남중국 및 남양 개발은 이들에게 우선적으로 맡겨야 한다. 이를 위해서는 현 내부 및 남양군도의 노동인구 자원을 함양하는 문제도 아울러 고려해야만 하리라고 생각한다. 요즘 오키나와 현에서는 만주로도 개척민을 송출하고 있는 모양이지만, 어느 쪽이냐 하면 나는 오키나와 현은 남방 발전을 위한 인적 자원지로 보류해두기를 희망하는 바다.

유랑자의 미래는 제국의 인종주의의 노동력 동원과 겹쳐져 있다. '하나에 못 미치는' 존재가 어엿한 '하나'가 되는 것, 즉 한 사람 몫의 노동자가 되는 것이 여기서는 오키나와의 미래로 그려진다. 이 지점에 "비판하면서도 밀착해 있는 구조에 '아니'라고 말하는, 원래 있을 수 없는 자세"의 어려움이 있을 것이다. 또한 이것은 임금노예의 해방을 '해외 발전' 속에서 그린 이하의 문제와도 겹쳐진다. 바로 그렇기 때문에 탈식민지화는 이러한 제국의 인종주의에서 이탈하는 것이어야만 하고, 오키나와인의 횡단적인 확대가 바로 그 시작점이 되어야만 한다. 다시 한 번 말하지만 이것은 영토적 주권으로 환원되지 않는다.

전후의
시작

앞에서 썼듯, 1947년에 안보리는 소비에트 연방이 지시마干島 열도를 군사 점령하는 것과 맞바꾸는 형태로 일찍이 일본이 통치하던 미크로네시아를 미국이 전략적으로 신탁통치한다는 결정을 내렸고, 이 지역은 말 그대로 핵 실험장으로 가동되기 시작했다. 이듬해인 1948년, 미국은 대일점령정책에서 오키나와가 차지하는 위치를 명확히 내놓았다. 즉 주권에 관해서는 미크로네시아와 마찬가지로 전략적인 신탁통치를 검토했지만, 소련의 저항에 부딪치는 것이 불가피해진 가운데 일반적인 신탁통치 외에는 방도가 없어졌다. 그리하여 앞서 언급한 샌프란시스코 대일강화조약 제3조가 탄생하는데, 이러한 주권 형태 문제를 매듭짓는 것에 선행하는 형태로 1948년에 일본 본토에서 미군이 일부 철수함에 따라 오키나와를 요새화한다는 방침이 명확해졌다.

이러한 방침에 따라 1949년에는 기지 건설과 관련한 거대한 예산이 짜이고, 오키나와는 본격적으로 '기지 섬'으로 움직여간다. 말할 필요도 없이 이것은 한반도를 향한 출격기지를 구축한 것이었다. 또한 1949년 중화인민공화국 탄생을 계기로 시작된 타이완을 둘러싼 군사적 긴장 속에서 출격 기지로서 오키나와가 지니는 의미는 극도로 커졌다. 나아가 베트남을 위시한 동남아시아 지역의 민족해방투쟁에 대해서도 오키나와는 최전선 기지로 기능하게 된다. 말하자면 냉전에서의 전쟁 상태를 담당하는 기지로서 이 '기지 섬'은 등장했던 것이다.

이러한 과정은 동시에 오키나와의 영토적 범위와 그 주민들을 명확히 정의하는 일과도 겹쳐진다. 즉 유사주권국가처럼 오키나와를 둘러싼 영토의 경계를 긋고, 국민을 등록하는 것이다. 또한 이 과정은 오키나와의 자치와도 연동했다. 1950년에 한국전쟁이 발발하자마자 미국은 「각 군도群島 지사 및 군도 의원 선거법」을 포고했다. 이는 군도정부라는 형태로 주민자치를 일정 정도 **부여하는** 것이었다. 어찌 됐든, 이 선거 과정에서 예전부터 자치를 요구하던 오키나와 민주동맹, 오키나와 인민당, 사회당 등 오키나와의 독자적 정당들이 전면에 등장한다.[89] 그리고 이러한 자치를 향한 움직임은 이 선거를 경계로 일본 복귀 즉 잠재주권의 주권화로서 정치화된다.

미국은 이러한 자치와 타협하면서도 주권적인 국가의 형태를 가지고 장기 점령을 밀고나갔다. 우선 국경 관리와 출입 관리 체제를 들 수 있는데, 처음에는 류큐 군 설치를 검토했지만 결국 경찰 기구를 강화함으로써 경계 경비나 출입 관리를 진행했다. 여기에는 공산주의자가 오키나와에 유입하는 것을 저지한다는 목적도 있었다.[90] 또한 1952년에 나온 「류큐 정부 장전」 이후로 출입 관리 체제가 제도화되고, 주민과 그렇지 않은 이들을 등록하는 제도도 정비되었다.[91] 경찰 기구를 정비하는 가운데 미군의 정보기관과도 연계하면서, 1947년 시점에는 소위 공안경찰도 이미 구축되었다.[92]

부여된 자치와 영토 설정, 주민 등록과 감시기구 정비가 포개지면서 '기지 섬'은 등장했다. 또한 이러한 과정에서 오키나와의 지정학적인 구성은 확정되었다. 오늘날 오키나와 문제를 이야기할 때의 지도 위 오키나와는 이 '기지 섬'의 등장과 함께 구현되었다. 확실히 이는 전쟁 전의 오키나와 현과 그 범위가 겹치지만, 단지 전쟁 전과의 연속성뿐 아니라 이미 지적했듯 냉전을 구성하는 지정학적인 구분을 우선은 비판적으로 검토해야 한다. 그리고 이때 결정적으로 중요해지는 것이 바로 오키나와 북쪽에 위치하는 아마미다.

오키나와 전쟁과 함께 시작된 미군 점령은 오키나와 본도 북쪽에 위치하는 아마미 제도의 섬들도 포함하고 있었다. 앞서 언급한 주민 자치에 의한 군도 정부는 아마미도 포함하는 것이었다. 또한 아마미는 강화조약에서 오키나와와 마찬가지로 실질적인 미국 지배 아래에 들어갔지만, 1953년 12월 25일에는 일본에 반환되었다. 아마미를 일단 포함했다가 금세 반환한 이러한 과정의 군사적 의의는 불분명하다.[93] 그러나 어쨌든 미군의 군사적 전개와 주권적 형태가 겹쳐진다는 측면에서 본다면, 아마미가 오키나와에 들어가는가 아니면 주권을 회복한 일본에 귀속하는가라는 문제는 경계를 미세하게 조정하는 것이지 큰 문제는 아닌 것처럼 보일지도 모르겠다. 하지만 이 미세한 조정을 어떻게 보느냐가 바로 전후라는 시간을 지배하는 지정학적이고 냉전적인 사고에서 탈출하는 결정적인 회로다.

앞에서 쓴 영토 설정과 주민 등록 속에서 '기지 섬'이 등장하는 과정이 아마미의 경우에는 일단 같은 점령지로 유사주권적 형태 안에 포섭되었다가 그후에 분리되어 일본이라는 주권 아래로 들어가는, 포섭과 분리의 과정이기도 했다. 뿐만 아니라 이러한 관점에서 보면 한국전쟁을 경계로 미국이 본격적으로 오키나와를 군사화하는 과정은 아마미가 오키나와에서 분리되어가는 과정이기도 했다. 무엇을 포섭했는가? 그리고 무엇을 분리했는가?

1948년, 한국전쟁 전야부터 시작된 오키나와의 군사기지화는 막대한 예산을 배경으로 한 자본의 유입이기도 했다. 또한 1949년에는 미국이 이른바 주민을 위한 부흥 자금으로 설정한 가리오아 기금이 투하되기 시작했다. 가시마鹿島 건설, 오바야시구미大林組, 다이세이大成 건설, 다케나카 고무텐竹中工務店, 공무점, 니시마쓰구미西松組 등 제국 일본에서 식민지 출신자를 강제동원해 강제노동을 시키던 주요 건설회사도 이러한 자금을 바라고 사업에 참가했다.[94] 또한 기지와 관련해 병영, 미 군속 가족주택, 항구, 통신설비, 배수설비, 도로 정비, 연료 저장고, 발전소 등을 건설하는 외에 주민과 관련한 인프라도 정비했다. 전장이 되어 모든 것이 파괴된 오키나와는 기지 건설을 축으로 급격히 부흥해갔다.

자본이 급격하게 유입되고 군대와 군속이 확대되는 가운데 두 가지 변화가 생겼다. 하나는 이러한 기지 건설이나 부흥과 관련한 노동자들이 급증했다는 점이다. 군 작업 관계자만 해도 1946년에는 만 명 정도였던 것이 1952년에는 6만8000명 가까이로 불어났다.[95] 또한 미군이 증가함에 따라 생긴 서비스산업이 융성하면서 성 노동자도 증가했다. 그리고 기지에 견인되어 오키나와 중부지구를 중심으로 확대되어간 이 노동시장은 오키나와 농촌지역 사람들과 함께 아마미 사람들도 집어 삼켜버렸다. 아마미를 포함한다는 것은 자본이 아마미 사람들을 저렴한 노동자로, 또 성 노동자로 포섭했음을 뜻하기도 했다.[96]

소철지옥을 경험한 아마미와 오키나와는 제국이 붕괴함에 따라 말 그대로 유랑자들의 섬이 된다. 또한 전장이 되지 않았던 아마미에는 전장에서 귀환한 이들도 쇄도했다. 이러한 상황에서 미국은 거대한 예산을 들여 기지와 관련 설비를 건설하기 시작했고 대량의 자본이 오키나와 중부지구에 집중적으로 유입되었다. 사람들은 열악한 조건 속에서도 일했다. 아마미에서도 많은 사람이 오키나와로 유입되었다. 바로 이 같은 대량의 유랑자를 끌어안은 오키나와야말로 동아시아 냉전체제를 결정지은 한국전쟁 직전의 광경을 보여주고 있었다.[97]

1950년 6월 25일 이후 가데나 기지에서는 F80전투기, B26, B29폭격기가 몇 초 단위로 이륙했다. 오키나와는 한반도를 향한 거대한 전선기지로 움직이기 시작했던 것이다. 그리고 한국전쟁이 2년째로 접어든 1952년 6월 5일 미군과 관련한 공사를 맡아오던 일본도로회사 노동자 약 150명이 파업을 일으켰다. 이 파업은 이후 군 작업과 관련한 다른 많은 회사로 연이어 퍼져나갔다.

일본도로회사의 파업을 조직한 일본도로 쟁의단은 호소문에서 스스로를 '우리 류큐인 노동자'라고 부르면서 자신들이 "노예 취급을 받고 있으며, 일본인 노동자들의 대우에 비하면 흡사 천국과 지옥 차이"라고 호소했다. 그리고 '일본 토건 자본가'인 "회사에 대한 전 민족적인 분노"를 표명한 뒤에 이렇게 이어간다. "이것이 강화조약 3조로 인해 일본에서 잘려나간 우리 노동자 그리고 류큐인 전부의 모습이다."[98]

이 호소문을 읽기 위해서는 영토적 주권이라는 관점에서 세계를 이야기하는 냉전적 사고에서 이탈할 필요가 있다. 이 글은 일본으로 귀속하기를 바라고 쓰인 것이 아니다. '귀속 문제' 자체가 류큐인 전부에 대한 공격인 것이다. 또한 1950년 전후부터 고양되기 시작하는 복귀 외침은 굳이 말하자면 류큐인 전부의 해방으로서 존재했다. 이때의 류큐인이란 누구일까?

노예 취급을 받는 '류큐인 노동자'들의 '전 민족적' 파업을 지도한 사람은 아마미 출신 하야시 요시미林義巳다. 하야시는 훗날 이 쟁의의 목적은 '경제적 요구'만이 아니었고 "한국전쟁 폭격을 멈추기 위해" 한국전쟁 2주년에 맞춰 결기한 것이라고 발언했다.[99] 아직 노동조합이 법적으로 인정받지도 못한 상태에서 투쟁위원회라는 형태로 군 노동을 정지시킨, 이 류큐인을 자처하는 사람들의 이어짐이란 어떤 것이었을까?[100] 지금 요점만 짚어두자.

첫째, 하야시 요시미의 그룹은 오키나와 독립을 구상하던 일본 공산당과 거리를 두고 있었다. 또한 오키나와의 정치정당인 오키나와 인민당과 공투하기는 하지만, 이 당에서 제명된 이들도 이 그룹은 포함하고 있었다. 하야시 자신은 아마미에서 결성된 아마미 공산당에 입당한 상태였지만, 이 파업 그룹을 아마미 공산당에 환원할 수도 없다. 오키나와에서 파업을 조직화한 데 대해 하야시는 후에 다음과 같이 말했다. "아마미 공산당도 아니고, 일본 공산당도 아니고, 어느 틈엔가 공산당, 공산당 할 뿐 정식 명칭은 자연히 사라져버리고 없었다."[101] 굳이 말하자면, 상대적인 의미에서이기는 하나 이들은 코민포름 계열에서 자립한 공산주의자들이었다. 혹은 이렇게 말해도 좋다. 영토화된 주권을 거부한다는 점에서 아나키스트였고, 혁명을 지향했다는 점에서 코뮤니스트였다고.

둘째, 파업을 담당한 이들은 글자 그대로 고향을 떠나온 유랑자들이었다. 거기에는 오키나와 출신자뿐 아니라 아마미 출신자도 다수 포함되어 있었다. 유랑자라는 성격은 아무래도 토지 소유를 전제할 수밖에 없는 1956년의 토지투쟁과는 크게 다른 점이다. 다시 말해 토지를 지키는 자들이 아니라 토지에서 떨어져 나온 유랑자들에 의해 아마미와 오키나와가 이어지는 활동이 등장했던 것이다.

셋째, 앞에서 말한 대로 자치와 영토 설정, 혹은 주민 등록과 감시기구 정비가 겹쳐지면서 오키나와가 '기지 섬'으로 등장하는 가운데, 이 파업과 하야시 그룹의 활동은 진압당하고 사라져갔다. 즉 1953년 아마미가 복귀함에 따라 아마미와 오키나와 사이의 이동은 제한되고, 하야시를 비롯한 아마미 출신 활동가들은 '비非류큐인'이라 하여 국외로 쫓겨났다. 또한 오키나와가 이렇게 영토를 확정하면서 유사국가로 등장하는 가운데 파업의 확대는 노동법 제정이라는 결과를 낳았다. 노동조건의 개선이나 노동조합 결성을 법적으로 보장한 노동3법은 아마미 반환이 결정된 직후인 1953년 9월에 공포되었다. 그리고 노동3법이 제정된 이후에 파업은 격감했다. 냉전체제를 구성하는 지정학적인 영토 확정이 탈영토적인 이어짐을 진압했던 것이다.

1953년 아마미가 복귀하면서 오키나와와 아마미가 분리됨에 따라 아마미에서 오는 이동이 엄격하게 제한되는 동시에 이미 오키나와에 재류하던 사람들도 다시 쫓겨났다. 남는 사람은 '비류큐

인' 즉 '외국인'으로 재류 등록을 하지만, 주민으로서 갖는 권리들
은 제한되었고 자치의 상징이던 선거권도 박탈당했다.[102] 미군 점
령으로 일단은 '비일본인'이 된 아마미인들은 다음에는 '비류큐인'
이 되었던 것이다. 오키나와에서 자치와 함께 영토와 주민이 확정
되는 과정은 아마미 사람들이 영토 밖, 자치 밖, 주민 밖으로 내몰
리는 일이기도 했다. 그리고 밖으로 내몰린 사람들은 일용직 노동
자였고, 성 노동자들이었다. 또한 오키나와라는 영토와 그 주민들
이 확정되는 과정은 기지 건설과 관련한 유랑자들의 노동운동을
탄압하는 과정이기도 했다. 굳이 말하자면 앞서 언급한 '프라이스
권고'가 오키나와에는 '도전적 민족주의'가 결여돼 있다고 한 것은
유랑자들의 연결을 진압한 후의 상황을 표현하고 있었다.

앞에서 썼듯 오키나와의 자치를 요구하는 운동은 잠재 주권을
현재화顯在化하겠다는 회로 속에서 진행되었다. 거듭 말하지만, 이
는 오키나와의 민족주의적인 자치 요구가 일본 귀속으로 치환되
는 과정이기도 했다. 토지 수용을 결정한 '프라이스 권고'에 대응
해 토지 접수 반대운동이 퍼져나갔지만, '총검과 불도저'라는 말이
상징적으로 표현하듯 이는 지극히 폭력적인 미군 지배에 대한 저
항운동이었다. 그리고 결과적으로 미군이 압살해버리는 이 운동은
전후 오키나와 민중운동의 시초로 특필된다.

그리고 이 운동에서 "마자는 마자 부락의 것"이라는 간판이 세
워졌다. 촌락의 토지를 둘러싼 이 같은 동어반복적인 소유의식이
"오키나와는 오키나와인의 것"으로 확대될 때, 이 영토에서 저렴한
노동력 혹은 성 노동자로 포섭되다 1953년 이후에는 사회에서 추

방된 아마미의 유랑자들은 한층 더 비가시적인 존재가 되었다. 전후는 여기서 시작된다.

오키나와 전후의 시작은 세계에 퍼져나간 유랑자들의 횡단적 이어짐을 절단하는 것이었다. 그리고 이는 동시에 아마미와 오키나와를 절단하는 것이기도 했다. 오키나와 구원운동의 세계적인 확산이 종언하는 것도, 간사이에서 일상 공간을 조직하고자 했던 난세이 제도 연맹이 소멸하는 것도, 유랑자들을 대표해 '높은 수준의 자치'를 확보하려 했던 나가오카의 시도가 좌절하는 것도, 이 절단과 관계가 있다. 그리고 그 결과 지리학적으로 파악할 수 있는 영토로서의 오키나와가 태어난다. 이렇듯 냉전 속에서 영토화된 오키나와의 탄생은 소철지옥에서 시작된 유랑자들의 경험이 만들어온 계보가 비가시화되는 것이기도 하고, 따라서 흩어져 있던 [고향=집] 아님이 현세화하는 과정의 중단이기도 하다. 전후라는 시간은 우선 이러한 절단과 비가시화를 전제로 막을 열었다. 하지만 이것이 이미 스스로의 운명을 결정하지 못하는 역사의 시작이고, 글로벌한 군사주의로 인한 점령지의 시작이며, 굶주림을 측정하여 사회정책적으로 보충해나가는 구제와 진흥의 역사라면, 역시 탈출에 대해 사고하지 않으면 안 된다. 어쩌면 그것은 이하가 말한 '아마유'의 계보를 전후라는 시간에서 짜내는 작업이라고 해도 좋다.

탈식민지화와 냉전 사이에서 던져졌던 물음은 '귀속 문제'가 아니라, 냉전체제의 영토적 주권에 에워싸인 오키나와인인가 아니면 유랑자들의 민족주의인가라는 문제 아니었을까? 그리고 후자가 바로 기요타가 굶주림을 기점으로 사고하려 했던 사람들의 이어짐 아니었을까? 나아가, 만일 탈냉전이라는 것을 사고하려고 한다면, 혹은 진정한 의미에서 식민지주의의 종언을 생각한다면, 유랑자들 즉 룸펜 프롤레타리아트의 적대성과 더불어 현세화하는 이 이어짐이 야말로 지금 중요해지는 것 아닐까? 이는 임금노예의 미래이고, 남도인의 역사이며, 역시 근원적인 적대성을 둘러싼 대표성의 문제다.

기요타가 복귀로 나아가는 정치 과정 속에서 시도했던 것처럼, 자연화된 영역을 구동하여 유랑자인 임금노예들을 그 땅으로 불러들이고, 일본 귀속으로부터 이탈하는 '노력의 총체'로서의 정치를 전후라는 시간 내부에서 구동해야만 한다. 독립이란 이러한 '노력의 총체'다. 그때 미래는 눈앞에 윤곽을 지니면서 펼쳐지고, 독립이라는 노력은 이러한 미래로 '복귀'하면서 말을 획득할 것이다. "오키나와는 바람직한 세계로 복귀"하는 것이다. '아마유'를 향하여. 아직 끝나지 않았다.

대항하기와
거슬러 올라가기:
프란츠 파농의 서술에 관하여

역사의
거부

사고의 긴축

　주지하다시피 이하 후유의 사상에서는 '오키나와인(류큐인)'과 '일본인'의 동일성('일류동조론')에 근거하여 일본이라는 나라에 에워싸인 오키나와의 개화를 주장하는 측면과 이러한 개화의 역사에 회수되지 않는 영역에 대한 집착이 착종하고 굴절한다. 이는 개화란 '일본인'이 되는 것이라고 주장하는 전자의 역사관을 전제로 놓고, 이러한 역사가 완전히 회수할 수 없는 한계영역을 끊임없이 끌고 다닌다는 점을 주시하는데, 가노 마사나오鹿野政直는 이하가 '야마토화' 속에서 계속 얽매이던 이 한계영역에 '상흔傷痕'이라는 이름을 붙인다.[1] 개화의 역사와 그 한계영역에 존재하는 '상흔'은 이하가 1911년에 간행한 『고류큐』에서도 확실히 찾아볼 수 있다.

하지만 『고류큐』에서 이하는 이 '상흔'을 '개성'이라 정의하고, 여기서 '류큐사'의 가능성을 보고자 했다. 『고류큐』에 수록된 「류큐사의 추세」에서 이하는 다음과 같이 쓴다.

> 하늘은 오키나와인 아닌 다른 사람은 결코 자기를 발현할 수 없는 것을 오키나와인이 발현할 수 있게 하십니다. (…) 오키나와인이 일본제국에서 차지하는 위치도 이로써 정해지는 줄 압니다. (…) 일본국에는 무수한 개성이 있습니다. 또한 무수한 새로운 개성이 생겨나고 있습니다. 이렇게 다종다양한 다른 개성을 가진 인민을 껴안을 여유가 있는 국민이 바로 대국민大國民입니다.[2]

여기서는 '일본인'화라는 개화의 역사에 회수되지 않는 '상흔'을 일본제국 내에 있는 결코 섞일 일 없는 "다종다양한 다른 개성"이라고 정의하고, 이러한 잡다한 '개성'이 소생해가는 과정에서 아직 본 적 없는 '대국민'을 희구한다. 이때 '오키나와인'의 '개성'(=고류큐)은 되살아나는데, 나아가서는 이러한 소생과 더불어 '대국민'(=새로운 '일본인')이 정립된다. 이 '대국민'이란 모든 '개성'을 포함하며 바로 그렇게 포함해가는 과정에서 희구되는 단일성이다.

이 '류큐사'를 내셔널리즘이라고 지탄하는 일은 간단하다. 또한 안이한 다문화주의에 함몰되었다고 보는 것도 가능하다. 하지만 그렇다면 어떠한 역사 서술의 가능성이 존재할 수 있었을까? 이것은 이하가 『고류큐』를 간행한 뒤에 일관되게 스스로에게 던졌던 물음이기도 하다. 즉 『고류큐』에 등장하는 '류큐사' 구상은 『고류큐』

이후에 이하가 도달하는 "역사에 억눌려 있다" "역사를 완전히 폐지해버리는 것이 좋다" "자네들은 이 개성을 표현할 자기 자신의 말을 가지고 있지 않다" 같은 역사의 거부와 함께 이해해야만 한다. 이하가 쓰는 '류큐고琉球苦'라는 말은 바로 역사 서술이 스러지는 이러한 지점을 표현한 것이다.[3]

폭력적으로 일본제국에 편입되면서 오키나와에서는 조기 무장 해제와 징병제 시행(1898)이 실현되었다. 이 점은 다른 식민지와는 결정적으로 다른 부분이다. 하지만 '고도고'라는 말로 표현된 장소에서 이하가 발견한 것은 '오키나와인'과 '조선 민족'의 연속성이었다. 이하는 '야마토화'에 회수되지 않는 '오키나와인'의 '상흔'에서, 매일 식민지주의의 폭력에 노출되어 있는 식민지 주민의 징후를 발견했다. 거칠게 말하면 그는 식민지주의의 폭력을 부인함으로써 '류큐사'를 구성했고, 이러한 역사가 스러지는 지점에서 이번에는 거꾸로 식민지주의의 폭력을 발견했다. 살해당했거나 아니면 살해당할지도 모를 위험성을 이하는 떨쳐버릴 수 없었던 것이다.[4] 그렇다면 살해당한 사람은 누구인가? 또 살해한 사람은 누구인가?

여기서 살해당한 자들을 희생자로, 살해한 자들을 가해자로 그려서는 안 된다. 살해당했거나 살해당할 위험에 처했던 자들을 희생자라는 말로 한데 묶어버린다면, 가해자로 주체화된 사람들 속에 숨어 있는 살해당할 위험성과 피해자로 주체화된 사람들이 갖는 가능성을 동시에 봉인해버리게 된다.

더욱이 중요한 것은 살해당한 자들이 무명전사의 무덤에서 잠들며 '귀기 서린 국민적 상상력ghostly national imaginings'을 조성한다는 사실이다.[5] 살해당한 자가 어떠한 출신을 갖든, 또 어떠한 역사를 지니든, 죽은 자는 일원화되고 그 출신이나 역사는 망각된다.[6] 그리고 이 무시무시한 익명성 위에 새로운 이름이 붙여진다. 여기서 문제는 망각된 과거의 역사나 출신을 기억해내는 것이 아니다. 이러한 시도는 다시금 이하와 똑같은 지점에서 정지할 수밖에 없을 것이다.

사회는 단순히 둘로 분할되어 있지 않고, 폭력은 두 세계 사이에서만 작동하지는 않는다. 이러한 이분법적인 단순화는 폭력을 앞에 두고 사고가 긴축된 것일 뿐이다. 이러한 사고의 긴축은 오키나와가 됐든 조선이 됐든 제국주의 지배를 받은 모든 지역을 희생자라는 이름으로 둘러침으로써, 작동하는 폭력(=힘)에서 발견해내야 할 가능성을 숨겨버린다. 사고의 긴축으로 인해, 죽은 자는 또다시 매장된다.

이하의 '고도고'에는 역사 서술에 대한 절망감과 동시에 이러한 사고의 긴축이 존재한다. 그렇다면 이하가 역사 서술을 거부했던 지점에서부터 다시금 서술의 가능성을 생각한다는 것은 어떠한 행위일까? 이는 폭력을 부인하고 역사를 이야기하는 일도 아니고, 익명화를 강요하는 폭력의 무서운 매력에 사로잡혀 죽은 자들이나 죽어가는 자들에게 새로운 이름을 붙여버리는 일도 아닐 것이다. 이러한 지점에 함몰되지 않고 폭력을 사고하고 계속해서 서술한다는 것은 어떠한 실천일까. 이것이 이 글에서 내가 생각하고자 하는 기본적인 테마다.

파농의 서술

폭력을 서술한다는 문제는 프란츠 파농의 중심 주제이기도 하다. 『검은 피부 하얀 가면』의 결론에서 파농이 "나는 '역사'의 포로가 아니다. 나는 '역사' 속에서 내 운명의 의미를 찾지 않아야 한다"[7]라고 할 때, 이 말은 이하가 "역사에 억눌려 있다"고 표현한 역사의 거부와 동일한 지점을 가리키고 있다고 해도 좋다. 하지만 파농의 이 문장은 종점이 아니라 서술의 개시를 가리킨다. 이 글에서는 파농의 텍스트를 중심적으로 다루면서, 본원적인 문화도 아니고 폭력의 이분법dichotomy도 아니며 나아가서는 무명전사의 무덤도 아닌 서술의 가능성을 더듬어 찾아보겠다.

그런데 논점을 제시하기 위해 1952년에 간행된 『검은 피부 하얀 가면』에서 정신과 의사 파농을, 그리고 파농 사후인 1961년에 간행된 『대지의 저주받은 사람들』에서 혁명가 파농을 발견하는 것은 일단 유익할 것이다. 이는 또한 파농에게서 본원적인 문화에 대한 비판을 끌어내 포스트식민이라 불리는 상황을 정의하려 했던 호미 바바와 관련한 문제점도 명확히 보여준다.

"이 책은 임상연구다"[8]라고 미리 전제하면서 시작하는 『검은 피부 하얀 가면』은 파농이 1953년부터 1956년까지 알제에 위치한 블리다Blida 병원에서 정신과 의사로 일했을 때의 임상기록을 바탕으로 집필한 책이다. 이 책이 쓰는 것은 백인=프랑스인/흑인=알제리인으로 분할된 식민지 상황이 아니라 이 둘 사이를 헤매 다니는 '환자'의 정신분석이고, 백인=프랑스인을 희구하면서도 그럴수록 편집증에 빠져드는 흑인=알제리인의 모습이다. 바바는 이러한 파농의 서술에서 인종적이고 내셔널한 자기동일화 내부에 숨어드는 타자성을 읽어냈다. 말하자면 바바는 '백인=프랑스인'을 희구하면서도 끝까지 희구할 수는 없는 상흔을 파농에게서 발견한 것이다. 그리고 이 '양가적인ambivalent' 아이덴티티를 많은 사람이 옛 식민지에서 옛 종주국으로 유입해 들어오는 포스트식민의 상황과 겹쳐 놓았다.[9]

하지만 식민지주의와 포스트식민지주의를 구분하는 것은 불가능하다. 즉 파농이 『대지의 저주받은 사람들』에서 주요한 테마로 삼은 폭력은 포스트식민이라 불리는 현재에도 여전히 계속되고 있다. 따라서 과거의 폭력이 됐든 현재진행의 폭력이 됐든, 동일성 내부에 숨어있는 타자성은 폭력의 객체가 된다는 위험성을 보지 않고 '양가적'인 아이덴티티의 존재만으로 포스트식민지성을 정의할 경우 실제성actuality을 잃어버리기 쉽다.[10]

파농의 텍스트는 뒤로 갈수록 거리에서의 경험이 '과학적'인 사실을 침식해 들어간다. 문학적인 기교가 사회학적인 관찰을 중단시키고, 식민지 사회의 무겁고 쇠퇴하는 듯한 단조로움에 대항하기 위한 해방의 시가 불쑥 등장한다.[11]

바바가 이렇게 서술할 때, 그가 식민지 사회가 지니는 폭력성이 모습을 드러내는 극한의 가장자리에서 논의를 펼치려고 한다는 점을 짚어내야 한다. 텍스트는 계속되는 '비상사태'(벤야민) 속에서 끊임없이 중단되고 진동한다. 하지만 그렇다 해도 파농의 『검은 피부 하얀 가면』에 등장하는 '임상연구'가 식민지 사회 속에서 흔들리고 중단하는 것처럼 보이는 이유는 '바바의 파농' 역시 거기서 멈춰 서버리기 때문이다. "헌병과 군대가 항상 눈앞에 모습을 드러내고, 종종 직접적으로 개입하여 원주민과의 접촉을 유지하며, 총대와 네이팜탄을 써서 움직이지 말라고 명령"[12]하는 식민지 사회의 폭력 앞에서 멈춰 선 것은 파농이 아니라 바바 자신이다. 파농의 서술은 『대지의 저주받은 사람들』로 이어진다.[13]

그런데 헨리 L. 게이츠 주니어Henry L. Gates Jr.는 바바뿐 아니라 에드워드 사이드나 가야트리 스피박의 파농 읽기가 파농에게서 제3세계의 일반 이론을 찾겠다는 유혹에 사로잡혀 있으며, 이 점이 다종다양한 파농을 낳고 있다고 말한다.[14] 바바에 대해서는 '바바의 파농'은 파농을 라캉으로 해소시키고 있고, 바바의 텍스트는 그가 파농에게서 "무엇을 잊어버리기를 바라는지"[15]를 보여준다고 본다. 바바가 폭력을 앞에 두고 멈춰 선 것은 게이츠가 지적하듯 일반이론인 정신분석학으로 파농을 해소시킨다는 문제와 깊은 관련이 있다.[16] 게이츠는 파농의 텍스트에서 일반이론을 끌어낼 것이 아니라 파농이 끌어안고 있던 역사적인 고유성이나 전장 자체에서 파농을 읽어야만 한다고 주장한다.[17] 하지만 이 글에서 논의하듯, 역사나 고유성이라는 영역을 무조건적으로 설정하는 일이야말로 파농이 줄곧 비판하던 대상이었고, 파농의 서술에는 일반/개별 같은 이분법은 존재하지 않는다. 게이츠의 논의는 일반론에 고유성을, 보편적 역사에 개별 역사를 안일하게 대치시키고 말았다.[18]

파농에 관한 연구는 1970년대부터 1980년대에 걸쳐 다수 출판되었다. 그리고 그 대부분이 정도의 차는 있을지언정 파농을 알제리 혁명과 관련지어서 논의한다.[19] 게이츠의 바바 비판은 바바가 이러한 연구를 일절 무시하고 있다는 점과도 관계있을 것이다. 특히 1985년에 출판된 후세인 A. 불한의 『프란츠 파농과 억압의 심리학』(Hussein Abdilahi Bulhan, *Franz Fanon and Psychology of Oppressions*, Plenum Press, 1985)은 파농의 텍스트를 정신분석학 비판으로 읽어냈는데, 그에 따르면 파농은 1956년에 블리다 병원을 사임하고 민족해방전선FLN에서 활동을 개시한 뒤에도 계속해서 정신분석을 시도했다고 한다. 다시 말해 식민자/피식민자를 나누는 폭력의 이분법으로 빨려 들어간 것처럼 보이는 『대지의 저주받은 사람들』을 쓴 파농의 저류에는 "거리의 경험이 '과학적'인 사실을 침식"한다 할지라도 임상에 서서 서술을 계속했던 파농이 존재한다. 파농의 정신분석은 『검은 피부 하얀 가면』에서 정지하지 않았다. 이 글에서는 줄곧 임상에 섰던 파농을 주시함으로써 이 두 파농을 관통하는 파농의 서술에 대해 생각해보고자 한다.

비非역사
혹은 우리의 역사

전유와 노예의 기억

파농과 같은 마르티니크 섬에서 태어나 파농과 마찬가지로 에메 세제르Aimé Césaire에게서 강한 영향을 받고 1946년에 프랑스에 건너가서 아방가르드문학 활동에 참가한 시인 에두아르 글리상이 첫 에세이인 『의식의 태양Soleil de la conscience』을 출판한 것은 『검은 피부 하얀 가면』이 출판되고 4년이 지난 1956년이었다. 같은 해 글리상은 제1회 흑인 작가 예술가회의에 참가했는데, 파농과 마찬가지로 글리상도 네그리튀드운동*과는 거리를 두었다.[20]

글리상이 한결같이 계속 서술하려 했던 것은 카리브의 역사다. 폴 길로이가 W. E. B. 뒤 보이스W. E. B. DuBois의 작품이나 C. L. R. 제임스C. L. R. James의 『블랙 자코뱅』에서 읽어내고 있듯, 이는 노예도 아니고 시민도 아닌 '흑인'이라는 사실에서 근대가 시작된 사람들의 역사였다. 그리고 그(녀)들에게 근대란 희구해야 할 대상인 동시에 끊임없이 자신들을 소외시키며 그것으로 회수되지 않는 흔적을 계속해서 새겨나가는 것이었다.[21] 이러한 흔적은 아프리카의 전통이라는 본원적 유토피아로 귀착해간다. 글리상의 작업은 이 본원적 유토피아를 그냥 잘라서 버리는 것이 아니라, 이를 본원적 근원에서 떼어내어 다양한 것을 향해 열어나가는 일이었다. 글리상이 1981년에 출판한 『안틸적 언설Le Discours Antillais』[22]도 바로 이러한 작업이었다. 이 책에서 그는 식민지주의에 선행하는 본원적 유토피아를 대신해 '안틸성性'이라는 것을 주장한다.

글리상이 이 책에서 주목하는 것은 파도아어 같은 크레올 언어에서 발견할 수 있는, 닮았지만 다른 문화의 양태다. 글리상은 여기서 상정된 본원적 기원과의 어긋남이 아니라 그가 '전유專有'라고

---

* Négritude: 1930년대 파리에서 시작된 흑인 문화운동.

부르는 과정을 찾아낸다. '전유'란 타자의 문화를 받아들여서 제 것으로 만드는 전략인 동시에 모방하지 않으면 안 된다는 강박관 념이다. 글리상은 이 '전유' 과정 자체에서 본원적 기원으로는 회수 되지 않는 문화의 가능성을 보려고 한다.[23]

글리상의 '전유'에서 바바가 파농의 『검은 피부 하얀 가면』에서 발견한 '의태擬態, mimicry'와 동일한 문제 구성을 읽어내는 것은 우선은 옳다. 둘 다 본원적이고 진정한 문화적 기원을 배후에 설정하기를 거부하고, 다름 아닌 애매하고 양가적인 양태에서 가능성을 발견하려 했다. 하지만 바로 그렇기 때문에 이 '전유'를 파농이 역사의 정지를 선언한 지점에 다시 놓고 고찰해야만 한다. '의태'로 설명할 수 있는 영역에 계속 머무르는 바바와 '전유'가 우선은 정지하는 피안에서 역으로 '전유'를 계속해서 작동시키는 힘을 발견하려 하는 글리상의 차이도 여기서 명확히 드러난다.

글리상은 식민지 사회에서 '전유'가 작동을 멈추는 지점을 '전유의 가장자리'라 부르며 '완전한 붕괴'라 표현한다. 그리고 이 '완전한 붕괴'를 앞에 두고 본원성으로 회피하지 않고 그 자리에 계속해서 머물러야 할 책임을 주장하는데,[24] 이렇듯 머물기를 계속해야 할 책임을 문제 삼으면서 글리상은 돌연 파농을 등장시킨다. 글리상이 보기에 같은 마르티니크 섬 출신인 프란츠 파농이야말로 '완전한 붕괴'의 자리에 계속해서 머문 인간이었던 것이다.

하지만 여기서 파농에 대한 글리상의 평가는 다소 굴절되어 있다. 즉 "프랑스령 안틸 제도 출신 지식인들 가운데 스스로의 사상에 근거하여 행동하기를 계속한 유일한 인간"이라는 뜨거운 공감과 더불어, 글리상은 파농의 『대지의 저주받은 사람들』이 보편주의라고 지적한다.[25] 식민지주의의 폭력을 앞에 두고 "나는 [역사]의 포로가 아니"라고 선언하고 움츠러드는 일 없이 앞으로 계속 나아간 파농의 여정이 글리상의 눈에는 폭력으로 양분된 세계로 함몰하는 것처럼 비쳤던 것이다. 그리고 역사의 거부를 파농과 함께 공유한 글리상은 그가 '비非-역사'라 부른 영역을 향해 계속해서 서술해나가는 것을 선택했다.

서술을 계속하는 글리상은 크레올을 낳은 '전유'라는 전략의 배후에 있는, 역사화되지 않는 식민지 지배의 상흔을 생각하려 한다. 이 상흔은 아프리칸 디아스포라의 가능성을 탐색하는 폴 길로이가 말한 '노예의 기억'이라는 논점과도 겹쳐진다. 가령 "(카리브의 음악과 댄스는) 우리에게는 별반 새로울 것이 없다. 그것은 무엇보다 우리가 어떻게 플랜테이션 속에서 등장했는가를 의미한다"[26]라는 글리상의 지적에서 길로이는 표상되지 않고non-representational 개념화되지 않으며non-conceptual 전前담론적pre-discursive이고 반反담론적anti-discursive인 몸짓과 발화 형식을 발견한다. 그리고 여기에서 본원적인 유토피아로 귀착하지 않는 아프리칸 디아스포라의 가능성을 찾으려고 한다.[27] 또한 길로이에게 이 전담론적 영역은 근대 합리주의가 배제한 비합리나 광기에 위치하는데,[28] 이러한 영역이 바로 "인식이나 윤리로 환원되지 않는 신체화된 주체성의 측면들을 열어 보인다".[29]

비-역사로 거슬러 올라가기

하지만 글리상에게 '노예의 기억'은 표상되지 않는 다른 주체성을 구성하는 것이 아니다. 그것은 우선 이야기되는 일이 없고 이야기될 수도 없다는 이중의 억압으로 구성된 '알 수 없는 존재'로서 설정된다.[30] 존재한다고밖에 표현할 도리가 없는 이 불가지한 영역이 바로 글리상이 말하는 '비-역사'이고, 이는 일단 풍경이나 토지 같은 자연적인 것으로서 표현된다. '비-역사'는 주체성이 아니라 '알 수 없는' 자연인 것이다. 이는 마치 화산 바닥에 숨어 있는 '마그마'[31]처럼 카리브 역사의 저류 속에 줄곧 존재하고 있다. 그리고 만일 글리상이 '알 수 없는 존재' 앞에서 서술을 중단해버린다면, 이 '마그마'는 주체를 초월하는 절대적인 존재로 군림하기 시작할 것이다. 그렇게 되면 '비-역사'는 단일한 역사를 낳는 절대적인 잠재력으로서 존재하게 되어버린다. 이때 글리상의 '비-역사'는 그야말로 엘리아스 카네티가 내셔널리즘의 은유로서 열거하는 자연물로 등장하고 만다.[32]

하지만 글리상은 이 '알 수 없는 존재'를 향해 거슬러 올라가기 시작한다.

우리의 역사는 예기치 않은 충격과 함께 탄생한다. (…) 그것은 우리가 허용할 수 있는 극한의 가장자리에서 발현하는데, 그러고 나면 우리의 과거의 사건들이 복잡하게 얽혀 있는 그물코와 곧장 연동해나가야만 한다. 하지만 우리가 받아들인, 그리고 아직 우리를 위한 역사로서 등장하지 않은 이 과거는 현재에 들러붙어 떨어지려 하지 않는다. 작가가 할 일은 이렇게 들러붙어 있는 과거를 탐구하여 그것이 끊임없이 현재와 직접적으로 관계를 맺고 있음을 명확히 드러내는 것이다. 따라서 이러한 탐구는 도식적인 연대기나 향수에 젖은 애가와는 무관하다. 이 탐구는 서양이 이득을 얻어온 시간의 영역에 있지도 않거니와 조상의 고향이라는 시원적인 가치에 근거한 집단적 응집의 힘을 빌리지도 않으며, 아픔을 동반한 시간의 관념을 확인하고 이를 미래로 기투하는 것으로 이어진다. 이것이 바로 내가 예언적인 과거라 부르는 것이다.[33]

'알 수 없는 존재'로 거슬러 올라가는 과정 속에서, 역사가 되지 않고 방치된 '과거의 사건'은 홀연히 발현하는데, 이는 연대기적인 역사에 혼란을 가져온다. 글리상에게 연대기적인 역사나 '시대 구분'은 방해물일 뿐이다. "사이비 시대 구분이 객관적으로 이루어질수록 ('우리의 역사'에 대한) 열망은 주관적이고 충동적이며 모호한 것이 되고, 우리는 그것이 짓눌려 있다고 느끼게 된다."[34] 그리고 이러한 혼란 속에서 글리상은 '우리의 역사'를 발견한다. 글리상의 이러한 거슬러 올라가기는 '알 수 없는 존재'라는 이른바 지각의 외부를 설정하고 그 외부로 향하는 것을 의미하는데, 그렇게 거슬러 올라가는 과정에서 글리상의 지각 자체가 흔들리고 혼란을 겪기 시작한다. 이는 미셸 푸코의 계보학이 신체를 '우리 자신의 지식이나 존재'가 아니라 '외재적이고 우연한 사건'으로 다루려고 할 때에 생기는 혼란이기도 하다.

계보학은 종의 전개에 대한 것도 아니고 사람들의 운명을 그려내는 작업도 아니다. 오히려 계보의 복잡한 흐름을 따른다는 것은 지나간 과거를 각각의 흩어진 상황 속에 붙잡아두는 일이다. (…) 이는 진리나 존재가 우리의 지식이나 존재의 근원에 위치하는 것이 아니라, 외재적이고 우연한 사건 속에 존재함을 발견하는 일이다.[35]

이 '흩어진 상황' 속에서 발견되는 '사건'은 "미리부터 예상하던 의미화가 아니라 모든 지배의 아슬아슬한 전개"[36]로 발현된다. 즉 '알 수 없는 존재'를 자연적인 것으로 봉인함으로써 성립하던 기존의 역사와 문화가 '알 수 없는 존재'를 향하면서 '흩어'지기 시작하고, 이에 따라 '알 수 없는 존재' 자체도 '예상하던 의미화'를 넘어 '외재적인 우연한 사건'을 부각시킨다. 그리고 이러한 푸코의 계보학은 글리상이 역사를 기존의 역사와 그와 다른 역사로 이중화하고 있는 것이 아님을 보여준다. 글리상이 말한 '안틸성'이란 어디까지나 서술을 계속하는 글리상이 '알 수 없는 존재'로 거슬러 올라가 스스로를 혼란시키면서도 도입하기 시작하는 '우리의 역사'다. 다시 말해 의미화를 초월한 '우연한 사건'을 계기로 다시금 편집되면서 전망되는 '우리'다. 또 다른 '우리의 역사'에 도달하는 것이 아니라 역사를 '흩어진 상황'으로 끊임없이 끌어들이고 계속해서 열어나가는 것이 중요하다. '우리의 역사'란 흩어지고 열리기를 계속하는 거슬러 올라가기 속에서만 전망할 수 있는 무언가다. 마찬가지로 '전유'나 크레올은 선택, 혼합, 대항처럼 두 주체 사이에서 전개되는 사태가 아니라, 글리상이 했듯 거슬러 올라가면서 주체가 끝없이 해체되는 가운데 생겨나는 운동이다.

하지만 글리상의 '비-역사성'에 대한 서술에 가끔 등장하는 "자연 대 문명이라는 변증법적 관계가 갖는 창조력"[37]이라는 표현은 그에게 로맨티시즘으로 함몰하는 문제가 뿌리깊게 존재하고 있었음을 보여준다. '비-역사성'은 우리의 단일한 역사를 낳는 절대적인 잠재력으로서 등장할 위험성 또한 숨기고 있다. 따라서 문제는 자연 속에서 '우연한 사건'을 발견하는 글리상의 거슬러 올라가기를 정지시키지 않고 지속시켜야만 한다는 것이고, 바로 이 지점에서 계속해서 폭력을 서술하는 파농이 흡사 글리상을 지원하는 것처럼 등장한다. 미리 말해두자면 글리상의 거슬러 올라가기는 폭력의 작동과도 밀접한 관련이 있다. '사건'의 발현은 "언제나 힘들특유의 단계를 거쳐 만들어"지며, "발현은 힘들로 향하는 입구"다.[38]

그런데 글리상은 이렇게 거슬러 올라간 끝에서 심해에 숨어 있는 '해저식물'을 그려낸다.

이 표현은 노예선이 적선의 추격을 받아 도저히 이길 수 없다 싶으면 항상 물속에 던져 넣곤 하던, 쇠공과 사슬에 묶인 아프리카인을 환기한다. 그것들은 바다 밑에 지각할 수 없는 현재라는 씨를 뿌린다.

그리고 바다 밑 여기저기에 뻗어나간 '해저식물'의 뿌리는 "자유롭게 부유하며, 결코 본원적 지점에 고정되는 일 없이 그물코처럼 퍼진 줄기들을 경유하여 우리의 모든 세계로 뻗어간다."[39] 끝까지 거슬러 올라간 곳에서 글리상이 만나는 것은 사물로서 객체화된 자연이나 인간의 주체성이 아니라 이제는 인간의 형상을 잃어버린 죽은 자들 그리고 '해저식물'이라는 리좀 상태를 띤 부정형의 존재였던 것이다.

적의를 품은 자연 혹은 사악한 바람

인종적·피부적 도식

『대지의 저주받은 사람들』에서 파농이 식민지 사회를 폭력에 의해 분할된 두 세계로 본다는 말은 일단 옳다. 이 책에서 식민지 사회에 대한 파농의 논의는 "식민지화된 세계는 둘로 분단된 세계. 병영과 주둔소가 바로 그 분할선, 국경을 보여준다"라는 인식을 전제로 전개된다. 또한 "비식민지화란 항상 폭력적인 현상"[40]이라고 주장하는 파농에게서 『검은 피부 하얀 가면』에서 볼 수 있는 집요한 정신분석을 발견하기란 어렵다.

물론 『검은 피부 하얀 가면』에서 그가 이렇게 변화한 배경에는 1954년 이후 알제리 혁명이 급속한 전개를 보였다는 사정이 있을 것이고, 그 가운데 FLN 활동에 몸을 던진 선동가로서의 파농을 발견하지 않으면 안 된다. 하지만 식민지 사회를 줄곧 사고하고 서술한 파농이 아이덴티티도 아니고 문화나 역사도 아닌 폭력에 이르게 된 도정, 다시 말해 폭력을 발견해나가는 사고의 과정을 되짚는 작업은 파농이 폭력에서 무엇을 발견했는지 그리고 계속되는 전장 한가운데에서 무엇을 계속해서 서술했는지를 생각하기 위해 필요하다. 이는 또한 파농 자신이 빠져든 사고의 긴축을 푸는 작업이기도 하다.

『검은 피부 하얀 가면』에 수록된 「흑인의 생생한 체험」은 흑인이라는 '인종적·피부적 도식'을 표상으로 다루려던 파농이 혼란에 빠져드는 모습을 보여주는 쓰디쓴 서술이다. "흑인은 단지 흑인일 뿐 아니라 백인에 대해서 흑인이기 때문이다."[41]라고 쓰는 파농은 우선 흑인이라는 신체 규정을 거부하려 한다. "나는 외부로부터 다원적으로 결정된다. 나는 타인이 나에 대해 갖는 '관념'의 노예가 아니다, 나는 겉보기의 노예인 것이다."[42] 그런데 이 '겉보기'에 불과한 '인종적·피부적 도식'은 신체에 들러붙어 떨어지려 하지 않는다. 이 '인종적·피부적 도식'을 뿌리치고 흑인이라는 신체를 획득하기 위해 파농은 처음에 이성에서 출구를 찾으려 하지만, "세계는 인종 차별이라는 이름으로 나를 거절했다". 파농은 이성=로고스를 포기해야만 했던 것이다. 다음으로 그는 네그리튀드에서 출구를 찾아보지만, 그마저도 사르트르의 "네그리튀드는 자기를 파괴하는 성질의 것이고, 과정이지 도달점이 아니며, 수단이지 최종 목적이 아니다"라는 목소리에 지워져버린다. 그리고 마지막으로 파농은 "그것은 있다"고 단언한다.[43] 지각할 수 없지만 분명히 있다. 글리상이 이제까지의 역사 연대기를 거부하고 '우리의 역사'를 찾아서 '알 수 없는 존재'인 자연으로 거슬러 올라갔듯, 파농이 '인종적·피부적 도식'에서 탈출하는 도정에서 도달한 곳은 "그것은 있다"라고 말할 수밖에 없는 형태 없는 신체였다.

'인종적·피부적 도식'의 저류에 다른 신체가 공존하고 있다는 말이 아니다. 중요한 것은 '겉보기'의 신체가 이 도정 속에서 해체되어간다는 점이고, 이 해체 과정 속에서 파농이 글리상과 마찬가지로 "그것은 있다"고 말할 수밖에 없는 부정형의 신체로 거슬러 올라갔다는 점이다. 이 장에서 파농의 서술은 "나는 몸을 일으키려 했다. 하지만 내장을 적출당한 침묵이 축 처진 날개로 나를 향해 역류해왔다. 무책임하게 '허무'와 '무한' 위에 올라탄 채 나는 하염없이 울기 시작했다"[44]라는, 말하자면 무한한 확장과 상실감으로 끝난다. 하지만 이 해체되고 분산된 '나'는 같은 책에 수록된 「니그로와 인지認知」에 등장하는 투쟁 선언으로 이어진다.

나는 사람들이 나의 '욕망'을 기점으로 나를 음미해줄 것을 요구한다. 나는 그저 사물성choséité에 갇혀서 지금 여기ici-maintenant 있는 것이 아니다. 나는 다른 곳을 위해, 그리고 다른 것을 위해 존재한다. (…) 나를 인지하기를 주저하는 자는 나와 적대하는 자다. 가열한 투쟁 속에서 나는 죽음의 충격, 되돌릴 수 없는 분해에 노출되는 것을 받아들인다. 하지만 또한 불가능성의 가능성도 용인한다.[45]

지각할 수 없는 존재로 거슬러 올라간 파농은 계속해서 해체

보론 대항하기와 거슬러 올라가기: 프란츠 파농의 서술에 관하여

되고 분산되면서 '나'를 발견한다. 그것은 '겉보기의 노예'도 아니지만, 그렇다고 본래의 자기 자신도 아니다. '지금 여기'에 고정되지 않으며 되돌릴 수 없는 분해와 죽음의 충격을 받아들이는, 그리고 투쟁하는 '나'다. 외부로부터 결정된 '인종적·피부적 도식'이 해체될 때 파농은 폭력이라는 힘을 발견한 것이다. 그리고 문제는 더 이상 자아 찾기가 아니라 새로운 사회성으로 이행해간다.[46]

적의를 품은 자연

이러한 거슬러 올라가기는 『대지의 저주받은 사람들』의 폭력론에서도 찾아볼 수 있다. 여기서 서술은 분할된 세계를 전제로 한 격렬한 전투 선언일 뿐 아니라 표상의 심부에서 폭력이라는 힘을 찾아내고자 하는 내성적인 작업이다. 파농의 서술은 줄곧 계속된다.

결국, 하나의 영역만을 점령하고자 하는 글자 그대로의 결의가 존재한다. 알제리인들, 베일을 두른 여성들, 자두나무 숲이나 낙타는 풍경을 구성한다. 이것은 프랑스인이라는 인간 존재의 자연적 배경과 다름없다.[47]

자연이 표상으로서 구성된다는 것, 이는 프랑스인 그리고 식민지 사회가 구성되는 것이기도 하다. 하지만 이때의 자연은 단지 식민지 사회가 구성한 '자연적 배경'이 아니라 '적의를 품은 자연'[48]이기도 하다. 파농은 투쟁하는 '나'를 신체에서 발견했듯, 이러한 자연에서 적의(=폭력)를 끌어내려 한다.

그런데 자연을 '적의를 품은 자연'으로서 열어나가는 작업을 생각할 때, 라틴아메리카의 '저강도 분쟁Low intensive conflict'에 관한 마이클 타우시그의 기술이 매우 시사적이다. 가령 타우시그는 다음과 같은 에르난 비달의 기술을 인용한다.

그 잠 못 들던 밤에 나는 끌려간 남편의 꿈을 꾸었습니다. 문을 두드리는 소리가 들리더니 그가 집안으로 들어온 것입니다. 나는 무척이나 기뻐하며 그를 만날 수 있다는 데에 무릎 꿇고 감사했습니다. 그 사람은 4월 29일에 체포되었을 때와 똑같은 파란 옷을 입고 있었습니다. 그 사람의 거의 벗겨지려 하는 회색 머리, 그 사람의 웃는 얼굴, 자그마한 치아도 똑같았습니다. 나는 침대 속에서 그를 느꼈습니다. 품 안에서 그를 느꼈습니다. 그리고 눈을 떴을 때 팔에는 사랑하는 사람을 안았던 감촉이 남아 있었습니다. 그러고 나서 나는 옆에 아무도 누워있지 않다는 것을 깨달았습니다. 나는 곧장 스스로에게 말했습니다. "그 사람은 화장실에 간 거야."[49]

이 '나'는 꿈을 꾼 뒤에 단식투쟁에 나선다. 그리고 타우시그는 이 꿈에 폭력(=힘)이 생성되는 투쟁의 장을 설정하려고 한다. 즉 이러한 꿈에 등장하는 살해당한 자들의 영혼은 압도적인 군사 지배에 노출된 개인의 내부에 생성되는 폭력의 기점이다. 또한 바로 그렇기 때문에 영혼은 '저강도 분쟁'에서는 끊임없이 개인의 꿈속에

봉해두어야만 한다.[50]

살해당한 자들의 영혼에서 폭력의 생성을 보는 타우시그가 주목하는 것은 식민지 지배 속에서 살해당한 사람들이 방치되어 있는 죽음의 장소다. 그곳에는 '사악한 바람evil wind'이라는 자연현상이 존재하고, 이 자연은 '비인간적인 동인'으로서 사람들에게 들러붙어 그들에게 재앙과 공포를 가져온다. 그리고 이러한 '사악한 바람'도 체포된 남편의 꿈과 마찬가지로 봉해두어야만 하는 존재다. 왜냐하면 '사악한 바람'은 사람들에게 들러붙어 잊었던 죽은 이들을 깨우고, 사람들을 투쟁하는 '나'로 변신시킬지도 모르기 때문이다. 타우시그는 이 '사악한 바람'에서 살해당하여 방치된 이들에 대한 기억술의 가능성을 보려고 한다.[51]

파농의 '적의를 품은 자연'이란 바로 타우시그가 발견한 '사악한 바람'처럼, 방치된 죽은 이들이나 끊임없이 죽음의 위험에 노출되어 있는 이들이 만들어내는 '비인간적 동인'이다. 이러한 '적의=사악한 바람'을 사물화하여 자연이라는 표상 속에 봉인함으로써 식민지 사회는 건설된다. 반면 '적의를 품은 자연'은 식민지 사회에 '사악한 바람'을 불어넣는다. 이는 또한 글리상이 발견한, 카리브 해에서 숨쉬는 '해저식물'이기도 하다. 파농이 『대지의 저주받은 사람들』에서 신화적 폭력의 '상상 속의 다양한 살해'에 주목하는 이유는 여기서 이러한 '사악한 바람'이 인도해온 폭력의 가능성을 발견하려고 하기 때문이다.

식민지 세계에 대한 고찰은 필연적으로 춤과 빙의possession에 대한 이해와 결합해야만 한다. 원주민이 긴장을 푸는 것은 바로 근육이 연출하는 이 대향연 속에서인데, 그 동안 더할 나위 없이 격렬한 공격성, 직접적인 공격성, 직접적인 폭력이 유도되고 변형되며 유야무야된다.

하지만,

원주민은 현실적인 것을 발견하고, 자신의 실천 활동, 폭력 행사, 해방의 의도를 통해 현실을 바꾸어나간다.[52]

파농은 부정형의 신체 혹은 '적의를 품은 자연'이라는 존재에서 지금 있는 사회를 해체하고 새로운 사회를 여는 동력원이 되는 폭력을 찾아냈으며, 이 힘을 계속해서 찾아내는 사고의 도정이 바로 『검은 피부 하얀 가면』에서 『대지의 저주받은 사람들』로의 전개를 구성한다. 다시 말해 '우리의 역사'를 희구하는 글리상의 거슬러 올라가기를 파농은 폭력의 발견으로 설정하는 것이다. 그리고 식민지 지배는 파농이 발견한 폭력을 자연적인 것으로서 봉인하는 데서 성립한다.

그런데 폭력을 발견하는 이 과정이, 전장이 개인에게 불가피하게 요구하는 죽음이라는 문제와 깊은 관계가 있음은 말할 필요도 없다. 파농은 계속해서 해체되고 분산되는 '나'의 내부에서 "죽음의 충격, 되돌릴 수 없는 분해에 노출되는 것을 받아들인다"고 썼지만, 이와 관련하여 불한은 죽음을 받아들인다는 것의 의미를 다음과 같이 말한다.

> 따라서 억압자는 무력의 우세만큼이나 죽음에 대한 공포라는 심
> 리적인 면에서도 힘을 갖는다. 이는 억압의 정신분석학적 차원이
> 그렇게나 중요한 이유들 중 하나다. 왜냐하면 만일 피억압자가
> 이 두려움, 우세한 무력, 폭력에 맞서 이길 수가 있다면, 억압자
> 는 그 힘을 잃게 되니까.[53]

부정형의 신체에서 투쟁하는 '나'를 발견하는 도정은 폭력에 공
포를 품는 주체가 해체되는 일이기도 하다. 즉 물리적으로 반격할
수 있느냐 없느냐가 문제가 아니라, 폭력이 발견된 순간부터 그 폭
력은 사회를 구성하는 두려워하는 주체를 소실시키고 사회를 해
체하는 힘으로 작동하기 시작한다. 폭력을 발견하고 이를 계속해
서 서술하는 일의 중요성은 죽음에 대한 공포를 분수령으로 작동
하기 시작하는 이 같은 다이너미즘dynamism 속에서 이해해야만
한다.[54] 그리고 폭력을 사고하는 것이 갖는 이 같은 힘을 희생자/
가해자로 분할된 세계에서 이해할 필요는 없음을 덧붙여야만 하겠
다.[55] 즉 죽음을 받아들인다는 문제의 요점은 희생자/가해자라는
분할을 전제로 한 죽느냐 사느냐의 결의성이 아니라, 죽음에 대한
공포를 받아들였을 때에 시작되는 일 즉 폭력을 무서워하는 주체
가 소멸하면서 해체되고 분산된 투쟁하는 '나'가 등장하는 일이다.
이렇듯 해체되고 분산된 투쟁하는 '나'가 정신병리학적으로 정
의되고 광기로 처리된다고 지적한 불한은 옳았다. 맬컴 X의 "온갖

수단을 써서by any means necessary"라는 선동은 "즉각 추문, 사회
에 대한 위협, 혹은 정신 착란을 일으킨 광인의 절규라는 비난을
받는"[56]다. 이 '광인'이란 단지 일방적으로 붙인 딱지가 아니다. 광
기는 폭력이 작동하기 시작할 때에 주어지는 최초의 사회적 정의
로서 자타의 승인을 얻는다. 나중에 다시 쓰겠지만, 정신의학에서
임상이라는 장이 중요성을 갖는 이유는 바로 임상이야말로 이 광
기의 정신병리학적 정의를 만들어내는 장이기 때문이다. 하지만 거
꾸로 말하면 이 임상이 바로 폭력을 작동시키는 기점이기도 하다.

전장과
임상치료

폭력의 익명성

처음에도 썼듯, 파농은 1956년에 블리다 병원을 사임하고 FLN
에서 활동을 개시한 이후에도 민족해방군ALN 위생병으로 임상에
계속 섰다. 『대지의 저주받은 사람들』에 수록된 「식민지 전쟁과 정
신장애」는 이러한 임상활동의 일단을 보여준다. 여기에 실려 있는
사례는 1954년부터 1959년에 걸쳐 파농이 진찰한 것들이다. 그리
고 파농이 쓰는 이러한 사례에서 폭력의 작동이 수반하는 정신장
애 문제를 찾아내야만 한다.

"우리가 개랑 사이가 나빴던 건 아니에요. (…) 어느 날 우리는 개

를 죽이기로 했어요. 유럽인들이 아랍인들을 모조리 죽일 생각이니까."[57]

"열세 살과 열네 살인 두 알제리 소년이 같이 놀던 유럽인 친구를 살해"라는 표제가 붙은 사례에서 소년의 이 증언이 보여주는 것은 폭력의 작동, 즉 친구를 칼로 찔러 죽일 때 그전까지의 사회관계와는 다른 세계가 불쑥 등장한다는 것이다. 고든의 표현을 따르자면, 전쟁 상태는 일상생활을 직조하던 주체들을 단숨에 소실시키고 익명화한다.[58]

여기서 익명화는 '친구'에서 투쟁하는 '아랍인'으로 주체가 변화했음을 의미하지 않는다. 전쟁 상태의 익명화라는 현상이 일의적으로 의미하는 것은 폭력의 작동에 수반되는 주체의 해체이지, 새로운 주체(='아랍인')가 된다는 말이 아니다. 물론 소리 높여 해방투쟁을 주장하는 파농은 '알제리인' 대 '프랑스인'이라는 두 주체로 분할된 투쟁 장면을 상정한다. 하지만 결론부터 말하자면, 해방투쟁을 주장하는 **동시에** 이 전장에서 정신장애를 발견하는 파농의 서술은 전장 속의 익명화에서 곧장 새로운 주체가 등장하는 것을 보려고 하기보다는, 이러한 '아랍인' '알제리인'이 일어서기 한 발 앞에 서서 사회가 해체되고 열릴 가능성을 발견하려고 한다. 가령 파농은 식민지 전쟁에서 싸운 병사를 거론하며 다음과 같이 쓴다.

독립한 지 몇 달이 지난 뒤에 그는 옛 점령국 사람들과 알게 되어 그들에게 호감을 느꼈다. (…) 이때 일종의 현기증이 이 투사를 덮쳤다. 그는 번민하면서 스스로에게 물었다. 그 폭탄 희생자들 중에 지금 내가 대화를 나누는 상대와 같은 사람들이 있었을까?[59]

아프리카에서 과감하게 해방투쟁을 치른 이 레지스탕스는 해마다 폭탄을 장치하여 적을 죽인 날이 돌아오면 불안과 자기 붕괴에 빠진다. 파농이 쓴 이 부분과 앞서 인용한 알제리 소년의 증언을 비교해볼 필요가 있다. 파농이 줄곧 응시하는 것은 폭력의 작동과 함께 등장하는 익명화가 개인에게 강요하는 분열이다. 즉 파농이 말하는 정신장애란 적과 아군으로 분할된 '알제리인'과 '프랑스인' 중 어느 쪽으로도 주체화할 수 없는 기댈 곳 없는 존재로서, 둘 사이를 왔다갔다 반복하며 헤매기를 계속하는 개인을 가리킨다.[60] 자신이 죽인 프랑스인 여성이 나오는 악몽을 꾸는 ALN 전사, 제 아내나 아이까지 고문하고 마는 유럽인 형사, 프랑스 정부 고관이던 아버지가 살해당해 불안에 빠진 여성 그리고 고문. 고문은 의식적으로 이러한 분열을 추구한다. 파농이 고문당한 사람들 중 '아무것도 모르는 사람들'이라고 분류한 이들에게 고문이란 어느 날 갑자기 연행되어 폭행당하는 것을 의미한다. 고문을 당한 이유는 그(녀)가 "힘이 약했기" 때문이고, 그 외에는 어떤 근거도 없다.

고문을 당한 이유는 힘이 약했기 때문이다. 때문에 무엇보다 먼저 마음을 써야 하는 일은 힘을 기르는 것이지, 어떤 일에 근거가 있느냐 없느냐 하는 문제를 스스로에게 제기하는 것이 아니다.

오로지 힘만이 문제다.[61]

오로지 힘만이 그곳에는 존재하고, 강제로 이러한 곳에 내던져진 인간은 주체가 용해되고 분열되면서 정신장애로 빠져들어간다. 폭력의 발동이 수반하는 익명화는 개인을 분열시키고 정신장애를 강제한다. 바꿔 말하면, 일단 식민지 상황이란 오이디푸스 개념을 세울 수 없는 '한계영역'이며, 정신장애가 끊임없이 창출되는 전장인 것이다.[62] 그리고 파농은 서술의 초점을 이 정신장애에 맞춘다.

무명전사의 무덤

그런데 전장에서 해체되어가는 주체에 '알제리인' '프랑스인'이라는 새로운 이름을 명명할 때, 폭력의 작동은 '알제리를 위해'나 '프랑스를 위해' 같이 새로운 주체를 향한 동력원으로 등장한다. 죽음을 받아들이는 것은 헌신으로, 죽은 자들은 무명전사로, 적의를 품은 자연은 무명전사의 무덤으로 이 이름 앞에서 한데 묶이고 만다. 폭력의 작동은 늘 내셔널리즘의 무시무시한 원천이라는 잠재적인 가능성을 갖고 있고, 그렇기 때문에 파농이 앞서 언급한 익명화에 대해 줄곧 어떠한 입장을 취했는지를 주의깊게 확인해야만 한다. 이는 또한 글리상의 '비-역사'가 여전히 보유하는, 단일한 역사로 향하는 절대적인 잠재력의 문제이기도 하다.

'알 수 없는 존재'로 거슬러 올라가는 과정에서 글리상은 '우리의 역사'를 발견하려 했다. 이와 달리 파농은 역시 지각할 수 없는 부정형의 신체나 '적의를 품은 자연'을 향하는 가운데 지금 있는 사회를 해체하고 새로운 사회성으로 열리는 힘(=폭력)을 발견하는데, 바로 이 힘이 글리상이 말한 '우리의 역사'를 만들어낸다. 하지만 글리상의 '우리의 역사'는 이를 서술하는 글리상이 '비-역사'로 계속해서 거슬러 올라가는 한에서만 발견할 수 있고, 만일 글리상이 이 운동을 정지한다면 알 수 없는 존재인 '비-역사'는 절대적인 존재로서 우리의 역사 위에 군림하게 된다. 그리고 파농의 경우에는 사회를 해체하고 열어나가는 힘을 계속해서 끌어내지 않는 한 힘이 절대적인 주체 아래에 통괄되어버린다는 위험성이 있다. '우리의 역사'란 사회를 끊임없이 열어나가는 '비-역사'로 거슬러 올라갈 때에만, 다시 말해 계속해서 해방되는 힘들 속에서만 생성한다. 전장에서 가능성을 발견한 파농이 떠안아야 했던 것은 이러한 거슬러 올라가기다.

앞에서 썼듯, 폭력의 작동이 수반하는 익명화는 사회를 새롭게 열어나갈 가능성이기도 하다. 파농이 계속해서 주시하고 서술하고자 한 것은 이러한 익명화가 낳는 분열과 정신장애다. 파농은 분열된 채 어디서도 주체화되지 못하고, 적과 아군으로 분할된 주체들 사이를 줄곧 왔다갔다 반복하는 의지할 데 없는 개인 속에서 사회를 여는 계속적인 힘을 찾아내려고 했다. 그리고 이러한 힘을 계속해서 찾아낼 때에만 익명성이 이름을 갖고 절대적인 주체가 출현하는 것을 막아낼 수 있다. 또한 앞에서 언급한 죽음에 대한 공포라는 문제도 이렇듯 계속 거슬러 올라간다는 점을 통해 다시 한번 고찰해야만 한다. 그(녀)들이 전장에서 정신장애를 앓은 이유는 결의가 부족했기 때문이 아니다. 폭력의 작동은 끊임없이 정신장애를 낳는다. 그리고 만일 죽음을 받아들이는 것을 결의의 문제라고 오해한다면, 파농이 주시하는 개인의 분열은 불완전한 결의성으로 해소되고 은폐되고 만다. 중요한 것은 죽음에 대한 완전한 결의가 아니라(그런 것은 없다), 죽음을 앞에 둔 분열 자체에서 다음에 올 힘의 가능성을 계속 탐구하는 것이다.

파농과 마노니

앞서 인용한 해방투쟁 과정에서 폭탄을 터뜨린 후에 신경증에 걸린 투사의 사례에 대해 파농은 "혁명이라는 장에 존재하는 책임의 문제"라고 부언했다.[63] 소리 높여 민족해방투쟁을 부르짖는 것이 아니라 익명화가 개인에게 강제하는 분열을 혁명의 '책임 문제'로 제기한 것이다. 파농이 정신장애에 줄곧 관심을 갖는 이유 중에 이러한 해방투쟁의 '책임 문제'가 있다는 데에는 의심할 여지가 없다. 여기에는 1957년 5월 FLN이 배신자들에게 본보기를 보이기 위해 촌민 30명을 처형한 '메루자Melouza 사건'이나 같은 해 FLN의 지도자 아반 람단Abane Ramdane이 같은 FLN 지도자의 음모로 살해당한 사건에 대한 파농의 고뇌에 찬 폭력론이 있다. 그는 『혁명의 사회학』 서문에서 '메루자 사건'을 암암리에 언급하면서 "혁명은 그 책임을 모면한 것일까?"라는 물음을 던졌다.[64] 사키야마 마사키崎山政毅의 표현을 빌리면, 이렇듯 고뇌로 가득한 '폭력의 겹쳐 쓰기' 속에서 파농의 서술은 펼쳐진다.[65]

하지만 정신장애에 대한 주시가 이러한 해방투쟁의 전개와 더불어 파농이 한결같이 행해온 임상정신의학의 임상치료라는 실천에 기초를 두고 있었다는 데에는 의심의 여지가 없다. 앞에서 썼듯 1951년에 프랑스 중부에 있는 생탈방Saint-Alban 병원에서 프랑수아 토스켈François de Tosquelles과 치료 공동체 프로그램에 참가한 이후 한창 FLN에서 활동하던 중에도 파농의 치료 활동은 계속 이어졌는데, 이 임상치료라는 실천 덕분에 파농의 서술은 성립한다.

파농은 광기나 콤플렉스를 개인의 자질이나 가정 문제에 한정하지 않는다. 정신장애는 어디까지나 사회적인 산물이며, 식민지 지배 혹은 민족해방투쟁 자체가 이를 낳았다.[66] 또한 앞에서도 썼듯 분열되어 투쟁하는 '나'에 처음으로 주어진 사회적인 정의가 바로 정신장애였다.

그런데 파농은 『검은 피부 하얀 가면』에서 1950년에 간행된 옥타브 마노니Octave Mannoni의 『식민지화의 심리학』을 다룬다.[67] 아래에서도 쓰겠지만, 정신장애에서 새로운 힘을 끌어내려고 하는 파농은 무슨 일이 있어도 마노니의 이 논고를 비판해야만 했다.

마노니는 이 책에서 마다가스카르인의 꿈이나 민화를 분석함으로써, 마다가스카르인의 '집합적 무의식'에는 죽은 자들에 대한 두려움이 만들어낸 의존 콤플렉스가 존재하는데 그것이 프랑스의 식민지 지배를 지탱하고 있다고 지적한다. 다시 말해 식민지 지배가 욕망되고 있다는 말인데, 마노니는 그 욕망의 심층에서 의존 콤플렉스를 찾아냈다.

우리가 생각해온 형태의 식민지를 유럽인이 건설한 곳 어디에서
나, 곧 있으면 지배를 받게 될 사람들은 유럽인의 도래를 무의식
중에 기대하고 심지어 욕망하기조차 했다고 할 수 있을 것이다.[68]

파농의 비판에 대해 생각하기에 앞서, 식민지 지배와의 관계성
에서 욕망이나 그 심층에 있는 콤플렉스를 정의한 마노니가 "그(환
자)가 신경증적인 상태에 놓여 있는 이유는 이 사회가 그에게 갖가
지 상해들을 만들어내기 때문이다"[69]라고 말하는 파농과 지극히
가까운 위치에 있음을 확인할 필요가 있다. 식민지 지배는 마노니
가 말하듯 '집합적 무의식'이나 꿈 내부로도 침투하게 마련이고, 그
렇기 때문에 파농은 '인종적·피부적 도식' 말고는 아무것도 발견
하지 못한 채 고뇌한다.

그렇다면 파농은 어떠한 점에서 마노니를 비판하는가? 파농이
비판하는 것은 마노니가 이 '집합적 무의식'에 대해 마다가스카르
인의 고유문화를 설정했다는 점이다. 마노니는 꿈이나 신화에 숨
어 있는 온갖 징후들로부터 고유문화를 구성하고 이를 "풍습 속에
가둔"[70] 뒤에 이러한 고유문화를 통해 마다가스카르인의 욕망을
설명했다.

이 고유문화가 '집합적 무의식'의 이름으로 주어진 이상, 이를 설
명한다는 행위는 분석자인 마노니의 특권이 된다는 점에 주의해야
만 한다. 그리고 파농은 학문적 실천에 숨어 있는 이 같은 특권성
을 비판하고, 여기서 식민지주의를 발견한다.[71]

"토착문화를 존중"하려는 배려는 끊임없이 확인되지만, 이는 그 문화에 의해 창출되어 인간들이 체현한 가치를 존중하겠다는 의미가 아니다. 오히려 반대로 이 같은 방식에는 사물화하고 캡슐에 넣어 봉해버리려는 의도가 엿보인다. "놈들에 대해서는 잘 알고 있다" "놈들은 원래 이렇다" 같은 상투적인 표현은 이 사물화가 가장 성공한 사례를 보여준다. 즉 놈들을 정의하는 몸짓이나 사고를 나는 안다, 이런 말이다.[72]

마노니에게 "마다가스카르인이라는 것은 더 이상 존재하지 않는다"[73]라고 파농이 되풀이해서 말할 때, 어쩌면 파농은 설명을 한다라는 학문적 실천을 통한 사물화를 비판하고 있을 것이다. 게다가 이러한 사물화는 '안다'는 실천에 그치는 문제가 아니다. 마노니는 마다가스카르인의 고유문화를 분석한 뒤에 다음과 같은 결론을 내린다.

마다가스카르인을 그들의 의존성에서 구해내려는 시도에서 (…) 우리는 열등생에서 벗어나려는 힘든 싸움의 도정을 따라 그(녀)들을 지도해야만 한다.[74]

사물을 인식하는 주체는 역시 지도하는 주체로서 등장한다. 다시 말해 진찰은 치료와 분리할 수 없다. 파농의 마노니 비판은 진찰-치료라는 일련의 임상치료 공정에 대한 비판으로 존재하며, 파농의 계속되는 임상치료는 이러한 비판 속에서 그가 모색한 것이었다.

파농이 임상치료의 장에서 행하는 일은 환자를 진찰해 그 내부에서 병소를 발견하거나 이를 치료하는 것이 아니다. "백인이 되고 싶다는 욕망에 젖어" 정신이 해체되기 직전인 환자에 대해 파농은 이렇게 쓴다. "이 같은 꿈을 단념하게 하는 것이 내 목적이 되지는 않을 것이다. 그러기는커녕 내 목적은 일단 동기를 해명하고 나면, 그가 갈등의 진정한 원천을 향해 즉 사회 구조를 향해 행동(수동)을 선택할 수 있게끔 하는 것이리라."[75] 파농에게 임상치료란 사회를 새롭게 여는 힘을 계속해서 끌어내는 작업인 것이다. 임상치료란 '인종적·피부적 도식' 때문에 괴로워하면서도 신체는 "있다"고 단언한 파농이 그 내부에서 폭력을 발견하는 과정이며, 정신장애에서 끊임없이 힘을 이끌어내는 파농의 서술 그 자체다. 그리고 마노니는 발견해야만 할 이 폭력을 무의식이라는 이름의 고유문화로 둘러친 뒤에 이를 지도(무장 해제)하는 것이다.

전장의 서술

파농이 블리다 병원에 있던 시절에 아셀라S. Asselah와 함께 집필하여 사임한 뒤 인쇄한 논문 「치료환경에서 나타나는 흥분 현상: 정신병리학에서 그것이 갖는 중요성에 대한 일반적 고찰」은[76] 그가 사임 후에 모색한 임상 의료에 대해 생각하는 데 있어 중요한 논문이다. 파농은 이 논문에서 처음으로 예전에 그를 지도한 프랑수아 토스켈을 명확하게 비판했다.

토스켈은 1930년대부터 1940년대에 영국과 미국의 임상정신의학에 도입된 치료 공동체를 통한 치료를 프랑스에서 시도한 개척자였다. 정신과 의사로서는 처음 부임한 곳인 생탈방 병원에서 알제의 블리다 병원으로 옮기기까지 약 2년 동안 파농은 이 토스켈의 지도를 받았다. 이후에도 파농은 블리다 병원에서 치료 공동체를 통한 치료를 진행하며 토스켈의 치료 방법을 실천하려다 실패한다. 이 논문에서 파농은 블리다 병원에서 했던 실천에 입각하여 토스켈의 치료 방법을 총괄했다.

파농이 먼저 비판하는 것은 환자가 종종 일으키는 격월성 흥분 agitation을 토스켈이 환경적, 후천적인 것과 자연적, 자질적인 것으로 구분한다는 점이다. 하지만 이러한 분할은 본원적 자질을 설정하게 된다. 파농은 토스켈이 격월성 흥분을 이렇게 정의하는 것을 비판했다. 모든 격월성 흥분은 승인해야 할 '존재 양식'[77]이며, 그것이 일어나는 사회적인 장에서 이해해야만 한다는 것이었다.

하지만 사회적인 장을 말할 때 파농이 먼저 문제 삼아야 했던 것은 단지 식민지 사회뿐 아니라 다름 아닌 파농 자신이 직원으로 있는 병원 내부에 만들어진 치료 공동체 그리고 의사와 환자의 관계였다. 그리고 이러한 문제가 토스켈에 대한 비판으로 전개된다. 이 논문에서 파농은 치료 공동체에 근거한 제도적 치료, 사회 요법에 대해 사회가 거부한 환자를 또 다시 유사사회에 가두어놓고 "또 한 번 매장"하는 것이라고 비판한다. 흥분한 환자에게 구속복을 입히고 격리하여 약물 처리를 하는, 치료라는 "또 한 번의 매장"
으로 인해 승인해야 할 환자의 흥분이 치료 공동체에 갇히고 마는
것이다.[78]

이리하여 토스켈과의 결별을 선언한 파농이 치료 공동체 대신
주목한 것은 사회와의 연결을 계속 유지하면서 치료하는 소위 데
이케어, 주간 입원L'Hospitalisation de jour이다. 이 치료법은 1932년
에 모스크바에서 시작되어 1958년에는 튀니지의 튀니스에도 도입
되었다. 파농은 이 논문을 쓴 후에 레비 그리고 제로미니와 쓴 공
동 논문에서 튀니스에서 이루어진 시도를 면밀히 검토했다.[79] 파농
은 튀니스의 사례를 검토하면서 정신장애를 치료 공동체 속에 "또
한 번 매장"하지 않고, 다시 한 번 사회를 향해 열어나가려고 했던
것이다. 가령 1959년에 인쇄한 제로미니와의 공동 논문 「정신병 치
료에서 민간입원이 갖는 의의와 한계」에서 그는 다음과 같이 썼다.

제도적 치료에서 우리는 완강한 제도, 엄격하고 움직이기 어려운
규칙, 곧장 고정관념에 빠지는 계획을 만들어왔음을 늘 상기해
야만 한다. 이 새로운 사회에는 어떠한 개입이나 창조적인 다이너
미즘, 신선함도 존재하지 않는다. 진정한 혼란과 위기도 존재하지
않는 듯하다. (…) 이런 것들이 우리가 오늘날의 사회요법에서 진
정한 환경이란 구체적인 사회 자체라고 믿는 이유다.[80]

여기서 생각해야만 하는 것은 데이케어의 일반적인 의의가 아
니라 사회를 새롭게 열어나가기 위한 기점으로 임상치료라는 장을

발견하고자 하는 파농의 모습이다. 어디까지나 정신장애에서 새로운 사회성을 여는 힘을 희구한 파농은 그 가능성을 임상치료를 끊임없이 바깥으로 열어나가는 문제로서 생각했으며, 사회가 열리는 기점으로서의 임상치료야말로 파농이 계속해서 사고하고 서술한 장이었다. 또한 임상치료라는 장의 가장 큰 특징이라고 할 수 있는 의사와 환자 관계 속에서 탄생한 파농의 이러한 서술은 『검은 피부 하얀 가면』에서 『대지의 저주받은 사람』에 이르기까지를 관통한다. 파농의 가장 초기 논문이자 『에스프리Esprit』에 게재된 「북아프리카 증후군」에서 파농은 이미 아픔을 둘러싼 신체성의 정의가 환자 자신을 소외시키는 과정을 의사-환자 관계라는 측면에서 문제 삼는다.

> 자네, 왜 그러나? / 죽을 것 같아요, 선생님. / 목이 쉬었고 목소리는 당장이라도 기어들어갈 듯하다. / 어디가 아픈가? / 온몸이 다요, 선생님.[81]

이 아픔은 누구의 아픔인가? 1952년에 인쇄된 이 논문이 묘사하는 아픔을 둘러싼 의사와 환자의 결코 교차하지 않는 대화는 데이케어를 고찰한 1959년의 논문에 등장하는 "치료에서는 자유로운 인간 두 사람이 만나야만 한다"[82]라는 파농의 서술로 이어진다. 정신과 의사에서 혁명가라는 극적인 전환의 통주저음으로서 파농은 매우 경험주의적이면서도 신중하게 의사-환자 관계 사이에 몸을 두고 둘 사이의 관계를 줄곧 어긋놓았던 것이다.

프랑스인을 목표로 한 개화의 역사가 됐든 무명전사가 지탱하는 알제리 민족의 역사가 됐든, 파농은 임상치료의 장에서 끊임없이 사회를 열어나가며 역사를 '비-역사'로 끌어넣는 힘을 계속해서 발견한다. 하지만 마노니는 똑같은 장소에서 환자 내부의 병소를 명명하고 치료한다. 이 의사는 찾아내야 할 힘을 병소에 가두고 무장해제하려는 것이다.

이렇게 무장해제된 결과 역사는 다시금 유일한 역사로 향해 가기 시작한다. 그것이 본원적 문화의 소생이든 무명전사의 무덤이든 역사를 '비-역사'로 끌어넣는 힘을 계속해서 찾아내지 않는다면, 역사는 '프랑스인' '알제리인' 혹은 '일본인' '오키나와인'이라는 유일한 역사로 등장하고 말 것이다. 이때 의사는 신을 대신해 이름을 부여하고 바람직한 역사를 지도하는 목사일 것이다. 그리고 이하 후유는 자기 자신에게서 이 소름끼치는 목사의 모습을 발견하고 역사를 거부했다.

하지만 문제는 역사만이 아니다. 진찰-치료라는 공정은 훈육된 신체를 낳고, 나아가서는 스스로를 그 공정 속에 집어넣는 자기언급성을 띠기 시작한다. 여기서 자본주의적인 노동과정의 성립을 읽어낸 타우시그는 옳았다.[83] 유일한 역사는 자본주의와 함께 등장하는 것이다. 그리고 진찰-치료라는 공정을 비판하면서도 의사-환자 관계 사이에 계속 머물렀던 파농의 서술은 임상치료라는 극한의 장에서 이 같은 유일한 역사와 자본주의의 등장을 계속해서 저지하려 한다. 중요한 것은 설명하거나 역사를 부여하는 것, 혹은 스스로를 그저 억압하고 침묵하는 것이 아니라, 대항하는 **동시에**

계속 거슬러 올라가는 운동이다. 이러한 의미에서 파농의 서술은
전장의 서술이다.

이 글을 작성하면서 엔도 가쓰히코遠藤克彦 씨, 사키야마 마사키崎山正毅
씨 그리고 후루쿠보 사쿠라古久保さくら 씨로부터 많은 조언을 얻었습니
다. 감사합니다.

후기

대학원생 때 오키나와 모토부本部 반도에 있는 촌락에서 농가경제
에 관한 일체조사를 한 적이 있다. 질문지를 들고 토지 소유의 변
천이나 쌀, 고구마 작부 면적 등을 조사하며 한 집, 한 집 다녔다.
지금으로부터 30년도 더 전, 좁은 의미의 경제사 연구를 할 때의
이야기다.

한 노부부의 집에는 그들의 아버지와 어머니, 친족과 형제자매,
자식과 손자, 증손자들의 사진이 여기저기 걸려 있었다. 그 사진
속 인물들은 이미 그 집에는 없었다. 그리고 사진을 앞에 두고 두
사람 입에서는 그 인물들이 살았거나 살고 있는 오사카, 하와이,
브라질에서의 경험이 꼬리를 물고 나왔다. 그들이 내온 커피는 브
라질산이었다. 향긋한 커피를 마시면서 나는 때때로 맞장구를 치
며 그저 열심히 들었다. 농가경제 조사는 중단되고, 풍성한 이야기
가 그 자리를 지배했다.

이 책을 쓰면서 30년 전 노부부가 들려준 이 조용한 이야기가

커피 향과 함께 되살아났다. 그것은 분명 노부부의 경험이었다. 그리고 동시에 그 땅을 떠난 이들의 경험이기도 했다. 둘은 떼려야 뗄 수 없이 얽혀 있어서 억지로 개별적인 한 사람 한 사람으로 나누려는 시도는 곧장 좌절됐다. 경험이란 관계이며, 동시에 상기想起라는 상상 속의 관계이기도 했다. 그리고 차츰 누구 이야기를 듣고 있는지를 모르게 되면서, 기억을 더듬는다는 것은 나 이외의 타자와 다시금 만나는 일이기도 하다는 생각이 강해졌다.

혹은 이렇게 말해도 좋겠다. 이야기가 되어 나오는 말들이 걸머지는 것은 "나라고 하는 사람은 '어떠한 사람들일까?'(나가사키 히로시長崎浩)"라는 물음이고, 우리가 상기하는 자기 경험 속에는 이미 타자와의 관계가 내재해 있다고. 상기는 내재하는 타자와 다시금 만나는 일이다. 굳이 말하자면 그것은 숨어 있던 타자가 자아를 침식하여 지금까지 자아를 형상화하던 시공간이 융해하는 사태가 아닐까? 또한 듣고 있던 나도 상기가 수반하는 이러한 융해에 참가하고 있었던 것 아닐까? 이 책을 쓰면서 경험과 상기, 혹은 말이라는 문제가 다시금 부상하기 시작했다.

걸작임이 분명한 우에노 에이신上野英信의 『마유야 사기眉屋私記』는 야마노하 만에이山入端萬榮의 수기 『나의 이민기』와 그의 여동생 쓰루조의 독백, 나중에는 쓰루조가 이야기한 여러 경험을 줄곧 어림하는 우에노까지 합세한 공동작업으로 만들어진 작품이다. 여기서 경험은 오키나와, 오사카, 멕시코, 쿠바, 텍사스 등 각지로 퍼져나간 사람들의 삶이 자아내는 만다라인 동시에, 쓰루조가 몸으로 살아낸 여러 경험과 계속해서 발길을 옮기는 우에노의 경험이 교착하고 융합하는 가운데에서 태어난 작품임이 분명하다. 이 책을 집필하면서 30년 전에 맡은 커피 향과 함께 몇 번씩 우에노의 『마유야 사기』가 아리아드네의 실처럼 나타났다.

우에노의 작품과는 달리 이 책 『유착의 사상』은 이른바 구전이나 자주 거론되는 기록문학 같은 기술은 아니다. 하지만 나는 우에노가 그려낸 세계의 넓이를 어떻게 해서든 드러내고 싶었다. 그리고 우에노와 같은 말의 소재所在를 확보하고 유착이라는 관점에서 세계를 써나가기 위해서 나에게는 아무래도 이론이라 불리는 영역의 언어가 필요했다. 이론이란 그런 것이다. 이론과 실증의 구분이 가능할 리 없다.

*

이론적으로든 구체적으로든, 유착을 통해 세계를 기술함으로써 내가 현세화하고 싶었던 것은 이 책에 등장하는 말을 빌리면 경험으로서의 근원적 적대성이다. 궁극적인 의미에서 머무를 곳이 없는 영혼이 내는 목소리는 우선 난폭한 분노이거나 원망, 혹은 혼란스러운 말들일 것이다. 또한 왕왕 민족이나 토착 혹은 촌락 같은 숙명적인 울림을 띤 말들이 이 목소리를 담지하기도 할 것이다. 혹은 이시무레 미치코를 따라 산 넋이나 죽은 넋의 말이라고 해도 좋겠다.

더구나 이 책에서 거듭 말했듯, 이 근원적 적대성이 무엇이 들어야 할 말이고 무엇이 유기해도 상관없는 말인지를 결정하는 '사전 배제'(버틀러)와 관련한 질서 자체에 대한 물음으로 존재하는 이상, 이것은 분명 광기와 관계있다. 거기서 나오는 말들은 왕왕 우선 병

증상으로 번역된다. 이 책을 쓰고 나서, 오랫동안 품어왔던 이 병이라는 주제의 입구에 겨우 설 수 있게 된 것 같다.

1972년을 사이에 끼고 곧장 다음 오키나와 투쟁을 이야기하기보다는 점차 제정신을 잃어갔던 사람들이 있다. 그중 한 사람은 도쿄의 병원에 격리되어 있다가 몇 년 전에 오키나와로 귀환했다. 그는 나하 공항에서 "긴 여행이었다"고 중얼거렸다고 한다. 그는 유착한 것이다. 여기서 여행이 머금고 있는 이탈은 병 증상으로 번역되고 있다. 하지만 다른 말이 필요하다.

또한 기존 세계로부터의 결정적인 이탈은 전장이 된 일상에서는 하자로서 주어진다. 전장에서 이탈한 흔적인 하자. 이 이탈의 계기를 전장이 일상화된 세계에서 확보하기. 이때 유착은 전장의 기억과 겹쳐질 것이다. 전장에서 이탈한 흔적을 떠안은 이들은 계속되는 전쟁상태 속에서 여행을 계속한다. 이는 전쟁상태를 줄곧 거절하는 몸짓이기도 할 것이다.

그리고 전장의 기억 또한 병이라는 영역을 갖는다. 역시 다른 말이 필요하다. 이는 의사와 환자의 관계로 제도화되어버린 정신질환을 둘러싼 관계와 언어의 소재에 관한 문제이기도 하다. 이 물음이 내 앞에 지금 과제로 남아 있다. 우선은 '오키나와 전쟁 트라우마' 같은 용어를 되풀이하지 않고 그것이 보여주는 영역에서 이 의학용어에 대한 불편함과 함께 생각을 시작하고 싶다.

*

지난번 책인 『폭력의 예감』으로부터 10년이 넘게 흘렀다. 요 10

년을 돌아볼 때 내 일상에서 제법 많은 부분을 차지하던 대학이라는 공간에 대한 양가적인 감정이 밀려온다. 그것은 단적으로 말해 어떤 궤멸적인 상황이고, 이 상황을 구성하는 "추한 얼굴"(도미야마 이치로, 「추한 얼굴」 『임팩션』 169호, 2009)이다. 이 얼굴의 주인들은 자신(만)이 옳다고 큰소리로 외치는 것이 습성이 된 교원들이고, 학생이 자유롭게 사고할까 봐 남몰래 두려워하면서 그래서는 어엿한 성인이 될 수 없다고 옅은 비웃음을 흘리며 고압적으로 이야기하는 자들이다. 그저 승자가 되기 위해 서두르는 굴절된 엘리트의식이 여기에는 있다. 리버럴한 좌파의 낯을 하고 싶어하는 자들도 포함해 지금 이러한 '추한 얼굴'들이 대학에 퍼져 있다. 하지만 다른 한편으로 대학원생들을 비롯한 젊은이들은 이러한 교원들이 한사코 숨기려는 불안이나 그들 이야기의 얄팍함을 이미 눈치 채고 있다. 눈치 채고 있으면서도 맞춰주는 것이다.

물론 이를 두고 국립대학 법인화 혹은 대학을 둘러싼 합병·흡수·폐쇄 같은 신자유주의적인 상황이라고 말하지 못할 것은 없지만, 그와 동시에 신자유주의 같은 안이한 해석이 아니라 학문과 자본의 관계를 지금 어떻게 문제화해야 하는가라는 중대한 주제이기도 하다. 하지만 이러한 대학론에 앞서 역시 이 '추한 얼굴'에서부터 물음을 던지기 시작해야만 한다. 왜냐하면 지금 필요한 것은 올바른 대학론이 아니라 '추한 얼굴'이 만연한 공간에서 어떻게 앎을 둘러싼 언어의 소재를 묻고, 그러한 말들이 젊어지는 관계를 확보하며, 공간을 창조할 것이냐이니까. 특히 2011년 3월 11일 이후 그렇게 생각한다.

혹은 '오키나와 문제'나 역사와 관련한 논의에서도 똑같은 위기감이 내게는 있다. 다양한 정동을 마구잡이로 '논論'으로 만들어서 스스로와 분리한 뒤에 저들끼리의 논단에 폐쇄된 얄팍한 조감도를 그리고 싶어하는 풍조는 대체 언제부터 시작된 걸까? 이 풍조 속에서 해야 할 논의를 하지 않은 채 방치하고 유기해왔다는 생각이 내게는 있다. '독립' '이니셔티브' '현외 이설移設', 이 모든 것은 뒤에다 '논'이라는 말을 붙여서 논단적으로 처리할 만한 사항이 아니다. 바닥이 빤히 보이는 비판을 하기 전에 이러한 말들에 단단히 얽혀 있는 경험이라는 영역에 대하여 스스로의 언어가 어디에 있는지를 찾는 데서 시작해야만 하는 것이다. 이 책을 쓰고 나니, 이러한 말들에서 '논'을 삭제하여, 이미 다 논했다고 생각하던 사람들을 논의의 장으로 되돌리는 작업을 해야만 한다고 지금 느낀다.

'윤타쿠 모임'* '수다 모임' '포치 모임' '삼인회' '10시 모임' 등. '논'을 구성하는 논단이나 과장된 학술 심포지엄보다는 이러한 명칭으로 이어진 여러 논의의 장이야말로 내게는 소중하다. 또한 논의를 확보하는 공간이란 그 자체로도 얼마나 중요한 운동인지에 대해서도 서울에서 전개 중인 연구기계 '수유+너머'와의 계속되는 대화 속에서 확인해왔다. 그리고 무엇보다 먼저, 논의를 되찾아야만 한다고 생각하기 시작한 지도 10년 가까이 지났다. 편집위원으로 있는 『임팩션』에서 내가 꾸민 특집 두 가지, 「접속하라! 연구기계」(153호, 2006), 「대학은 누구의 것인가?」(173호, 2010)도 이 점과

---

* 윤타쿠란 오키나와 방언으로 수다, 수다쟁이라는 뜻이다.

관련 있다.

본디 앎이나 지적 영위에 의미를 부여하는 것은 사적 소유나 개인의 업적(의 양)이 아니다. 또한 지식을 사적 소유물이라 전제하는 사회의 수요나 사회적 영향 혹은 소유자(지식인)의 올바른 지식 공급(계몽)도 아니다. 앎 자체가 타자와의 관계성이나 집단성과 관련한 행위수행적인 영위가 아닌가? 또한 계속해서 수행적이기 위해서는 안다는 행위에 신체감각이 대전함을 우선 인정하는 것이 중요하지 않은가? 이렇게 서로 인정한다는 것이 바로 대학이라는 장소의 출발점 아닌가? 이는 사적 소유나 업적의 양으로 서열화된 앎과는 정반대되는 것이다.

또한 대학은 직장이나 사회가 아니거니와 연구소도 아니고, 학생이나 대학원생들 입장에서 보면 명백하게 유동流動하는 계系다. 사람들이 오가는 길거리와도 비슷하다. 게다가 그것은 제도로서 존재하니, 말하자면 제도화된 유동계인 것이다. 중요한 것은 앎의 집단성을 수요나 영향으로 이야기하는 것이 아니라 그것을 서클이나 연구회가 아닌 길거리에서 유지하는 것 아닐까? 여기서 생성하는 집단성은 분명 제도로서의 길거리를 비판적으로 바라볼 것이다. 안다는 행위를 통해 길거리를 서로를 인정하는 장으로 만드는 일은 근원적인 제도 비판을 낳을 것이다.

이러한 점을 염두에 두고 10년 전부터 나는 대학 내 커리큘럼과 접목시키면서 장을 만들고자 해왔다. 유동계를 유지하고 이를 제도 비판으로 연결하려면, 장이 제도화된 커리큘럼이기도 하다는 것이 중요한 논점이 되리라고 생각했기 때문이다. 화요일 오후,

끝나는 시간도 정해놓지 않고 이어지는 화요회라는 이름의 이 모임은 그저 논의를 위해서만 있다. 학생이나 대학원생뿐 아니라 다양한 배경을 가진 사람들이 모이는 이 모임에서는 설명이 필요 없는 전제 아래 미리부터 논의 바깥에 방치되던 사항들을 정성스럽게 언어화해가는 것부터 시작한다. 확실히 시간이 걸리기는 하지만, 역시 시간은 들여야만 한다. 재작년에 내가 도시샤同志社 대학으로 옮기면서 거점이 교토가 된 뒤에도 이 모임은 이어지며 횡단적으로 확대되었다. 행복하게도 앞으로 오랫동안 함께 어울릴 새로운 사람들과도 만났다. 요일은 수요일이 되었지만 화요회다. 여러분, 앞으로도 잘 부탁합니다.

＊

이 책은 내가 임팩트출판사에서 내는 첫 저작이다. 오랫동안 『임팩션』 편집위원으로 있으면서도 이 출판사에서 내는 단독 저서는 이 책이 처음이다. 후카다 다쿠深田卓 씨, 감사했습니다. 앞으로도 잘 부탁합니다. 마지막으로 앞서 이야기한 화요회에서 함께 논의하던 가키타 하지메柿田肇 씨가 2013년 6월 23일에 세상을 떠났다. 그와 와인을 마시면서 논의해야 할 일, 상담해야 할 일이 많이 있다. 애석함을 꾹 삼키고 이 책을 저쪽 세상에 바칩니다. 읽어주세요.

2013년 8월 19일, 더운 여름 아침에
도미야마 이치로

서장

1 　新城兵一,「內破―邊野古」『新城兵一詩集 死生の海』, あすら舍, 2011.

2 　藤田省三,『全体主義の時代經驗』, みすず書房, 1995, 5쪽[국역본은 후지따 쇼오조오,『전체주의의 시대경험』, 이홍락 옮김, 창작과비평사, 1998].

3 　이러한 일상적인 생활 향상이나 개선이 충성과 연동하는 사태는 역사가 깊은데, 이 책에서 다루는 1930년대부터 광범위하게 전개된 생활 개선운동이 구체적인 검토 과제 중 하나일 것이다. 이는 공황으로 피폐해진 농촌에서 전개되었을 뿐 아니라 오키나와는 물론이고 재일 조선인, 피차별 부락민도 포함하였으며 나아가서는 식민지에서도 전개되었다. 생활 개선의 이러한 확대는 파시즘이 단지 우익 천황주의자들을 통해 수행된 것이 아니라 각종 경계를 횡단하는 일상적 쾌락의 총동원이기도 했음을, 또 그렇기 때문에 후지타가 말한 불쾌함에 대한 배격이 전후에도 모습을 바꾸어 계속되었음을 보여준다. 생활 개선에 관해서는 富山一朗,『近代日本社會と「沖繩人」』(日本經濟評論社, 1990) 제3장 및 『增補: 戰場の記憶』(日本經濟評論社, 2006)[국역본은 도미야마 이치로,『전장의 기억』, 이산, 2002] 제2장 참조. 또한 이 생활 개선을 총력전 체제의 정치적 각축장으로 자리매김하려고 했던 연구로 廣岡淨進,「主体化と動員の陣地戰―植民地帝國日本の人種主義と總力戰体制下の部落解放運動を考えるために」『待兼山論叢』40호(大阪大學文學會, 2006)를 꼭 참조하기 바란다.

4 　藤田, 앞의 책, 13쪽.

5 　후지타가 일상생활의 상품화라는 관점에서도 쾌락주의를 논의하고 있다는 점은 현대 자본주의의 파시즘을 문제화하는 엔도의 논의와 더불어 한층 더 논의해봐야 할 과제다. 엔도는 생활의 안녕을 담당하고 일상생활을 조직하는 리더인 (신)

중간층의 등장과 이 같은 층의 불안한 심성을 집약하는 천황의 서사는 산업예비
군을 더는 글자 그대로의 예비군으로서 도야할 수 없게 된 현대 자본주의를 연명
하는 전개라 보고, 금융자본주의를 이 전개의 동력으로 놓는다. 또한 이 '천황의
서사'의 위치에는 일본 문화나 '국민의 역사'가 채워진다. 이러한 현대 자본주의와
파시즘에서 금융자본에 의한 일상생활의 포섭과 재구성은 문화의 문제로 등장
하게 될 것이다. 산업자본과 거리를 두는 척하던 학계의 인문학적 학지는 이 문
화에서 자본과 제휴한다. 이러한 엔도의 인식에서 보면 후지타가 말한 불쾌한 것
에 대한 배격은 금융위기가 계속되는 지금 역시나 정점을 맞이하는 중이라고 할
수 있을 것이다. 저 일장기의 무리를 보라. 가쓰히코 마리아노 엔도, 「ユニバーシ
ティ、ファシズム、聲─監譯者あとがきにかえて」; Harry D. Harootunian, 『歴史と
記憶の抗爭─『戰後日本』の現在』(가쓰히코 마리아노 엔도 엮음·감역) みすず書房,
2010.

6   藤田, 앞의 책, 79쪽.

7   이러한 학적 진실성과 정치적 올바름에 관해서는 富山一朗, 「分析ということ, 記憶
ということ, あるいは正しい政治」(『日本思想史研究會會報』 23호, 2005) 참조.

8   이는 '오키나와 문제'뿐만이 아니다. 가령 이하 후유는 오키나와학의 아버지라 불
리는데, 연구자도 포함해 그의 말에서 올바름이나 가르침을 찾는 사람들은 많다.
이렇듯 가르침을 바라는 심성은 반대로 곧장 과오나 결점을 지탄하는 태도로 직
결될 것이다. 이하의 경우, 그의 말은 혼란스럽고 모순되며 공포로 가득하다. 적어
도 올바름의 근거는 거기에 없다. 읽어내야 하는 것은 올바른 가르침이 아니라 여
전히 해결되지 않은 이 혼란, 그리고 위기와 관련한 경험이다. 다시 말해 위기의
연장선상에서 살아가는 내가 그의 말을 위기의 경험으로서 읽는 것이다. 선험주
의에서 이탈하려면 위기를 둘러싼 이러한 말의 소재에서 출발해야 한다. 이하에
관해서는 제3장에서 검토하겠다.

9   藤田, 앞의 책, 85쪽. 도사카 준은 1930년대에 경험이 정치적 영역으로서 부상하
는 가운데 경험을 정치의 존재론적인 전제나 올바름의 근거로 삼지 않고 정치 자
체로서 확보하려고 했다. 도사카에게 과학적이라는 것은 작금의 역사학이나 사
회학에 종사하는 사람들이 종종 그렇게 하듯 사람들의 경험을 해설을 위한 데이
터로 수집하는 것이 아니라, 이렇게 정치를 확보하는 것이었다. 또한 여기서 그는
후지타와 마찬가지로 개인화된 숙명적 경험과 단선적인 역사 인식에서 이탈하고
자 한다. "경험이란 개인이 경험한 내용 외에도 개인이 머지않아 경험할, 그리고
나아가서는 사회 속의 인간이 아마도 경험했고 또 경험하고 있으며 이윽고 경험
하게 될, 아니 모든 사람이 그 조건만 주어진다면 반드시 경험할 것이 분명한 내
용일 수밖에 없다. 그리하여 경험은 그 자체에 경험을 넘어서는 혹은 경험에 앞서
는, 즉 더 이상 경험론적이지 않은 어떤 것을 함축한다."(戶坂潤, 『科學論』, 1953,
『戶坂潤全集第一卷』, 勁草書房, 1967 수록, 『全集』 187쪽.) 여기서 도사카가 말하는
'경험에 앞서는' 것은 후지타의 말을 빌리면 '희망적 관측'을 통해 '선험주의'에서
이탈하는 것이기도 하리라. 또한 이 점에 관해 엔도, 앞의 글 및 Harootunian,

앞의 책을 꼭 참조하기 바란다.

10 폴 길로이와 토니 모리슨의 대화에서 토니 모리슨은 『빌러비드』를 언급하며 이렇게 말했다. "'미치지 않기 위해' 의도적으로 빠져드는 광기가 있는 것입니다(Paul Gilroy, Small Act, Serpent's tail, 1993, p.178)." 또한 '미치지 않기 위해'라는 표현에 관해서는 노무라 고야의 다음 글을 참조하라. "『沖縄は安全』とでも思いこまなければ沖縄人は生きることすら困難になるかもしれない"(野村浩也, 『無意識の植民地主義』, 御茶の水書房, 2005, 221쪽). 노무라는 안전하다는 발화가 일상적 고통에 대한 무감각인 동시에 부인이라는 점을 날카롭게 지적한다.

11 野村, 앞의 책, 263쪽. 인용하면 "태어날 때부터 기지는 눈앞에 있었다. 미군기지의 철조망은 너무나도 당연한 풍경이었다". 나는 세대론을 좋아하지 않는다. 하지만 철조망을 넘어서야 할 대상으로서 조정받아온 사람들이 정치를 이야기하는 가운데 노무라처럼 복귀 이후를 살아온 세대는 어떠한 정치를 획득하는가라는 물음은 이 책 전체의 테마이기도 하다. 이는 전자의 정치를 표면적으로 반복함으로써 구성되는 '오키나와 문제'에 대한 비판이기도 하다.

12 다나카 야스히로는 저서 『風景の裂目—沖縄, 占領の今』(せりか書房, 2010)에서 "오키나와의 풍경이나 신체에 기입된 '의미'를 해독하지 않는 한, 사고는 '현실'의 틀 안에 머물게 된다"라고 하며, 이를 해독하는 방법은 자신의 신체에 새겨진 경험과 다시금 만나는 것이라고 주장한다. "풍경이 갈라진 틈을 열어젖히고, 의미가 터져 나오는 현장에 있을 것. 그 자리에 있던, 분명히 있었을 자기 자신과 다시 만나는 것. 사적인 경험을 사회적 문맥에 다시 놓는 우회로를 거침으로써 비로소 보이는 것도 있을 터이다." 다나카는 말 그대로 몸을 던져서 균열을 드러낸다.

13 内海愛子·高橋哲哉·徐京植, 『石原都知事「三國人」發言の何が問題なのか』, 影書房, 2000, 201.

14 『폭력의 예감』에서도 이시하라의 이 발언은 일상적인 질서의 폭력을 논의하는 데에 매우 중요한 검토 대상이었다. 그리고 지금 이 글을 써나가면서 다시금 이 발언에서 이야기를 시작하지 않을 수 없다. 여기에는 일상적인 계엄령이라는 질서가 지금 눈앞에 등장하고 있다는 현상 인식이 역시 존재한다.

15 위의 책, 99-101쪽. 도바루 가즈히코는 3월 11일 대지진 이후의 오키나와에 관한 계보 속에 이 메도루마의 글을 확보한다. 知念ウシ·興儀秀武·後田多敦·桃原一彦, 『闘争する境界—復歸後世代の沖縄からの報告』, 未來社, 2012, 189. 또한 도미야마 이치로 『폭력의 예감』 서장 및 桃原一彦, 「大都市における沖縄出身者の同郷的結合の展開」(『都市問題』 91권 9호, 2000)도 참조.

16 武藤類子(写真·森住卓), 『福島からあなたへ』, 大月書店, 2012, 15쪽.

17 같은 책, 42쪽.

18 朝日新聞特別報道部, 『プロメテウスの罠—明かされなかった福島原發事故の真実』, 2012, 22쪽.

19 武藤, 앞의 책, 82쪽.

20 Rebecca Solnit, 『災害ユートピア—なぜそのとき特別な共同体が立ち上がるのか』,

高月園子 옮김, 亞紀書房, 2010, 203쪽[국역본은 레베카 솔닛, 『이 폐허를 응시하라: 대지진 속에서 피어나는 혁명적 공동체에 대한 정치사회적 탐사』, 정혜영 옮김, 펜타그램, 2012]. 솔닛은 기존 질서가 그 형태를 잃어버리고 소진하는 불확실한 영역을 '문턱liminality(같은 책, 169쪽)'라 부른다. [단, 한국어 번역본에는 '과도적 성격'이라 번역되어 있다. 255쪽 참조. 이하, 저자가 인용하고 있는 문헌에 대해서는 저자의 의도를 살리기 위해 한국어 번역본이나 원서를 참조하되 기본적으로 일본어 인용문에 준하여 번역했음을 밝혀둔다―옮긴이] 이 영역에서는 무슨 일이 일어날지 알 수 없다. 혹은 무슨 일이 이미 일어나고 있었는지 알 수 없다. 바로 그렇기 때문에 무슨 일이든지 가능하다. "무슨 일이 일어날지 모른다는 재해의 경고는 무슨 일이든 가능하다는 혁명의 가르침과 그렇게 멀리 떨어져 있지 않다(같은 책, 172쪽)." 비상사태란 어떻게 해서든 해결해야만 하는 과제나 한 시라도 빨리 질서를 회복해야만 하는 혼란 혹은 대립이 아니라, 세계가 잠정적인 존재로서 부상하는 사태다. 여기서는 경계선에 멈춰 서서 무슨 일이 일어날지 모른다는 불안을 견디면서 거기서 엿볼 수 있는 미래를 예감하는 인지능력이 요구된다.

21 知念ウシ・興儀秀武・後田多敦・桃原一彦, 『鬪爭する境界―復歸後世代の沖繩からの報告』, 未來社, 188쪽.

22 같은 책, 189쪽.

23 같은 책, 188쪽.

24 桃原一彦, 「沖繩でつづく植民地主義」 『インパクション』 143호, 2004, 163쪽.

25 같은 책, 163쪽.

26 푸코가 말한 계보학이라는 뜻이다. 즉 "지나간 사건을 각각의 흩어진 상황 속에 잡아두는 것"을 말한다. Michel Foucault, *Language, Counter-memory, Practice*, Cornell University Press, 1977, p.146. 또한 이 책의 보론으로 수록한 「대항하기와 거슬러 올라가기」도 참조.

제1장

1 廣津和朗, 「さまよへる琉球人」 『新沖繩文學』 17호, 1970년 8월, 21쪽.

2 臼井吉見, 『近代文學論爭-上』(築摩書房, 1975) 참조.

3 오키나와 청년동맹 및 간사이의 세키류회, 간사이 오키나와현인회의 운동에 관해서는 安仁屋政昭, 『沖繩の無産運動』(ひるぎ社, 1983) 및 富山一朗, 『近代日本社會と「沖繩人」―「日本人」になるということ』(日本經濟評論社, 1990) 제2장 참조.

4 臼井, 앞의 책, 226쪽.

5 大城立裕, 「復刻をめぐる感想」 『新沖繩文學』 17호, 1970년 8월, 57쪽.

6 또한 그 뒤에 도지다이샤同時代社에서도 복각되었다. 이 소설 및 이와 관련한 다수의 논쟁 혹은 평론에 관해서는 나카호도 마사노리의 밀도 높은 해설을 참조하

기 바란다. 仲程昌德,「解説」; 廣津和朗,「さまよへる琉球人」, 同時代社, 1994.

7 大城, 앞의 책, 56쪽.

8 由井晶子,「『さまよへる琉球人』の再録」,『新沖縄文學』 17호, 1970년 8월, 60쪽.

9 여기서 말하는 문턱은 서장의 주 20에서 이야기한 레베카 솔닛의 '문턱'인 동시에 김항,『帝國日本の閾—生と死のはざまに見る』(岩波書店, 2010)를 염두에 둔 것이기도 하다. 둘 다 비상사태에서 국가가 현세화하는 것 그리고 그 가까이에 있는 탈출의 가능성과 관련한 말이다. 김항의 책에 관해서는 富山一朗,「肉塊の思考」『表象』(表象文化論學會, 6호, 2012년) 참조.

10 이 용어는 이 시기의 신문 등에서 쓰였다. 원래 소철 자체는 식용으로 쓸 수도 있어 '지옥'의 메타포는 아니다. 오히려 기아에서 살아남는 데 중요한 식물이다. 이 말이 오키나와의 피폐함을 나타내는 상징으로 쓰였다는 것 자체가 오키나와가 사회문제가 되었음을 보여주는 한 예다. 이 점을 감안해 이 책에서는 설탕 가격 폭락에 따른 사회 붕괴를 가리키는 용어로 소철지옥이라는 말을 사용한다. 소철에 관해서는 榮喜久元,『蘇鉄のすべて』(南方新社, 2003) 참조. 또 소철지옥이라는 말과 관련해서는 오시로 미치코大城道子 씨에게 가르침을 받았다.

11 廣津和朗,「沖縄青年同盟よりの抗議書—拙作『さまよへる琉球人』について」『新沖縄文學』 17호, 1970년 8월, 36쪽. 이 글에서「떠도는 류큐인」및「오키나와 청년동맹이 보낸 항의서: 졸작『떠도는 류큐인』에 관해」는「신오키나와 문학」에서 인용했다.

12 富山一朗,『暴力の豫感』 278–282쪽 참조[국역본은 도미야마 이치로,『폭력의 예감』, 손지연, 김우자, 송석원 옮김, 그린비, 2009, 331–336쪽]. 이하의 이 글에 대해서는 제4장에서도 다룰 것이다.

13 버틀러는 어떠한 삶이 비통해할 만한가라는 물음 속에서 비통해할 만한 존재로 승인되는 삶과 그렇지 않은 삶의 격차를 논의한다. 여기서 버틀러는 모든 삶이 노출되어 있는 '불확실성precariousness'을, 비통해할 만한 존재로 정치적으로 승인되는 '불안정 존재precarity'의 삶과 아무리 상처 받고 상실되어도 승인되지 않는 삶으로 구분하여 각각을 어떤 집단에 할당하는 틀 자체를 문제 삼는다. 그리고 이 같은 불안정성의 불평등한 배분을 비판적으로 검토하고 횡단해나가기 위한 실마리로서 모든 삶이 노출되어 있는 불확실성을 '감지하는apprehend' 것이 중요하다고 본다. 삶을 둘러싼 이 같은 구분을 어떻게 횡단해나갈 것인지를 '오키나와 문제'의 형성에 관해서도 물어야 하며, 이는 역시 안다는 것 자체에 대한 물음이기도 하다. Judith Butler,『戰爭の枠組み』, 清水晶子 옮김, 築摩書房, 2012, 10–15쪽[Judith Butler, *Frames of War: When is Life Grievable?*, Verso, 2010] 참조.

14 廣津和朗,「さまよへる琉球人」『新沖縄文學』, 20쪽.

15 위의 책, 24–25쪽.

16 魯迅,「『フェアプレイ』はまだ早い」, 竹内好 엮음,『魯迅評論集』, 岩波書店, 1981[「페어 플레이는 아직 이르다」,『루쉰전집』, 루쉰전집번역위원회 옮김, 그린비, 2010].

17 Frantz Fanon,『地に呪われたる者』(鈴木道彦·浦野衣子 옮김), みすず書房, 1969,

33쪽[국역본은 『대지의 저주받은 사람들』, 남경태 옮김, 그린비, 2010]. 이와 관련하여 富山一朗, 「この, 平穩な時期に─東京タワ─・ジャックにおける富村順一の『狂氣』について」(野村浩也 엮음, 『植民者へ』, 松籟社, 2007) 참조.

18 이 책에 실린 보론 「대항하기와 거슬러 올라가기」 참조하기 바란다.

19 廣津和朗, 「沖繩青年同盟よりの抗議書─拙作『さまよへる琉球人』について」 『新沖繩文學』, 38쪽.

20 위의 책, 36쪽.

21 위의 책, 41쪽.

22 위의 책, 39쪽.

23 廣津, 「さまよへる琉球人」, 35쪽.

24 위의 책, 35쪽.

25 廣津, 「沖繩青年同盟よりの抗議書─拙作『さまよへる琉球人』について」 『新沖繩文學』, 38쪽.

26 「떠도는 류큐인」에는 '예의 지진'이라는 표현이 다수 등장한다.

27 이 글은 悪麗之介 엮음·해설, 『天変動く大地震と作家たち』(インパクト出版會, 2011)에서 인용하였다. 같은 책, 192쪽.

28 위의 책, 192쪽.

29 위의 책, 161쪽.

30 김항, 앞의 책, 155쪽.

31 이는 행정 계엄령이 제국헌법 14조에 따른 계엄 선고보다 위험하다는 점과도 포개진다. 단순히 비교하기는 어렵지만 행정 계엄은 행정권의 자의적 남용에 따른 적용 범위 확대를 초래하고, 이는 어떤 의미에서 법의 일탈과 재정립이 절차 혹은 운용의 문제로 해소돼버리는 사태이기도 할 것이다. 또한 이는 동시에 법적 근거인 14조가 없어도 실질적으로 계엄령을 전개할 수 있음을 의미한다. 그렇기 때문에 서장에서도 썼듯 자위대의 치안 출동도 포함하여 계엄령을 논의해야만 하고, 사실 간토대지진 당시 계엄령의 전 단계로서 쌀 소동과 노동쟁의, 파업에 대한 치안 출동이 있었음을 잊어서는 안 된다. 혹은 간토대지진 때의 내무대신 미즈노 렌타로水野錬太郎가 전직 조선총독부 정무총감이었고 경시총감 아카이케 아쓰시赤池濃 역시 전직 조선총독부 경무국장이었으며, 둘이 같이 3.1독립운동을 진압했다는 점도 함께 생각할 필요가 있을 것이다. 계엄령은 법리 문제가 아니라 법적 질서를 초월한 국가 그리고 제국의 폭력에 관한 문제. 大江志乃夫, 『戒厳令』(岩波書店, 1978), 112-143쪽 참조.

32 比嘉春潮, 『沖繩の歳月』, 中央公論社, 1969년, 109쪽. 도미야마 『폭력의 예감』 서장도 참조.

33 이는 한 번 고문을 받은 사람의 경우, 그 뒤에도 자신에게 던져지는 모든 질문을 고문이 다시 오리라는 것을 예감하게 하는 것으로서 받아들인다는 말이기도 하다. 프란츠 파농은 신문에 대해 이렇게 썼다. "이 고문 후 몇 달이 지나도, 과거에 수인이었던 이는 제 이름이나 살던 마을 이름도 말하기를 망설인다. 어떤 신문

이든 우선 고문자와 피고문자의 관계의 재판再版으로 체험하는 것이다." Frantz Fanon, 『革命の社會學』, 宮ヶ谷德三·花輪莞爾·海老坂武 옮김, みすず書房, 1969, 107쪽[국역본은 『알제리 혁명 5년』, 인간사랑, 2008].

34　沖繩縣勞働組合協議會, 『日本軍を告發する』, 1972, 69쪽. 도미야마, 『폭력의 예감』 서장 참조.

35　山之口獏, 「沖繩の叫び」『山之口獏全集 第四卷』, 思潮社, 1974, 221-222쪽. 도미야마, 위의 책 서장 참조.

36　廣津, 「沖繩靑年同盟よりの抗議書―拙作『さまよへる琉球人』について」『新沖繩文學』, 42쪽.

37　히로쓰 자신은 이 사태를 눈치 채고 있었는지도 모른다. "차려!"라는 호령은 타자 의 신체를 감지하는 신경계를 스스로의 내부에 감춰두려는 선언일 수도 있다.

38　Nicos Poulantzas, 『國家·權力·社會主義』(田中正人·柳中隆 옮김), ユニテ, 1984, 90쪽[국역본은 니코스 풀란차스, 『국가 권력 사회주의』, 박병영 옮김, 백의, 1994].

제2장

1　Frantz Fanon, 『黒い皮膚·白い仮面』(海老坂武·加藤晴久 옮김), みすず書房, 1970, 136쪽[국역본은 『검은 피부, 하얀 가면』, 노서경 옮김, 문학동네, 2014].

2　石牟礼道子, 『苦海浄土』, 講談社, 1969, 61쪽[김경인 옮김, 『슬픈 미나마타』, 달팽이, 2007].

3　伊波普猷, 「沖繩歷史物語」『伊波普猷全集』, 平凡社, 1974(초판 1947), 452-434쪽.

4　原田誠司·矢下德治 엮음, 『沖繩經濟の自立に向けて―七八年―一月シンポジウムの全 記錄―』, 鹿砦社, 1979.

5　『新沖繩文學』 48호(1981년 6월)의 특집 「琉球共和國へのかけ橋」나 이듬해인 1982 년 5월 15일에 간행된 新崎盛暉·川滿信一·比嘉良彦·原田誠司 엮음, 『沖繩自立への 挑戰』(社會思想社) 혹은 이 특집 및 책에 수록된 「特別縣構想」(沖繩縣自勞會), 「琉 球共和社會憲法C私(試)案」(川滿信一), 「琉球共和國憲法F私(試)案」(仲宗根勇) 등이 있다. 또한 『임팩션』 17호(1982년)의 특집은 「獨立をめざす國內植民地·沖繩」였다. 이러한 조류의 밑바탕에는 복귀한 일본에서 이탈한다는 생각이 공통적으로 존 재한다. 가령 가와미쓰의 「琉球共和社會憲法C私(試)案」 전문前文에서 종종 인용되 는 부분이기도 한데, "우리도 이제 정말 정나미가 떨어졌다. 호전국 일본이여, 호 전적인 일본 국민과 권력자들이여, 가고 싶은 길을 가도록 하라. 이제 우리는 인 류의 멸망으로 가는 억지 동반자살의 길을 더 이상 함께 가지 못하겠다"라는 말 이 있다. 이러한 구상들을 비판적으로 검토한 것으로는 松島泰勝, 『琉球獨立への 道』(法律文化社, 2012)의 특히 제6장 참조.

6　新川明, 「土着と流亡―沖繩流民考」『現代の眼』, 1973년 3월, 104쪽.

7   같은 책, 105쪽.

8   川田洋, 「『叛帝亡國·國境突破』の思想」『映画批評』 27호, 1972년 12월, 20쪽.

9   아라카와의 「土着と流亡」에 응해 가와다가 쓴 〈亡國〉の時代とはなにか? 新川明への応答─「國境」としての沖縄をめぐって」(『映画批評』 31호, 1973년 4월)에서도 이 「『叛帝亡國·國境突破』の思想」를 쓴 이유에 대해 "제작자 본인이 초대해줘서 본 영화가 너무 별로여서"라고 쓰고 있다(같은 책, 91쪽).

10 川田洋, 「〈余剰〉の世界へ道は拓けるか」『映画批評』 4호, 1971년 1월, 115쪽.

11 레이 초우Rey Chow는 자신이 경험한 미네소타 대학 인사 선고에서 생긴 에피소드를 소개한다. 중국에서 온 후보자가 인사를 담당한 마르크스주의자 대학 교원이 바랐던 것처럼 혁명의 근거지에서 온 인물이 아니었을 때, 이 교원이 후보자에게 차별적 태도를 취했다는 것이다. 중국에서 왔는데 "자본주의를 좋아하는가?"라고. 이러한 태도에 대해 레이 초우는 다음과 같이 말한다. "이러한 발상을 형용하기에 딱 적합한 말은 아직 발명되지 않았다. 아마 그의 태도를 표현하는 가장 가까운 용어는 인종차별주의일 것이다. 즉 특정 집단에서 온 누군가를 부정적이든, 긍정적이든 그 집단에 대해 우리가 품고 있는 고정관념상의 유형으로 환원해버리는 사고방식(Rey Chow, 『ディアスポラの知識人』, 本橋哲也 옮김, 青土社, 50쪽[국역본은 『디아스포라의 지식인』, 장수현 옮김, 이산, 2005])." 바꿔 말하면 이는 타자를 근거로 삼아 스스로의 자리에서 운동하거나 발언하는 것의 정당성을 발견하는, 지식인에게 흔히 있는 한심한 몸짓이기도 하다. 이러한 몸짓은 많은 경우 근거가 되는 타자에 대한 쟁탈전이 될 것이다. 레이 초우에 따르면 이는 원주민 쟁탈전이고, 진짜가 아닌 원주민을 배격하는 것으로도 이어진다. 또한 레이 초우에게 디아스포라란 이렇게 원주민 찾기를 하는 양심적 사고에 대한 도전이기도 하다. 같은 책, 제2장 「그 원주민들은 다 어디로 갔을까」 참조.

12 川田洋, 「『叛帝亡國·國境突破』の思想」의 속편인 「『叛帝亡國·國境突破』の思想」 承前一再び, 逆説としての『アジアは一つ』をめぐって」『映画批評』 28호, 1973년 1월, 110쪽.

13 新川, 앞의 책, 111쪽.

14 같은 책, 112쪽.

15 같은 책, 112쪽.

16 新川明, 「悲惨なる逆説─歸ってきた勝ち組についての覺え書」『新沖縄文學』 28호, 1975년 4월, 후에 沖縄タイムス社 엮음, 『沖縄にとって天皇制とは何か』(沖縄タイムス 1976년)에 수록. 인용은 이 책, 277쪽.

17 같은 책, 277쪽.

18 같은 책, 285쪽.

19 아라카와가 말한 역설이라는 표현도 이 점과 관계있다.

20 新川, 「悲惨なる逆説」, 287쪽.

21 같은 책, 287쪽.

22 같은 책, 287-288쪽.

23 藤崎康夫, 『陛下は生きておられた―ブラジル勝ち組の記録』(新人物往來社, 1974년) 참조. '승자 조'를 공들여 인터뷰한 이 책에 따르면, 브라질 경찰이 '승자 조'를 구속하여 신문할 당시에 어진을 밟으라고 요구했다고 한다(같은 책, 157쪽). 살인에 대해 "공중에 붕 뜬 인간은 조직에서 고립돼 있어서 오히려 위험해요(같은 책, 163쪽)"라는 발언을 들은 후지사키는 "'승패를 둘러싼 항쟁' 속에서 일본인은 어느 한쪽에 소속될 것을 강요당했다(같은 책, 162쪽)"라고 쓴다. 이는 어느 쪽에 소속되든 일본인일 것이 강하게 요구되었다는 말이기도 하리라.

24 新川明, 「苦渋と悔恨」 『新沖縄文學』 45호, 1980년 6월, 277쪽.

25 같은 책, 275쪽.

26 이는 富山一朗, 『暴力の豫感』(岩波書店, 2002)의 후기에서 언급한 내용이기도 하다.

27 新川, 「苦渋と悔恨」, 279쪽.

28 新川, 「悲慘なる逆説」, 294-295쪽.

29 위와 같음.

30 같은 책, 294쪽.

31 竹村和子, 「ディアスポラとフェミニズム―ディアスポラ問題, 女性問題, クィア問題, ユダヤ問題」 赤尾光春 · 早尾貴紀 엮음, 『ディアスポラの力を結集する』, 松籟社, 2012, 222쪽.

32 이러한 이탈을 우에노 도시야를 따라 '내빼기'라고 불러도 좋을지 모른다. 이탈이라는 계기를 손에서 놓지 않고 디아스포라를 사고하기 위해서는 다음에 소개하는 우에노의 논고가 중요하다. 우에노는 여기서 이탈을 말 그대로 사상사로서 논의한다. 上野俊哉, 「ディアスポラ再考」, 위의 책 수록. 또한 이탈로서의 사상사와 관련하여 上野俊哉, 『思想の不良たち』(岩波書店, 2013)를 꼭 참조하기 바란다.

33 石牟礼道子, 「流民の都」 『現代の眼』, 1972년 4월호, 石牟礼道子 엮음, 『わが死民』(現代批評社, 1972년) 수록, 인용은 이 책, 15쪽.

34 이러한 이시무레의 고향에 대한 인식은 다음 글에서도 읽어낼 수 있을 것이다. "의식 속의 고향이든 실재하는 고향이든 간에, 오늘날 이 나라 기민 정책의 각인을 받고 잠재적으로 고철이 된 부분이 없는 도시나 농어촌이 있을까? 이러한 의식의 네거티브를 풍토라는 물에 적시면서 심정적인 출향을 하지 않을 수 없었던 이들에게, 고향이란 이제 저 출향한 서글픈 미래다. (…) 지방에서 나가는 자와 거기에 남으면서 출향할 수밖에 없는 자, 그들과 같은 거리에 있을 수 있다면, 우리는 다시금 고향을 매개로 민중의 심정과 함께 어렴풋한 추상세계인 미래를 공유할 수 있을 것 같다(石牟礼道子, 「あとがき」 『苦海浄土』, 講談社, 1969, 291-292쪽)."

35 渡邊京二, 「流民型勞働者考」 『小さきものの死』, 葦書房, 1975, 272쪽. 와타나베는 "정착하는 유민"이라고 쓰기도 한다(274쪽).

36 주33 참조.

37 에드워드 사이드나 가야트리 C. 스피박과 함께 포스트식민지주의 이론의 기수로서 주목받다 요즘에는 별로 언급되지 않게 된 바바는 식민지 지배라는 대립구조 속의 애매함이나 회색지대를 강조하는 논자로서 주목을 모았지만, 똑같은 이유

로 식민자와의 대항을 얼버무린다는 비판을 받기도 했다. 하지만 그의 논의를 수긍하든 비판하든, 이 나라 학계에서 추상도가 높은 바바의 물음을 정면으로 받아낸 논의는 놀랄 만큼 적다. 이러한 가운데 이소마에 준이치의 논고는 무척 중요하다. 꼭 참조하기 바란다. 磯前順一, 『ポストコロニアリズムという言説』, Homi. K. Bhabha, 『ナラティブの権利』, 磯前順一, Daniel Gallimore 옮김, みすず書房, 2009.

38 Homi. K. Bhabha, *The Location of Culture*, London and New York, Routeledge, 1994, p.5[나병철 옮김, 『문화의 위치』, 소명출판, 2012]. 이하 이 책에서 인용할 때 번역문은 『文化の場所―ポストコロニアリズムの位相』(本橋哲也·正木恒夫·外岡尚美·阪本留美子 옮김, 法政大學出版局, 2005)를 따랐지만, 일부 다시 번역한 곳도 있다.

39 Ibid., pp.8-9.

40 파농의 이러한 부정성에 관해서는 제4장에서 다시 검토하겠다.

41 Bhabha, op.cit, p.5.

42 이 현재성the present을 바바는 발터 벤야민의 역사철학테제에 등장하는 저 유명한 "지금 이 시간Jetztzeit"과 함께 검토한다. 바바뿐 아니라 B. 앤더슨이나 J. 클리포드 등 넓은 의미의 문화연구에도 널리 침투한 벤야민에 대한 횡령적인 읽기는 그들이 벤야민이라는 이름으로 무엇을 확보하려고 했는가라는 논점으로서 영역 횡단적으로 검토할 만한 과제라는 생각이 든다.

43 Ibid., p.9.

44 Ibid., p.14.

45 본디 [home]이라는 말에 다 담을 수 없는 [고향=집] 아님을 억지로 [home]에 밀어넣는 국가는 어떤 의미에서 무리를 하게 된다. 바바는 이러한 무리를 권력의 편집증이라 부른다. 여기서 요점은 무리해서 끼워 맞추려 해도 늘 어딘가가 부족하고 불충분하며, 이 불충분함이 때로는 다른 것으로 보인다는 편집증이다. 바바에 따르면 이는 통치권력이 "자애로운 아버지인 동시에 억압자(Bhabha, op.cit, p.100)"라는 양가성을 끌어안는 것인데, 이는 동시에 공과 사로 구성되는 시민이 될 수 없는 부족한 존재를, 질서를 어지럽히는 이물로서 끊임없이 감시하고 진압하는 신문의 시작이기도 하다. 바바는 여기서 시민 참가를 호소하면서 식민지주의를 행사하는 제국을 발견한다. 이러한 제국에 관해서는 제4장에서도 다시 검토하겠다.

46 생활 개선에 관해서는 富山一朗, 『近代日本社會と「沖繩人」』(日本經濟評論社, 1990)의 제3장 및 『增補: 戰場の記憶』(日本經濟評論社, 2006)의 제2장 참조하기 바란다. 생활 개선에 관한 아래의 설명은 이 저서들에 근거한다.

47 沖繩縣振興計畵調査會, 「第二回沖繩縣振興計畵調査會議事速記錄」(1932), 琉球政府, 『沖繩縣史 第一五卷資料編五』(1969, 琉球政府) 수록, 662쪽. 원문은 가타카나.

48 이는 법적 적용으로는 환원되지 않는, 즉 적용 이전에 누구를 신청자로 할 것인가에 관한 정치다. 신청과 승인으로 구성되는 사회정책적인 법이 신청자로서의

주체화를 둘러싼 이름 대기와 명명 그리고 감시의 정치학이 등장하는 것이기도 하다는 데 대해서는 富山一朗, 『暴力の豫感』(岩波書店, 2002) 종장 참조.

49　노동에서 한 사람 몫을 못한다는 것을 문화적으로 이야기하는 일이 갖는 중요한 의미는, 그것이 그 부족한 부분을 본래적인 구분 혹은 근원적인 적대관계로 바꿔 읽을 잠재적인 가능성을 함의하고 있다는 점이다. 모자라는 게 아니라 다른 존재인 것이다. 이 점에 관해서는 룸펜 프롤레타리아트의 문제로서 제4장에서 검토하겠다.

50　沖繩縣勞働組合協議會, 『日本軍を告發する』, 1972, 69쪽. 제1장에서도 다루었다.

51　이 소설 및 '해명 글'을 "'본토'/'오키나와'의 억압/피억압이라는 위상 내부에, 더 나아가 오키나와 여자라는 젠더 역할을 요청하는 오키나와 남자의 폭력적인 남성성에 대한 비판적인 시점이 형성된다(宮城公子, 「滅びゆく琉球女の手記 解説」, 岡本惠德·高橋敏夫 엮음, 『沖繩文學選』, 勉誠出版, 2003, 63쪽)"는 관점에 수긍하면서도, 여기서는 이 '본토'/'오키나와'와 포개지는 '오키나와 남자'의 젠더 역할에 대한 비판뿐 아니라 이 '비판적 시점'이 이 시기 '오키나와 문제'의 형성, 즉 생활 개선과 구제법이 등장하는 과정 속의 [home]이라는 것과도 관련된다는 점, 그리고 이 소설과 「해명의 글」이 유랑을 둘러싼 [home] 이탈의 계기로서 전개된다는 점을 중시한다.

52　勝俣=稻福惠子, 『おきなわ女性學事始め』, 新宿書房, 2006, 122-126쪽. 구시의 소설과 「해명의 글」을 직접적으로 논의하는 부분은 아니지만, 가쓰마타=이나후쿠가 이 책에서 그녀 자신의 경험에도 입각하여 '경계를 넘는 오키나와 여성'에 주목하며 전개하는 내용은 이 장에서 구시를 생각하는 데에 무척 중요한 관점을 제공해주었다. "가족 간이나 세대 간, 민족 간의 갈등이든, 만남이든, 전학이든, 이사든, 유학이든, 문화들 사이의 차이는 반드시 생기게 마련이고, 차이가 있기 때문에 아이덴티티는 성립한다. 다른 문화와 접촉하는 것이 균질화를 촉진하는 동시에 새로운 차이를 만들어내면서 '오키나와 여성'이라는 아이덴티티를 자아내고 풀고 또 다시 자아낸다. 그리고 '오키나와 여성'인 나 또한 만들고 만들어진다(같은 책, 98쪽)." 이 가쓰마타=이나후쿠의 강한 문장은 유랑 속의 이탈이라는 계기를 정확하게 포착하고 있다고 할 수 있을 것이다. 한편, 가쓰마타=이나후쿠는 '첩'이라는 표기의 중첩뿐 아니라 소설 텍스트 상의 내용에서 '나=妾'는 '숙부'와도 이어진다는 점을 지적하는데, 표기상의 우의적인 의미 작용과 텍스트에 의한 의미 작용은 역시 구별할 필요가 있으리라고 여겨진다.

53　勝俣=稻福, 같은 책, 123-124쪽.

54　久志富佐子, 「滅びゆく琉球女の手記」『婦人公論』, 1932년 6월, 『沖繩文學全集 第六卷』(1993, 國書刊行會) 수록, 101쪽. 인용은 이 전집을 따른다. 또한 옛날식 가나 표기는 현대식 가나 표기로 고쳤다.

55　같은 책, 101쪽.

56　같은 책, 96쪽.

57　같은 책, 97쪽.

58 같은 책, 97쪽.

59 久志芙紗子, 「『滅びゆく琉球女の手記』についての釋明文」『婦人公論』, 1932년 7월, 『沖縄文學全集第 六卷』(1993, 國書刊行會) 수록, 102쪽. 인용은 이 전집을 따른다. 또한 옛날식 가나 표기는 현대식으로 고쳤다.

60 같은 책, 103쪽.

61 같은 책, 102쪽.

62 이는 젠더의 억압구조와도 깊은 관련이 있는데, 여기서 제기되는 논점은 굳이 말하자면 디아스포라와 관련한 이탈이기도 하고, 이러한 의미에서 '나=妾'와 '첩=妾'을 같은 위치에 둘 수는 없다. 또한 '첩=妾'을 중심으로 한 오키나와 현 학생회와 '구시=妾'의 차이는 굳이 말하자면 서발턴을 둘러싼 대표성의 문제이기도 하며, 이러한 점에서 둘은 같은 자리에 서 있다. 나아가 대표성이라는 점에 관해서는 비참한 오키나와에 대해 구제법이 등장한다는 '오키나와 문제'의 정치가 등장하는 것과 동시에, 누가 어떻게 '첩=妾'을 대표하는가를 논의해야만 할 것이다. 또한 대표성이라는 논점에 관해 지금까지의 「망해가는 류큐 여인의 수기」와 이 「해명의 글」에 대한 연구는 문면에 드러난 그대로의 의미 내용을 평가하는 데에 집중해왔다고 할 수 있다. 가령 이 작품과 작품에 대한 비판에서 차별의식과 관련한 "열등감과 자조"를 읽어내는 오타 마사히데大田昌秀나(大田昌秀, 『沖縄の民衆意識』, 新泉社, 1976, 329쪽), 오키나와가 처한 상황에 대한 비판을 "명석하게 제시한 논리"로서 「해명의 글」을 높이 평가하는 오카모토 게이토쿠의 논의 등이 있다(岡本惠德, 『沖縄文學の地平』, 三一書房, 1981, 140쪽). 또한 1933년에 히가 순초가 발기인이 되어 도쿄에서 '후사코 격려 모임'이 열리기도 했다. 출석자로는 히가 외에도 이하 후유, 히가시온나 간준東恩納寬惇, 나카하라 젠추仲原善忠, 나카요시 료코仲吉良光, 야와타 이치로八幡一朗, 이바 난테쓰伊波南哲, 히아네 안테이比屋根安定 등 쟁쟁한 지식인들이 모였다(勝俣=稲福惠子, 앞의 책, 147쪽). 여기서는 구시의 소설이나 「해명의 글」에 대한 공명이 있었는지도 모른다. 하지만 이러한 '격려'가 [home]을 둘러싼 대표성을 문제화한다는 보장은 우선 아무데도 없다. 입을 다물라고 고압적으로 말하는 자와 격려하는 자는 종종 같은 장소에 있는 것이다.

63 집[home]의 안과 밖이 아니고 따라서 집 바깥이 해방인 것도 아닌, 집을 글자 그대로 횡단해가는 '구시=妾' '나=妾' '첩=妾'과 같은 관계를 어떻게 부르면 좋을지 아직 적절한 표현을 찾지는 못했지만, 주디스 버틀러가 2001년 12월에 뉴욕 시립대학 레즈비언 게이 연구센터에서 행한 강연을 기초로 집필한 「폭력, 애도, 정치」에서 그녀는 가부장적이고 군사적인 폭력을 해체하는 정치로서 자기 자신이 상처를 입고 또 타자에게 상처를 입힐 수 있다는 관계성을 확보하려고 한다(Judith Butler, *Precarious Life: The Power of Mourning and Violence*, Verso, 2004, 일역본은 『生のあやうさ―哀悼と暴力の政治學』(本橋哲也 옮김), 以文社, 207, 63쪽, 이하 인용은 이 책을 따랐다[국역본은 『불확실한 삶』, 양효실 옮김, 경성대학교출판부, 2008]. 그리고 버틀러는 지금까지 논한 언어행위에서 일어

나는 교란과 무의식적인 상처(상처 입을 가능성: vulnerability)가 담당하는 수
행적인 관계성을 9.11 이후의 정치적 가능성으로서 구성하고자 한다. 즉, "이러
한 상처 입을 가능성vulnerability에 유의하는 것이 군사력에 의지하지 않는 정
치적인 해결을 주장하기 위한 근거가 될 수 있는 한편, 이러한 상처 입을 가능성
을 환상(체제 조직이 지탱하는 지배 환상)을 통해 부정하는 것은 전쟁을 부추기
는 연료가 될 수 있다(Ibid., p.29. 같은 책, 63쪽)." 국가 폭력의 근거가 될지도 모
르는 관계는 이러한 국가의 정치를 해체할 가능성이기도 한 것이다. 또한 버틀러
에 따르면, 애당초 이러한 자기와 타자는 이미 결코 자율적autonomous인 개인
으로 분할할 수 없는 영역에 사로잡혀 있는데, 이를 소급적으로 묻는 것을 금하
고 물음 자체를 소거함으로써 비로소 공적인 장소나 정치가 등장한다. 버틀러는
이 생성해가는 관계성을 "유대the tie"라 바꿔 부른 다음 이러한 영역의 예로 가
족을 언급하기도 하지만(Ibid., p.26. 같은 책, 59쪽), 가족이 즉자적으로 정치家
政라는 말도 아니거니와 여기서의 요점이 이성애주의인 것도 아니다. "나는 나 자
신이 '당신'과 어떻게 이어져 있는지를 찾아내지 않고서는 '우리'에 도달할 수 없
다(Ibid., p.49. 같은 책, 95쪽)"라는 버틀러의 '우리'는 가족이라는 제도와 규범 바
로 앞에 있으며, 사람은 이미 상처 입을 가능성을 품고 있는 존재로서 타자와 관
계 맺는다. 나는 이 버틀러의 '우리'에서 '구시=妾' '나=妾' '첩=妾'을 생각해보고
싶다. 여기서는 나라는 시작도 포함해서 생각해야만 할 것이다. 이 점에 관해서는
富山一朗, 「まだ始まっていないこと、あるいはノラの奇跡について」(荻野美穗 엮음,
『〈性〉の分割線―近·現代日本のジェンダーと身体』, 青弓社, 2009) 참조.
64　Gayatri C. Spivak, 『ポストコロニアル理性批判』(上村忠男·本橋哲也·高橋明史·浜
　　邦彦 옮김), 月曜社, 2003, 370-380쪽.
65　같은 책, 375쪽.
66　Karl Marx, 『ルイ·ボナパルトのブリュメール―八日(초판)』(植村邦彦 옮김), 平凡社,
　　2008, 178쪽.
67　柄谷行人, 「表象と反復」, 같은 책 수록.
68　Spivak, 앞의 책, 376쪽.
69　이는 스피박에 준거해서 말하자면 비판적 지역주의critical regionalism와도 관
　　련될 것이다. 스피박은 글로벌화 시대의 서발턴적 영역에 대한 개입으로 포스
　　트모더니즘이나 포스트내셔널리즘이 아니라 내셔널리즘 내부에 있으면서 내셔
　　널리즘을 넘어서는 비판적 지역주의의 정치를 구상한다. 그리고 비판적 지역주
　　의는 "문제가 현실적이고 상황적이기 때문에 분명히 제시되지 않는다." Gayatri
　　Spivak, Other Asia, Blackwell, 2008, p.1[국역본은 『다른 여러 아시아』, 태혜
　　숙 옮김, 울력, 2011].

제3장

1 魯迅, 「どう書くか」『魯迅評論集』, 竹內好 엮고 옮김, 岩波書店, 1981, 90쪽.

2 伊佐眞一, 『伊波普猷批判序説』, 影書房, 2007.

3 松田道雄, 「転向と肉体」『共同研究 転向(上)通信第一号』, 平凡社, 1959, 2쪽.

4 松田道雄, 「庶民レベルの反戦とは何か」『潮』, 1972년 9월, 106쪽.

5 이러한 문제에 대해서는 종장에서 패배자라는 것과 관련해서 검토하겠다. 또한 겁쟁이의 연대에 관해서는 도미야마 이치로, 「내셔널리즘과 겁쟁이들의 미래」『한겨레신문』 발행 『LE MONDE diplomatique』(한국어판 2011년 6월호) 참조(일본어판은 WAN〈Women's Action Network〉, 홈페이지 http://wan.or.jp/에 게재).

6 보론 「대항하기와 거슬러 올라가기」 참조.

7 Frantz Fanon, 「民族文化について」『地に呪われたる者』, 鈴木道彦·浦野衣子 옮김, みすず書房, 1969, 133쪽. 이 '노력의 총체'에 관해서는 제4장에서 다시 검토하겠다.

8 Frantz Fanon, 「植民地戦爭と精神障害」, 같은 책, 143쪽.

9 보론 「대항하기와 거슬러 올라가기」 참조.

10 일단 이하의 경우는 이러한 말들을 구별하지 않고 사용한다.

11 富山一朗, 『暴力の豫感』 제2장 참조.

12 이 점에 관해서는 위의 책 제3장 및 「伊波普猷を讀むということ」『InterCommunication』(No.46, NTT出版, 2003년) 참조.

13 Edward W. said, 『フロイトと非―ヨーロッパ人』, 長原豊 옮김, 平凡社, 2003년, 72쪽[국역본은 『프로이트와 비유럽인』, 주은우 옮김, 창비, 2005, 83쪽]

14 처음에 이하는 '생번'을 '생만生蠻'이라고 썼다. 이 점에 대해서는 모리 노부오森宣雄, 「帝國史の趨勢とその地下にある夢と覺醒―富山一朗, 『暴力の豫感』と伊波普猷における「妖術者ワンド」の豫感」『日本學報』 22호(大阪大學大學院日本學, 2003) 참조. 이 논문에서 모리는 마술에서 각성하기 위해 역사로 거슬러 올라가는 이하를 오늘날까지 이어지는 '남도론'과 관련한 논의 내부로 가지고 오려 한다. 이 장은 이러한 모리의 문제의식과도 연동한다.

15 Fernad Braudel, 『物質文明·經濟·資本主義I―交換のはたらき(二)―』(山本淳一 옮김), みすず書房, 1988, 340쪽[국역본은 『물질문명과 자본주의2-2 교환의 세계 하』, 주경철 옮김, 까치글방, 1996, 793쪽].

16 陳光興, 「帝國の眼差し―『準』帝國とネイション-ステイトの文化的想像」, 坂元ひろ子 옮김, 『思想』 856호, 1996.

17 그리고 주권적 제도와 마찬가지로 역사학 또한 이 비결정성을 완전히 결정할 수는 없는데, 그렇기 때문에 결정할 수 없는 불안을 견디다 못해 새로운 연구 대상을 정립하려고 할 것이다. 하지만 이러한 보신이 바로 오키나와의 근대를 기술할 때에 비판해야 할 가장 큰 장벽이다.

18 이는 상품세계에 비해 사회 인식이 뒤처진다는 문제이기도 하다. 그리고 이 따

라잡을 수 없다는 지체감은 미래에 대한 불안과 그 불안을 벌충하려는 운동의 시작이기도 한 동시에, 예정된 미래로부터의 이탈이기도 할 것이다. 이 점에 대해서는 다음 장에서도 논의하겠지만, 春日直樹, 『〈遅れ〉の思考』(東京大學出版會, 2007)가 중요하다.

19 Braudel, 『物質文明・經濟・資本主義 II―交換のはたらき(一)―』, 山本淳一 옮김, み すず書房, 1986, 276쪽[『물질문명과 자본주의2-1 교환의 세계 상』, 주경철 옮김, 까치글방, 1996, 313쪽].

20 들뢰즈와 가타리의 다음 부분도 참조하기 바란다. "사회는 교환주의자가 아니다. 사회체는 등기하는 존재다(Gilles Deleuze & Félix Guattari, 『アンチ・オイディ プス』(市倉宏祐 옮김)河出書房新社, 325쪽)[국역본은 『안티 오이디푸스』, 김재인 옮김, 민음사, 2014]." 아울러 長原豊, 「〈セ―の法則〉を維持する時間―空間裝置― 期待―規範をめぐる鬪爭」(『現代思想』 26권 3호, 1998) 참조.

21 브로델과 지역 연구의 차이는 대상의 문제가 아니라, 이러한 불안을 받아 안느냐 눌러 감추느냐와 관련된다.

22 向井淸史, 『沖繩近代經濟史』, 日本經濟評論社, 1988.

23 Karl Marx, 『資本論 第二卷』, 資本論飜譯委員會, 新日本出版社, 1997, 173-174쪽 [『자본론 2』, 김수행 옮김, 비봉출판사, 2004, 127쪽].

24 Lenin, 『レ―ニン全集 第三卷 下』, レ―ニン全集刊行委員會 옮김, 大月書店, 1954, 629쪽.

25 Hechter Michael, *Internal Colonialism*, University of California Press, 1975, p.8.

26 이러한 점에 대해서는 長原, 앞의 글 및 「〈交換〉する帝國―多數性」(『現代思想』 29 권 8호, 2001) 참조.

27 謝花昇, 『謝花昇集』, 伊佐眞一 엮음・해설, みすず書房, 1998, 90쪽.

28 向井, 앞의 책, 來間泰男, 『沖繩經濟論批判』, 日本經濟評論社, 1990.

29 新妻莞, 「琉球をたづねて」, 湧上聾人 엮음, 『沖繩救済論集』 改造之沖繩社, 1929.

30 富山一朗, 『暴力の豫感』, 288쪽.

31 松岡政男, 「赤裸々に見た琉球の現狀」 湧上聾人 엮음, 앞의 책.

32 富山一朗, 『暴力の豫感』, 289쪽.

33 琉球政府, 『沖繩縣史 資料編5』, 621-623쪽. 원문은 가타카나.

34 沖繩縣, 『沖繩縣史料 近代2』, 沖繩縣沖繩史料編集所 엮음, 1979, 412쪽.

35 伊波普猷, 「琉球民族の精神分析―縣民性の新解釋―」『沖繩教育』(沖繩縣教育會) 제 132호, 1924년, 7쪽.

36 같은 책, 3쪽.

37 이 전환을 맨 처음 명시하고 검토한 것은 히야네 데루오比屋根照夫, 「啓蒙者伊波 普猷の肖像―大正末期の思想の轉換」(外間守善, 『伊波普猷人と思想』, 平凡社, 1976) 다. 여기서는 계몽운동에서 사적 유물론으로의 전환을 축으로 정치적, 경제적 제 도에 대한 언급을 논의한다. 아라키 모리아키의 논의도 이 히야네의 지적을 전제

로 한 것이다. 또한 둘의 논의를 참고하면서 가노 마사나오는 이 전환 과정에 초점을 맞추어 '절망의 깊이'를 지적한다(鹿野政直, 『沖繩の淵』, 岩波書店, 1993, 제5장). 이 장에서는 전환이 어디를 향하느냐보다는 과정 자체를 문제 삼는 가노의 논의에 주목한다. 바꿔 말하면, 수행적이고 자기언급적인 과정이 확보되었다는 것 자체에 정치적인 의미가 있다.

38 安良城盛昭, 『新·沖繩史論』, 沖繩タイムス社, 1980, 195쪽.

39 伊波普猷, 「琉球民族の精神分析」, 앞의 책, 11쪽.

40 이는 또한 가노가 말한 '절망의 깊이'의 문제도 아니다. 일관되게 정합성을 유지할 수 없는, 혼란스러운 것처럼 보이는 과정은 절망의 근거로서만 의미가 있는 것이 아니기 때문이다. 이 남유적인 과정 자체의 의의를 검토해야만 한다.

41 伊波普猷, 「琉球民族の精神分析」, 앞의 책, 4쪽.

42 같은 책, 3쪽.

43 같은 책, 1-2쪽.

44 鹿野政直, 『沖繩の淵』, 199쪽.

45 伊波普猷, 「琉球民族の精神分析」, 앞의 책, 3쪽.

46 고도고와 심적 상해의 연결에는 구리야가와의 존재가 있다고 생각된다. 야나기타의 강연은 1924년 『다이요太陽』(30권 10호)에 게재되는데, 여기서는 '고토쿠'라는 발음을 달아놓았지 '벨트슈메르츠'가 아니었다. 반면, 구리야가와의 「고민의 상징」에서는 억압된 고뇌에 대해 이야기하면서 니콜라우스 레나우의 '세계 고뇌'를 언급하고 여기에 '벨트슈메르츠'라는 토를 달았다. 이하의 '고도고'라는 말이 「류큐 민족의 정신분석」에 처음으로 등장할 뿐 아니라 '인즐슈메르츠 Inselschmerz'라는 토를 달고 있으며 '심적 상해' 속에서 논의되고 있는 점을 볼 때, 이 용어는 그저 야나기타의 영향을 받았거나 이하가 독자적으로 재설정했을 뿐인 것이 아니라 구리야가와의 이 논문을 매개로 한 정신분석학 속에서 이하가 재정의한 말이라고 상상해볼 수 있다.

47 厨川白村, 「苦悶の象徵」『改造』 3권 1호, 1921, 21쪽.

48 이 '노예근성'과 '노예해방'에 대해서는 富山一朗, 『暴力の豫感』 및 富山一朗, 「國境」 『感性の近代 近代日本の分化史4』(岩波書店, 2002) 참조.

49 伊波普猷, 「琉球民族の精神分析」, 앞의 책, 4쪽.

50 같은 책, 13-14쪽.

51 厨川白村, 「苦悶の象徵」, 앞의 책, 31쪽.

52 Jacqueline Rose, 앞의 책, 99쪽.

53 앞의 책, 98쪽. 사이드 인용 부분은 Said, 『始まりの現象』, 山形和美·小林昌夫 옮김, 法政大學出版局, 1992, 234쪽[Edward W. Said, *Beginnings: Intention and Method*, Columbia University Press, 1985]. 단, 번역은 『フロイトと非-ヨーロッパ人』(長原豊 옮김)을 따랐다.

54 厨川白村, 앞의 책, 32쪽.

55 같은 책, 38쪽.

56　Said, 『始まりの現象』, 240쪽.

57　廚川白村, 앞의 책, 49쪽.

58　Sigmund Freud, 「分析技法における構成の仕事」 『フロイト著作集9』, 人文書院, 1983, 150쪽[국역본은 「분석에 있어서 구성의 문제」 『끝이 있는 분석과 끝이 없는 분석』, 임진수 옮김, 열린책들, 2005]. 프로이트가 말하는 이 구성은 '구성주의/본질주의' 같은 시시한 논의나 역사학자들이 말하는 '언어학적 전환'과는 아무런 관계가 없다.

59　伊波普猷, 「琉球民族の精神分析」, 앞의 책, 13쪽.

60　이 텍스트의 중요성에 대해서는 모리 노부오森宜雄의 앞의 글에서 배웠다. 즉, 이 텍스트는 이하가 매우 초기에 쓴 작품 「眠れる巨人」(1901)과 『古琉球』의 「琉球史の趨勢」의 연장선 위에 있다. 森宜雄, 앞의 글을 참조하기 바란다.

61　喜山荘一, 『奄美自立論』, 南方新社, 2009, 229쪽.

62　같은 책, 122쪽.

63　소철지옥과 관련한 오키나와 근대사 논쟁과 연관 지어서 생각해봐야 할 아마미 연구는 皆村武一, 『奄美近代經濟社會論』(晃洋書房, 1988)다. 이 책에서 미나무라가 세우는 논의의 특징 중 하나는 유통 혹은 이출입 구조에 주목한다는 점인데, 이 점은 무카이의 논의와도 통한다.

64　『鹿児島縣議會史 第1巻』, 鹿児島縣議會, 1971, 943쪽.

65　伊波普猷, 「琉球民族の精神分析」, 앞의 책, 12쪽.

66　伊波普猷, 「琉球処分は一種の奴隷解放也」, 喜舎場朝賢, 『琉球見聞錄』, 親泊朝擢, 1914. 후에 재판된 『古琉球』에도 수록.

67　이하와 아마미의 관계에 대해서는 이미 弓削政巳, 「伊波普猷の奄美観と影響」 『新沖縄文學』(41호, 1979)가 있다. 이 논문은 이하가 아마미에 남긴 영향이나 흔적을 면밀히 논의하고 있다. 여기서 나는 이하와 아마미의 관계사와 관련한 유게의 면밀한 연구를 바탕으로, 이하 자신의 자화상이었던 류큐사에 아마미가 등장하는 의미를 이하의 사상사적인 전개 속에서 생각하고자 한다.

68　伊波普猷, 『伊波文學士講演 南島史考(琉球ヲ中心トシタル)』, 私立大島郡教育會 엮음, 1931, 106~107쪽.

69　いれいたかし, 「南島人の歴史意識」 『沖縄人にとっての戰後』朝日新聞社, 1982. 『沖縄文學全集18巻』(國書刊行會, 1992)수록. 이 『全集』 217쪽.

70　伊波普猷, 『南島史考』, 6쪽.

71　같은 책, 5쪽.

72　같은 책, 10쪽.

73　伊波普猷, 「古琉球の歌謠に就いて」 『財団法人啓明會第十五回講演集』, 1925년 12월, 후에 『琉球古今記』, 刀江書院, 1926에 수록.

74　다케시마 준에 대해서는 아마미 향토연구회가 관계 자료를 수집하는 중이다(『奄美鄉土研究會報』42호, 奄美鄉土研究會〈名瀨〉, 2011). 그중에는 1924년에 도쿄의 친구가 보낸 연하장에 대한 답장인 다음과 같은 글이 있다. "짐말이다, 짐말이야.

주인에게 사육되고, 감독에게 채찍질당하고, 사료를 받아먹으면서 목적도 없이 나아갈 뿐인데, 거기에 무슨 자유가 있나……(남도인)(같은 책, 117쪽)." 또한 다케시마는 간토대지진 때에는 도쿄에서 교사를 하고 있었다.

제4장

1   Antonio Gramsci, 「南部問題に關するいくつかの主題」『グラムシ選集 』(山崎功監修), 合同出版, 1965, 291쪽[『남부 문제에 대한 몇 가지 주제들』, 김종법 옮김, 책세상, 2004, 77쪽].

2   Paul Gilroy, "Small Act", *Serpent's Tail*, 1993, p.178. 토니 모리슨의 이 말은 "여성의 시점에서 보면" "흑인 여성은 19세기 혹은 그 이전부터 포스트 근대라는 문제와 씨름해야만 했습니다"라고 이어진다. 본문에 있는 길로이의 응답이 "무無젠더적인 흑인 일반의 문제로 보편화해버린다"라는 다케무라 가즈코의 지적은(竹村和子, 「ディアスポラとフェミニズム」『ディアスポラの力を結集する』, 赤尾光春 · 早尾貴紀 엮음, 松籟社, 2011, 223쪽) 정곡을 찔렀다고 할 수 있겠다. 제2장에서도 논의했다시피 이 책에서는 이 점에 대해 [home]과 관련한 문제로 생각하려고 한다.

3   Paul Gilroy, 『ブラック·アトランティック』, 上野俊哉 · 毛利嘉孝 · 鈴木慎一朗 옮김, 月曜社, 2006, 432-434쪽[Paul Gilroy, *The Black Atlantic*, Harvard University Press, 1995].

4   伊波普猷, 「布哇産業史の裏面」(1931)『伊波普猷全集 第十一卷』(平凡社, 1976) 수록. 인용은 이 책 368-369쪽.

5   같은 책, 370쪽.

6   北米沖縄クラブ, 『北米沖縄人史』, 1981, 63쪽.

7   같은 책, 75-98쪽.

8   1934년에 발족한 재미 오키나와 현인회의 초대 이사이기도 하고 오랫동안 현인회 활동을 맡아 한 고바시가와 지로小橋川次郎 씨의 형인 고바시가와 소스케惣介 씨의 유품 중에 롱비치 사건으로 체포된 데루야 주세이照屋忠盛 씨가 보냈으리라고 여겨지는 가와카미 하지메의 『경제학 연구』가 있었다. 소스케 씨는 남캘리포니아 주 임페리얼 평원에서 젊은 나이에 목숨을 끊었다. 小橋川 · D · 次朗, 『ひとめぼれ』(사간본), 14쪽.

9   재미 오키나와 청년회의 성명서가 실린 전단은 고바시가와 지로 씨 소장 자료.

10 Gavin Walker, 「現代資本主義における『民族問題』の回歸」, 葛西弘隆 옮김, 『思想』 1059호, 岩波書店, 2012.

11 Karl Marx, 「近代植民地論」『資本論 第一卷下』, 今村仁司 · 三島憲一 · 鈴木直 옮김, 築摩書房, 2005, 585쪽[국역본은 『자본론1 하』, 김수행 옮김, 비봉출판사, 2001, 1060-1061쪽]

12 足立真理子,「『従順』の取引」『現代思想』33권 10호, 2005.

13 로자 룩셈부르크는『자본의 축적』을 집필한 계기를 다음과 같이 이야기한다. "내가 이 노작을 쓰는 계기가 된 것은 내가 오래 전부터 출판하려고 준비했으면서도 당 학교의 활동이나 선동 활동 때문에 줄곧 완성하지 못했던 국민 경제학 입문서였다(Rosa Luxemburg,「序文」『資本蓄積論 上』(長谷部文雄 옮김), 岩波書店, 1934[국역본은『자본의 축적 1, 2』, 황선길 옮김, 지식을 만드는 지식, 2013]. 로자 룩셈부르크 사후에 파울 레비가 유고를 편집하여 끝내 빛을 보지 못했던 이 입문서를『경제학 입문』으로 간행했다. 이 사정에 관해서는 같은 책의 長谷部文雄,「解説」 참조.

14 足立, 앞의 책, 149쪽.

15 Rosa Luxemburg,『經濟學入門』(岡崎次朗・時永淑 옮김), 岩波書店, 1978, 400쪽.

16 Gayatri Spivak,『ポストコロニアル理性批判』(上村忠男・本橋哲也 옮김), 月曜社, 2003, 274쪽[국역본은『포스트식민 이성비판』, 태혜숙・박미선 옮김, 갈무리, 2005, 279쪽]. 스피박이 말하는 탈구축에 대해서는 워커, 앞의 글 및 다케무라 竹村, 앞의 글 참조.

17 같은 책, 603쪽. 다케무라는 스피박이 말한 이 탈구축 불가능한 경험이 '디아스포라'라는 분석 개념의 새로운 학지적 가능성이라고 지적하면서, 스피박의 비판적 지역주의에 대해서도 언급한다. 竹村, 앞의 글.

18 스피박은 이 '불가능한 것의 경험'의 연장선상에서 토니 모리슨의『빌러비드』에 등장하는 딸을 지키기 위해 딸을 죽이는 어머니의 경험을 언급한다. 그러면서 스피박은 이 '불가능한 것의 경험'에 대해 "구조 없는 구조는 미학적으로는 다양한 방식으로 형상화할 수 있다"라고 쓴다(같은 책, 608쪽). 미학적인 형상화의 정치성은 바로 여기에 있다고 할 수 있을 것이다. 이는 또한 표상의 배후에서 기존의 정치 구조를 해석해내려고 하는 표상 연구가 무엇을 망가뜨리고 있는가를 보여주기도 할 것이다. 맥락은 다르지만, 랑시에르의 다음 저작을 참조하기 바란다. Jacques Rancière,『感性的なもののパルタージュ』(梶田裕 옮김), 法政大學出版局, 2009[국역본은『감성의 분할』, 오윤성 옮김, 도서출판 , 2008].

19 山室信一,『思想課題としてのアジア』(岩波書店, 2001) 참조.

20 厚生省研究部人口民族部,『大和民族を中核とする世界政策の検討』, 1943(복각 1981, 文生書院), 3295쪽.

21 鳥居龍藏,『鳥居龍藏全集第一卷』, 朝日新聞社, 1975, 482쪽.

22 가령 芹沢一也,『〈法〉から解放される権力』(新曜社, 2001), 참조.

23 財団法人糖業協會 엮음,『近代日本糖業史下卷』, 勁草書房, 1997, 382-384쪽.

24 이 책자는『민족인구정책 연구자료』(文生書院, 1981) 3권에서 8권으로 복각되어 있다. 이 책자는 지금까지도 일본 인종주의에 대한 기본적인 사료로서 언급되곤 한다. John. W. Dower, *War Without Mercy*, Pantheon Books, 1989. 일역본은『人種偏見』(猿谷要監修, 斉藤元一 옮김), TBSブリタニカ, 1987, 제10장, 1994; 小熊英二,『單一民族神話の起源』新曜社, 1995, 253-258쪽; 山室信一,『思想的課題とし

てのアジア』, 岩波書店, 제1부 제5장 등. 여기서는 다우어의 논의를 인용하고 있지만, 이 책자의 '혼혈'과 관련한 기술을 당시의 인종주의, 민족정책 속에서 검토하는 작업, 나아가서는 인구학, 우생학, 인류학 속에서 자리매김하는 작업에 관해서는 小熊 참조. 또한 야마무로는 한 발 더 나아가 이러한 작업을 아시아 인식이라는 관점에서 정리하려고 한다. 이러한 작업들과 달리 여기서 지적하려고 하는 논점은 자본주의는 국가를 조직하지 못하고 국가 또한 완전히 자본을 지원할 수는 없다는, 국가와 자본주의의 불안정한 관계성 속에서 이 장대한 책자를 문제화하는 것이다.

25 厚生省研究部人口民族部, 『大和民族を中核とする世界政策の検討』, 1943, 35쪽.

26 같은 책, 35-36쪽.

27 Dower, 앞의 책, 317-318쪽.

28 厚生省研究部人口民族部, 『大和民族を中核とする世界政策の検討』, 1943, 307쪽.

29 같은 책, 328쪽.

30 같은 책, 2196-2197쪽.

31 이 논문은 『우노 고조 저작집』(岩波書店, 1974)에 수록되어 있다. 인용은 이 저작집을 따랐다. 또한 이 논문 및 같은 시기에 집필된 우노의 미발표 논문 「ナチス廣域經濟と植民地問題」(降旗節雄編集, 『季刊クライシス』, 25호, 1986)도 포함해, 이 시기의 광역경제를 우노의 사상에 입각하여 더 상세히 검토해야만 할 것이다. 후리하타 세쓰오처럼 "뛰어난 파시즘 경제 비판"(降旗節雄, 「解題」, 같은 책)이라는 평가나 단순히 익찬 체제로 전향한 것으로 비판하는 논의(小倉利丸, 「社會科學者の転向―平野義太朗と宇野弘蔵」, 池田浩士・天野惠一 共 엮음, 『転向と翼贊の思想史』, 社會評論社, 1989)가 아니라 중첩되는 상황 속에서 개별적, 구체적으로 이루어지는 제국 비판의 가능성으로서 이 광역경제를 어떻게 다시 읽을 것인가가 문제다. 우노의 광역경제에 대해서는 가쓰히코 마리아노 엔도 씨의 가르침을 받았다. 또한 이 문제는 식민지 조선의 경우 이 광역경제론에서 어떠한 가능성을 논의할 여지가 있는가, 혹은 없는가라는 물음이기도 하다. 이 점에 관해서는 洪宗郁, 『戰時期朝鮮の転向者たち―帝國/植民地の統合と龜裂』(有志舎, 2011)가 중요하다. 꼭 참고하기 바란다.

32 宇野, 『著作集 第八卷』, 356쪽.

33 같은 책, 396쪽. 宇野, 「ナチス廣域經濟と植民地問題」(앞의 글)에서는 한발 더 나아가 "광역경제는 강화되고 확립된 국민경제의 집단적인 경제와 다름없다(145쪽)"라고 쓴다.

34 같은 책, 402쪽.

35 이 거대한 권력이 바로 우노가 전후 직후에 잡지 『세카이世界』(1946년 5월호)에 발표한 「資本主義の組織化と民主主義」에서 문제화하려고 했던 지점이다. 이 글에서 우노는 광역경제를 자본의 조직화로 고쳐 파악하여 노동자에 의한 조직화를 대치시키고, 거기에서 민주주의의 중요성을 이야기한다. 宇野弘蔵, 「資本主義の組織化と民主主義」 『著作集 第八卷』에 수록.

36 이는 마르크스가 말한 '경제적 정주'와도 겹쳐질 것이다. 즉 "이 관계[화폐 관계]는 확실히 어떤 면에서는 노동자의 경제적 정주로부터 모든 노동 조건(이것들은 점점 더 유통에서부터 와서 유통에 의존하게 된다)이 자립화하고 떨어져 나온다는 것을 보여준다. 하지만 다른 한편으로 노동자의 경제적 정주는 아직 자본의 과정 속에 포섭되어 있지 않다. 이 때문에 생산양식은 아직 본질적으로는 바뀌지 않았다."(Marx, 『經濟學批判要綱』『マルクス資本論草稿集二』, 大月書店, 1997 수록. 이 초고집 755쪽에서 인용[국역본은 『정치경제학 비판요강 1, 2, 3』, 김호균 옮김, 그린비, 2007). 말하자면 유통에 의존하는 가운데 과거에 노동을 성립시키던 조건들을 이미 빼앗겼는데도 불구하고 새로운 생산양식은 존재하지 않는 사태를 마르크스는 "경제적 정주는 아직 자본의 과정 속에 포섭되지 않았다"라고 표현했다. 이 부분과 관련해 植村邦彦, 『マルクスを讀む』(靑土社, 2001) 수록. 「『世界史』の可能性」 참조.

37 Étienne Balibar & Immanuel Wallerstein, 『人種·國民·階級』(若森章孝·岡田光正·須田文明·奧西達也 옮김), 大村書店, 1995, 315-316쪽[Étienne Balibar, Immanuel Wallerstein, Race, *Nation, Class: Ambiguous Identities*, Verso, 1991].

38 같은 책, 316쪽.

39 같은 책, 310쪽.

40 같은 책, 315쪽.

41 Homi K. Bhabha, *The Location of Culture*, Routeledge, 1994, p.97.

42 Ibid. p.99.

43 Ibid. p.95.

44 Ibid. p.100.

45 富山一朗, 『暴力の豫感』 제1장 참조.

46 富山一朗, 「熱帶科學と植民地主義―『島民』をめぐる差異の分析學」, 酒井直樹·Brett de Bary·伊豫谷登志翁 엮음, 『ナショナリティの脱構築』(柏書房, 1996) 참조.

47 富山一朗, 『暴力の豫感』 제2장 참조.

48 柳宗悅, 「沖繩人に訴ふるの書」 『月刊民芸』(1940년 3월호), 那覇市, 『那覇市史 資料編 二中―三』(那覇市, 1970) 참조.

49 가령 沖繩縣學務部, 「縣民に訴ふ, 民芸運動に迷うな」 『沖繩日報』(1940. 1. 11), 『那覇市史』에 수록.

50 이 점에 대해서는 富山一朗, 『近代日本社會と「沖繩人」』(日本經濟評論社, 1990)의 서장 및 제3장 참조.

51 富山一朗, 「熱帶科學と植民地主義―『島民』をめぐる差異の分析學」 참조.

52 鈴木舜一, 『南方勞働力問題』, 東洋書館, 1942, 285쪽.

53 같은 책, 277쪽.

54 矢內原忠雄, 「南方勞働政策の基調」 『社會政策時報』 260号, 1942, 156-157쪽.

55 梅棹忠夫, 「紀行」, 今西錦司 엮음, 『ポナペ島』, 彰考書院, 1944, 488쪽.

56 Yann Moulier-Boutang, 「あらゆる壁の敵意と敵意の壁の間」(箱田徹·市田良彦 옮김), 『トレイシーズ』 2호, 岩波書店, 2001, 103쪽[국역본은 「모든 벽들에 대한 증오와 증오의 벽 사이에서」『흔적 2호』, 이진경 옮김, 문화과학사, 2001].

57 같은 책, 107쪽.

58 Karl Marx, 「貨幣の資本への変容」『資本論 第一卷 上』, 今村仁司·三島憲一·鈴木直 옮김, 築摩書房, 2005, 250쪽[『자본론1 하』, 비봉출판사, 2001].

59 같은 책, 253쪽.

60 또한 마르크스의 『경제학 비판요강』 중 「기계에 관한 단장」은 노동 과정에서 고정 자본과 갖는 관계 속에서야말로 가능성이 구체적인 유동 자본으로서 등장한다는 것을 잘 보여준다고 할 수 있겠다.

61 Marx, 『資本論 第一卷 上』 263쪽[『자본론1 상』, 235쪽].

62 Paolo Virno, 『マルチチュードの文法』(廣瀬純 옮김), 2004, 150쪽[『다중』, 김상운 옮김, 갈무리, 2004] 비르노는 미셸 푸코가 말한 '생 정치'를, 이 '가능태'를 사전에 확보하고자 하는 정치로 재설정한다. 비르노의 논의는 매우 중요하다. 이 책에서 나는 '생 정치'라는 설정으로 논의하지는 않지만, 확보된 '가능태'인 노동력과 그로부터의 이탈을 중심으로 국가를 문제화한다는 점에서 비르노와 문제의식을 공유한다.

63 Marx, 『資本論 第一卷 上』 257쪽.

64 같은 책, 258쪽.

65 같은 책, 258쪽.

66 이는 마르크스 『경제학 비판요강』에 등장하는 '일반적 지성general intellect'을 어떻게 이해할 것인가라는 문제와도 관련될 것이다. 여기서는 우선 미래를 둘러싼 예정된 선취와, 예정조화를 물리치고 다른 가능성을 발견하고자 하는 교착된 앎이 부상할 것이다.

67 같은 책, 250쪽.

68 Marx, 「資本制的蓄積の一般法則」『資本論 第一卷 下』(今村仁司·三島憲一·鈴木直 옮김), 築摩書房, 2005, 398쪽.

69 Slavoj Žižek, 『大義を忘れるな』(中山徹·鈴木英明 옮김), 靑土社, 2010, 429-430쪽[국역본은 『잃어버린 대의를 옹호하며』, 박정수 옮김, 그린비, 2009, 429쪽].

70 Ernest Laclau, On Populist Reason, Verso, 2005, pp.139-156.

71 Žižek, 앞의 책, 636쪽.

72 같은 책, 638쪽.

73 같은 책, 9장 주4 참조.

74 Frantz Fanon, 『地に呪われたる者』(鈴木道彦·浦野衣子 옮김), みすず書房, 1969, 143쪽.

75 石牟礼道子, 『苦海浄土』, 講談社, 1969, 61쪽. 제2장의 주와 같음.

76 Frantz Fanon, 위의 책, 119쪽.

77 같은 책, 120쪽.

78 같은 책, 127쪽.

79 주디스 버틀러가 니체를 언급하면서 했던 주장을 염두에 두었다. "젠더는 늘 '행하는 것'이지만, 행위에 앞서 존재한다고 여겨지는 주체가 그 행위를 하는 것은 아니다." Judith Butler, 『ジェンダー・トラブル』(竹村和子 옮김), 青土社, 1999, 58쪽[국역본은 『젠더 트러블』, 조현준 옮김, 문학동네, 2008].

80 Frantz Fanon, 앞의 책, 133쪽.

81 같은 책, 125쪽.

82 Judith Butler, 『觸發する言葉』(竹村和子 옮김), 岩波書店, 2004, 208쪽.

83 같은 책, 210쪽.

84 같은 책, 218쪽.

85 같은 책, 236쪽.

86 같은 책, 245-246쪽.

87 같은 책, 246쪽. 번역을 일부 수정했다. 원문은 다음과 같다. Judith Butler, *Exitable Speech: A Politics of the Performative*, Routeledge, 1997, p.159.

88 같은 책, 246쪽.

89 Frantz Fanon, 같은 책, 65쪽.

90 같은 책, 75쪽.

91 같은 책, 78쪽.

92 라치 지카라는 "1948년의 관점에서 프롤레타리아트는 무엇인가?"라는 물음 아래, 오스트리아의 당시 문서로부터 다음과 같은 프롤레타리아의 상태를 그려낸다. "이 무리들을 볼 것 같으면, 농민층에 들어가는지 아니면 시민 신분에 속하는지 전혀 알 수 없다. 전쟁터에 있는 병사처럼 한 치 앞을 모르는 생활을 계속하고, 이틀만 굶었다 싶으면 곧장 도둑패에 들어간다. 그 수는 유럽 어느 나라에서나 무시무시하게 증가하고 있다. 그들 대다수는 방랑벽이 몸에 배어 끊임없이 다른 일자리들을 전전하고, 돈을 벌기 위해서라면 어떠한 일도 마다하지 않으며, 번 돈은 술집이나 갈보 집에서 탕진해버리는 등등." 良知力, 『向う岸からの世界史』, 築摩書房, 1993, 110쪽. 라치가 기술한 내용의 요점은 어떠한 계층에도 속하지 않는다는 점에 있는데, 이는 파농이 룸펜 프롤레타리아트를 '낙오자'라고 기술한 것과도 겹친다.

93 Laclau, op.cit., p.152.

94 Frantz Fanon, 앞의 책, 23쪽.

95 같은 책, 24쪽.

96 바바는 파농에게서 기존 질서를 부정하는 행동negating activity을 발견하고, 이를 "실재에 창조를 도입하는 것"이라고 불렀다. 여기서 그는 대립 구조를 지탱하는 전제로서 자연화된 토대 자체가 부정되고, 모든 것이 다른 무언가로 바뀌기 시작하는 것을 상정한다. 바바의 관점에서는 이러한 가능성의 실마리가 바로 문화의 위치다. Bhabha, op.cit., pp.8-9.

97 Frantz Fanon, 앞의 책, 155-157쪽.

98 Lewis R. Gordon, *Fanon and the Crisis of European Man*, 1995, p.81[국역본은 『유럽을 떠나라』, 하상복 옮김, 현암사, 2013]. 또한 이 책의 보론 참조.

99 이 정신질환의 문제는 버틀러가 사전 배제를 이야기하며 마찬가지로 정신질환을 언급하고 있다는 점과 정확히 겹친다. 버틀러는 발화 주체의 지위를 확보하는 과정에서 비사회적이라 치부되는 발화로 "'정신질환자'의 고함 소리"를 들고, "바로 이런 것이 발화 가능한 영역을 관리하는 규칙들을 통해 생산되고, 또 그러한 규칙을 끊임없이 따라다닌다"라고 쓴다. Butler, 앞의 책, 208쪽(번역은 조금 고쳤다. 원문은 다음과 같다. Butler, op.cit., p.133). 즉 발화 주체의 위치에서 사전에 배제될 뿐 아니라 그 발화는 모조리 내부에 존재하는 병의 증상으로 취급되는 정신질환이야말로, 버틀러가 말한 "과거와의 단절을 통해 미래의 기초를 세우는 계기"로, 또한 파농이 말한 부정성으로 확보해야만 한다.

100 Žižek, 앞의 책, 643쪽.

101 같은 책, 645쪽.

102 같은 책, 662쪽.

103 같은 책, 649쪽.

104 계엄령은 또한 원전사고라는 위기의 문제이기도 하다. 지젝은 체르노빌 원전사고를 언급하며, 그 공포란 보이지는 않지만 "무언가가 터무니없이 이상하다"는 점은 알 수 있는 사태라고 하고, "생태계의 위기와 관련하여 가장 큰 불안은 폭주할 가능성이 있는, 소위 '현실계의 앎'과 관련된다"라고 지적한다. 이는 역시 공포와 두려움과 관련한 문제일 것이다. 지젝, 같은 책, 680~683쪽.

105 Frantz Fanon, 앞의 책, 43쪽.

106 같은 책, 43쪽.

107 같은 책, 38쪽.

108 같은 책, 39쪽.

109 같은 책, 39쪽.

110 같은 책, 40쪽.

111 같은 책, 45쪽.

112 이 물음이야말로 당이라는 문제와 관련된다. 개빈 워커, 「資本のプロレタリア的尺度」(長原豊 엮음, 『政治經濟學の政治哲學的復権』, 法政大學出版局, 2011) 참조.

종장

1 新城兵一, 「派兵または未來の法廷」『死生の海』, あすら舍, 2011.

2 宮城島明, 「何故沖繩人か」『構造』, 1971년 6월.

3 기요타에 관해서는 긴조 마사키의 연구가 중요하다. 金城正樹, 「同定と離脱─清田政信の叙述を中心として」, 野村浩也 엮음, 『植民者へ』, 松籟社, 2007.

4 清田政信, 「歸還と脱出」, 沖繩研究會 엮음, 『沖繩解放への視角』, 田畑書店, 1971, 11쪽.

기요타의 이 글은 沖大文學硏究會, 『發想』 3호(1969년 11월)에 게재된 뒤 이 책에 수록되었다. 인용은 『沖縄解放への視角』에서.

5 金城, 앞의 책, 428쪽.

6 위와 같음.

7 川満信一, 「わが沖縄·遺恨二十四年—死亡台帳からの異議申し立て」 『展望』, 1970년 1월, 『沖縄文學全集十八卷』, 國書刊行會, 1992, 119쪽.

8 같은 책, 117-118쪽.

9 岡本恵徳, 「水平軸の發想」(『叢書 わが沖縄 第六卷 沖縄の思想』), 1970, 『沖縄文學全集 十八卷』, 國書刊行會, 1992, 179-180쪽.

10 같은 책, 181쪽.

11 Frantz Fanon, 『地に呪われたる者』, 鈴木道彦/浦野衣子 옮김, みすず書房, 1969, 125쪽. 그리고 이 책 제4장 참조.

12 松島朝義, 「乗りこえの論理」, 沖縄硏究會 엮음, 앞의 책. 단, 원문 서명은 마쓰시마 조기가 아니라 '10.20 가데나 기지 돌입 투쟁 피고 마쓰시마'라고 되어 있다.

13 金城, 앞의 책, 394쪽.

14 清田政信, 「オブジェへの転身」 『流大文學』, 제3권 1호, 41쪽.

15 金城, 앞의 책, 394쪽.

16 광기와 관련해서는 정신질환이라 명명된 영역에서 어떻게 운동적 영역을 발견할 것인가라는 문제로서 다시 생각하겠지만, 이 점을 생각하는 데에 오에 겐자부로의 『오키나와 노트』(岩波書店, 1970)는 중요한 텍스트다. "내가 오키나와 거리를 걸으면서 가장 두려웠던 것은 광인과 만나는 일이었다. 나는 비할 데 없는 광기의 무덤에서 이를테면 둔기로 얻어맞는 듯한 충격을 받는다. 동시에 광기 그 자체가 무딘 나이프처럼 대상을 파고들어 핵심으로 다가가는 힘을 지니고 있는 경우가 있다는 것도 종종 경험해왔다. 게다가 나는 가끔 어떤 광인과 만날 때 그 인간을 사로잡고 있는 광기와 나 자신을 동일화하고 싶다는, 몸 속 깊은 곳에 있는 충동을 억누르기 힘들 때가 있었다. 물론 내가 오키나와에서 발견한 광기는 도무지 내가 스스로를 동일화하는 것이 용서될 리가 없는, 거절의 갑옷을 몸에 단단히 두르고 있는 종류의 광기였다(같은 책, 71쪽)." 『오키나와 노트』에서 오에는 '오키나와의 광기'를 언급하면서 여기에 '거절'을 겹쳐놓는다. 이는 본문에 쓴 가와미쓰와 결정적으로 다른 점일 것이다. 또한 이는 훗날 오에가 『오키나와 노트』를 언급하며 광기에서 익살이나 "생생하고 강인하며 명랑한 주변성의 힘"을 보려고 한 것과도 관련 있을 것이다(大江健三郎, 「未來に向けて回想する—自己解釋四」 『沖縄 經驗 大江健三郎同時代論集四』, 岩波書店, 1981, 320-321쪽). 이러한 오에의 『오키나와 노트』 및 광기의 문제에 대해서는 우선 富山一朗, 「言葉の在処と記憶における病の問題」(富山一朗 엮음, 『記憶が語りはじめる』, 東京大學出版會, 2006) 참조. 또한 정신질환이라 명명된 영역에 관해서는 富山一朗, 「この, 平穏な時期に—東京タワージャックにおける富村順一の『狂氣』をめぐって」, 野村浩也 엮음, 앞의 책 및 「오키나와 전쟁 트라우마와 냉전」(한글) 『한국학 연구』 27집(인하대학교 한국학연구소

2012년) 참조.

17 이 동적인 중첩을 군지 페기오 유키오를 따라 '오픈 리밋'이라 불러도 좋다. 郡司 ペギオ―幸夫,『生きていることの科學』(講談社, 2006). 혹은 郡司ペギオ―幸夫, 『生命理論』(哲學書房, 2006)[『생명이론』, 박철은 옮김, 그린비, 2013]. 특히 '후기' 참조.

18 大杉栄,「無政府主義將軍」『全集 第七巻』現代思潮社, 1963, 173쪽.

19 정식으로는 Ivan Kremnev,『わが兄弟アレクセイの農民的ユ―トピア國旅行記』. 이반 크렘네프는 차야노프를 가리킨다. 이 책 서두에는 혁명 사상가 게르첸의 "사회주의는 오늘날 보수주의가 점하는 위치를 차지하게 되었고, 장래에 있을 우리의 미지의 혁명으로 타파될 것이다"라는 문장에 대한 언급이 있고, "새로운 반란. 대체 어디에 있단 말인가? 어떤 사상의 이름으로 이루어진단 말인가?"라는 발언이 이어진다(Alexander, Chayanov,『農民ユ―トピア國旅行記』, 和田春樹, 和田あき子 옮김, 晶文社, 1984, 18쪽). 이 책에 대해서는 이 번역서에 수록된 和田春樹,「チャヤ―ノフとユ―トピア文學」 및 和田春樹,『農民革命の世界』(岩波書店, 1978) 참조.

20 Peter Andrejewitsch Arschinow,『マフノ反乱軍史―ロシア革命と農民戰爭』, 奥野路介 옮김, 1973, 鹿砦社, 31쪽.

21 같은 책, 294-295쪽.

22 奥野路介,「あとがき」, 같은 책, 329-330쪽.

23 이 '후'에 대해서는 '포스트 유토피아'라는 문제로 검토한 바 있다. 石塚道子·田沼幸子·富山一朗 엮음,『ポスト·ユ―トピアの人類學』, 人文書院, 2008.

24 Slavoj Žižek,『爲すことを知らざればなり』, 鈴木一策 옮김, みすず書房, 1996, 5쪽 [국역본은『그들은 자기가 하는 일을 알지 못하나이다』, 박정수 옮김, 인간사랑, 2004].

25 같은 책, 372쪽.

26 Félix Guattari,『精神分析と横斷生―精度分析の試み』, 杉村昌昭·毬藻充 옮김, 法政大學出版會, 1994, 281쪽[국역본은『정신분석과 횡단성』, 윤수종 옮김, 울력, 2004]. 가타리가 보기에 시니피앙의 연쇄는 언어적 질서에 주체가 종속돼 있는 것이고, 여기서는 "단적으로 말해 주체는 존재하기를 그친다(같은 책, 280쪽)". 또한 이는 주체가 '~라 일컬어진다'라는 종속적 주체에 불과하다는 말이기도 하다. 절단이란 이 언어적 질서가 다른 것으로 탈바꿈해가는 일이고, "쳐 넣은 문자와 전혀 다른 문자를 읽게 되는 것 같은 일(같은 책, 281쪽)"이다. 또한 시니피앙의 연쇄가 절단되는 것은 새로운 욕망의 생산과도 관련된다. 바꿔 말하면 절단은 이제까지의 욕망과 말 사이의 관계를 다시 만들어나가는 작업이고, 들뢰즈-가타리의 관점에서는 이 둘의 새로운 기계적 접합을 계속해서 생산하는 것으로서 존재한다. 이 점에 대해서는 Gilles Deleuze & Félix Guattari,『アンチ·オイディプス』, 市倉宏祐 옮김, 河出書房新社, 1986, 51-57쪽 참조.

27 같은 책, 282쪽.

28 Žižek, 앞의 책, 334쪽.

29 절단을 말로써 어떻게 수행해나가는가? 이는 가타리가 이러한 언어의 어려움에 대해 욕동과 말의 관계를 집단적으로 다시 만들어가는 언표 행위의 배치 agencement, 즉 구조에 맞서 기계machine를 구성해나가는 실천의 중요성을 지적하고 있다는 점과도 관련된다. 이러한 실천 속에서 혁명적 주관성이 창출된다. "그리고 자본주의 사회 속에서 탈주선을 그리는 흐름을 따라가 사회적 결정론과 역사적 인과론 한가운데에 분기를 만들어내고, 절단을 초래해야 한다. 나아가서는 새로운 욕망의 언표를 형성할 수 있는 언표 행위의 집단적 주체를 해방하여, 전위를 만들어내는 것이 아니라 (중략) 혁명적 주관성을 창출해야 한다." (Deleuze, 「三つの問題群」, Guattari, 앞의 책, 11쪽) 또 절단의 실천으로서 가타리는 '레닌의 절단'을 검토한다(Guattari, 앞의 책, 289-309쪽).

30 Žižek, 앞의 책, 314-315쪽. 인용하자면 "이는 '진실truth'이 출현하는 순간(=계기 moment)이지만, 이 '사건event'의 분출이 처음으로 실증된 것으로서 일단 제도화되자마자 상실되는, 아니, 더욱 정확히 말하면 글자 그대로 눈에 보이지 않게 되는 '미결성openness'이라는 순간(=계기)이다."

31 그런데 지젝도 언급하지만(Žižek, 앞의 책, 315쪽), 이 미결성이라는 문제는 에르네스토 라클라우와 샹탈 무페가 새로운 정치 전략으로 주장한 헤게모니적 실천과 관련된다. 즉, 미결성 속에서 다시금 새롭게 사회를 그리려고 하는 언어적 실천을 라클라우와 무페는 봉합suture이라 부르고, 여기서 새로운 정치를 발견하려 했다(Ernest Laclau & Chantal Mouffe, 『ポスト・マルクス主義と政治』, 山崎カヲル・石澤武 옮김, 大村書店, 1992, 142쪽. 단 이 책 일본어 번역에서는 '미결성openness'은 '개방성'이라 번역되어 있다[국역본은 『헤게모니와 사회주의 전략』, 이승원 옮김, 후마니타스, 2012]. 정신분석학에서 차용해온 이 봉합이라 불리는 실천은 강령적인 슬로건이나 중심적인 변혁 사상과 관련된다기보다는, 말의 연쇄 속에서 계속해서 생성하는 관계성을 의미한다. 또한 이때 연쇄는 결코 채워지지 않는 '근원적인 결여original lack'를 중심으로 전개되는데, 수사학적으로 말하자면 단정 지어 말하는 것의 불가능성을 끌어안은 채로 펴져나가는, "~이기도 하고, ~이기도 하고……"로 이어지는 환유적 혹은 남유적 전개다. 이는 말하자면 미결성을 끌어안은 채 계속해서 연루하는 언어 실천이라 할 수 있다. 단 이 근원적인 어려움을 강조하는 지젝과 언어 실천의 가능성을 오성적으로 이야기하는 라클라우, 무페의 차이에는 유의할 필요가 있다. 또한 둘의 차이는 제4장 룸펜 프롤레타리아트의 정치를 둘러싼 논의와도 관계있다.

32 이 장 주2 참조.

33 이 논고는 清田政信, 『抒情の浮域』(沖積舍, 1981)에 수록되어 있다. 인용은 이 책을 따랐다. 또한 이 논고에 대해서도 金城, 앞의 책 참조.

34 清田, 같은 책, 32쪽.

35 1964년에 발표된 이 논고는 黒田喜夫, 『詩と反詩』(勁草書房, 1968)에 수록되어 있다. 인용은 이 책을 따랐다.

36 같은 책, 147쪽.

37 Slavoj Žižek, 『大義を忘れるな』, 中山徹·鈴木英明 옮김, 青土社, 2010, 429~430쪽. 제4장에서도 언급했다.

38 黒田, 앞의 책, 30쪽.

39 같은 책, 161쪽.

40 이 글에서는 곧바로 맬컴 X의 말 "온갖 필연적인 수단을 써서by any means necessary"를 상기할 수 있을 것이다. 맬컴 X의 이 유명한 한마디는 유토피아가 있었던 자리가 겹겹이 쌓인 무장투쟁의 흔적이고 전위조직은 바로 군의 문제임을 보여주는 동시에, 무장 내부에서 '우리'의 다른 미래를 어떻게 확보할 것인가라는 물음이기도 하다. 그러려면 '온갖 수단'이 필연적이 되는 상황, 즉 용수철이 압축되는 상황 속에서 말이 걸머져야 할 역할을 찾을 수밖에 없다. 이 점에 대해서는 富山一朗, 「この, 平穏な時期に」(野村浩也 엮음, 앞의 책) 참조.

41 黒田, 앞의 책, 35쪽.

42 같은 책, 31쪽.

43 가령 中野好夫·新崎盛暉, 『沖縄戦後史』(岩波書店, 1976)

44 清田, 앞의 책, 223쪽.

45 같은 책, 225쪽. 또한 기요타에게 이러한 촌락의 문제는 그가 구메지마久米島에서 경험한 오키나와 전쟁의 기억과도 겹쳐진다. 기요타에게 미군 반대운동의 근거가 된 공동체는 전장 동원을 지탱하고 일본군과 함께 주민 학살을 수행한 제도이기도 했기 때문이다. 따라서 기요타가 사고하려 하는, 영토에 갇히지 않는 변혁의 가능성은 오키나와 전쟁의 기억을 어떻게 상기하는가라는 물음과도 분리할 수 없다. 도미야마 이치로, 「기억이라는 문제, 혹은 사회의 미결성openness에 관하여」『로컬리티 인문학』(부산대학교 한국학연구소) 3호, 2010년.

46 清田, 앞의 책, 47쪽.

47 來間泰男, 『沖縄経済の幻想と現実』, 日本経済評論社, 1998, 286쪽. 군용지 사용료에 대해서는 이외에도 來間泰男, 『沖縄の米軍基地と軍用地料』(容樹書林, 2012) 참조.

48 즉 이 결여를 필요량으로 표현할 수 있는 굶주림이다. 이 굶주림은 맨커 올슨Mancur Olson 등의 집합 행위 이론이나 욘 엘스터Jon Elster의 분석적 마르크스주의가 생각한 굶주림과 유사하다. 여기서는 굶주림에 대응하는 요구 내용과 스스로의 행동과 관련한 리스크를 정확하게 파악하는 합리적인 행위자를 상정하는 한, 봉기는 일어나지 않는다고 본다. Alex Callinicos, Making History, 1987, Polity, pp.64-91: pp.193-205. 바꿔 말하면 굶주림이 결핍량 혹은 필요량이 된 시점에서 이는 사회 정책의 대상이기는 해도 혁명의 동인이 되지는 않는다. 굶주린 자는 일어서지 않는 것이다.

49 가와미쓰 신이치는 복귀 후에 자신의 토지투쟁 경험을 상기해 토지를 빼앗긴 농민이 이후 볼리비아로 이민해 갔던 유민화에서 '굶주림의 원기原基'를 발견하고, "패배를 전환시켜 희망에 가탁하는 독 안에 든 쥐의 사상이 이민의 사상"이라고 했다. 가와미쓰 또한 토지 투쟁을 패배로 받아들이고 거기서 굶주림과 유민을 발

견한 것이다. 川滿信一, 「飢餓の原基」『新沖繩文學』 45호, 1980.

50 淸田, 앞의 책, 34쪽.
51 같은 책, 50쪽.
52 같은 책, 32쪽.
53 Frantz Fanon, 앞의 책, 38쪽 및 이 책 제4장 참조.
54 같은 책, 133쪽 및 제4장 참조.
55 伊波普猷, 「沖繩歷史物語」『伊波普猷全集』, 平凡社, 1974(원판 1947), 457쪽.
56 같은 책, 453~455쪽.
57 富山一朗, 『暴力の豫感』, 岩波書店, 2002, 300~302쪽.
58 金城, 앞의 책, 385쪽. 또한 긴조도 지적하듯 오에 겐자부로도 이하의 '유世'를 미
    래에 대한 상상력이라고 이해했다. 大江, 『沖繩ノート』 129쪽.
59 伊波普猷, 「寂泡君のために」『沖繩敎育』 137호, 1924. 이 책 제3장 참조.
60 我部政明, 『日米關係のなかの沖繩』, 三一書房, 1996, 35~55쪽.
61 豊下楢彦, 「太平洋をめぐる米ソ『勢力圏分割』」, 佐藤幸男 엮음, 『世界史のなかの太平
    洋』, 國際書院, 1998, 171쪽.
62 藤井たけし, 「ファシズムと第三世界主義のはざまで—冷戰形成期における韓國民族
    主義」『歷史學硏究』 868호, 2010, 13쪽.
63 Michael Schaller, 『アジアにおける冷戰の起源』, 五味俊樹 감역, 立川京一·原口
    幸司·山崎由紀 옮김), 木鐸社, 1996, 238쪽[Michael Schaller, The American
    occupation of Japan: the origins of the Cold War in Asia, Oxford
    University Press, 1985].
64 森宜雄, 『地のなかの革命』, 現代企画室, 2010, 31쪽.
65 酒井直樹, 『希望と憲法』, 以文社, 2008, 23쪽.
66 藤井, 앞의 책.
67 森宜雄·國場幸太朗, 『戰後初期沖繩解放運動資料集 第三卷』, 不二出版, 2005, 191쪽.
68 오키나와인 연맹에 관해서는 일단 富山一朗, 『近代日本社會と「沖繩人」』(日本經濟評
    論社, 1990)의 제4장 참조.
69 新崎盛暉, 『ドキュメント沖繩鬪爭』, 亞紀書房, 1969, 29쪽.
70 上地美和, 「もうひとつの『沖繩戰』」(富山一朗·森宜雄 엮음, 『現代沖繩の歷史經驗』,
    2010)도 같은 문제의식에 기초한다.
71 北米沖繩人史編集委員會, 『北米沖繩人史』, 北米沖繩クラブ, 1981, 191~192쪽.
72 『自由沖繩』 3호(1946년 1월 15일).
73 北米沖繩人史編集委員會, 앞의 책, 제4장 참조.
74 같은 책, 238~239쪽.
75 『救援ニュース』 제5호·6호 합본(1947년 10월), 北米沖繩人史編集委員會, 앞의 책,
    305~306쪽 수록.
76 재미 오키나와 구원연맹은 전쟁 직후에 일본이나 조선에 구원물자를 보내던
    LARA(Licensed Agencies for Relief in Asia) 아래서 시작되었다. 이렇듯 미

국의 민간단체가 아시아의 일상생활에 개입하는 것이, 특히 오키나와 일상생활의 미국화가 어떠한 의미를 지니는지에 관해서는 향후에 더 검토해야만 한다. 특히 여기서는 냉전 하의 '온건한 민족주의'와 도메스틱한 영역 그리고 젠더의 관련성이 중요하리라고 생각한다. 선구적인 연구로 Mire Koikari의 연구 참조. Mire Koikari, *Pedagogy of Democracy: Feminism and the Cold War in the U.S. Occupation of Japan*, Temple Univ. Press, 2008. 군이 미리 말해보자면, 미군을 해방군으로 규정하는 문제보다는 이 냉전문화라고도 할 만한 일상생활의 미국화가 더욱 중요한 정치적 의미를 띠고 있지 않을까? 이러한 전제 위에 오키나와 구원운동의 독자성을 검토해야만 한다. 가령 시모지마 데쓰로下嶋哲朗는 하와이의 오키나와 구원운동에서 이루어졌던 살아 있는 돼지를 오키나와에 보내는 활동에서 구원물자였던 린천미트와는 다른 정치적 의미를 검토하려고 한다. 下嶋哲朗, 『豚と沖縄獨立』(未來社, 1997) 참조.

77 시키야는 오키나와를 미국 주로 편입하는 것도 생각하고 있었다는 증언이 있다. 下嶋, 앞의 책, 211-212쪽.

78 이 시기 아마미 출신자의 동향단체에 대해서는 高木伸夫, 「一九四六年『非日本人』調査と奄美連盟·南西諸島連盟」(『キョラ』 제2호, 神戸奄美研究会, 1997) 및 大橋愛由等, 「“阪神”の復歸運動に至る奄美出身者の慟哭」(鹿児島地方自治研究所 엮음, 『奄美戦後史』, 南方新社, 2005) 참조. 오하시에 따르면 난세이 제도 연맹은 고베에 먼저 존재했는데, 그 간부들이 오키나와인 연맹에 몰려와서 난세이 제도 연맹 간사이 본부가 생겼다고 한다. 여기서는 오키나와인 연맹의 전개라는 관점에서 난세이 제도 연맹의 의미를 생각하려고 하지만, 한신 지역의 동향단체와 전국 조직으로서 목적의식을 갖고 조직된 오키나와인 연맹이 어떠한 화학 반응을 일으켰는지에 대해서는 더 검토해야만 한다. 어찌 됐든 이러한 중층적인 관계성에 대한 물음이 제기되는 것도 다름 아니라 많은 아마미나 오키나와 이민자들이 사는 오사카나 고베이기 때문에 가능했다고 생각한다.

79 『自由沖縄』 6호(1946년 5월 5일). 오키나와인 연맹 회장이던 이하 후유도 같은 주장을 했다. 이하는 「伊波會長との一問一答」 『自由沖縄』 9호(1846년 8월 15일)에서 "요즘 간사이에서 아마미오시마 출신자가 연맹에 참가했으니까 명칭을 난세이 제도 연맹이라 고치는 편이 좋다는 의견이 있는 모양인데요?"라는 물음에 "그럴 필요는 없다고 생각한다"고 대답했다.

80 富山一朗, 『近代日本社會と『沖縄人』』, 제4장 참조.

81 이러한 방향성은 서두에서 이야기한 두 번째 오키나와 청년동맹이 주최하고 다카야스가 사회를 본 1947년 7월의 「오키나와 문제 좌담회」에서도 계승되었다. 「沖縄問題座談會」 『青年沖縄』 제3호(1947년 7월)(森宜雄·國場幸太朗, 『戰後初期沖縄解放運動資料集 第三卷』수록) 또한 이 시기 일본 공산당의 오키나와 및 아마미에 대한 방침과 관련해서는 森宜雄·國場幸太朗, 같은 책에 수록된 森宜雄, 「沖縄非合法共産党における連帯の問題—歷史と現在—」를 참조하기 바란다.

82 GHQ/SCAP의 "조선인·중국인·류큐인 및 타이완인의 등록에 관한 총사령부 각

서"(제746호)를 받아 내무성, 후생성은 각 지방 자치단체에 다양한 지령과 통달을 보냈다. 각 지방 자치단체는 관내의 단체들과도 연락을 취하면서 실태조사와 등록을 실시했다. 다카키高木의 앞의 논문이 이 과정을 상세히 검토하고 있듯 아마미나 오키나와와 관련한 명칭은 아직 정해지지 않기도 하는 등, 어떤 의미에서는 얼마 전까지 일본인으로 대우해온 사람들을 '비일본인'으로 다루다 보니 명칭의 혼란이 생겼다고도 할 수 있다. 또한 山根昌子 엮음, 『『朝鮮人·琉球人』, 歸國關係資料集一九四六~四八年長野縣』(新幹社, 1992)에서도 같은 과정과 관련한 문서가 수록되어 있는데, 여기에도 '오시마인' '난세이 제도 북부 출신자' 같은 표현이 등장한다. 또한 이 자료집에 수록된 귀환병 원호원 원호국장·후생성 사회국장·후생성 근로국장 명의로 나가노 현 지사 앞으로 보낸 "오키나와 현인에 대한 원조 강화 및 철저에 관한 건"(引揚援護院發指 583호)에는 본문이 "오키나와 현인에 대해"인 것과 "난세이 제도 출신자에 대해"인 것 두 가지가 파일링되어 있다. 내용은 완전히 같지만 후자는 난세이 제도민 후생조합 대표인 무라타 다케카즈村田武一라는 인물이 베껴 쓴 것으로 보이는데, 다양한 단체들이 지령이나 통달을 다시 읽으면서 어떤 이름을 대상으로 원조할 것인지, 어떤 이름으로 원조를 확보할 것인지에 대한 교섭과 정치를 전개했음을 짐작할 수 있다.

83 『自由沖繩』 20호(1948년 1월 20일).

84 沖繩青年同盟大阪府本部機關誌, 『青同ニュース』 복간 제8호(1947년 12월 25일).

85 아마미 연맹은 그후 아마미 연합으로 이름을 바꾸었다. 그 경위나 이유에 대해서는 알 수 없다.

86 아마미 청년동맹은 1947년 12월 14일 주오中央대학 강당에서 결성되었다. 결성대회에는 오키나와 청년동맹도 '격려의 말'을 보냈으며, 위원장으로는 히사토미 요시조久富義藏가 선출되었다. 「奄美青年同盟結成さる」『自由沖繩』 20호(1948년 1월 20일).

87 Fanon, 앞의 책, 45쪽 및 이 책 제4장 참조.

88 富山, 『暴力の豫感』 241-242쪽.

89 이러한 정당의 자치 요구 속에서 '오키나와 민족전선'이라는 말도 등장했다. 若林千代, 「戰後沖繩における政治空間とその構造をめぐって」『軍縮地球市民』(20호, 2007) 참조.

90 我部政明, 앞의 책, 81-82쪽.

91 土井智義, 「米軍統治下の沖繩における出入管理制度と『非流求人』」, 富山一朗·森宜雄, 앞의 책 참조.

92 我部, 앞의 책, 89-93쪽.

93 아마미가 오키나와의 장기 점령과 관련한 미국 내 국무성과 통합참모본부의 흥정 재료였다는 지적도 있다. 我部, 앞의 책, 44쪽. 또한 1953년 아마미 반환 협정에는 아마미에서 미군의 군사적 필요성이 생겼을 경우 일본은 이에 응한다는 비밀 합의가 존재했다는 점도 확인되었다. Robert D. Eldridge, 『奄美返還と日米關係』(南方新社, 2003) 참조.

94 일본의 대형 건설회사가 스물 몇 군데, 미국에서는 대여섯 군데가 참가했다고 한다. 沖縄タイムス社, 『沖縄の証言 上』, 1971, 288쪽.

95 鳥山淳, 「統計から見る米軍統治時代」, 同編集委員會, 『沖縄を深く知る辞典』, 日外アソシエーツ, 2003.

96 이러한 성 노동자들은 '팡팡パンパン'이라고도 불렸다. 팡팡에 관해서는 앤마리아 시마부쿠의 중요한 논고가 있다. 시마부쿠에 따르면, 미군 병사와 팡팡의 관계는 가령 점령기 일본에서는 주권의 침해로, 즉 여성의 신체는 주권화된 영토의 대리인으로 주장되었다. 이는 특히 미군기지를 반대하던 좌파들에게서 현저하게 나타났다. 동시에 혼혈아에 대한 주장도 주권과의 관계 속에서 나왔는데, 여기서는 순혈인 일본 민족이 주권과 겹쳐지면서 전제가 되었다. 주권 침해이자 순혈 침해라는 것이다. 다른 한편으로 오키나와에서 주권적 존재가 등장하는 것을 고자コザ가 상징하는 미군 거리를 축으로 검토하는 것은 이 팡팡이라 불리던 여성들의 신체를 통치하는 권력으로서 주권을 부각시키는 일인 동시에, 여성들의 삶 속에서 이러한 권력과 교섭하는 정치를 발견하는 것으로도 이어진다. 시마부쿠는 그녀들을 먹고 살기 위해 어쩔 수 없었던, 구제받아야 할 존재가 아니라 글자 그대로 저항자로서 검토한다. 그녀들의 정치는 여성의 신체를 주권의 침해로서 주장한 일본의 미군기지 저항운동을 근본에서부터 비판적으로 검토하기 위한 실마리를 제공할 뿐 아니라, 주권 획득 바로 앞에 위치하는 운동과 연동될 가능성도 제시해 준다. Annmaria Shimabuku, "Petitioning Subjects: Miscegenation in Okinawa from 1945 to 1952 and the Crisis of Sovereignty", *Inter-Asia Cultural Studies*, Vol.11, No.3, 2010.

97 미군정 아래의 아마미에서는 '아마미 르네상스'라 불린 문예운동이 일어났다. 이 운동에서 탄생한 많은 작품은 기아에서 탈출하기 위해 오키나와로 흘러간 젊은 이들을 그렸다. 또한 아마미에서 나간 이 유랑자는 오키나와에서 "오시마 출신이라고 하면 소매치기 아니면 강도, 여자들은 팡팡이 많다. 오시마인은 믿고 쓸 수 없다"라는 시선에 노출되었다. 유랑자를 현재화顯在化)하는 영위는 아마미에서 오키나와를 보는 일이기도 할 것이다. 里原昭, 『琉球弧・文學における奄美の戰後』, 木処あまみ庵, 1998, 140쪽.

98 「日本道路爭議団アピール」 『沖縄タイムス』(1952년 6월 13일) 新崎 엮음, 앞의 책 수록.

99 森宜雄・國場幸太朗, 『戰後初期沖縄解放運動資料集 第三卷』 5쪽.

100 이 연결에 관해서는 모리의 연구가 획기적이다. 여기서 내가 한 기술은 이 책에 빚지고 있다. 森宜雄, 『地のなかの革命』. 또한 군이 말하자면 이 연결을 전후의 출발점으로 놓는 것이야말로 이 책에서 내가 하려고 했던 일이다.

101 같은 책, 294쪽.

102 土井, 앞의 책 참조.

보론

1 鹿野政直, 『沖縄の淵』, 岩波書店, 1993.

2 伊波普猷, 「琉球史の趨勢」 『古琉球』, 沖縄公論社, 1911, 101-102쪽.

3 이러한 이하의 역사 거부는 이제까지 이하 후유와 관련한 논의의 논점이었던 '소 철지옥 시기'의 이하가 보인 전환과도 관계있다. 富山一朗, 「書評 鹿野政直 『沖縄の 淵』」 『歷史學研究』(659호, 1994) 참조.

4 이하의 이러한 우려는 1945년에 일어난 오키나와 전쟁에서 현실이 되었다. 오키 나와의 역사에서 오키나와 전쟁은 역사의 임계영역이다. 富山一朗, 『戰場の記憶』 (日本經濟評論社, 1995) 참조.

5 B. Anderson, *Imagined Communities*, Verso, 1991(revised edition), pp.9- 10. 번역어는 초판을 일본어로 옮긴 『想像の共同体』(白石隆・白石さや 옮김, リブロ ポート, 1987)을 따랐다.

6 E. Renan, "Qu'est-ce qu'une nation?", 1887. 鵜飼哲 옮김, 「國民とは何か?」 『批 評空間』 9호, 1993, 40쪽.

7 Frantz Fanon, *Peau Noire, Masques Blancs*, Seuil, 1952. 일역본은 『黒い皮 膚・白い仮面』, 海老坂武・加藤晴久 옮김, みすず書房, 1970, 142쪽.

8 Fanon, 앞의 책, 22쪽.

9 Homi K. Bhabha, *The Location of Culture*, Routeledge, 1994. 특히 2장, 4장, 9장 참조.

10 이 글에서 나는 사키야마 마사키의 "지금도 여전히 식민지주의는 포악한 망령으 로 배회하고 있다"라는 현상 인식을 공유한다. 崎山正毅, 「暴力の重ね書きを再讀す る―『地に呪われたる者』のファノンの新たな可能性に向けて」 『現代思想』 23권 6호, 1995, 104쪽.

11 Bhabha, op.cit., p.41. 번역은 田中聰志, 「ファノンを想起すること」 『imago』 3권 7 호에서 인용.

12 Fanon, *Les Demmes de la Terre*, Maspero, 1961. 일역본은 『地に呪われたる 者』, 鈴木道彦・浦野衣子 옮김, みすず書房, 1969, 25쪽.

13 계속되는 파농의 서술 특히 『대지의 저주받은 사람들』에 등장하는 폭력론의 현 재적 의의에 대해서는 사키야마崎山, 앞의 논문과 富山, 앞의 책 제6장 및 鵜飼 哲・富山一朗・崎山正毅, 「沈黙を語ることに向けて―「語り」の戰略配置」 『aala』(日本ア ジア・アフリカ作家會議, 1994년 4월) 참조. 특히 폭력을 단순화하지 않고, 계속되 는 해방 투쟁 속에서 흔들리며 계속해서 정의되는 것으로서 파농의 폭력론을 고 찰한 사키야마의 논문은 중요하다.

14 Henry Louis Gates, Jr., "Critical Fanonism", Critical Inquiry 17, 1991.

15 Ibid., p.462.

16 로버트 영도 이 같은 비판을 한다. Robert Young, *White Mythologies*, Routeledge, 1990, p.210.

17 Gates, op.cit., p.470.

18 문학이론이나 정신분석학으로 파농을 해소하는 것을 비판하는 게이츠의 논의 자체가 지나치게 이론적이라는 고든의 주장은 일단 옳다. 무엇보다도 문제인 것은 게이츠가 일반 이론의 소멸을 다양한 기술이라는 일반론으로 해소하는 것처럼 보인다는 점이다. Lewis R. Gordon, *Fanon and the Crisis of European Man*, Routeledge, 1995, p.102. 게이츠에 대한 비판으로는 이외에도 Cedric Robinson, "The Appropriation of Frantz Fanon"(Race & Class 35, No.1, 1993)이 있다.

19 앞서 언급한 고든 외에 다음 책들이 대표적이다. Peter Geismar, *Fanon*, Grove Press, 1969; Renate Zahar, *Frantz Fanon*, Monthly Review Press, 1970; David Caute, *Frantz Fanon*, Viking Press, 1970; Jack Woddis, *New theories of revolution*, International Publishers, 1972; Irene Gendzier, *Frantz Fanon*, Pantheon, 1973; Richard C. Onwuanibe, *Frantz Fanon*, Warren H. Green Inc., 1983; Hussein Abdilahi Bulhan, *Frantz Fanon and the Psychology of Oppressions*, Plenum Press, 1985; L. Adnele Jinadu, *Fanon*, Routeledge and KPI, 1986; Lou Turner and John Alan, *Frantz Fanon, Soweto & American Black Thought*, A News and Letters Publication, 1986.

20 J. Michael Dash, "Introduction", Édouard Glissant, *Caribbean Discourse*, University Press of Virginia, 1989, pp.xiv-xv.

21 Paul Gilroy, *The Black Atlantic*, Harvard University Press, 1993, pp.221-223.

22 Édouard Glissant, *Le Discours Antillais*, Seuil, 1981. tranlated by J. Michael Dash, *Caribbean Discourse*, University Press of Virginia, 1989.

23 Glissant, *Caribbean Discourse*, pp.18-22.

24 Ibid., p.25.

25 Ibid., pp.25-26.

26 Ibid., p.248.

27 Gilroy, op.cit., pp.75-76.

28 예컨대 길로이는 이렇게 말한다. "우리는 가령 하버마스가 채택한 근대 합리성에 대한 정의가 전적으로 반담론 혹은 전담론인 자유롭고 미학적인 동인을 배제하고 있지는 않은지를 물어야 한다." Ibid., p.71.

29 Ibid., p.76.

30 Glissant, op.cit., p.26.

31 Silvia Wynter, "Beyond the World of Man: Glisssant and the New Discourse of the Antilles", *World Literature Today*, vol.63 no.4, 1989, p.639.

32 Elias Canetti, *Masse et puissance*, Gallimard, 1960. 岩田行一 옮김, 『群衆と權力』, 法政大學出版局, 1975[국역본은 『군중과 권력』, 강두식, 박병덕 옮김, 바다

출판사, 2010].

33 Glissant, op.cit., pp.63-64.
34 Ibid., pp.65-66.
35 M. Foucault, *Language, Counter-memory, Practice*, Cornell University Press, 1977, p.146.
36 Ibid., p.148.
37 Glissant, op.cit., p.65
38 Foucault, op.cit., pp.148-149.
39 Glissant, op.cit., pp.66-67.
40 Fanon, 『地に呪われたる者』, 23-24쪽.
41 Fanon, 『黒い皮膚・白い仮面』, 77쪽. 고든은 이 부분에서 파농에게서 나타나는 존재론에 대한 거부와 실존주의 사이의 복잡하게 얽힌 관계를 본다.
42 같은 책, 81쪽.
43 같은 책, 92-93쪽.
44 같은 책, 96쪽.
45 같은 책, 136쪽.
46 이 장의 주에서 파농은 흑인의 자살 문제를 언급하며 "니그로는 자살하지 않는다"라는 '정설'의 문제성을 고찰하려 한다. 이 논점은 파농의 폭력론으로 이어진다. 또한 흑인의 자살과 관련해 길로이도 궁지에 몰린 노예의 '집단 자결'을 들며 죽음을 받아들이는 일이 식민지 지배에 갖는 의미에 대해 이야기한다. 미리 말해두자면 이는 결의의 문제가 아니다. Gilroy, op.cit., p.222.
47 Fanon, 『地に呪われたる者』, 143쪽. 번역은 일부 바꾸었다.
48 같은 책, 143쪽.
49 Michael Taussig, *The Nervous System*, Routeledge, 1992, p.51. 인용 부분은 Hernán Vidal, *Dar la vida por la vida: La Agrupación Chilena de Familiares de Detenidos y Desaparecidos*, Minneapolis: Institute for the Study of Ideologies and Literature, 1982, p.132.
50 Ibid., p.27.
51 Michael Taussig, *Shamanism, Colonialism, and the Wild Man*, University of Chicago Press, 1987, pp.370-392. 타우시그는 여기서 "기억의 생산과 재상산의 역사적 양식들historical modes of memory production and reproduction"이라는 표현을 쓴다. 이는 기억의 생산양식에 나타나는 기술하는 자와 기술되는 자의 투쟁관계를 함의한다.
52 Fanon, 『地に呪われたる者』, 36-37쪽.
53 Bulhan, op.cit., p.121.
54 마커스는 죽음에 대한 이러한 공포를 분수령으로 작동하기 시작하는 다이너미즘 속에서 강간에 대해 논의하려 한다. 다만 마커스의 논고에는 반격의 필요성을 결의주의적으로 주장하는 경향이 있다. Sharon Marcus, "Fighting Bodies,

Fighting Words: A Theory and Politics of Rape Prevention", Judith Butler and Joan W. Scott(eds.), Feminism Theorize the Political, Routeledge, 1992.

55　파농과 불한에게서 공통적으로 읽어낼 수 있는, 죽음에 대한 두려움을 문제 삼을 때에 나타나는 결의주의는 역시 폭력을 앞에 둔 사고의 긴축일 것이다.

56　Bulhan, op.cit., pp.121. 여기서 다소 느닷없지만, 1975년 6월 25일에 당시의 황태자가 오키나와를 방문하는 데 항의하여 가데나 기지 문 앞에서 분신자살한 후나모토 슈지船本洲治를 상기할 필요가 있다. 후나모토는 말한다. "'광기'란 현상 타파를 향한 폭력성이고, '발광'이란 현상 타파를 향한 폭력 행동이다. 현상 질서 아래에서 패배한 '광기'는 정신병원 아니면 형무소에 격리된다." 船本洲治遺稿集, 『黙って野たれ死ぬな』, れんが書房新社, 1985, 38쪽.

57　Fanon, 『地に呪われしたる者』, 155-156쪽.

58　Gordon, op.cit., p.81.

59　Fanon, 『地に呪われたる者』, 193쪽.

60　이 반복은 펜토탈 정맥주사를 맞으며 신문당한 인간이 걸리는 '언어 상동증常同症'에서 가장 명확히 표현된다. 같은 책, 164-165쪽.

61　같은 책, 163쪽.

62　Gilles Deleuze & Félix Guattari, L'ANTI-ŒDIPE: Capitalisme et Schizophrénie, Minuit, 1972. 일역본은 『アンチ・オイディプス』, 市倉宏佑 옮김, 河出書房新社, 1986, 122쪽.

63　Fanon, 『地に呪われたる者』, 145쪽.

64　Frantz Fanon, La Sociologie d'une Révolution, Maspero, 1959. 일역본은 『革命の社會學』, 宮ケ谷徳三・花輪莞爾・海老坂武 옮김, みすず書房, 1969, 5쪽.

65　崎山, 앞의 논문.

66　또한 이러한 파농의 기본적인 생각은 알제리인의 '나태', '범죄 행동'을 개인의 자질로 분석한 정신의학계의 소위 '알제리 학파'에 대한 파농의 비판에서도 분명히 드러난다. Fanon, 『地に呪われたる者』, 170-180쪽. 그 외 불한도 참조. Bulhan, op.cit., pp.219-225.

67　Octave Mannoni, Psychologie de la colonisation, Seuil, 1950, translated by Pamela Powesland, Prospero and Caliban: the psychology of colonization, Methuen, 1956.

68　Octave Mannoni, Prospero and Caliban: the psychology of colonization, p.86.

69　Fanon, 『黒い皮膚・白い仮面』, 72-73쪽.

70　같은 책, 69쪽.

71　이러한 문제에 관해 富山一朗, 「熱帶科學と植民地主義」(酒井直樹 엮음, 『ナショナリティの脱構築』, 柏書房, 1996) 참조.

72　Fanon, Pour la Révolution Africaine, Maspero, 1964. 일역본은 『アフリカ革

命に向けて』, みすず書房, 北山畤一 옮김, 1969, 37쪽.

73 Fanon, 『黒い皮膚・白い仮面』, 71쪽.

74 Mannoni, op.cit., p.65.

75 Fanon, 『黒い皮膚・白い仮面』, 73쪽.

76 Frantz Fanon & Asselah, "Le Phénomène de l'agitation en milieu psychiatrique. Considérations générales-signifiation psychopathologique", Maroc Médical, 1957.

77 Ibid., p.24. Bulhan, op.cit., p.241.

78 Bulhan, op.cit., pp.241-242.

79 F. Fanon & L. Levy, "A propos d'un cas de spasme de torison", La Tunisie Médicale, 36(9), 1958; F. Fanon & L. Levy, "Premiers essais de méprobamate injectable dans les états hypocondriaque", La Tunisie Médicale 37(10), 1959; F. Fanon & C. Geromini, "L'Hospitalisation de jour en psychiatrie, valeur et limites I", "Introduction générale; II. Considérations doctrinales(Part II with C. Geromini)", La Tunisie Médicale 37(10).

80 Fanon & Geromini, "L'Hospitalisation de jour en psychiatrie, valeur et limites I", pp.719-721. Bulhan, op.cit., p.248.

81 Fanon, 『アフリカ革命に向けて』, 11쪽.

82 Fanon & Geromini, op.cit., p.715. Bulhan, op.cit. p. 247.

83 Michael Taussig, The Nervous System, p.104.

작년은 말의 지독한 무력함을 실감했던 한 해였다. 일어나고 있는 일들을 어떻게 이해하고 언어화할 수 있을지에 대한 답을 알지 못한 채 미디어나 SNS, 세간에서 횡행하는 온갖 종류의 말들에 오히려 숨이 막히는 듯한 기분이 들 때가 많았다. 많은 일로 많은 사람이 죽어갔지만, 여기에 지금 살아 있으면서 여기에 지금 없는 사람들에 대해 무언가를 말하는 안전함이나 나의 일상에 아무런 실제적인 영향을 미치지 않는 슬픔에 죄책감을 먼저 느꼈다. 일주일에 한두 번 만나는 학생들을 앞에 두고 무언가를 말하려고 할 때마다, 말이 되지 않는 말을 굳이 하지 않는 것이 좋겠다는 생각에 입을 다물곤 했다.

이 책 『유착의 사상』은 「'오키나와 문제'의 계보학」이라는 부제(원서)를 달고 있지만, 지리적으로 구분되고 소유격으로 부가되는 '오키나와의 문제'가 아니라 우리의 삶 자체가 맞닥뜨리고 있는 폭력적인 상황 속에서 어떠한 말을 확보할 것인가라는 물음을 사유하는 책이다. 아니, 바로 한정된 사람들에게만 아픔이나 폭력과 같은 문제를 떠맡긴 채 그것을 남의 '문제'로서 장황하게 해설하는 것 자체가 바로 '오키나와 문제'를 구성한다. 여기서 말이란 우리를 둘러싸고 있는 역사적, 사회적 상황을 마치 의사가 병명을 진단하듯 알아맞히고 그것에 어떠한 소유격의 이름을 부여함으로써 그것에 경계를 둘러치는 그러한 말들이 아니다. 오히려 그렇게 경계선이 그어지는 곳에서 혹은 그와 동시에 사라지고 생겨나는 말들, 당연하게 이항대립이 전제되거나 배타적인 구분선이 그어지는 세계 자체를 되묻는 말들, 그렇기에 현실의 폭력이나 아픔 속에서 가까스로 확보해야만 하는 말들이다. 여기 있는 나, 당사자가 아닌 나, 방관자인 나와 피해자, 저항하는 자, 죽은 혹은 죽어가면서 살아가는 그들이라는 스스로의 분별 자체에 의문을 제기하는 말 말이다.

그렇다. "옆에서 일어나는 일이지만 이미 남의 일이 아니다." 저자의 전작 『폭력의 예감』에서 '예감하다'라는 동사와 함께 이 표현이 등장했다면, 이 책에서 저자는 2011년 3월 11일 이후의 상황과 관련해서 오키나와를 생각하며 이러한 예감과 함께 획득할 미래를 사고한다. 그것은 또한 붕괴하고 있는 동시에 새로운 세계가 현세화하는 현재이자, 이 책의 제목이 말해주듯 "머물면서 하는 출향"과 이탈의 예감으로 가득한 정주 속에서 끊임없이 상상하고 말로써 확보하는 미래다. 여기서는 어딘가에서 출발했거나 어딘가에 정착했다는 것으로 끝나지 않는, 순간순간에 존재하는 이탈의 가능성들이 말과 함께 떠오른다. 그리고 말을 통해 그러한 가능성들이 이어진다. 저자에게 이러한 가능성들은 미래의 정해진 어떠한 한 지점을 향해서 일제히 나아가고 있는 것이 아니다. 오히려 이 책은 그러한 정해진 미래가 도래하기 직전에, 말들이 다시금 질서에 수렴되어 우리가 현실이라 부르는 것 혹은 이탈과 정주를, 유랑과 정착을, 운동과 이론을, 저항과 수용을, 우리와 그들을 나누는 경계들이 재차 선으로서 그어지는 세계의 한 발 앞에서, 그러한 가능성들을 건져 올리고 그럼으로써 변화할 계기를 계속해서 잡아내고자 한다.

물론, 그야말로 말이 필요 없는 폭력 앞에서 말로써 저항한다는 것이 어떻게 가능할까를 반문할 수도 있을 것이다. 또한 어떤 말들은 현실을 현실로서 공고히 만들고, 온갖 종류의 경계들을 변화할 수 없는 것으로서 규정하기도 하지 않는가? 하지만 그러한 현실에 의문을 제기하고 그러한 경계들의 토대 자체를 묻는 어쩌면 거의 유일한 무기 또한 말이다. 단, 다른 세계를 상상하는 것, 이탈의 가능성을 현세화하는 것이 말로써, 관계 맺고 이어지는 말들로써 가능하다고 할 때, 여기서 말은 학계 언저리에 거하는 소위 지식인들이 만들어내는 논리정연한 말, 마치 사물의 배후를 꿰뚫어 볼 수 있다는 양 세계의 숨겨진 본질을 설명하거나 가르치는 말도 아니거니와, 말을 다루는 일을 하는 사람들의 깔끔하게 언어화된 말들만도 아니다. 그것은 학계나 논단 안에서 유통되는 말들, 누군가를 업적이나 지식의 양이라는 잣대로 평가하고 재단하는 무책임한 말들, '남의 일'을 나의 일로 떠맡기를 부인하는 모든 말과 오히려 대척점에 있다고 할 수 있다.

또한 저자가 모색하는 말들은 '대전하다'라는 말이 가리키는 어떠한 신체감각과 함께 있다. 그렇기 때문에 폭력을 앞에 둔 식은땀이나 꽉 쥔 주먹, 입안으로 중얼거리는 노래나 삼켜버린 울음, 신음소리와 비명도 이탈의 가능성을 담보하는 넓은 의미의 말들이라 해도 좋을 것이다. 오히려 어떠한 말들은 귀를 기울여 들어야 하지만 또 다른 말들은 그저 일축해도 좋거나 심지어 몸짓일 뿐이라고 전제하는 것 자체가 바로 말의 저항성을 축소하고 상상력을 빼앗는 폭력과 관련된다. 그리고 이는 결코 말이 갖는 수행성을 절대적인 것으로 평가하거나 거기에 손쉽게 낙관적인 기대를 거는 것과는 다르다. 비명을 지르거나 울음을 터뜨릴 수밖에 없는 상황에 존재하는 신체의 움직임으로서의 말에, 그리고 그것을 깊이 생각하고 언어화하여 연대의 단서로 삼으려고 애쓰는 말들에 주의한다는 것은 오히려 매우 지난하고 어쩌면 절망스럽기조차 한 일일 수도 있다. 이 책은 바로 그러한 가능성을 끈기 있게 탐구한다.

이러한 말들을 논의하고 사유하는 공간인 '화요회'에서 저자인 도미야마 선생님과 몇 년 동안 공부해왔다. 그곳에서 앎이란 바로 우리를 둘러싼 이러한 세계에 어떠한 말들을 밀어 넣고 어떠한 균열과 흔들림을 확보할 것인가를 무수한 관계들 속에서 끊임없이 묻고 생각하는 영위임을 알았다. 그런데도 여전히 걸핏하면 이쪽이냐 저쪽이냐의 이항대립에 사로잡히는가 하면, 말의 가능성을 신중하게 찾고 벼리기보다는 범람하는 말들의 무력함에 절망하거나 스스로의 말에 대한 책임에서 달아나고 싶어지고 마는 약한 내가 있다. 그런 내가 이 책의 번역을 마치고 이렇게 후기를 쓰고 있는 것은 많은 이야기를 함께 나누며 많은 것을 배웠을 뿐 아니라 과분한 격려와 조언까지 듬뿍 받은 도미야마 선생님에게 적게나마 보답하고 싶다는 마음 때문이었다. 그리고 바로 그 작업을 하는 과정에서도 번역과 관련한 많은 물음에 답해주시고, 서울까지 걸음하셔서 책에 대해 함께 논의해주신 선생님께 다시금 감사하다는 인사를 드리고 싶다.

지금 우리의 삶과 죽음은 여전히 수많은 폭력에 둘러싸여 있고 때로 나 자신조차 그러한 폭력의 연쇄에 무심코 가담한다. 말은 역시 미약하다. 하지만 그런데도 불구하고, 아니 그렇기 때문에 다시금 모든 사람이 평등하게 가지고 있는 말과 앎의 가능성을 이야기하는 이 책의 말들이, 저자가 썼듯이 전장이 일상화된 세계에서 이탈의 계기를 확보하고 폭력에 대항하기 위한 실마리로서 많은 사람에게 가닿기를 바란다.

유착의 사상

초판 인쇄 2015년 2월 16일
초판 발행 2015년 2월 23일

지은이 도미야마 이치로
옮긴이 심정명
펴낸이 강성민
편집 이은혜 박민수 이두루 곽우정
마케팅 정민호 이연실 정현민 지문희 김주원
온라인 마케팅 김희숙 김상만 한수진 이천희

펴낸곳 (주)글항아리 | 출판등록 2009년 1월 19일 제406-2009-000002호

주소 413-120 경기도 파주시 회동길 210
전자우편 bookpot@hanmail.net
전화번호 031-955-1934(편집부) 031-955-8891(마케팅)
팩스 031-955-2557

ISBN 978-89-6735-183-0 93910

글항아리는 (주)문학동네의 계열사입니다.
이 도서의 국립중앙도서관 출판시도서목록(CIP)은 e-CIP홈페이지(http://www.nl.go.kr/ecip)와 국가자료공동목록시스템(http://www.nl.go.kr/kolisnet)에서 이용하실 수 있습니다.
(CIP제어번호 : CIP2015004317)